Nos 200 meilleurs *desserts* et *biscuits*

Nos 200 meilleurs desserts et biscuits

Les Éditions Transcontinental

NOTRE COFFRE AUX TRÉSORS
POUR *dent sucrée*

Les desserts ont une cote d'amour très élevée. Au Québec en général, chez *Coup de pouce* en particulier. L'idée de vous offrir une sélection de nos meilleures gourmandises nous titillait les neurones depuis un moment. Mais vous nous connaissez, on ne fait pas les choses à moitié. Il fallait prendre le temps d'y penser. Plus qu'une banale compilation, c'est un véritable livre de référence que nous voulions réaliser. Avec des centaines de recettes, bien sûr, mais aussi des techniques culinaires et des astuces pour aiguiser votre savoir-faire. Pari relevé. Je n'en suis pas peu fière.

La bible des desserts, vous la tenez dans vos mains. Généreuse, étoffée et appétissante, elle comblera votre dent sucrée et celle de vos proches peu importe la saison et l'occasion. Juste assez classique pour bien traverser les années, elle présente en toute simplicité nos plus grands délices sucrés. Que vous faiblissiez devant une crème caramel onctueuse ou que vous perdiez carrément la tête pour une part de gâteau triple chocolat, vous trouverez dans ces pages de quoi vous mettre en appétit et vous délecter. Du simple pain-gâteau préparé à la hâte avec des bananes trop mûres jusqu'au tiramisu fondant et aérien, en passant par la tarte aux bleuets qui sent bon notre enfance, tous les types de desserts trouvent leur place dans ces pages colorées et imagées (en les feuilletant une dernière fois, j'ai même eu envie d'écrire «parfumées»!).

Je vous souhaite des heures de plaisir à vous laisser charmer par nos recettes, à sélectionner celles qui vous font envie et à enfiler votre tablier pour les cuisiner en vue de les partager. Que la gourmandise prenne place à votre table!

Mélanie

Mélanie Thivierge
Rédactrice en chef de la bannière *Coup de pouce*

INTRODUCTION

*Bienvenue dans le monde presque magique de la pâtisserie et des desserts,
où il suffit d'une pincée de ceci et d'un soupçon de cela – et de quelques
judicieux conseils – pour faire lever un gâteau!*

Pour s'approprier pleinement cet univers à part qu'est la pâtisserie,
la clé de la réussite demeure le désir de s'amuser en retrouvant son coeur d'enfant.

Avec ses ingrédients savoureux, ses couleurs appétissantes et ses formes festives, mais aussi à cause de son petit côté créatif et de la minutie qu'il requiert, le merveilleux monde du sucré fascine les petits comme les grands. La pâtisserie, notamment, est souvent liée à de beaux moments et à des occasions spéciales: anniversaires, partys de Noël, fêtes de famille, etc. Mais même au beau milieu de la semaine, lorsqu'un dessert tout juste sorti du four apparaît sur la table après le repas ou qu'une tranche de pain-gâteau bien moelleux se retrouve dans la boîte à lunch du petit dernier, c'est toujours un peu la fête! Bref, quelle que soit l'occasion, les desserts maison sont toujours un plaisir partagé. Ils constituent un moyen infaillible de concocter de doux souvenirs sucrés et font un canevas idéal pour développer notre créativité, tout en gâtant ceux que nous aimons.

Toutefois, avec ses nombreuses techniques à maîtriser, la pâtisserie laisse peu de place à l'improvisation. Mesure des ingrédients, température à respecter, méthodes pour battre, fouetter, monter, plier, fondre ou caraméliser: tout cela demande de la précision et nécessite qu'on s'organise minutieusement avant de commencer. Mais le jeu en vaut largement la chandelle!

Ce livre revêt une importance particulière pour l'équipe de *Coup de pouce*. En grands gourmands que nous sommes, nous avons voulu réunir un condensé de ce qui se fait de mieux dans le domaine des desserts: biscuits, gâteaux, tartes, muffins, carrés, barres, desserts glacés, crèmes, friandises, tout y passe. Et la variété est au rendez-vous. On trouve dans les chapitres qui suivent autant des merveilles triplement chocolatées que des tartes mousseline fruitées et légères comme l'air; autant des brioches épicées que des beignes à l'ancienne; autant des pâtes de fruits colorées que des profiteroles décadentes ou des carrés de fudge aux noix croquantes. De plus, en guise d'introduction à chacun des chapitres, nous avons intégré une section Savoir-faire qui résume les principales techniques et astuces utiles pour réussir les recettes proposées, et qui répond aux questions les plus fréquentes: comment réussir une pâte à tarte bien feuilletée, éviter de faire déborder le caramel, monter des blancs d'oeufs en pics fermes et les plier dans la pâte; pourquoi surveiller de près la cuisson des biscuits; etc. Comme toujours, nos conseils sont simples et clairs, et permettent d'obtenir de bons résultats à tout coup.

Les pages qui suivent contiennent une foule d'informations pratiques sur la préparation des desserts. Ce minicoffre à outils permettra aux débutants de se lancer en toute confiance, mais servira aussi d'aide-mémoire à ceux et celles qui ont quelques gâteaux, biscuits et panna cotta à leur actif.

LES 3 SECRETS DU SUCCÈS

❶ CHOISIR DES OUTILS DE QUALITÉ

S'équiper pour la pâtisserie et la préparation de desserts représente un investissement à long terme. Car si l'on veut obtenir les meilleurs résultats, il vaut mieux travailler avec des outils de bonne qualité: des moules robustes, des cuillères de bois et des spatules solides, de bons bols qui résistent à la chaleur, des couteaux bien conçus et toujours bien aiguisés. Bien qu'ils soient généralement plus chers, ces accessoires valent leur pesant d'or: non seulement ils facilitent le travail et

rendent la tâche plus agréable, mais ils dureront plus longtemps. On gagne donc à visiter des boutiques spécialisées en accessoires de cuisine, qui offrent une grande sélection de produits fiables dans différentes gammes de prix. On peut ainsi bénéficier de l'aide de professionnels qui sauront nous conseiller.

❷ OPTER POUR DES INGRÉDIENTS FRAIS ET PEU TRANSFORMÉS

On recherche également la meilleure qualité possible pour nos ingrédients.

Toujours sélectionner des produits impeccables, dont on connaît la provenance. Acheter des noix bien fraîches et du bon chocolat contenant un pourcentage élevé de cacao. S'assurer que la farine, la poudre à pâte, le bicarbonate de sodium, la gélatine et les fruits séchés qu'on utilise ne sont pas périmés. Dans tous les cas, choisir des ingrédients authentiques: des oeufs frais, de la vanille pure plutôt que de la vanille artificielle, du beurre plutôt que de la margarine, de la farine blanche non blanchie plutôt que celle qui a été traitée chimiquement.

❸ ORGANISER SON PLAN DE TRAVAIL

On ne le dira jamais assez: en pâtisserie, une mise en place soignée facilite grandement la vie. En préparant tout à l'avance, instruments et ingrédients, on risque moins d'oublier des éléments importants et on réduit d'autant le coefficient de difficulté.

Avant de commencer, lire la recette attentivement au moins deux fois. Enfiler un tablier et préparer des linges à vaisselle propres, des mitaines ou des poignées isolantes, et tout le nécessaire pour nettoyer les ustensiles. S'assurer également d'avoir sous la main des chiffons ou des essuie-tout.

Disposer tout l'équipement nécessaire sur le plan de travail, en suivant les étapes de préparation: tasses et cuillères à mesurer, bols, casseroles, batteur électrique, rouleau à pâtisserie, moules, papier-parchemin, etc.

Préparer les moules selon les recommandations de la recette (beurrer, fariner, tapisser de papier-parchemin, etc.) et mettre en place tous les ingrédients requis, en commençant par les ingrédients secs: mesurer la farine, la poudre à pâte, le sel et les mettre dans les contenants appropriés. Sortir ensuite les ingrédients périssables du réfrigérateur et les préparer tel qu'indiqué: couper le beurre en dés, séparer les blancs et les jaunes d'oeufs, mesurer le lait, etc.

Placer les grilles du four à la bonne hauteur et préchauffer le four pendant au moins 10 minutes. Sortir aussi les grilles sur lesquelles refroidiront les moules après la cuisson.

SUR NOS ÉTAGÈRES

LA POUDRE À PÂTE

Au Canada, nous utilisons de la poudre à pâte à action continue: elle commence à produire du CO_2 (du gaz carbonique, qui entraîne la formation de bulles et allège la préparation pour lui permettre de lever) dès qu'elle entre en contact avec un liquide, et elle poursuit son travail au four sous l'effet de la chaleur. Pour profiter de cette action quasi instantanée, il faut verser rapidement la pâte dans les moules et la cuire aussitôt qu'elle est prête. On compte habituellement 1 1/4 c. à thé (6 ml) de poudre à pâte pour chaque tasse (250 ml) de farine. Attention: augmenter la quantité de poudre à pâte au-delà des recommandations de la recette ne rendra pas notre gâteau plus léger et ne le fera pas lever davantage. Au contraire, les bulles deviendront plus grosses et monteront à la surface du mélange au lieu de faire leur travail uniformément dans la pâte, créant un dessert dense et lourd qui prendra inévitablement le chemin de la poubelle.

La poudre à pâte a une durée de vie de 2 ans tant que son contenant est scellé; après l'ouverture, on peut la garder 6 mois seulement. À moins de faire de la pâtisserie chaque semaine, il vaut donc mieux acheter un petit contenant. Pour vérifier si notre poudre à pâte est toujours active, on en ajoute 1 c. à thé (5 ml) à 1 t (250 ml) d'eau chaude. Si le mélange fait des bulles, on peut utiliser la poudre à pâte sans crainte de rater notre recette.

LE BICARBONATE DE SODIUM

Son action se fait sentir lorsqu'il entre en contact avec un ingrédient acide comme le babeurre, le yogourt, la crème sure, les fruits ou le chocolat. Il fait lever la pâte dès que les ingrédients secs et humides entrent en contact. On utilise le bicarbonate de sodium en association avec la poudre à pâte lorsque la recette ne contient pas assez d'éléments acides pour produire suffisamment de CO_2 (le gaz qui fera lever la pâte). Le bicarbonate de sodium a une durée de vie de 12 mois après l'ouverture de la boîte. Pour vérifier s'il est toujours actif, on en ajoute 1/4 c. à thé (1 ml) à 2 c. à thé (10 ml) de vinaigre; si le mélange mousse, on peut utiliser notre bicarbonate de sodium sans problème.

LE CHOCOLAT

Les différents types de chocolat sont classés selon leur proportion de liqueur de chocolat, de beurre de cacao et d'autres ingrédients, dont le sucre. Il existe sur le marché une grande variété de chocolats de qualité, dont celui issu du commerce équitable, qui est de plus en plus facile à trouver. Voici les différents types de chocolat utilisés dans nos recettes.

LE CHOCOLAT NON SUCRÉ

Aussi appelé «chocolat à cuisson». Il s'agit en fait de liqueur de chocolat sans sucre qui a été moulée en blocs. Il a une saveur très amère et ne peut être substitué au chocolat mi-amer ou mi-sucré.

LE CHOCOLAT MI-AMER OU MI-SUCRÉ

Ils contiennent tous deux de la liqueur de chocolat, du beurre de cacao, du sucre, de la vanille et de la lécithine (un émulsifiant). En pâtisserie, on peut utiliser indifféremment l'un ou l'autre, bien que le chocolat mi-amer ait une amertume un peu plus prononcée et une saveur plus intense. Sur l'emballage, le pourcentage indiqué (50 %, 65 %, 70 %, 85 %) correspond à la quantité de solides de cacao que renferme le chocolat: plus le pourcentage est élevé, plus le contenu en beurre de cacao est important. La proportion restante est composée de sucre (attention: le taux de sucre du chocolat mi-sucré varie considérablement selon les marques), d'essences et d'émulsifiant. Dans nos recettes, nous recommandons généralement d'utiliser un chocolat ne dépassant pas 70 % de cacao: il offre un équilibre optimal entre l'amer et le sucré, et contient un bon taux de matières grasses provenant du beurre de cacao.

LE CHOCOLAT SUCRÉ

Il contient les mêmes ingrédients que le chocolat mi-amer ou mi-sucré, mais avec un pourcentage plus élevé de sucre.

LE CHOCOLAT AU LAIT

Il contient un pourcentage variable de poudre de lait ou de lait concentré. Pour le reste, il présente la même composition que les chocolats mi-amer, mi-sucré ou sucré. Il est le plus souvent consommé tel quel, sous forme de barres.

LE CHOCOLAT BLANC

Il ne contient aucune liqueur de cacao, uniquement du beurre de cacao. S'il est de bonne qualité, il sera de couleur crème ou ivoire, contrairement au chocolat blanc industriel – à éviter le plus possible –, qui est d'un blanc pur et qui ne renferme que des graisses végétales et du sucre plutôt que du véritable beurre de cacao. Bien lire l'étiquette avant d'acheter et opter pour une marque réputée.

LA POUDRE DE CACAO

Faite de solides du cacao partiellement écrémés, elle est offerte en deux variétés: naturelle (poudre de cacao non sucrée; on l'utilise en association avec le bicarbonate de sodium) ou de type hollandais (traitée pour neutraliser son acidité naturelle; on l'utilise en association avec la poudre à pâte). On ne doit jamais remplacer la poudre de cacao par une préparation pour chocolat chaud sucré (de type Nesquik).

Astuce de pro

DU CHOCOLAT BIEN CONSERVÉ

Envelopper le chocolat dans du papier d'aluminium; il se conservera jusqu'à 2 ans dans un endroit sombre, frais et sec. Lorsque la température d'entreposage est trop élevée, le beurre de cacao se sépare des solides du cacao, ce qui produit une décoloration et laisse des traces blanchâtres à la surface du chocolat. Ces dernières n'altèrent cependant pas le goût du chocolat.

LA FARINE

LA FARINE TOUT USAGE

La plupart de nos recettes demandent de la farine tout usage. Il en existe trois variétés: la blanche, la blanche non blanchie et celle de blé entier. La farine blanche a été traitée avec du peroxyde de benzoyle, qui enlève le pigment légèrement orangé naturellement présent dans la farine. La farine non blanchie, de plus en plus populaire, n'a subi aucun traitement chimique pour en altérer la couleur. On l'utilise de la même façon que la farine blanche, et elle lève tout aussi bien. Quant à la farine de blé entier, elle est beaucoup plus riche en fibres, parce que le grain n'a pas été dépouillé de son germe. Elle produit des pâtisseries plus denses et au goût plus marqué. Dans la plupart des recettes, on peut remplacer sans problème la moitié de la farine blanche par de la farine de blé entier. Sauf indication contraire, ces farines n'ont pas à être tamisées avant d'être ajoutées aux préparations.

LA FARINE À GÂTEAU ET À PÂTISSERIE

Elle est produite à partir de grains de blé plus mous que ceux utilisés pour la farine tout usage. Il est important de la tamiser avant de la mesurer. Si notre recette demande de la farine tout usage mais qu'on n'en a pas sous la main, on peut la remplacer par de la farine à gâteau et à pâtisserie, en utilisant 1 t + 2 c. à tab (280 ml) de farine à gâteau et à pâtisserie pour chaque tasse (250 ml) de farine tout usage. À l'inverse, on peut remplacer chaque tasse (250 ml) de farine à gâteau et à pâtisserie demandée dans une recette par 1 t - 2 c. à tab (220 ml) de farine tout usage.

LA FARINE À PAIN

Faite de blé dur qui contient un taux plus élevé de gluten, elle est un bon choix pour les recettes de pains et de brioches qui requièrent de la levure sèche active ou du levain. On la trouve en versions blanche, multigrain et de blé entier. Elle ne requiert pas de tamisage et peut être remplacée par de la farine tout usage.

Astuce de pro

DE LA FARINE BIEN CONSERVÉE

La farine blanche et la farine non blanchie se conservent pendant 12 mois à partir de la date de fabrication. Cette date est souvent inscrite sur le dessus du paquet. On les garde dans un contenant hermétique placé dans un endroit frais, à l'abri de la lumière. Les farines de blé entier ou multigrain ont une durée de vie de 9 mois. Comme elles rancissent plus facilement à cause des huiles naturelles contenues dans le germe, il est préférable de les entreposer au congélateur, dans un contenant hermétique.

LE SUCRE

La pâtisserie demande étonnamment peu de produits sucrés. Voici ceux que nous utilisons dans nos recettes.

LE SUCRE GRANULÉ

Le sucre blanc granulé est utilisé pour la plupart des desserts et des pâtisseries. Il existe aussi du sucre granulé formé de cristaux plus gros, qu'on appelle «sucre cristallisé» ou «sucre perlé»: c'est un sucre de décoration utilisé surtout par les professionnels.

LE SUCRE À FRUITS
(sucre extra-fin)

Il s'agit d'un sucre granulé très fin, qui est utilisé dans la préparation de boissons ou de salades de fruits. Il se dissout quasi instantanément.

LE SUCRE GLACE
(sucre en poudre)

Cette forme de sucre granulé réduit en poudre très fine contient environ 3 % de fécule de maïs, ce qui l'empêche de s'agglomérer. Il permet de faire des préparations très crémeuses, comme des glaçages. On le saupoudre aussi sur les beignes, les biscuits ou les crêpes.

LA CASSONADE
(sucre brun)

Fait de sucre blanc granulé et de mélasse, ce sucre à texture humide devrait toujours être conservé dans son sac de plastique d'origine, placé dans un contenant hermétique et entreposé à l'abri de la lumière et de la chaleur, sans quoi il s'agglomère en un pain très dur. On l'utilise dans une grande variété de desserts, comme les muffins, les barres, les croustades et les biscuits. Il donne une texture légèrement humide aux pâtisseries et a un délicieux goût de mélasse, plus ou moins prononcé selon la teinte de la cassonade (foncée ou dorée). Lorsqu'on mesure la cassonade, on doit toujours la tasser légèrement.

LE SUCRE ROUX
DE TYPE DEMERARA
(sucre brut, sucre turbinado
ou sucre de plantation)

Le sucre roux est un sucre à gros cristaux qu'on a lavé deux fois pour le rendre propre à la consommation. On l'utilise souvent pour garnir des pains ou des pâtisseries à leur sortie du four, ou pour sucrer des boissons chaudes. Il a une agréable saveur caramélisée qui lui vient de son enrobage de mélasse.

LE MIEL ET
LE SIROP D'ÉRABLE

Ces édulcorants naturels ont une saveur prononcée. Dans les desserts et les pâtisseries, on les utilise généralement pour leur goût bien distinctif, et pas simplement pour sucrer les préparations.

LES NOIX

Pour un maximum de fraîcheur, acheter des noix entières ou en moitiés, et les hacher au besoin. À cause de leur contenu élevé en gras, les noix ont tendance à rancir rapidement, surtout les noix de Grenoble et de macadam ainsi que les noisettes; il vaut donc mieux les conserver au congélateur, dans un contenant hermétique. Par contre, les amandes ont une durée de vie assez longue. On peut donc se procurer des amandes en tranches ou en bâtonnets, qui nous feront gagner beaucoup de temps lors de la préparation de certaines recettes.

LES ÉPICES

Comme les épices moulues perdent leur arôme après 6 mois, il est préférable de les acheter en petites quantités. On les entrepose dans des contenants hermétiques, dans un endroit sombre et frais, en notant la date d'achat sur les contenants. Mais l'idéal est encore d'acheter des épices entières et de les moudre au besoin, au moulin à café ou à épices (qu'on nettoie bien après chaque utilisation pour éviter que les saveurs ne se mélangent). Pour la muscade, acheter idéalement des noix entières et les râper à mesure à l'aide d'une petite râpe conçue à cet effet (dans les boutiques d'accessoires de cuisine).

LA VANILLE

On peut utiliser de l'essence de vanille pure ou se procurer des gousses de vanille, qu'on gratte à l'aide d'un petit couteau pointu pour en extraire les graines. On trouve maintenant des gousses dans plusieurs épiceries et dans les boutiques spécialisées. Éviter l'essence de vanille artificielle, qui contient de la vanilline de synthèse et n'offre pas la richesse de l'essence pure.

LA LEVURE

Très utile pour la pâtisserie et la boulangerie. Elle se conserve jusqu'à 1 an dans un endroit frais et sec, à l'abri de la lumière.

LA GÉLATINE

En épicerie, on la trouve le plus souvent en sachets, sous forme de poudre; on la trouve aussi en feuilles dans les boutiques spécialisées. On doit toujours la faire gonfler sur un liquide froid pendant 5 minutes avant de la dissoudre complètement dans un liquide chaud mais non bouillant (suivre les instructions sur l'emballage). Un sachet permet de faire prendre 2 t (500 ml) de préparation. Attention: les ananas frais, les papayes et les kiwis contiennent une enzyme qui empêche la gélatine de prendre.

NOS MEILLEURS TRUCS

Pour la liste des outils nécessaires (moules, fouet, spatule, etc.),
consulter la section Savoir-faire au début de chacun des chapitres.

A

B

C

LA BONNE MESURE

● Pour des résultats optimaux, il est essentiel d'avoir de véritables cuillères et tasses à mesurer (on n'utilise pas notre tasse à café préférée ou nos cuillères pour la soupe). Les mesures seront ainsi beaucoup plus précises. C'est d'ailleurs un des éléments de réussite en pâtisserie.

● Pour mesurer les ingrédients secs ou les ingrédients denses comme la cassonade, utiliser des tasses à mesurer pour ingrédients secs, en métal ou en plastique. On les trouve en formats de

1/4 t (60 ml), 1/3 t (80 ml), 1/2 t (125 ml) et 1 t (250 ml); elles sont souvent vendues ensemble. Celles en métal sont plus résistantes et plus durables. Pour obtenir la bonne mesure, remplir la tasse à l'aide d'une cuillère (A), puis racler le rebord avec un couteau ou une spatule (B). Évidemment, on se place au-dessus du contenant de sucre ou de farine pour éviter les dégâts. Pour les petites quantités, on choisit de véritables cuillères à mesurer, habituellement vendues ensemble elles aussi, en formats de 1/4 c. à thé (1 ml),

1/2 c. à thé (2 ml), 1 c. à thé (5 ml) et 1 c. à tab (15 ml). Toujours remplir la cuillère à pleine capacité, sans la surcharger.

● Pour les ingrédients liquides, utiliser une tasse à mesurer pour liquides d'une capacité de 2 t (500 ml) ou de 4 t (1 L). Les modèles en pyrex (C) sont les plus pratiques et les plus durables.

FAIRE FONDRE LE CHOCOLAT

Si notre chocolat devient granuleux et dur au lieu de fondre, c'est qu'on n'a pas réussi à le tempérer adéquatement. Il s'agit en fait d'amener le chocolat à une certaine température pour qu'il fonde en douceur, puis de le laisser refroidir pour le stabiliser. La technique la plus simple consiste à mettre le chocolat haché grossièrement dans un bol placé sur une casserole d'eau chaude mais non bouillante, et de brasser jusqu'à ce qu'il soit fondu. On retire ensuite le bol de la casserole et on continue de brasser encore un peu, puis on laisse tiédir. Le chocolat est alors prêt à être utilisé. Pour tempérer le chocolat au micro-ondes, la technique est plus difficile à maîtriser: on réchauffe le chocolat noir à intensité moyenne (50 %) en brassant aux 30 secondes jusqu'à ce qu'il soit fondu aux trois quarts. On continue alors de brasser jusqu'à ce qu'il soit complètement fondu. Le chocolat blanc et le chocolat au lait doivent être réchauffés à intensité moyenne-faible (30 %), car ils brûlent facilement. Nos recettes incluent toujours la procédure pour tempérer le chocolat, au besoin.

FAIRE GRILLER NOIX, GRAINES ET NOIX DE COCO

Faire griller les petites quantités à sec (sans corps gras) dans un poêlon chauffé à feu moyen, jusqu'à ce que les noix soient légèrement dorées et qu'elles dégagent leur arôme. Pour des quantités supérieures à 1/2 t (125 ml), étaler les noix sur une plaque de cuisson tapissée de papier-parchemin. Faire griller au four préchauffé à 350°F (180°C) de 3 à 5 minutes pour les graines de tournesol, les noix de pin et les graines de citrouille (remuer une fois en cours de cuisson), ou pendant 10 minutes pour les amandes, les pacanes et les noix de cajou (remuer une ou deux fois). Toujours laisser refroidir complètement avant de hacher les noix grillées et de les ajouter à la recette.

POUR DES GÂTEAUX ET DES MUFFINS MOELLEUX

Placer sur la grille inférieure du four un petit bol résistant à la chaleur et contenant 1/2 t (125 ml) d'eau.

UN CARAMEL IMPEC À TOUT COUP

En sauce, en friandise salée, en guise de fond pour un gâteau, en garniture croquante, mélangé avec des noix, marié à du chocolat, le caramel est partout. Pour le réussir, il suffit de suivre ces quelques règles simples.

● Choisir une casserole à fond épais et à long manche, d'une capacité de 12 t (3 L), et y fixer un thermomètre à bonbons.

● Réunir tous les ingrédients nécessaires à la préparation avant de commencer.

● Lorsque le mélange de sucre et d'eau (qui sert de base à toutes les formes de caramel) commence à bouillir, brosser la paroi de la casserole avec un pinceau à pâtisserie trempé dans l'eau pour éviter la formation de cristaux de sucre.

● Faire attention aux éclaboussures, car la préparation sera très chaude.

● Lorsque le sirop commence à prendre une teinte ambrée, remuer la casserole délicatement (sans brasser) pour mélanger le sirop plus foncé et le sirop plus clair. Il faut être très vigilant lors de cette étape, car le sucre caramélisé dore très rapidement et a tendance à brûler. Retirer la casserole du feu lorsque le caramel a atteint la température indiquée dans la recette. Pour un caramel de base, retirer la casserole dès que le caramel a atteint la couleur désirée.

● S'éloigner de la casserole lorsqu'on ajoute un liquide (de la crème, par exemple), car le caramel se mettra à bouillonner furieusement.

● Utiliser un fouet pour bien dissoudre les particules de caramel attachées au fond de la casserole.

TRAVAILLER AVEC LES OEUFS

Les oeufs sont un ingrédient indispensable dans de nombreuses recettes de pâtisserie et de desserts. Mais ils sont fragiles. Quelques trucs pour mieux les utiliser.

● Toujours choisir des oeufs de calibre gros et d'une fraîcheur parfaite.

● Lors de la préparation de gâteaux, de muffins ou de tartes, casser les oeufs individuellement dans une petite soucoupe pour s'assurer de leur fraîcheur avant de les ajouter au mélange.

● Lorsqu'on prépare une sauce à base d'oeufs, comme une crème anglaise ou une garniture au citron, prendre le temps de tempérer les oeufs pour éviter la formation de grumeaux. Voici comment procéder. Battre les oeufs jusqu'à ce qu'ils soient mousseux et d'une teinte uniforme. Ajouter quelques cuillerées du liquide chaud (lait, crème, sirop) et mélanger rapidement au fouet. Répéter l'opération jusqu'à ce qu'environ le quart de la préparation chaude soit incorporée au mélange d'oeufs, puis verser le reste du liquide chaud sur les oeufs en mélangeant bien. Remettre la préparation dans la casserole et poursuivre la cuisson tel qu'indiqué dans la recette.

● Un bon moyen de savoir si notre sauce à base d'oeufs est prête: faire le test du nappage. Si la préparation nappe parfaitement le dos d'une cuillère et qu'elle y tient, c'est qu'elle est prête.

● Pour obtenir la consistance parfaite, on filtre généralement les sauces à base d'oeufs dans un tamis fin. On remet ensuite la sauce dans la casserole, puis on immerge cette dernière dans un bain d'eau froide jusqu'aux trois quarts de la paroi, en remuant constamment. Cela permettra de refroidir la sauce et d'éviter la formation d'une peau caoutchouteuse à la surface. On la verse ensuite dans un bol, on couvre d'une pellicule de plastique, puis on met au réfrigérateur.

● Pour parvenir à battre des blancs d'oeufs en neige, on doit utiliser des fouets et un bol d'une propreté parfaite, sans quoi les blancs ne monteront pas, surtout s'il y a du gras sur les ustensiles.

● Notre recette demande de séparer les blancs des jaunes? Il est plus facile de faire cette opération lorsque les oeufs sont bien froids. On les laisse ensuite atteindre la température ambiante avant de les ajouter à la recette (c'est toujours préférable en pâtisserie).

● Pour séparer le blanc du jaune, casser délicatement l'oeuf en deux en travaillant au-dessus d'un bol. À l'aide d'une des deux moitiés de la coquille, transférer le jaune dans l'autre moitié en faisant tomber le blanc dans le bol. Il faut habituellement procéder en deux temps pour bien séparer tout le blanc du jaune. Si une goutte de jaune tombe dans le blanc, la retirer aussitôt avec une cuillère: cela empêcherait le blanc de monter.

FOUETTER LA CRÈME

Contrairement aux blancs d'oeufs, qui doivent être à la température ambiante pour monter en neige facilement, la crème doit être très froide pour former de beaux pics. Même les bols et les fouets du batteur doivent être refroidis (et très propres). On choisit une crème à 35 % de matières grasses, dont l'emballage porte l'indication «crème à fouetter». Lorsqu'on fouette la crème, on peut utiliser un batteur électrique sur socle: il fait un excellent travail, mais comme il est très rapide, il faut surveiller attentivement la crème fouettée afin qu'elle ne tourne pas en beurre.

BISCUITS

*Débordants de chocolat, de noix, de caramel ou de fruits séchés,
façonnés à la cuillère, roulés à la main ou taillés à l'emporte-pièce,
les biscuits apportent une bonne dose de plaisir et de réconfort.*

Rien n'est plus gratifiant que de préparer une fournée de biscuits. Faciles à réussir, ils embaument la maison et permettent d'initier les petits à la cuisine dans la bonne humeur. Ils se conservent bien, se congèlent bien et se décorent bien. Ils font de merveilleux cadeaux et sont parfaits autant dans la boîte à lunch que dans le sac de randonnée ou pour la pause café.

De plus, avec leur vaste gamme de textures et de saveurs, les biscuits séduisent même les plus exigeants. Pas étonnant qu'on les retrouve dans toutes les cultures culinaires du monde: biscottis italiens, tuiles françaises, spéculoos belges, biscuits au gingembre suédois, linzer aux noix allemands, fekkas aux amandes marocains... La liste pourrait s'allonger indéfiniment.

Aucun doute, les biscuits, ça plaît à tout le monde. Pour s'amuser, on les cuisine en famille ou entre amis, et on fait des échanges!

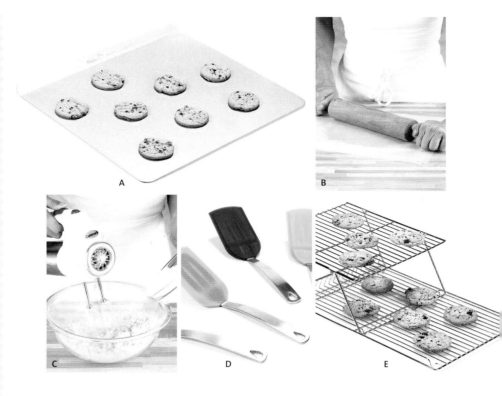

A   B   C   D   E

LES BONS OUTILS

Cuisiner des biscuits nécessite des outils particuliers, mais peu coûteux. Voici les incontournables.

Plaques à biscuits (2) (A). De forme rectangulaire, elles sont souvent antiadhésives pour éviter que les biscuits ne collent. Elles sont offertes avec ou sans rebord; cette dernière option facilite le transfert des biscuits sur la grille après la cuisson. Une bonne plaque doit être assez épaisse, brillante et pâle, pour ne pas absorber trop vite la chaleur. Les modèles à double fond (plaques isolantes) sont recommandés pour les biscuits moelleux, qu'on veut garder pâles.

Rouleau à pâtisserie (B). On l'utilise dans toutes les recettes de biscuits à l'emporte-pièce. Les modèles en bois et ceux en verre sont les plus courants, et ils se nettoient bien.

Batteur électrique (C). Un allié de taille pour défaire le beurre en crème avec le sucre et les oeufs, et pour incorporer la farine de façon homogène.

Spatule à biscuits (D). Celles dont la surface est en silicone n'égratignent pas le revêtement antiadhésif des plaques.

Grilles (2) (E). Elles sont essentielles pour laisser refroidir les biscuits après la cuisson. Il existe d'astucieux modèles à deux étages, qui font gagner de l'espace.

F

G

H

I

J

K

BIEN CONSERVÉS

Les biscuits et les barres se conservent au moins 3 jours à la température ambiante, dans des boîtes de métal ou des pots à biscuits. Éviter le plastique, qui les ferait ramollir.

ON LAISSE REFROIDIR!

Tant qu'ils sont chauds, les biscuits sont très fragiles. Pour éviter qu'ils ne se brisent, les laisser reposer de 5 à 10 minutes sur la plaque de cuisson avant de les transférer délicatement sur une grille à l'aide d'une spatule. Laisser refroidir complètement.

Cuillère à pâte à biscuits (F). Elle ressemble à une mini-cuillère à crème glacée et permet de faire des biscuits de taille identique et au contour régulier, sans se coller les doigts.

Grands bols à mélanger et cuillères de bois (G). On choisit des bols résistants à la chaleur, idéalement en pyrex ou en céramique. Les cuillères de bois doivent être robustes, avec un manche suffisamment long. On les utilise notamment pour finir de mélanger la pâte, lorsqu'elle est devenue trop compacte pour le batteur électrique.

Papier-parchemin (H). Un must! Ce papier sulfurisé est vendu en rouleau dans toutes les épiceries, à un prix modique. Imperméable, il n'absorbe pas le gras, empêche les biscuits de coller et de brûler, et facilite le lavage des plaques.

D'autres outils utiles: un verre (on peut utiliser la base pour former les biscuits à la cuillère) (I), des emporte-pièces de différentes formes (J), des jarres pour mieux conserver nos biscuits (K).

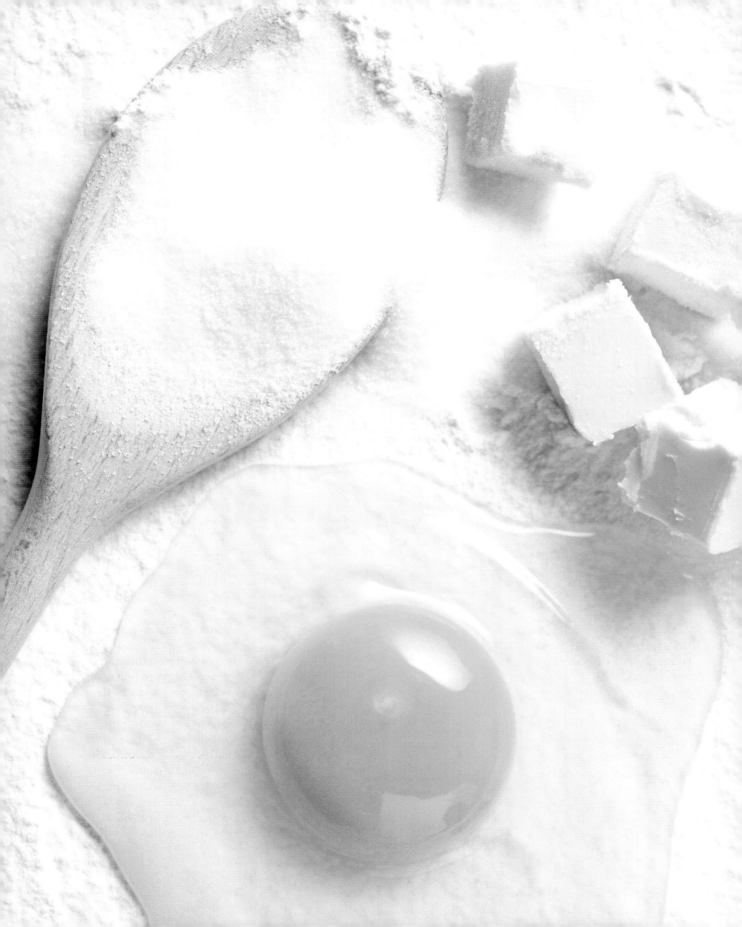

LES MEILLEURS INGRÉDIENTS

Pour des résultats optimaux, on ne lésine pas sur la qualité des ingrédients.
Et on respecte scrupuleusement les quantités spécifiées dans la recette!

Le beurre. Pour obtenir une texture parfaite, une belle coloration dorée et une saveur
incomparable, le beurre demeure l'ingrédient-clé. La plupart des recettes de ce livre
requièrent du beurre salé ramolli, à la température ambiante. Si on utilise du beurre
non salé, on ajoute une pincée de sel pour chaque tasse (250 ml) de beurre requise
dans la préparation.

Moins de matières grasses? On peut remplacer la moitié du beurre par de la purée
de fruits (pommes, poires, dattes), mais uniquement dans les recettes de biscuits
à la cuillère et de barres-biscuits. Les biscuits façonnés, les biscottis ou les biscuits
à l'emporte-pièce deviendraient trop mous pour garder leur forme et perdraient
un de leurs grands attraits: le croquant!

Le sucre. À moins d'indication contraire, on utilise ici du sucre blanc granulé,
qu'on trouve facilement dans toutes les épiceries. Le sucre brun brut contient
de la mélasse, ce qui donne des biscuits moins croustillants; on le réserve donc pour
les biscuits légèrement moelleux (comme les galettes à l'avoine) plutôt que pour
les sablés.

Les oeufs. Toutes nos recettes demandent des oeufs de calibre gros. Pour s'assurer
qu'ils sont bien frais, on les casse dans un petit bol avant de les ajouter au reste des
ingrédients. Comme le beurre, les oeufs doivent être à la température ambiante.

La farine. Pour nos recettes de biscuits, on utilise de la farine tout usage. On peut
opter pour de la farine ordinaire ou pour de la farine non blanchie: le résultat
sera identique (voir introduction, p. 16). Nos biscuits sont trop secs à la sortie
du four, même si on a respecté scrupuleusement le temps de cuisson suggéré?
Généralement, c'est qu'on a incorporé trop de farine dans la pâte. Pour éviter ce
problème, on met d'abord la farine dans un bol pour l'aérer. À l'aide d'une cuillère, on
la dépose ensuite petit à petit dans la tasse à mesurer, sans la compacter ni frapper
la tasse contre le comptoir de cuisine. On l'égalise en passant une spatule ou un
couteau à la surface.

Astuce de pro

FOUR ORDINAIRE OU À CONVECTION?

Avec un four ordinaire, on a deux
possibilités: cuire une plaque
à la fois sur la grille du milieu,
ou cuire deux plaques à la fois
en en plaçant une sur la grille
inférieure et l'autre sur la grille
supérieure. Il faut cependant
prendre soin d'intervertir
et de tourner les plaques
à la mi-cuisson.

Si on possède un véritable
four à convection, muni d'un
troisième élément chauffant et
d'un ventilateur, on peut cuire
trois plaques à la fois, car l'air
chaud y circule mieux. Attention,
toutefois: ce type de four cuit
jusqu'à 25 % plus vite que les
modèles ordinaires. On devra
donc réduire la température de
25°F (12°C) et garder l'oeil sur
nos biscuits pour éviter de passer
tout droit. Par la suite, on ajuste
les temps de cuisson en fonction
des résultats obtenus.

PRATIQUES, LES BISCUITS
EN ROULEAUX!

Conservée au frigo ou au congélateur, la pâte en rouleaux est fort pratique: elle permet d'obtenir rapidement des biscuits tout juste sortis du four. Il suffit de couper la pâte au couteau et de cuire les biscuits selon les indications de la recette.

● Préparer la pâte à biscuits et la diviser selon les instructions de la recette. Façonner ensuite chaque boule de pâte en un cylindre (A) et l'envelopper de papier ciré. Dans un mouvement de va-et-vient régulier, donner aux rouleaux le diamètre et la longueur désirés.

● Mesurer les rouleaux pour s'assurer que leur taille correspond à celle demandée dans la recette (B) (cela permet d'obtenir le bon rendement et l'épaisseur de biscuits souhaitée). Tourner les extrémités du papier de façon à obtenir des papillotes (C). Réfrigérer la pâte au moins 1 heure, en la roulant à quelques reprises pour qu'elle conserve sa forme.

● À l'aide d'un couteau bien aiguisé, couper la pâte selon l'épaisseur indiquée dans la recette, puis déposer les biscuits sur une plaque. Espacer les biscuits de 1 à 2 po (2 à 5 cm) pour éviter qu'ils ne collent ensemble et les cuire selon les instructions de la recette.

● Les rouleaux de pâte enveloppés de papier ciré se conserveront au réfrigérateur jusqu'à 1 semaine, dans un contenant hermétique. Pour les congeler, voir *Pour congeler la pâte à biscuits* (ci-contre).

A

B

C

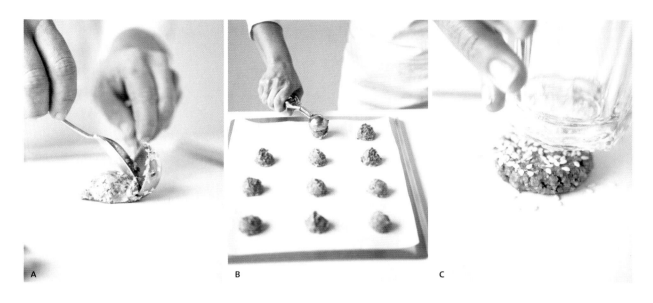

A   B   C

FAÇONNER NOS BISCUITS
À LA CUILLÈRE

**La pâte à biscuits à la cuillère est celle qui demande le moins de préparation.
C'est la plus molle et la plus facile à réussir; elle est donc idéale pour les débutants.**

● Pour des biscuits parfaits, on évite de trop mélanger la pâte et on prend le temps
de bien former nos biscuits à l'aide de deux petites cuillères ou d'une cuillère à pâte
à biscuits (A). Comme la pâte s'étend à la cuisson, on dépose les biscuits non cuits sur
les plaques en les espaçant de 2 po (5 cm), pour éviter qu'ils ne collent ensemble (B).

● Certaines recettes recommandent de faire refroidir la pâte avant de la cuire:
cela permet d'obtenir des biscuits plus épais, parce qu'ils conservent mieux leur
forme. Pour ce faire, on prépare la pâte à l'avance et on la façonne en biscuits.
On réfrigère ensuite les biscuits sur les plaques de 30 minutes à 1 heure. Si désiré, on
roule les biscuits refroidis dans la paume des mains, de façon à former des boules,
ou on les aplatit légèrement en s'aidant du fond d'un verre ou avec notre pouce (C).
Cuire selon les instructions de la recette.

Astuce de pro

**DES PLAQUES
BIEN REFROIDIES**
Pour que nos biscuits ne
s'étendent pas trop à la cuisson
et que le dessous ne brunisse
pas trop vite, il faut s'assurer que
les plaques sont revenues à la
température ambiante avant
de cuire une seconde fournée.
L'idéal est d'utiliser quatre
plaques, en alternance. On peut
aussi placer les plaques
au réfrigérateur ou au
congélateur quelques minutes.

LA MAGIE DE L'EMPORTE-PIÈCE

La pâte à biscuits à l'emporte-pièce a une consistance plus ferme, ce qui permet de l'abaisser facilement au rouleau à pâtisserie. L'utilisation d'emporte-pièces permet de varier les formes à l'infini et de créer des biscuits pour toutes les occasions: l'anniversaire de fiston, l'Halloween, Noël, etc. On n'a qu'à décorer nos chefs-d'oeuvre selon l'inspiration du moment. Et c'est une activité vraiment amusante à faire avec les enfants!

● Préparer la pâte à biscuits tel qu'indiqué dans la recette et la diviser en deux portions égales. Façonner chaque portion en un disque. Envelopper les disques de pâte d'une pellicule de plastique et laisser reposer au réfrigérateur pendant au moins 1 heure ou jusqu'à ce que la pâte soit assez ferme pour être abaissée facilement.

● Placer un disque de pâte entre deux feuilles de papier ciré. À l'aide d'un rouleau à pâtisserie, abaisser la pâte jusqu'à l'épaisseur indiquée dans la recette (A). Si elle colle au papier, ajouter un peu de farine. On peut aussi abaisser la pâte sur une surface légèrement farinée, mais elle absorbe alors davantage de farine, ce qui fait durcir les biscuits.

● À l'aide d'un emporte-pièce de la forme désirée, découper des biscuits dans l'abaisse (B). Prendre soin de découper les biscuits le plus près possible les uns des autres afin de ne pas gaspiller de pâte (évidemment, on peut abaisser de nouveau les retailles, mais plus on manipule la pâte, plus elle durcit). Pour éviter que les emporte-pièces ne collent à la pâte, les saupoudrer de farine, au besoin.

Astuce de pro

POUR CONGELER LES BISCUITS CUITS

Pour congeler barres et biscuits, on les place côte à côte dans des contenants hermétiques, en couches superposées, en prenant soin de séparer chaque étage d'une feuille de papier ciré. Les biscuits avec une garniture doivent être congelés côte à côte sur une plaque avant d'être placés dans des contenants hermétiques. Ils se conserveront ainsi jusqu'à 1 mois.

DES BISCOTTIS QUI CRAQUENT
SOUS LA DENT

En italien, *biscotti* signifie «cuit deux fois»: c'est cette double cuisson qui permet d'obtenir des biscuits très croustillants, que l'on trempera avec plaisir dans le café ou le thé.

⬤ Préparer la pâte en suivant la recette et la diviser en deux ou trois bûchettes de 12 po (30 cm) de longueur. Aplatir légèrement les bûchettes et arrondir les extrémités. Mettre les portions de pâte sur une plaque à biscuits en les espaçant de 2 à 4 po (5 à 10 cm). Cuire une première fois tel qu'indiqué dans la recette, une plaque à la fois.

⬤ Laisser refroidir les bûchettes jusqu'à ce qu'elles puissent être manipulées facilement. À l'aide d'un couteau denté, couper la pâte sur le biais en tranches de 1 po (2,5 cm) d'épaisseur (A). Déposer les tranches de biscottis debout (et non à plat) sur la plaque à biscuits, en les espaçant de 1 po (2,5 cm) (B). Cuire les biscottis tel qu'indiqué dans la recette.

A

B

BISCUITS SUCRÉS-SALÉS
AUX *amandes* ET AU CHOCOLAT

Donne environ 30 biscuits.
Préparation: 30 min
Cuisson: 8 à 10 min

1 t	amandes en tranches, grillées	250 ml
6 c. à tab	beurre ramolli	90 ml
1/2 t	sucre	125 ml
1/2 t	cassonade tassée	125 ml
2	oeufs	2
1 c. à thé	vanille	5 ml
3 c. à tab	lait	45 ml
1 1/4 t	farine	310 ml
1/2 c. à thé	poudre à pâte	2 ml
1/2 c. à thé	bicarbonate de sodium	2 ml
1 c. à thé	fleur de sel	5 ml
1 t	brisures de chocolat mi-sucré	250 ml

1 Au robot culinaire ou au mélangeur, moudre finement la moitié des amandes. Réserver. Dans un grand bol, à l'aide d'un batteur électrique, battre le beurre, le sucre et la cassonade jusqu'à ce que le mélange soit léger. Ajouter les oeufs un à un, en battant bien après chaque addition. Incorporer la vanille et le lait. Dans un autre bol, mélanger la farine, les amandes moulues réservées, la poudre à pâte, le bicarbonate de sodium et la fleur de sel. Ajouter les ingrédients secs au mélange de beurre en battant jusqu'à ce que la pâte soit homogène. À l'aide d'une cuillère de bois, incorporer les brisures de chocolat et le reste des amandes.

2 Laisser tomber la pâte, 1 c. à thé comble (environ 10 ml) à la fois, sur des plaques à biscuits tapissées de papier-parchemin, en espaçant les biscuits d'environ 2 po (5 cm).

3 Déposer une plaque à biscuits sur la grille supérieure du four préchauffé à 350°F (180°C) et une autre sur la grille inférieure. Cuire de 8 à 10 minutes ou jusqu'à ce que les biscuits soient légèrement dorés (intervertir et tourner les plaques à la mi-cuisson). Déposer les plaques sur des grilles et laisser refroidir pendant 5 minutes. Déposer les biscuits sur les grilles et laisser refroidir complètement.

Par biscuit: • calories: 115 • protéines: 2 g • matières grasses: 6 g (3 g sat.) • cholestérol: 13 mg • glucides: 15 g • fibres: 1 g • sodium: 85 mg

BISCUITS AU *chocolat*
ET AUX NOIX DE MACADAM

3 Laisser tomber la pâte, environ 1 c. à tab (15 ml) à la fois, sur des plaques à biscuits tapissées de papier-parchemin, en espaçant les biscuits d'environ 2 po (5 cm).

4 Déposer une plaque à biscuits sur la grille supérieure du four préchauffé à 350°F (180°C) et une autre sur la grille inférieure. Cuire de 8 à 9 minutes ou jusqu'à ce que le pourtour des biscuits soit ferme et que le centre soit encore mou (intervertir et tourner les plaques à la mi-cuisson). Déposer les plaques sur des grilles et laisser refroidir pendant 5 minutes. Déposer les biscuits sur les grilles et laisser refroidir complètement.

Par biscuit : • calories: 125 • protéines: 1 g • matières grasses: 8 g (3 g sat.) • cholestérol: 12 mg • glucides: 13 g • fibres: 1 g • sodium: 10 mg

Zoom ingrédient

Originaires d'Australie, les noix de macadam ont une saveur qui rappelle la noix de coco. Bien dodues, elles ajoutent une note délicieusement croquante aux biscuits. Elles sont offertes entières, écalées et non salées dans les magasins d'aliments naturels et en vrac. Comme elles sont assez coûteuses (30 $/kg), on peut les remplacer par des amandes, au besoin.

Donne environ 40 biscuits.
Préparation: 35 min
Cuisson: 9 à 11 min

8 oz	chocolat mi-amer haché	250 g
2 c. à tab	beurre	30 ml
2/3 t	sucre	160 ml
2	oeufs	2
1 c. à thé	vanille	5 ml
1/2 t	farine	125 ml
1/4 c. à thé	poudre à pâte	1 ml
2 t	noix de macadam hachées grossièrement (environ 7 oz/200 g)	500 ml
1 1/2 t	brisures de chocolat mi-sucré	375 ml

1 Dans un bol allant au micro-ondes, mettre le chocolat mi-amer et le beurre. Chauffer au micro-ondes, à puissance moyenne (50 %), de 1 à 2 minutes ou jusqu'à ce que le chocolat commence à fondre. À l'aide d'une cuillère de bois, remuer jusqu'à ce que le chocolat ait complètement fondu. Laisser refroidir.

2 Dans un grand bol, à l'aide d'un batteur électrique, battre le sucre et les oeufs jusqu'à ce que le mélange soit crémeux. Incorporer le chocolat fondu refroidi et la vanille. Dans un autre bol, mélanger la farine et la poudre à pâte. Ajouter les ingrédients secs au mélange de chocolat fondu et battre jusqu'à ce que la pâte soit homogène. À l'aide d'une cuillère de bois, incorporer les noix de macadam et les brisures de chocolat.

BISCUITS AU *chocolat*,
À LA NOIX DE COCO ET AUX PACANES

Donne environ 35 biscuits.
Préparation: 25 min
Cuisson: 8 à 10 min

1/4 t	beurre ramolli	60 ml
3/4 t	cassonade tassée	180 ml
1/2 c. à thé	bicarbonate de sodium	2 ml
1	pincée de sel	1
1	oeuf	1
1 c. à thé	vanille	5 ml
2/3 t	farine	160 ml
2/3 t	flocons d'avoine	160 ml
1/4 t	poudre de cacao non sucrée	60 ml
3 oz	chocolat mi-amer haché	90 g
1/3 t	flocons de noix de coco non sucrés (environ)	80 ml
1/3 t	pacanes grillées, hachées (environ)	80 ml

1 Dans un grand bol, à l'aide d'un batteur électrique, battre le beurre pendant 30 secondes. Ajouter la cassonade, le bicarbonate de sodium et le sel et battre jusqu'à ce que la préparation soit homogène. Ajouter l'oeuf et la vanille, puis la farine, en battant. À l'aide d'une cuillère, incorporer les flocons d'avoine et le cacao. Ajouter le chocolat, les flocons de noix de coco et les pacanes et mélanger.

2 Laisser tomber la pâte, 1 c. à thé (5 ml) à la fois, sur deux plaques à biscuits non beurrées, en espaçant les biscuits d'environ 2 po (5 cm). Si désiré, parsemer de pacanes hachées et de flocons de noix de coco.

3 Mettre une plaque sur la grille supérieure du four préchauffé à 350°F (180°C) et l'autre sur la grille inférieure. Cuire de 8 à 10 minutes ou jusqu'à ce que le dessus des biscuits ait pris et que le pourtour soit ferme, sans plus (intervertir et tourner les plaques à la mi-cuisson). Déposer les plaques sur des grilles et laisser refroidir pendant 1 minute. Déposer les biscuits sur les grilles et laisser refroidir complètement. (Vous pouvez préparer les biscuits à l'avance et les mettre dans un contenant hermétique. Ils se conserveront jusqu'à 2 jours à la température ambiante ou jusqu'à 3 mois au congélateur.)

Par biscuit: • calories: 75 • protéines: 1 g • matières grasses: 4 g (2 g sat.) • cholestérol: 10 mg • glucides: 10 g • fibres: 1 g • sodium: 35 mg

MACARONS AU *chocolat* ET AUX PACANES

Donne environ 56 macarons.
Préparation: 20 min
Cuisson: 30 min

1 3/4 t	pacanes hachées	430 ml
2 1/2 t	sucre glace	625 ml
3/4 t	poudre de cacao non sucrée	180 ml
1	pincée de sel	1
4	blancs d'oeufs	4
1 c. à tab	vanille	15 ml
1/2 t	brisures de chocolat mi-sucré	125 ml

1 Étaler les pacanes hachées sur une plaque de cuisson. Cuire au four préchauffé à 350°F (180°C) pendant 6 minutes ou jusqu'à ce qu'elles soient dorées et dégagent leur arôme. Laisser refroidir.

2 Dans un grand bol, tamiser le sucre glace, la poudre de cacao et le sel. Ajouter les blancs d'oeufs et la vanille. À l'aide d'un batteur électrique, battre la préparation pendant 10 minutes ou jusqu'à ce qu'elle ait épaissi. Ajouter les pacanes grillées refroidies et les brisures de chocolat et mélanger à l'aide d'une cuillère.

3 Sur deux plaques à biscuits tapissées de papier-parchemin, laisser tomber la pâte, 1 c. à thé (5 ml) à la fois, en espaçant les macarons d'environ 2 po (5 cm).

4 Cuire au centre du four préchauffé à 350°F (180°C) pendant 12 minutes ou jusqu'à ce que les macarons soient brillants. Déposer les plaques sur des grilles et laisser refroidir 5 minutes. Déposer les macarons sur les grilles et laisser refroidir complètement. Cuire le reste des macarons de la même manière. (Vous pouvez préparer les macarons à l'avance et les mettre dans un contenant hermétique, en séparant chaque étage d'une feuille de papier ciré. Ils se conserveront jusqu'à 2 semaines à la température ambiante ou jusqu'à 1 mois au congélateur.)

Par macaron: • calories: 54 • protéines: 1 g • matières grasses: 3 g (1 g sat.) • cholestérol: aucun • glucides: 7 g • fibres: 1 g • sodium: 5 mg

TUILES AUX *noix du Brésil*

Donne environ 80 tuiles.
Préparation: 15 min
Cuisson: 1 h

1/2 t	beurre	125 ml
1/2 t	cassonade tassée	125 ml
1/2 t	sirop de maïs	125 ml
1 c. à thé	jus de citron	5 ml
1 c. à thé	vanille	5 ml
1 c. à thé	gingembre moulu	5 ml
1	pincée de sel	1
1 t	farine	250 ml
1/2 t	noix du Brésil hachées finement	125 ml

1 Dans une casserole, faire fondre le beurre avec la cassonade, le sirop de maïs, le jus de citron et la vanille, en brassant jusqu'à ce que la cassonade soit dissoute. Retirer la casserole du feu. Ajouter le gingembre et le sel, puis incorporer la farine et les noix.

2 Sur deux plaques à biscuits tapissées de papier-parchemin, laisser tomber la pâte, 1 c. à thé (5 ml) à la fois, en espaçant les tuiles d'environ 3 po (8 cm) (mettre environ 6 tuiles par plaque). Façonner chaque tuile en un cercle avec le bout de la cuillère.

3 Cuire au centre du four préchauffé à 325°F (160°C) pendant 8 minutes ou jusqu'à ce que les tuiles soient de couleur caramel. Déposer les plaques sur des grilles et laisser refroidir pendant 5 minutes. Déposer les tuiles sur les grilles et laisser refroidir complètement. Cuire le reste de la pâte de la même manière, en essuyant le papier-parchemin après chaque cuisson. (Vous pouvez préparer les tuiles à l'avance et les mettre dans un contenant hermétique, en séparant chaque étage d'une feuille de papier ciré. Elles se conserveront jusqu'à 1 semaine à la température ambiante ou jusqu'à 2 semaines au congélateur.)

Par tuile: • calories: 32 • protéines: traces • matières grasses: 2 g (1 g sat.) • cholestérol: 4 mg • glucides: 4 g • fibres: aucune • sodium: 15 mg

Tuiles aux noix
du Brésil

Macarons au chocolat
et aux pacanes

BISCUITS AU *caramel* ET AUX NOIX DE CAJOU

Donne environ 48 biscuits.
Préparation: 30 min
Cuisson: 8 à 10 min

1/2 t	beurre ramolli	125 ml
1 t	sucre	250 ml
1 t	cassonade tassée	250 ml
2	oeufs	2
2 c. à thé	vanille	10 ml
1 t	farine tout usage	250 ml
1 t	farine de blé entier	250 ml
1 c. à thé	poudre à pâte	5 ml
1/2 c. à thé	bicarbonate de sodium	2 ml
1/2 c. à thé	sel	2 ml
3/4 t	noix de cajou hachées grossièrement	180 ml
2/3 t	brisures de caramel	160 ml

1 Dans un grand bol, à l'aide d'un batteur électrique, battre le beurre, le sucre et la cassonade jusqu'à ce que le mélange soit léger. Ajouter les oeufs un à un, en battant bien après chaque addition. Incorporer la vanille. Dans un autre bol, mélanger la farine tout usage, la farine de blé entier, la poudre à pâte, le bicarbonate de sodium et le sel. Incorporer petit à petit le plus d'ingrédients secs possible au mélange de beurre en battant à faible vitesse. À l'aide d'une cuillère de bois, incorporer le reste des ingrédients secs, puis les noix de cajou et les brisures de caramel.

2 Laisser tomber la pâte, 1 c. à thé comble (environ 10 ml) à la fois, sur des plaques à biscuits tapissées de papier-parchemin, en espaçant les biscuits d'environ 2 po (5 cm).

3 Déposer une plaque à biscuits sur la grille supérieure du four préchauffé à 375°F (190°C) et une autre sur la grille inférieure. Cuire de 8 à 10 minutes ou jusqu'à ce que le pourtour des biscuits soit légèrement doré (intervertir et tourner les plaques à la mi-cuisson). Déposer les plaques sur des grilles et laisser refroidir pendant 5 minutes. Déposer les biscuits sur les grilles et laisser refroidir complètement.

Par biscuit: • calories: 100 • protéines: 1 g
• matières grasses: 4 g (2 g sat.) • cholestérol: 14 mg
• glucides: 15 g • fibres: traces • sodium: 65 mg

BISCUITS
À LA *mélasse*

Donne environ 100 biscuits.
Préparation: 30 min
Cuisson: 30 à 36 min

1/2 t	beurre ramolli	125 ml
1 t	mélasse	250 ml
1 t	cassonade tassée	250 ml
1	oeuf	1
2 t	farine blanche non blanchie	500 ml
2 t	farine de blé entier	500 ml
2 c. à thé	bicarbonate de sodium	10 ml
1 c. à thé	gingembre moulu	5 ml
1/2 c. à thé	clou de girofle moulu	2 ml
1/2 c. à thé	cannelle moulue	2 ml
1	pincée de sel	1
1 t	lait à 1 %	250 ml
2 c. à tab	eau chaude	30 ml

❶ Dans un grand bol, à l'aide d'un batteur électrique, battre le beurre, la mélasse et la cassonade. Ajouter l'oeuf en battant. Dans un autre bol, mélanger la farine blanche, la farine de blé entier, le bicarbonate de sodium, le gingembre, le clou de girofle, la cannelle et le sel. À l'aide d'une cuillère de bois, incorporer les ingrédients secs au mélange de beurre en plusieurs fois, en alternant avec le lait et l'eau chaude.

❷ Laisser tomber la pâte, 1 c. à tab (15 ml) à la fois, sur des plaques à biscuits tapissées de papier-parchemin, en espaçant les biscuits d'environ 2 po (5 cm).

❸ Déposer une plaque à biscuits sur la grille supérieure du four préchauffé à 400°F (200°C) et une autre sur la grille inférieure. Cuire de 10 à 12 minutes ou jusqu'à ce que les biscuits aient gonflé (intervertir et tourner les plaques à la mi-cuisson). Déposer les plaques sur des grilles et laisser refroidir pendant 5 minutes. Déposer les biscuits sur les grilles et laisser refroidir complètement. Cuire le reste des biscuits de la même manière.

Par biscuit: • calories: 75 • protéines: 1 g
• matières grasses: 2 g (1 g sat.) • cholestérol: 8 mg
• glucides: 14 g • fibres: 1 g • sodium: 60 mg

BISCUITS À *l'avoine* ET AUX GRAINES DE TOURNESOL

Donne environ 42 biscuits.
Préparation: 30 min
Cuisson: 10 à 12 min

Préparés avec des graines de tournesol et de citrouille, ces beaux gros biscuits sont bien plus nourrissants que la plupart des produits du commerce.

1 t	beurre non salé ramolli	250 ml
1 t	cassonade tassée	250 ml
2	oeufs	2
1 c. à thé	vanille	5 ml
2 t	flocons d'avoine	500 ml
1 1/2 t	céréales de riz soufflé (de type Rice Krispies)	375 ml
1/2 t	farine tout usage	125 ml
1/2 t	farine de blé entier	125 ml
1/4 t	graines de tournesol non salées, décortiquées	60 ml
1/4 t	graines de citrouille	60 ml
1/2 c. à thé	bicarbonate de sodium	2 ml
1/2 c. à thé	poudre à pâte	2 ml
1/4 c. à thé	sel	1 ml

1 Dans un grand bol, à l'aide d'un batteur électrique, battre le beurre et la cassonade jusqu'à ce que le mélange ait gonflé. Ajouter les oeufs un à un, en battant. Incorporer la vanille. Dans un autre bol, mélanger les flocons d'avoine, les céréales de riz, la farine tout usage, la farine de blé entier, les graines de tournesol et de citrouille, le bicarbonate de sodium, la poudre à pâte et le sel. Incorporer les ingrédients secs au mélange de beurre et mélanger jusqu'à ce que la préparation soit humide, sans plus.

2 Laisser tomber la pâte, 1 c. à tab (15 ml) à la fois, sur des plaques à biscuits beurrées ou tapissées de papier-parchemin, en espaçant les biscuits d'environ 2 po (5 cm).

3 Déposer une plaque à biscuits dans le tiers supérieur du four préchauffé à 350°F (180°C) et une autre dans le tiers inférieur. Cuire de 10 à 12 minutes ou jusqu'à ce que les biscuits soient dorés (intervertir et tourner les plaques à la mi-cuisson). Déposer les plaques sur des grilles et laisser refroidir pendant 5 minutes. Déposer les biscuits sur les grilles et laisser refroidir complètement. (Vous pouvez préparer les biscuits à l'avance et les mettre dans un contenant hermétique, en séparant chaque étage d'une feuille de papier ciré. Ils se conserveront jusqu'à 5 jours à la température ambiante ou jusqu'à 2 semaines au congélateur.)

Par biscuit: • calories: 101 • protéines: 2 g • matières grasses: 6 g (3 g sat.) • cholestérol: 20 mg • glucides: 11 g • fibres: 1 g • sodium: 39 mg

BISCUITS AUX *fruits séchés* ET AU CHOCOLAT BLANC

Donne environ 60 biscuits.
Préparation: 30 min
Cuisson: 20 min

2/3 t	beurre ramolli	160 ml
1/2 t	cassonade tassée	125 ml
1/4 t	sucre	60 ml
2	oeufs	2
1 c. à thé	vanille	5 ml
1 t	farine blanche non blanchie	250 ml
1 t	farine de blé entier	250 ml
1 c. à thé	bicarbonate de sodium	5 ml
2 t	céréales de type granola	500 ml
1 1/2 t	fruits séchés mélangés (sans noix), hachés	375 ml
1 t	brisures de chocolat blanc	250 ml

1 Dans un grand bol, à l'aide d'un batteur électrique, battre le beurre, la cassonade et le sucre jusqu'à ce que le mélange soit léger. Ajouter les oeufs un à un, en battant bien après chaque addition. Incorporer la vanille. Dans un autre bol, mélanger la farine blanche, la farine de blé entier et le bicarbonate de sodium. Incorporer le plus d'ingrédients secs possible au mélange de beurre en battant à faible vitesse. À l'aide d'une cuillère de bois, incorporer le reste des ingrédients secs, puis les céréales, les fruits séchés et les brisures de chocolat blanc.

2 Laisser tomber la pâte, 1 c. à thé comble (environ 10 ml) à la fois, sur des plaques à biscuits tapissées de papier-parchemin, en espaçant les biscuits d'environ 2 po (5 cm). Aplatir légèrement le dessus des biscuits.

3 Déposer une plaque à biscuits sur la grille supérieure du four préchauffé à 350°F (180°C) et une autre sur la grille inférieure. Cuire pendant environ 10 minutes ou jusqu'à ce que le pourtour des biscuits soit doré (intervertir et tourner les plaques à la mi-cuisson). Déposer les plaques sur des grilles et laisser refroidir pendant 5 minutes. Déposer les biscuits sur les grilles et laisser refroidir complètement. Cuire le reste des biscuits de la même manière.

Par biscuit: • calories: 85 • protéines: 1 g
• matières grasses: 3 g (2 g sat.) • cholestérol: 13 mg
• glucides: 13 g • fibres: 1 g • sodium: 52 mg

MERINGUES AUX *noisettes*, CRÈME AU CAFÉ

Donne 36 meringues.
Préparation: 50 min
Cuisson: 12 min
Repos: 1 h

2	blancs d'oeufs à la température ambiante	2
1/4 c. à thé	crème de tartre	1 ml
1	pincée de sel	1
2/3 t + 1 1/4 t	sucre glace	470 ml
1/2 t	noisettes moulues finement	125 ml
2 c. à tab	café instantané	30 ml
3 c. à tab	eau chaude	45 ml
2/3 t	beurre non salé ramolli	160 ml
1 c. à thé	vanille	5 ml
36	noisettes entières	36

❶ Dans un bol, à l'aide d'un batteur électrique, battre les blancs d'oeufs avec la crème de tartre et le sel jusqu'à ce qu'ils forment des pics mous. Incorporer 2/3 t (160 ml) du sucre glace, 1 c. à tab (15 ml) à la fois, en battant jusqu'à ce que le mélange forme des pics fermes. À l'aide d'une spatule, incorporer les noisettes moulues en soulevant délicatement la masse.

❷ Sur deux plaques à biscuits tapissées de papier-parchemin, déposer la meringue en petits monticules, 1 ½ c. à thé (7 ml) à la fois, en les espaçant d'environ 1 po (2,5 cm). Avec le dos d'une cuillère, les étendre de manière à former des cercles de 2 po (5 cm) de diamètre.

❸ Déposer une plaque au centre du four préchauffé à 300°F (150°C) et l'autre sur la grille inférieure. Cuire pendant 12 minutes. Éteindre le four et laisser sécher les meringues pendant 1 heure (ne pas ouvrir la porte). Déposer les plaques sur des grilles et laisser refroidir complètement.

❹ Entre-temps, dans un petit bol, dissoudre le café instantané dans l'eau chaude. Réserver. Dans un grand bol, à l'aide du batteur électrique (utiliser des fouets propres), battre le beurre pendant 30 secondes. Ajouter le reste du sucre glace, le café liquide réservé et la vanille et battre jusqu'à ce que la préparation soit homogène. Mettre la crème au café dans une poche à douille munie d'un petit embout étoilé et façonner une rosette sur chaque meringue. Garnir chacune d'une noisette entière.

Par meringue: • calories: 70 • protéines: 1 g • matières grasses: 5 g (2 g sat.) • cholestérol: 10 mg • glucides: 7 g • fibres: traces • sodium: 10 mg

BISCUITS FINS
AUX *épices*

1/3 t	mélasse	80 ml
1/3 t	beurre	80 ml
1 t	farine blanche non blanchie	250 ml
1 t	farine de blé entier	250 ml
1/3 t	cassonade tassée	80 ml
1 1/2 c. à thé	gingembre moulu	7 ml
1/2 c. à thé	bicarbonate de sodium	2 ml
1/2 c. à thé	cannelle moulue	2 ml
1/4 c. à thé	sel	1 ml
1	pincée de clou de girofle moulu	1
1	oeuf légèrement battu	1
	sucre glace (facultatif)	

1 Dans une casserole, mélanger la mélasse et le beurre. Chauffer à feu doux, en brassant, jusqu'à ce que le beurre ait fondu. Retirer la casserole du feu. Verser la préparation de mélasse dans un grand bol à l'épreuve de la chaleur et laisser refroidir complètement.

2 Entre-temps, dans un autre bol, mélanger la farine blanche, la farine de blé entier, la cassonade, le gingembre, le bicarbonate de sodium, la cannelle, le sel et le clou de girofle. Réserver. À l'aide d'une cuillère de bois, incorporer l'oeuf à la préparation de mélasse refroidie. Incorporer les ingrédients secs réservés jusqu'à ce que la pâte soit homogène.

3 Diviser la pâte en deux portions. Sur une feuille de papier ciré, façonner chaque portion en un rouleau de 5 1/2 po (14 cm) de longueur et de 1 1/2 po (4 cm) de diamètre. Envelopper chacun dans le papier ciré et aplatir légèrement les côtés de manière à leur donner une forme carrée. Congeler pendant environ 30 minutes ou jusqu'à ce que la pâte soit ferme.

4 À l'aide d'un couteau de chef, couper la pâte refroidie en tranches de 1/8 po (3 mm) d'épaisseur (au besoin, refaçonner la pâte en carrés). Mettre les biscuits sur deux plaques à biscuits tapissées de papier-parchemin, en les espaçant d'environ 1 po (2,5 cm), et les piquer plusieurs fois avec une fourchette.

5 Déposer une plaque à biscuits sur la grille supérieure du four préchauffé à 375°F (190°C) et une autre sur la grille inférieure. Cuire de 8 à 10 minutes ou jusqu'à ce que le pourtour des biscuits soit ferme et légèrement doré (intervertir et tourner les plaques à la mi-cuisson). Déposer les plaques sur des grilles et laisser refroidir pendant 5 minutes. Déposer les biscuits sur les grilles et laisser refroidir complètement. Cuire le reste des biscuits de la même manière. Si désiré, saupoudrer les biscuits refroidis de sucre glace.

Par biscuit: • calories: 25 • protéines: traces • matières grasses: 1 g (traces sat.) • cholestérol: 4 mg • glucides: 4 g • fibres: traces • sodium: 20 mg

BISCUITS À LA *vanille* ET AU CHOCOLAT

Donne 36 biscuits.
Préparation: 55 min
Réfrigération: 2 h
Cuisson: 17 à 21 min
Repos: 35 min

2 1/4 t	farine	560 ml
1/2 c. à thé	cannelle moulue	2 ml
1/2 c. à thé	sel	2 ml
3/4 t	beurre non salé ramolli	180 ml
3/4 t	sucre	180 ml
2	jaunes d'oeufs	2
1 c. à thé	vanille	5 ml
8 oz	chocolat mi-amer haché grossièrement	250 g

1 Dans un petit bol, mélanger la farine, la cannelle et le sel. Dans un grand bol, à l'aide d'un batteur électrique, battre le beurre et le sucre pendant 2 minutes ou jusqu'à ce que le mélange soit crémeux. Ajouter les jaunes d'oeufs et la vanille et battre jusqu'à ce que la préparation soit lisse. À l'aide d'une cuillère de bois, incorporer les ingrédients secs à la préparation de beurre jusqu'à ce que la pâte soit homogène.

2 Diviser la pâte en deux portions. Sur une feuille de papier ciré, façonner chaque portion en un rouleau de 6 po (15 cm) de longueur. Envelopper chaque rouleau dans le papier ciré et aplatir légèrement les côtés de manière à leur donner une forme carrée. Réfrigérer pendant au moins 2 heures ou jusqu'à ce que la pâte soit ferme.

3 À l'aide d'un couteau de chef, couper la pâte refroidie en tranches de 1/3 po (8 mm) d'épaisseur (au besoin, refaçonner la pâte en carrés). Mettre les biscuits sur deux plaques à biscuits tapissées de papier-parchemin, en les espaçant d'environ 1 po (2,5 cm).

4 Déposer une plaque à biscuits sur la grille supérieure du four préchauffé à 350°F (180°C) et une autre sur la grille inférieure. Cuire de 15 à 18 minutes ou jusqu'à ce que les biscuits soient légèrement dorés (intervertir et tourner les plaques à la mi-cuisson). Déposer les plaques sur des grilles et laisser refroidir pendant 5 minutes. Déposer les biscuits sur les grilles et laisser refroidir complètement.

5 Dans un bol allant au micro-ondes, chauffer le chocolat au micro-ondes, à intensité moyenne (50 %), de 1 à 2 minutes ou jusqu'à ce qu'il commence à fondre. À l'aide d'une cuillère, remuer jusqu'à ce que le chocolat ait fondu. Étendre 1 c. à thé (5 ml) du chocolat fondu sur le dessous de chaque biscuit. Déposer les biscuits sur les grilles, le côté chocolaté dessus, et laisser reposer pendant environ 30 minutes ou jusqu'à ce que le chocolat soit ferme. Chauffer le reste du chocolat fondu au micro-ondes pendant quelques secondes, remuer jusqu'à ce qu'il soit lisse et laisser refroidir légèrement. Mettre le chocolat fondu dans un petit sac de plastique (de type Ziploc), fermer hermétiquement et couper l'un des coins. Retourner les biscuits. En pressant délicatement sur le sac, tracer des filets de chocolat sur le dessus des biscuits. Laisser reposer jusqu'à ce que le chocolat soit ferme.

Par biscuit: • calories: 115 • protéines: 1 g • matières grasses: 6 g (4 g sat.) • cholestérol: 22 mg • glucides: 15 g • fibres: 1 g • sodium: 35 mg

BISCUITS
AUX *amandes*

1 t	beurre non salé ramolli	250 ml
1 t	sucre	250 ml
1	oeuf	1
1 c. à thé	vanille	5 ml
1/4 c. à thé	essence d'amande	1 ml
2 1/4 t	farine	560 ml
1 c. à thé	poudre à pâte	5 ml
1/4 c. à thé	sel	1 ml
3/4 t	amandes grillées, hachées finement	180 ml

1 Dans un grand bol, à l'aide d'un batteur électrique, battre le beurre et le sucre jusqu'à ce que le mélange soit crémeux. Ajouter l'oeuf, la vanille et l'essence d'amande en battant. Dans un autre bol, mélanger la farine, la poudre à pâte et le sel. Incorporer le plus d'ingrédients secs possible au mélange de beurre en battant à faible vitesse. À l'aide d'une cuillère de bois, incorporer le reste des ingrédients secs, puis 1/2 t (125 ml) des amandes.

2 Diviser la pâte en deux portions. Sur une feuille de papier ciré, façonner chaque portion en un rouleau de 10 po (25 cm) de longueur. Rouler les rouleaux dans le reste des amandes hachées. Envelopper chacun dans le papier ciré et réfrigérer pendant environ 2 heures ou jusqu'à ce que la pâte soit ferme.

3 À l'aide d'un couteau de chef, couper les rouleaux de pâte refroidis en tranches de 1/3 po (8 mm) d'épaisseur. Mettre les biscuits sur deux plaques à biscuits tapissées de papier-parchemin, en les espaçant d'environ 2 po (5 cm).

4 Déposer une plaque à biscuits sur la grille supérieure du four préchauffé à 375°F (190°C) et une autre sur la grille inférieure. Cuire de 10 à 12 minutes ou jusqu'à ce que le pourtour des biscuits commence à dorer (intervertir et tourner les plaques à la mi-cuisson). Déposer les plaques sur des grilles et laisser refroidir pendant 5 minutes. Déposer les biscuits sur les grilles et laisser refroidir complètement. Cuire le reste des biscuits de la même manière.

Par biscuit: • calories: 65 • protéines: 1 g • matières grasses: 4 g (2 g sat.) • cholestérol: 12 mg • glucides: 7 g • fibres: traces • sodium: 17 mg

SPIRALES AU *chocolat* ET AUX FRUITS SÉCHÉS

Donne 60 biscuits.
Préparation: 1 h
Réfrigération: 2 à 3 h
Cuisson: 16 à 20 min

Pour cette recette, on peut utiliser un mélange de fruits séchés du commerce ou encore faire notre propre mélange, comme ici, avec des canneberges, des dattes et des abricots hachés.

1 t	beurre ramolli	250 ml
1 t	sucre	250 ml
1	oeuf	1
1 c. à thé	vanille	5 ml
1 1/4 t	farine blanche non blanchie	310 ml
1 t	farine de blé entier	250 ml
1 c. à thé	poudre à pâte	5 ml
1/4 c. à thé	sel	1 ml
1 oz	chocolat mi-amer haché, fondu et légèrement refroidi	30 g
1/2 t	fruits séchés mélangés (sans noix)	125 ml

1 Dans un grand bol, à l'aide d'un batteur électrique, battre le beurre et le sucre jusqu'à ce que le mélange soit léger. Ajouter l'oeuf et la vanille en battant. Dans un autre bol, mélanger la farine blanche, la farine de blé entier, la poudre à pâte et le sel. Incorporer le plus d'ingrédients secs possible au mélange de beurre en battant à faible vitesse. À l'aide d'une cuillère de bois, incorporer le reste des ingrédients secs jusqu'à ce que la pâte soit homogène.

2 Diviser la pâte en deux portions et les mettre dans deux bols. Ajouter le chocolat à l'une des portions et mélanger jusqu'à ce que la pâte soit homogène. Ajouter les fruits séchés à l'autre portion de pâte et mélanger. Aplatir chaque portion en un disque, envelopper chacun de papier ciré et réfrigérer de 1 à 2 heures ou jusqu'à ce que la pâte soit ferme.

3 Sur une surface de travail, mettre la portion de pâte au chocolat entre deux feuilles de papier ciré et l'abaisser en un rectangle de 15 po x 10 po (38 cm x 25 cm). Procéder de la même manière avec la portion de pâte aux fruits séchés. Retirer le papier ciré sur le dessus de chaque rectangle. Retourner le rectangle de pâte au chocolat sur le rectangle de pâte aux fruits séchés, puis retirer le papier ciré du dessous de chaque rectangle de pâte. En commençant par l'un des côtés longs, rouler les rectangles de pâte ensemble en serrant bien. Couper les extrémités pour égaliser. Envelopper le rouleau de papier ciré et réfrigérer pen-

dant environ 1 heure ou jusqu'à ce que la pâte soit ferme.

4 À l'aide d'un couteau de chef, couper le rouleau de pâte refroidi en tranches de 1/4 po (5 mm) d'épaisseur. Mettre les biscuits sur deux plaques à biscuits légèrement beurrées, en les espaçant d'environ 2 po (5 cm).

5 Déposer une plaque à biscuits sur la grille supérieure du four préchauffé à 375°F (190°C) et une autre sur la grille inférieure. Cuire de 8 à 10 minutes ou jusqu'à ce que le dessus des biscuits soit ferme (intervertir et tourner les plaques à la mi-cuisson). Déposer les plaques sur des grilles et laisser refroidir pendant 5 minutes. Déposer les biscuits sur les grilles et laisser refroidir complètement. Cuire le reste des biscuits de la même manière.

Par biscuit: • calories: 65 • protéines: 1 g • matières grasses: 3 g (2 g sat.) • cholestérol: 12 mg • glucides: 8 g • fibres: traces • sodium: 40 mg

BISCUITS FINS AUX *noisettes*

Donne environ 70 biscuits.
Préparation: 50 min
Réfrigération: 1 h
Congélation: 1 h
Cuisson: 24 min

3/4 t	beurre ramolli	180 ml
3/4 t	cassonade tassée	180 ml
1	oeuf	1
1 c. à thé	vanille	5 ml
2 1/2 t	farine	625 ml
1/2 t	noisettes grillées, la peau enlevée, hachées finement	125 ml
1	pincée de sel	1

1 Dans un grand bol, à l'aide d'un batteur électrique, battre le beurre et la cassonade jusqu'à ce que le mélange ait gonflé. Ajouter l'oeuf et la vanille. Dans un autre bol, mélanger la farine, les noisettes et le sel. Incorporer les ingrédients secs au mélange de beurre en deux fois, jusqu'à ce que la pâte soit homogène.

2 Façonner la pâte en deux disques et les envelopper d'une pellicule de plastique. Réfrigérer pendant 1 heure.

3 Abaisser un disque de pâte entre deux feuilles de papier ciré, à environ 1/8 po (3 mm) d'épaisseur. Congeler pendant environ 30 minutes. À l'aide d'un emporte-pièce de 2 po (5 cm) fariné, découper des formes dans la pâte (abaisser les retailles de pâte). Mettre les biscuits sur deux plaques à biscuits tapissées de papier-parchemin, en les espaçant d'environ 1 po (2,5 cm).

4 Déposer une plaque sur la grille supérieure du four préchauffé à 350°F (180°C) et une autre sur la grille inférieure. Cuire pendant environ 12 minutes ou jusqu'à ce que le pourtour des biscuits soit doré (intervertir et tourner les plaques à la mi-cuisson). Laisser refroidir les plaques sur des grilles pendant 5 minutes. Déposer les biscuits sur les grilles et laisser refroidir complètement. Abaisser l'autre disque de pâte, le congeler et cuire le reste des biscuits de la même manière.

Par biscuit: • calories: 49 • protéines: 1 g • matières grasses: 3 g (1 g sat.) • cholestérol: 9 mg • glucides: 6 g • fibres: traces • sodium: 28 mg

BISCUITS AU *chocolat*

Donne environ 48 biscuits.
Préparation: 40 min
Réfrigération: 1 h
Cuisson: 24 min

3/4 t	beurre ramolli	180 ml
1 t	sucre	250 ml
1	oeuf	1
1 c. à thé	vanille	5 ml
2 1/4 t	farine	560 ml
1/3 t	poudre de cacao non sucrée	80 ml
1/2 c. à thé	poudre à pâte	2 ml
1	pincée de sel	1

1 Dans un grand bol, à l'aide d'un batteur électrique, battre le beurre et le sucre jusqu'à ce que le mélange ait gonflé. Ajouter l'oeuf et la vanille. Dans un autre bol, mélanger la farine, le cacao, la poudre à pâte et le sel. Incorporer les ingrédients secs au mélange de beurre en deux fois, jusqu'à ce que la pâte soit homogène.

2 Façonner la pâte en deux disques et envelopper chacun d'une pellicule de plastique. Réfrigérer pendant 1 heure.

3 Abaisser un disque de pâte entre deux feuilles de papier ciré, à environ 1/4 po (5 mm) d'épaisseur. À l'aide d'un emporte-pièce rond cannelé de 2 po (5 cm) de diamètre, fariné, découper des cercles dans la pâte (abaisser les retailles de pâte et, au besoin, réfrigérer de nouveau la pâte jusqu'à ce qu'elle soit ferme). Mettre les biscuits sur deux plaques à biscuits tapissées de papier-parchemin, en les espaçant d'environ 1 po (2,5 cm).

4 Déposer une plaque sur la grille supérieure du four préchauffé à 350°F (180°C) et une autre sur la grille inférieure. Cuire pendant 12 minutes ou jusqu'à ce que le pourtour des biscuits soit doré (intervertir et tourner les plaques à la mi-cuisson). Laisser refroidir les plaques sur des grilles pendant 5 minutes. Déposer les biscuits sur les grilles et laisser refroidir complètement. Abaisser l'autre disque de pâte et cuire le reste des biscuits de la même manière.

Par biscuit: • calories: 66 • protéines: 1 g • matières grasses: 3 g (2 g sat.) • cholestérol: 13 mg • glucides: 9 g • fibres: traces • sodium: 34 mg

Variantes

BISCUITS DOUBLES AUX NOISETTES ET À L'ABRICOT

Découper les biscuits à l'aide d'un emporte-pièce en forme de fleur de 2 po (5 cm) de diamètre. À l'aide d'une douille ou d'un petit emporte-pièce, découper un petit cercle au centre de la moitié des biscuits. Cuire les biscuits tel qu'indiqué. Étendre environ 1/2 c. à thé (2 ml) de confiture d'abricots sur chacun des biscuits entiers, cuits et refroidis. Couvrir des biscuits avec le petit cercle.

TRIANGLES CHOCO-NOISETTE

Découper les biscuits à l'aide d'un emporte-pièce triangulaire de 2 po (5 cm) de côté. À l'aide d'un emporte-pièce plus petit, découper un triangle au centre de la moitié des biscuits. Cuire les biscuits tel qu'indiqué. Étendre environ 1/2 c. à thé (2 ml) de tartinade au chocolat et aux noisettes (de type Nutella) sur chacun des biscuits entiers, cuits et refroidis. Couvrir des biscuits avec le petit triangle. Saupoudrer de sucre glace.

Variante

BISCUITS DOUBLES AU CHOCOLAT ET AUX FRAMBOISES

À l'aide d'un emporte-pièce de 1/2 po (1 cm), découper un coeur au centre de la moitié des biscuits avant de les mettre au four. Étendre environ 1/2 c. à thé (2 ml) de confiture de framboises sur chacun des biscuits entiers, cuits et refroidis. Couvrir des biscuits avec le coeur.

Biscuits doubles aux noisettes et à l'abricot

Biscuits doubles au chocolat et aux framboises

Triangles choco-noisette

SPIRALES À *l'abricot* ET AUX AMANDES

Donne environ 80 biscuits.
Préparation: 30 min
Réfrigération: 1 h 30 min
Cuisson: 40 min

1	paquet de fromage à la crème, ramolli (250 g)	1
1 t	beurre ramolli	250 ml
2 c. à tab + 1/4 t	sucre	90 ml
2 t	farine	500 ml
1 t	amandes hachées finement	250 ml
3 oz	chocolat blanc haché finement	90 g
1/4 t	cassonade tassée	60 ml
1/2 t	confiture d'abricots	125 ml

1 Dans un grand bol, à l'aide d'un batteur électrique, battre le fromage à la crème et le beurre jusqu'à ce que le mélange soit gonflé. Ajouter 2 c. à tab (30 ml) du sucre en battant. Incorporer la farine en deux fois, en mélangeant jusqu'à ce que la préparation forme une pâte molle. Façonner la pâte en un rectangle, puis le couper en quatre. Envelopper chaque portion de pâte d'une pellicule de plastique et réfrigérer pendant 30 minutes ou jusqu'à ce que la pâte soit ferme. (Vous pouvez préparer la pâte à biscuits à l'avance. Elle se conservera jusqu'au lendemain au réfrigérateur.)

2 Dans un petit bol, mélanger les amandes, le chocolat, le reste du sucre et la cassonade. Réserver. Sur une surface légèrement farinée, abaisser une portion de pâte en un rectangle de 12 po x 8 po (30 cm x 20 cm). Étendre le quart de la confiture d'abricots sur le rectangle de pâte et parsemer du quart de la préparation aux amandes réservée. En commençant par un des côtés longs, rouler la pâte en serrant bien. Envelopper le rouleau d'une pellicule de plastique et réfrigérer pendant 1 heure ou jusqu'à ce que la pâte soit ferme. Procéder de la même façon avec le reste de la pâte, de la confiture et de la préparation aux amandes. (Vous pouvez préparer les rouleaux de pâte à l'avance et les mettre dans un contenant hermétique. Ils se conserveront jusqu'à 3 jours au réfrigérateur ou jusqu'à 3 semaines au congélateur.)

3 Couper les rouleaux de pâte en tranches de 1/2 po (1 cm) d'épaisseur. Mettre les tranches sur des plaques à biscuits tapissées de papier-parchemin ou beurrées, en les espaçant d'environ 1/2 po (1 cm).

4 Cuire au centre du four préchauffé à 350°F (180°C) pendant 20 minutes ou jusqu'à ce que les biscuits soient dorés. Déposer les plaques sur des grilles et laisser refroidir pendant 1 minute. Déposer les biscuits sur les grilles et laisser refroidir complètement. Cuire le reste des biscuits de la même manière. (Vous pouvez préparer les biscuits à l'avance et les mettre dans un contenant hermétique, en séparant chaque étage d'une feuille de papier ciré. Ils se conserveront jusqu'à 5 jours à la température ambiante ou jusqu'à 3 semaines au congélateur.)

Par biscuit: • calories: 68 • protéines: 1 g • matières grasses: 5 g (2 g sat.) • cholestérol: 11 mg • glucides: 6 g • fibres: traces • sodium: 35 mg

SABLÉS AUX *carottes*,
GARNITURE AU FROMAGE À LA CRÈME

Si on n'a pas de gousse de vanille, on peut la remplacer par 1 c. à thé (5 ml) d'essence de vanille pure.

1	gousse de vanille (facultatif)	1
1 t	beurre ramolli	250 ml
1/3 t	carottes râpées finement et essorées	80 ml
2 1/2 t	farine	625 ml
1/2 t	cassonade tassée	125 ml
3/4 c. à thé	cannelle moulue	4 ml
30	pacanes	30
	garniture au fromage à la crème (voir recette)	
	sucre glace (facultatif)	

1 Couper la gousse de vanille en deux sur la longueur. Recueillir les graines (réserver la gousse pour un usage ultérieur). Dans un bol, à l'aide d'un batteur électrique, battre le beurre, les carottes et les graines de vanille pendant 30 secondes. Sur une pellicule de plastique, façonner le mélange de beurre en un rouleau d'environ 3/4 po (2 cm) de diamètre, puis l'envelopper dans la pellicule. Congeler pendant 20 minutes ou jusqu'à ce qu'il soit ferme.

2 Dans un grand bol, mélanger la farine, la cassonade et la cannelle. Ajouter le rouleau de beurre refroidi (le briser en morceaux, au besoin). À l'aide d'un coupe-pâte ou de deux couteaux, travailler la préparation jusqu'à ce qu'elle ait la texture d'une chapelure fine qui commence à se tenir. Pétrir délicatement la pâte jusqu'à ce qu'elle soit lisse et la façonner en boule.

3 Avec les mains farinées, façonner la pâte en petites boules de 1 po (2,5 cm) de diamètre et les mettre sur deux plaques à biscuits tapissées de papier-parchemin, en les espaçant d'environ 2 po (5 cm). Avec le fond d'un verre, aplatir les boules à 1/4 po (5 mm) d'épaisseur. Garnir la moitié des biscuits d'une pacane en la pressant légèrement dans la pâte.

4 Déposer une plaque à biscuits sur chaque grille du four préchauffé à 300°F (150°C). Cuire de 15 à 18 minutes ou jusqu'à ce que le dessous des biscuits commence à dorer (intervertir et tourner les plaques à la mi-cuisson). Déposer les plaques sur des grilles et laisser refroidir pendant 5 minutes. Déposer les biscuits sur les grilles et laisser refroidir complètement. Cuire le reste des biscuits de la même manière.

5 Étendre la garniture au fromage à la crème sur les biscuits sans pacane refroidis. Couvrir des biscuits garnis d'une pacane en pressant délicatement. Si désiré, parsemer de sucre glace.

GARNITURE AU FROMAGE À LA CRÈME
Donne environ 1 t (250 ml).

1/4 t	beurre ramolli	60 ml
2 oz	fromage à la crème ramolli	60 g
1 t	sucre glace	250 ml
1 c. à tab	carotte râpée finement	15 ml

Dans un petit bol, à l'aide d'un batteur électrique, battre le beurre et le fromage à la crème pendant 30 secondes. Incorporer petit à petit le sucre glace en battant jusqu'à ce que la préparation soit lisse. Ajouter la carotte et mélanger à l'aide d'une cuillère.

Par sablé double: • calories: 170 • protéines: 2 g • matières grasses: 11 g (6 g sat.) • cholestérol: 25 mg • glucides: 16 g • fibres: 1 g • sodium: 65 mg

SABLÉS À *l'érable* ET AUX PACANES

Donne environ 24 sablés.
Préparation: 30 min
Cuisson: 25 à 27 min

On utilise ici une autre méthode pour faire les biscuits: au lieu d'abaisser la pâte et d'y découper des formes à l'emporte-pièce, on la presse au fond d'un moule avec les doigts, puis on la précoupe en pointes à l'aide d'un couteau. Une fois l'abaisse cuite, il ne reste plus qu'à la couper en pointes en suivant le tracé.

1 t	beurre ramolli	250 ml
1/4 t	sucre d'érable fin ou sucre granulé	60 ml
2/3 t	sirop d'érable	160 ml
1 c. à thé	zeste d'orange râpé finement (facultatif)	5 ml
2 1/2 t	farine	625 ml
1 t	pacanes grillées, hachées finement	250 ml
2 c. à tab	sucre d'érable en gros cristaux ou sucre cristallisé	30 ml

❶ Dans un grand bol, à l'aide d'un batteur électrique, battre le beurre et le sucre d'érable fin jusqu'à ce que le mélange ait gonflé. Ajouter le sirop d'érable et, si désiré, le zeste d'orange en battant. Incorporer le plus de farine possible en battant à faible vitesse. À l'aide d'une cuillère de bois, incorporer le reste de la farine. Ajouter les pacanes et mélanger.

❷ Diviser la pâte en deux portions. Presser uniformément les portions de pâte dans le fond de deux moules à tarte à fond amovible (moules à flan) ou moules à charnière de 8 po (20 cm) de diamètre. Parsemer des cristaux de sucre. Piquer toute la surface de la pâte à l'aide d'une fourchette. Couper en 12 pointes.

❸ Déposer un moule à tarte sur la grille supérieure du four préchauffé à 325°F (160°C) et un autre sur la grille inférieure.

Cuire de 25 à 27 minutes ou jusqu'à ce que les sablés soient dorés. Couper de nouveau en pointes en suivant les lignes déjà tracées. Déposer les moules sur des grilles et laisser refroidir pendant 5 minutes. Déposer les sablés sur les grilles et laisser refroidir complètement.

Par sablé: • calories: 180 • protéines: 2 g • matières grasses: 11 g (5 g sat.) • cholestérol: 20 mg • glucides: 19 g • fibres: 1 g • sodium: 55 mg

BISCUITS DOUBLES
AU *chocolat fondant*

Donne environ 36 biscuits doubles.
Préparation: 50 min
Réfrigération: 1 h
Cuisson: 19 à 23 min
Repos: 1 h

1 1/3 t	beurre ramolli	330 ml
1 1/2 t	sucre (environ)	375 ml
1/4 t	huile végétale	60 ml
2	oeufs	2
1 c. à tab	vanille	15 ml
3 1/2 t	farine	875 ml
2/3 t	poudre de cacao non sucrée	160 ml
2 c. à thé	poudre à pâte	10 ml
1 1/2	boîte de lait concentré sucré (de type Eagle Brand) (300 ml chacune)	1 1/2
12 oz	chocolat mi-amer haché grossièrement	375 g

① Dans un grand bol, à l'aide d'un batteur électrique, battre le beurre, le sucre et l'huile jusqu'à ce que le mélange soit crémeux. Incorporer les oeufs et la vanille en battant. Dans un autre bol, mélanger la farine, le cacao et la poudre à pâte. En battant à faible vitesse, incorporer petit à petit les ingrédients secs au mélange de beurre et mélanger jusqu'à ce que la pâte soit homogène, sans plus. Envelopper la pâte d'une pellicule de plastique et réfrigérer pendant 1 heure ou jusqu'à ce qu'elle soit ferme.

② Mettre un peu de sucre dans un petit bol. Avec les mains, façonner la pâte refroidie en boules de 1 po (2,5 cm) de diamètre et les déposer sur deux plaques à biscuits tapissées de papier-parchemin, en les espaçant d'environ 2 po (5 cm). Aplatir les boules avec le fond d'un verre de fantaisie passé dans le sucre.

③ Déposer une plaque à biscuits sur la grille supérieure du four préchauffé à 350°F (180°C) et une autre sur la grille inférieure. Cuire de 7 à 9 minutes ou jusqu'à ce que le dessus des biscuits soit ferme, sans plus (intervertir et tourner les plaques à la mi-cuisson). Déposer les plaques sur des grilles et laisser refroidir pendant 5 minutes. Déposer les biscuits sur les grilles et laisser refroidir complètement. Cuire le reste des biscuits de la même manière.

④ Dans une petite casserole, mélanger le lait concentré et le chocolat haché. Chauffer à feu moyen, en brassant, jusqu'à ce que le chocolat ait fondu et que la préparation soit lisse. Retirer la casserole du feu. Laisser reposer la garniture au chocolat à la température ambiante pendant 1 heure ou jusqu'à ce qu'elle ait refroidi.

⑤ À l'aide d'une cuillère, étendre environ 1 c. à thé (5 ml) de la garniture au chocolat refroidie sur la moitié des biscuits. Couvrir du reste des biscuits en pressant délicatement.

Par biscuit double: • calories: 325 • protéines: 5 g • matières grasses: 15 g (8 g sat.) • cholestérol: 45 mg • glucides: 45 g • fibres: 1 g • sodium: 125 mg

BISCUITS AU *sucre* CLASSIQUES

Donne environ 60 biscuits.
Préparation: 50 min
Réfrigération: 4 h
Cuisson: 20 à 24 min

1/2 t	beurre non salé ramolli	125 ml
3/4 t	sucre granulé	180 ml
1	oeuf	1
3/4 c. à thé	vanille	4 ml
1 1/2 t	farine	375 ml
1/2 c. à thé	poudre à pâte	2 ml
1	pincée de sel	1
3 c. à tab	sucre roux (de type demerara)	45 ml

1 Dans un grand bol, à l'aide d'un batteur électrique, battre le beurre et le sucre granulé jusqu'à ce que le mélange ait gonflé. Ajouter l'oeuf et la vanille en battant. Dans un autre bol, mélanger la farine, la poudre à pâte et le sel. À l'aide d'une cuillère de bois, incorporer les ingrédients secs au mélange de beurre, en deux fois, jusqu'à ce que la pâte soit homogène.

2 Diviser la pâte en deux portions et façonner chacune en un disque. Envelopper chaque disque d'une pellicule de plastique et réfrigérer pendant 4 heures ou jusqu'au lendemain.

3 Mettre un disque de pâte entre deux feuilles de papier ciré et l'abaisser à environ 1/8 po (3 mm) d'épaisseur. À l'aide d'un emporte-pièce de 1 1/2 à 2 po (4 à 5 cm), découper des fleurs dans la pâte (abaisser de nouveau les retailles). Mettre les fleurs de pâte sur deux plaques à biscuits tapissées de papier-parchemin, en les espaçant d'environ 1/2 po (1 cm). Parsemer de la moitié du sucre roux.

4 Déposer une plaque à biscuits sur la grille supérieure du four préchauffé à 350°F (180°C) et une autre sur la grille inférieure. Cuire de 10 à 12 minutes ou jusqu'à ce que le pourtour des biscuits soit doré (intervertir et tourner les plaques à la mi-cuisson). Déposer les plaques sur des grilles et laisser refroidir pendant 5 minutes. Déposer les biscuits sur les grilles et laisser refroidir complètement. Abaisser l'autre disque de pâte et cuire le reste des biscuits de la même manière.

Par biscuit: • calories: 40 • protéines: traces • matières grasses: 2 g (1 g sat.) • cholestérol: 8 mg • glucides: 5 g • fibres: traces • sodium: 7 mg

Variante

BISCUITS DOUBLE CHOCOLAT

Dans la pâte à biscuits, remplacer 1/4 t (60 ml) de la farine par la même quantité de poudre de cacao non sucrée. Poursuivre la recette tel qu'indiqué. Dans la partie supérieure d'un bain-marie contenant de l'eau chaude mais non bouillante, faire fondre 2 oz (60 g) de chocolat mi-sucré haché et 1 c. à tab (15 ml) de graisse végétale, en brassant de temps à autre. Mettre la préparation de chocolat dans un petit sac de plastique (de type Ziploc). Fermer hermétiquement et couper l'un des coins. Arroser les biscuits refroidis du chocolat en pressant délicatement sur le sac. Laisser reposer jusqu'à ce que le chocolat soit ferme.

SABLÉS AUX *graines de pavot* ET À LA GELÉE DE GROSEILLES

1 Dans un grand bol, à l'aide d'un batteur électrique, battre le beurre et le sucre jusqu'à ce que le mélange soit crémeux. Ajouter les jaunes d'oeufs et le jus d'orange et bien mélanger. Dans un autre bol, mélanger la farine, les graines de pavot, le zeste d'orange et le sel. En battant à faible vitesse, incorporer petit à petit les ingrédients secs à la préparation de beurre jusqu'à ce que la pâte soit homogène, sans plus.

2 Avec les mains, façonner la pâte en boules de 1 po (2,5 cm) de diamètre et les déposer sur deux plaques à biscuits tapissées de papier-parchemin, en les espaçant d'environ 1 po (2,5 cm). Avec le pouce, faire une empreinte au centre de chaque boule.

3 Déposer une plaque à biscuits sur la grille supérieure du four préchauffé à 350°F (180°C) et une autre sur la grille inférieure. Cuire de 10 à 12 minutes ou jusqu'à ce que le pourtour des biscuits soit légèrement doré (intervertir et tourner les plaques à la mi-cuisson; si les empreintes s'estompent pendant la cuisson, les refaçonner avec le dos d'une cuillère à mesurer). Déposer les plaques sur des grilles et laisser refroidir pendant 5 minutes. Déposer les biscuits sur les grilles et laisser refroidir complètement.

4 Garnir le centre des biscuits refroidis d'environ 1/2 c. à thé (2 ml) de la gelée.

Par sablé: • calories: 90 • protéines: 1 g
• matières grasses: 4 g (3 g sat.) • cholestérol: 22 mg
• glucides: 11 g • fibres: traces • sodium: 60 mg

Donne environ 36 sablés.
Préparation: 35 min
Cuisson: 10 à 12 min

3/4 t	beurre ramolli	180 ml
1/2 t	sucre	125 ml
2	jaunes d'oeufs	2
1 c. à tab	jus d'orange	15 ml
2 2/3 t	farine blanche non blanchie	660 ml
2 c. à tab	graines de pavot	30 ml
2 c. à thé	zeste d'orange râpé finement	10 ml
1/2 c. à thé	sel	2 ml
1/3 à 1/2 t	gelée de groseilles rouges ou de cassis, fondue et refroidie	80 à 125 ml

BISCUITS ITALIENS AU *café*, AU CHOCOLAT ET AUX ÉPICES

Donne environ 36 biscuits.
Préparation: 40 min
Réfrigération: 1 à 2 h
Cuisson: 8 à 10 min

Pour préparer la pâte à biscuits, on propose ici une technique différente, semblable à celle de la pâte à tarte. Comme cette pâte est assez épaisse, il sera plus facile d'incorporer les ingrédients secs de cette manière.

3 t	farine	750 ml
1 t	sucre granulé	250 ml
1/4 t	poudre de cacao non sucrée	60 ml
2 c. à thé	poudre à pâte	10 ml
1 c. à thé	cannelle moulue	5 ml
1 c. à thé	clou de girofle moulu	5 ml
1 t	beurre froid, coupé en dés	250 ml
2	oeufs	2
1/2 t	café fort liquide, refroidi	125 ml
1 c. à thé	vanille	5 ml
1/2 t	noix de Grenoble (ou pignons) hachées	125 ml
1 t	sucre glace	250 ml
1 à 2 c. à tab	lait	15 à 30 ml

❶ Dans un grand bol, mélanger la farine, le sucre granulé, le cacao, la poudre à pâte, la cannelle et le clou de girofle. Ajouter le beurre et, à l'aide d'un coupe-pâte ou de deux couteaux, travailler la préparation jusqu'à ce qu'elle ait la texture d'une chapelure grossière. Faire un puits au centre de la préparation de farine. Dans un autre bol, à l'aide d'un fouet, mélanger les oeufs, le café et la vanille. Verser le mélange d'oeufs dans le puits et mélanger à l'aide d'une cuillère de bois jusqu'à ce que la pâte soit homogène. Incorporer les noix de Grenoble. Envelopper la pâte d'une pellicule de plastique et réfrigérer de 1 à 2 heures ou jusqu'à ce qu'elle soit ferme.

❷ Avec les mains, façonner la pâte refroidie en boules de 1 po (2,5 cm) de diamètre et les déposer sur deux plaques à biscuits tapissées de papier-parchemin, en les espaçant d'environ 2 po (5 cm).

❸ Déposer une plaque à biscuits sur la grille supérieure du four préchauffé à 375°F (190°C) et une autre sur la grille inférieure. Cuire de 8 à 10 minutes ou jusqu'à ce que le pourtour des biscuits soit ferme (intervertir et tourner les plaques à la mi-cuisson; comme les biscuits durcissent en refroidissant, éviter de trop les cuire). Déposer les plaques sur des grilles et laisser refroidir pendant 5 minutes. Déposer les biscuits sur les grilles et laisser refroidir complètement.

❹ Dans un petit bol, mélanger le sucre glace et suffisamment du lait pour obtenir une glace lisse et coulante. Arroser les biscuits refroidis de la glace et laisser reposer jusqu'à ce qu'elle ait durci.

Par biscuit: • calories: 135 • protéines: 2 g • matières grasses: 7 g (3 g sat.) • cholestérol: 25 mg • glucides: 18 g • fibres: 1 g • sodium: 60 mg

BISCUITS AU *beurre d'arachides* ET AU CHOCOLAT

1/2 t	beurre ramolli	125 ml
1/2 t	beurre d'arachides crémeux	125 ml
1/2 t + 1/4 t	sucre	185 ml
1/2 t	cassonade tassée	125 ml
1 c. à thé	poudre à pâte	5 ml
1/8 c. à thé	bicarbonate de sodium	0,5 ml
1	oeuf	1
2 c. à tab	lait	30 ml
1 c. à thé	vanille	5 ml
1 3/4 t	farine	430 ml
54	rosettes de chocolat (environ)	54

1 Dans un grand bol, à l'aide d'un batteur électrique, battre le beurre et le beurre d'arachides. Ajouter 1/2 t (125 ml) du sucre, la cassonade, la poudre à pâte, le bicarbonate de sodium et battre jusqu'à ce que la préparation soit homogène. Incorporer l'oeuf, le lait et la vanille en battant. En battant à faible vitesse, incorporer petit à petit la farine jusqu'à ce que la pâte soit homogène, sans plus.

2 Mettre le reste du sucre dans un petit bol. Avec les mains, façonner la pâte en boules de 1 po (2,5 cm) de diamètre et les rouler dans le sucre pour les enrober. Déposer les boules sur deux plaques à biscuits tapissées de papier-parchemin, en les espaçant d'environ 2 po (5 cm).

3 Déposer une plaque à biscuits sur la grille supérieure du four préchauffé à 350°F (180°C) et une autre sur la grille inférieure. Cuire de 10 à 12 minutes ou jusqu'à ce que le pourtour des biscuits soit ferme et que le dessous soit légèrement doré (intervertir et tourner les plaques à la mi-cuisson). Déposer les plaques sur des grilles, presser aussitôt une rosette de chocolat au centre de chaque biscuit et laisser refroidir pendant 5 minutes. Déposer les biscuits sur les grilles et laisser refroidir complètement. Cuire le reste des biscuits de la même manière.

Par biscuit: • calories: 80 • protéines: 1 g • matières grasses: 4 g (2 g sat.) • cholestérol: 8 mg • glucides: 10 g • fibres: traces • sodium: 35 mg

BOULES
AU *citron*

Donne environ 30 boules.
Préparation: 35 min
Réfrigération: 1 h
Cuisson: 16 à 18 min

1/2 t	beurre non salé ramolli	125 ml
1/2 t	sucre glace (environ)	125 ml
3 c. à tab	jus de citron	45 ml
1 c. à thé	vanille	5 ml
2 1/4 t	farine blanche non blanchie	560 ml
2 c. à thé	zeste de citron	10 ml

1 Dans un bol, à l'aide d'un batteur électrique, battre le beurre et le sucre glace jusqu'à ce que le mélange soit crémeux. Incorporer le jus de citron et la vanille en battant. Dans un autre bol, mélanger la farine et le zeste de citron. En battant à faible vitesse, incorporer le plus possible du mélange de farine à la préparation de beurre. Ajouter le reste du mélange de farine et mélanger à l'aide d'une cuillère de bois jusqu'à ce que la pâte soit homogène, sans plus (la pâte sera assez épaisse). Envelopper la pâte d'une pellicule de plastique et réfrigérer pendant 1 heure ou jusqu'à ce qu'elle soit ferme.

2 Avec les mains, façonner la pâte refroidie en boules de 1 po (2,5 cm) de diamètre et les déposer sur deux plaques à biscuits tapissées de papier-parchemin, en les espaçant d'environ 1 1/2 po (4 cm).

3 Déposer une plaque à biscuits sur la grille supérieure du four préchauffé à 325°F (160°C) et une autre sur la grille inférieure. Cuire de 16 à 18 minutes ou jusqu'à ce que le pourtour des biscuits soit légèrement doré (intervertir et tourner les plaques à la mi-cuisson). Déposer les plaques sur des grilles et laisser refroidir pendant 5 minutes. Déposer les biscuits sur les grilles et laisser refroidir complètement. Si désiré, saupoudrer les biscuits refroidis d'un peu de sucre glace.

Par boule: • calories: 70 • protéines: 1 g • matières grasses: 3 g (2 g sat.) • cholestérol: 8 mg • glucides: 9 g • fibres: traces • sodium: 22 mg

BISCOTTIS À LA *semoule de maïs* ET AUX FIGUES

1/4 t	beurre ramolli	60 ml
1/2 t	sucre	125 ml
1 c. à thé	poudre à pâte	5 ml
1/4 c. à thé	bicarbonate de sodium	1 ml
1/4 c. à thé	gingembre moulu	1 ml
2	oeufs	2
1/2 c. à thé	vanille	2 ml
1/2 t	semoule de maïs	125 ml
1 c. à thé	zeste de citron râpé finement	5 ml
1 2/3 t	farine	410 ml
1/3 t	figues séchées (de type Calimyrna ou Mission), la queue enlevée, hachées finement	80 ml
2 oz	chocolat blanc haché, fondu et légèrement refroidi (facultatif)	60 g

1 Dans un grand bol, à l'aide d'un batteur électrique, battre le beurre jusqu'à ce qu'il soit crémeux. Incorporer le sucre, la poudre à pâte, le bicarbonate de sodium et le gingembre en battant jusqu'à ce que la préparation soit homogène. Incorporer les oeufs et la vanille en battant, puis la semoule de maïs et le zeste de citron. Incorporer le plus de farine possible en battant à faible vitesse. Incorporer le reste de la farine à l'aide d'une cuillère de bois. Ajouter les figues et mélanger.

2 Diviser la pâte à biscuits en deux portions. Sur une surface légèrement farinée, façonner chaque portion en un rouleau de 8 po (20 cm) de longueur. Mettre les rouleaux de pâte sur une grande plaque à biscuits tapissée de papier-parchemin, en les espaçant d'environ 3 po (8 cm), et les aplatir à environ 2 po (5 cm) de largeur.

3 Cuire au centre du four préchauffé à 350°F (180°C) de 25 à 30 minutes ou jusqu'à ce que la pâte soit ferme et légèrement dorée. Déposer la plaque à biscuits sur une grille et laisser refroidir pendant 15 minutes.

4 Réduire la température du four à 300°F (150°C). Déposer les bandes de pâte refroidies sur une planche à découper. À l'aide d'un couteau denté, les couper sur le biais en tranches de 1/2 po (1 cm) d'épaisseur (enlever la première tranche). Déposer les tranches de biscottis sur deux plaques à biscuits tapissées de papier-parchemin, en les espaçant d'environ 1 po (2,5 cm). Déposer une plaque à biscuits sur la grille supérieure du four et l'autre sur la grille inférieure, et poursuivre la cuisson de 15 à 20 minutes ou jusqu'à ce que les biscottis soient dorés et croustillants (retourner les biscottis, et intervertir et tourner les plaques à la mi-cuisson). Déposer les plaques à biscuits sur des grilles et laisser reposer pendant 5 minutes. Déposer les biscottis sur les grilles et laisser refroidir complètement.

5 Si désiré, mettre le chocolat fondu dans un petit sac de plastique (de type Ziploc), fermer hermétiquement et couper l'un des coins. Arroser les biscottis refroidis du chocolat en pressant délicatement sur le sac. Laisser reposer sur les grilles jusqu'à ce que le chocolat soit ferme.

Par biscotti: • calories: 70 • protéines: 1 g • matières grasses: 2 g (1 g sat.) • cholestérol: 4 mg • glucides: 12 g • fibres: 1 g • sodium: 41 mg

Zoom ingrédient

Les figues séchées de qualité, comme les Calimyrna ou les Mission, sont plus souples et faciles à hacher. On les trouve dans les épiceries fines et les magasins d'aliments naturels.

BISCOTTIS
double chocolat

Donne environ 30 biscottis.
Préparation: 35 min
Cuisson: 40 à 50 min
Repos: 20 min

1/2 t	beurre ramolli	125 ml
1/3 t	cassonade tassée	80 ml
1/3 t	miel liquide	80 ml
1/3 t	poudre de cacao non sucrée	80 ml
2 c. à thé	poudre à pâte	10 ml
2	oeufs	2
1 c. à thé	vanille	5 ml
2 1/2 t	farine	625 ml
1/2 t	amandes ou pacanes hachées finement, grillées	125 ml
1/2 t	brisures de chocolat mi-sucré	125 ml
4 oz	chocolat blanc ou mi-sucré, fondu et légèrement refroidi (facultatif)	125 g

❶ Dans un grand bol, à l'aide d'un batteur électrique, battre le beurre jusqu'à ce qu'il soit crémeux. Ajouter la cassonade, le miel, le cacao et la poudre à pâte en battant jusqu'à ce que la préparation soit homogène. Incorporer les oeufs et la vanille en battant. Incorporer le plus de farine possible en battant à faible vitesse. Incorporer le reste de la farine à l'aide d'une cuillère de bois. Ajouter les amandes et les brisures de chocolat et mélanger.

❷ Diviser la pâte en deux portions. Sur une surface légèrement farinée, façonner chaque portion en un rouleau de 10 po (25 cm) de longueur. Mettre les rouleaux de pâte sur une grande plaque à biscuits tapissée de papier-parchemin, en les espaçant d'environ 3 po (8 cm), et les aplatir à environ 3 po (8 cm) de largeur.

❸ Cuire au centre du four préchauffé à 350°F (180°C) de 25 à 30 minutes ou jusqu'à ce que la pâte soit ferme et légèrement dorée. Déposer la plaque à biscuits sur une grille et laisser refroidir pendant 15 minutes.

❹ Réduire la température du four à 300°F (150°C). Déposer les bandes de pâte refroidies sur une planche à découper. À l'aide d'un couteau dentelé, les couper sur le biais en tranches de 1/2 po (1 cm) d'épaisseur (enlever la première tranche). Déposer les tranches de biscottis sur deux plaques à biscuits tapissées de papier-parchemin, en les espaçant d'environ 1 po (2,5 cm). Déposer une plaque à biscuits sur la grille supérieure du four et l'autre sur la grille inférieure, et poursuivre la cuisson de 15 à 20 minutes ou jusqu'à ce que les biscottis soient dorés et croustillants (retourner les biscottis, et intervertir et tourner les plaques à la mi-cuisson). Déposer les plaques à biscuits sur des grilles et laisser reposer pendant 5 minutes. Déposer les biscottis sur les grilles et laisser refroidir complètement.

❺ Si désiré, tremper un des côtés longs des biscottis refroidis dans le chocolat fondu et les déposer sur une feuille de papier ciré. Laisser reposer jusqu'à ce que le chocolat soit ferme.

Par biscotti: • calories: 115 • protéines: 2 g • matières grasses: 5 g (3 g sat.) • cholestérol: 22 mg • glucides: 16 g • fibres: 1 g • sodium: 50 mg

BISCOTTIS
AUX *amandes*

Donne environ 84 biscottis.
Préparation: 35 min
Cuisson: 1 h 20 min à 1 h 40 min
Repos: 35 min

2 3/4 t	farine	680 ml
1 1/2 t	sucre	375 ml
1 1/2 c. à thé	poudre à pâte	7 ml
1 c. à thé	sel	5 ml
2	oeufs	2
2	jaunes d'oeufs	2
7 c. à tab	beurre fondu	105 ml
1 c. à tab	zeste d'orange ou de citron râpé finement (facultatif)	15 ml
1 t	amandes non blanchies, hachées grossièrement	250 ml

1 Dans un grand bol, mélanger la farine, le sucre, la poudre à pâte et le sel. Faire un puits au centre des ingrédients secs, ajouter les oeufs et les jaunes d'oeufs et mélanger à l'aide d'une cuillère de bois. Ajouter le beurre fondu et, si désiré, le zeste d'orange et mélanger jusqu'à ce que la préparation commence à se tenir. Incorporer les amandes.

2 Diviser la pâte en trois portions. Sur une surface légèrement farinée, façonner chaque portion en un rouleau de 14 po (35 cm) de longueur. Mettre les rouleaux de pâte sur une grande plaque à biscuits tapissée de papier-parchemin, en les espaçant d'environ 2 po (5 cm), et les aplatir à environ 2 po (5 cm) de largeur.

3 Cuire au centre du four préchauffé à 350°F (180°C) de 25 à 30 minutes ou jusqu'à ce que la pâte soit ferme et légèrement dorée. Déposer la plaque à biscuits sur une grille et laisser refroidir pendant 15 minutes.

4 Réduire la température du four à 300°F (150°C). Déposer les bandes de pâte refroidies sur une planche à découper. À l'aide d'un couteau denté, les couper sur le biais en tranches de 1/2 po (1 cm) d'épaisseur (enlever la première tranche). Déposer les tranches de biscottis sur deux plaques à biscuits tapissées de papier-parchemin, en les espaçant d'environ 1 po (2,5 cm). Déposer une plaque à biscuits sur la grille supérieure du four et l'autre sur la grille inférieure et poursuivre la cuisson de 15 à 20 minutes ou jusqu'à ce que les biscottis soient dorés et croustillants (retourner les biscottis, et intervertir et tourner les plaques à la mi-cuisson). Déposer les plaques à biscuits sur des grilles et laisser reposer pendant 5 minutes. Déposer les biscottis sur les grilles et laisser refroidir complètement. Cuire le reste des biscottis de la même manière.

Par biscotti: • calories: 47 • protéines: 1 g • matières grasses: 2 g (1 g sat.) • cholestérol: 12 mg • glucides: 7 g • fibres: aucune • sodium: 40 mg

BISCOTTIS AUX *cerises séchées* ET À L'ORANGE

> **Donne environ 30 biscottis.**
> **Préparation: 40 min**
> **Cuisson: 40 à 50 min**
> **Repos: 20 min**

3/4 t	sucre granulé	180 ml
2	oeufs	2
1/4 t	huile d'olive	60 ml
2 c. à thé	zeste d'orange râpé finement	10 ml
1 c. à tab	jus d'orange	15 ml
1 1/2 c. à thé	vanille	7 ml
2 1/2 t	farine	625 ml
1 c. à thé	poudre à pâte	5 ml
1/4 à thé	sel	1 ml
1 t	cerises ou canneberges séchées, hachées grossièrement	250 ml
1	blanc d'oeuf	1
1 c. à tab	eau	15 ml
	sucre cristallisé (facultatif)	

1 Dans un grand bol, à l'aide d'un batteur électrique, battre le sucre granulé et les oeufs de 2 à 3 minutes ou jusqu'à ce que le mélange ait épaissi et soit jaune pâle. En battant à faible vitesse, incorporer l'huile, le zeste et le jus d'orange et la vanille jusqu'à ce que la préparation soit homogène. Dans un autre bol, mélanger 2 t (500 ml) de la farine, la poudre à pâte et le sel. En battant à faible vitesse, incorporer petit à petit les ingrédients secs à la préparation aux oeufs jusqu'à ce que la pâte soit homogène. Incorporer les cerises séchées et le reste de la farine à l'aide d'une cuillère de bois (au besoin, travailler avec les doigts).

2 Diviser la pâte à biscuits en deux portions. Sur une surface légèrement farinée, façonner chaque portion en un rouleau de 8 po (20 cm) de longueur. Mettre les rouleaux de pâte sur une grande plaque à biscuits tapissée de papier-parchemin, en les espaçant de 3 à 4 po (8 à 10 cm), et les aplatir à environ 2 po (5 cm) de largeur. Dans un petit bol, à l'aide d'une fourchette, battre le blanc d'oeuf et l'eau jusqu'à ce que le mélange soit mousseux. Badigeonner le dessus et les côtés des rouleaux de ce mélange et parsemer du sucre cristallisé, si désiré.

3 Cuire au centre du four préchauffé à 350°F (180°C) de 25 à 30 minutes ou jusqu'à ce que la pâte soit ferme et légèrement dorée. Déposer la plaque à biscuits sur une grille et laisser refroidir pendant 15 minutes.

4 Réduire la température du four à 300°F (150°C). Déposer les bandes de pâte refroidies sur une planche à découper. À l'aide d'un couteau dentelé, les couper sur le biais en tranches de 1/2 po (1 cm) d'épaisseur (enlever la première tranche). Déposer les tranches de biscottis sur deux plaques à biscuits tapissées de papier-parchemin, en les espaçant d'environ 1 po (2,5 cm). Déposer une plaque à biscuits sur la grille supérieure du four et l'autre sur la grille inférieure, et poursuivre la cuisson de 15 à 20 minutes ou jusqu'à ce que les biscottis soient dorés et croustillants (retourner les biscottis, et intervertir et tourner les plaques à la mi-cuisson). Déposer les plaques à biscuits sur des grilles et laisser reposer pendant 5 minutes. Déposer les biscottis sur les grilles et laisser refroidir complètement.

Par biscotti: • calories: 92 • protéines: 2 g • matières grasses: 2 g (traces sat.) • cholestérol: 14 mg • glucides: 16 g • fibres: 1 g • sodium: 40 mg

ERMITES AU *gingembre confit*, AUX ABRICOTS ET AU CHOCOLAT BLANC

Donne environ 72 biscuits.
Préparation: 30 min
Cuisson: 30 à 36 min
Repos: 15 min

1 t	beurre ramolli	250 ml
2/3 t	cassonade tassée	160 ml
1/2 t	sucre	125 ml
2	oeufs	2
2 1/4 t	farine	560 ml
1 c. à thé	poudre à pâte	5 ml
3/4 c. à thé	gingembre moulu	4 ml
1/2 c. à thé	bicarbonate de sodium	2 ml
1/2 c. à thé	muscade moulue	2 ml
1/2 c. à thé	piment de la Jamaïque moulu	2 ml
1 t	gingembre confit haché finement	250 ml
6 oz	chocolat blanc haché	180 g
1 t	abricots séchés hachés	250 ml

1 Dans un grand bol, à l'aide d'un batteur électrique, battre le beurre, la cassonade et le sucre jusqu'à ce que le mélange soit crémeux. Ajouter les oeufs un à un, en battant bien après chaque addition. Dans un autre bol, mélanger la farine, la poudre à pâte, le gingembre moulu, le bicarbonate de sodium, la muscade et le piment de la Jamaïque. À l'aide d'une cuillère de bois, incorporer les ingrédients secs au mélange de beurre en deux fois. Ajouter le gingembre confit, le chocolat blanc et les abricots et mélanger.

2 Laisser tomber la pâte, 1 c. à tab (15 ml) à la fois, sur des plaques à biscuits tapissées de papier-parchemin ou beurrées, en espaçant les biscuits d'environ 2 po (5 cm). (Vous pouvez préparer les biscuits jusqu'à cette étape, les congeler, puis les mettre dans un contenant hermétique en séparant chaque étage d'une feuille de papier ciré. Ils se conserveront jusqu'à 1 mois au congélateur. Cuire sans décongeler.)

3 Déposer une plaque à biscuits sur la grille supérieure du four préchauffé à 350°F (180°C) et une autre sur la grille inférieure. Cuire de 10 à 12 minutes ou jusqu'à ce que le dessous des biscuits soit doré (intervertir et tourner les plaques à la mi-cuisson). Déposer les plaques sur des grilles et laisser refroidir pendant 5 minutes. Déposer les biscuits sur les grilles et laisser refroidir complètement. Cuire le reste de la pâte de la même manière. (Vous pouvez préparer les biscuits à l'avance et les mettre dans un contenant hermétique, en séparant chaque étage d'une feuille de papier ciré. Ils se conserveront jusqu'à 5 jours à la température ambiante ou jusqu'à 1 mois au congélateur.)

Par biscuit: • calories: 80 • protéines: 1 g
• matières grasses: 4 g (2 g sat.) • cholestérol: 9 mg
• glucides: 11 g • fibres: traces • sodium: 32 mg

BARRES, *carrés* ET SCONES

Pour commencer la journée du bon pied, calmer un petit creux, mais aussi se sucrer le bec, les barres, les carrés et les scones sont tout simplement parfaits.

Les barres, les carrés et les scones sont
des merveilles de simplicité, qui se
préparent à l'avance et s'emportent
partout. S'ils ont la polyvalence des
biscuits, ils sont plus faciles à improviser
à partir des ingrédients qu'on a sous la
main et ont l'avantage de pouvoir être
adaptés selon nos besoins.

Par exemple, les classiques barres à
l'avoine font d'excellentes collations,
mais elles peuvent aussi tenir lieu
de déjeuner nourrissant ou de source
d'énergie pour une randonnée. Il suffit
de leur ajouter des protéines (lait en
poudre, protéines de soja), des graines
de tournesol ou de citrouille, et des
fruits séchés. On cherche plutôt un petit
bonheur gourmand? On adapte la
recette en utilisant de la tartinade aux
noisettes, des cerises confites, des
brisures de chocolat, du caramel ou
de la noix de coco grillée: il n'en faut
pas plus pour transformer un sage
goûter en délice sucré.

Au royaume de la pâtisserie, les scones
forment une classe à part. Ces délicieux
triangles à la texture friable, qui fondent
dans la bouche, sont un héritage de la
tradition culinaire écossaise. On doit
bien sûr maîtriser la recette de base
pour les réussir, mais leur préparation
reste facile et économique. Et ils
s'accommodent fort bien d'une touche
de fantaisie! Qu'on préfère les scones
au citron, aux cerises, au chocolat ou au
fromage, on peut facilement
les modifier selon l'inspiration du
moment. On les glisse tels quels dans
le panier de pique-nique, ou on les sert
à l'heure du thé avec du fromage
à la crème, du beurre aromatisé
aux agrumes ou des confitures.

LES BONS OUTILS

La fabrication de barres et de carrés est vraiment simple et nécessite peu d'outils particuliers, à part ceux qui servent aussi à la préparation des biscuits (spatule, batteur électrique, papier-parchemin, bols et cuillères à mélanger). Les petits ajouts:

Moules à gâteaux rectangulaires. Nos recettes requièrent deux formats de moules rectangulaires: 15 po x 10 po (38 cm x 25 cm) et 13 po x 9 po (33 cm x 23 cm). Pour les brownies, on utilise le plus souvent un moule carré de 8 po (20 cm). On choisit des modèles qui comportent un rebord de 2 po (5 cm).

Couteau dentelé (à pain) ou couteau de chef (à long manche). Ils permettent de couper les carrés et les barres d'une façon bien nette.

Pour les scones, trois outils indispensables: des plaques à biscuits en métal brillant, sans rebord; un rouleau à pâtisserie; des emporte-pièces ronds de 2 1/2 po (6 cm) de diamètre.

L'ÉPAISSEUR ET LA TEXTURE

Souvent formés de deux ou trois étages superposés, les barres et les carrés doivent être assez épais pour bien se tenir. Chaque étage doit être légèrement tassé ou bien lissé, puis cuit ou réfrigéré avant qu'on ajoute les autres étages. Si on met deux couches de garniture, on doit prévoir une période de réfrigération après chaque ajout pour permettre aux préparations de se solidifier.

Préparer d'abord la croûte en suivant la recette. Bien presser le mélange dans un moule tapissé de papier d'aluminium beurré ou de papier-parchemin (voir *Pour démouler les barres et les carrés,* ci-contre). Cuire au centre du four selon les instructions de la recette. Pour une cuisson uniforme, il est préférable de cuire un moule à la fois. Si on dispose d'un four à convection, on peut cuire deux moules à la fois en plaçant le premier sur la grille du bas et le second sur la grille du haut. On laisse libre la grille du centre pour faciliter la circulation de l'air chaud. Avec ce type de four, vérifier la cuisson 5 minutes avant la fin du temps indiqué dans la recette, car les fours à convection cuisent plus rapidement. On ajustera le temps de cuisson en conséquence pour les recettes suivantes. Retirer le moule du four et laisser refroidir complètement sur une grille avant d'ajouter la garniture, le cas échéant.

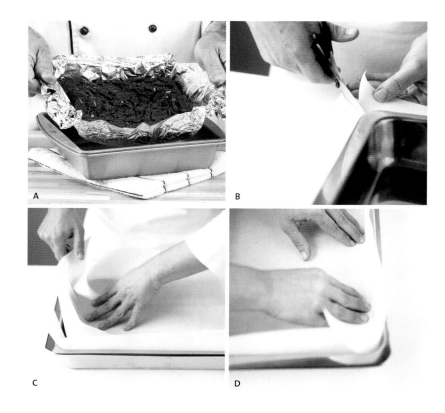

POUR DÉMOULER LES BARRES ET LES CARRÉS

● D'abord, beurrer le moule, puis le tapisser de papier d'aluminium en prenant soin de laisser dépasser le papier sur deux côtés pour faciliter le démoulage. Bien lisser le papier et le beurrer généreusement pour éviter que la préparation ne colle pendant la cuisson (A).

● Une autre possibilité: utiliser du papier-parchemin. Contrairement au papier d'aluminium, le papier-parchemin est antiadhésif; on n'a donc pas à le beurrer. Il en résulte des barres et des carrés moins gras. Placer d'abord le moule sur une feuille de papier-parchemin et la couper aux bonnes dimensions, en prévoyant une bordure excédentaire de 3 po (8 cm) sur le pourtour du moule. Pratiquer une incision de 3 po (8 cm) de longueur à chaque coin du papier, sur la diagonale (B). Mouiller très légèrement l'intérieur du moule (ou le beurrer un peu) avant d'y placer le papier-parchemin; cela aidera à le maintenir en place (C). Bien lisser le papier sur toute sa surface et rabattre les coins l'un sur l'autre, de manière à créer une bande plus solide qui servira de poignée pour faciliter le démoulage (D). À la sortie du four, déposer le moule sur une grille et laisser refroidir complètement avant de démouler sur une planche à découper. Retirer le papier-parchemin.

POUR COUPER LES BARRES ET LES CARRÉS

● Pour une coupe nette, les barres et les carrés doivent être complètement refroidis. On les coupe ensuite à l'aide d'un couteau dentelé ou d'un couteau de chef bien aiguisé. Lorsque les barres et les carrés contiennent une garniture collante (caramel, tartinade aux fruits), il peut être nécessaire de passer au préalable un linge humide sur la lame du couteau.

● Pour les moules rectangulaires, couper la préparation en quatre sur la longueur, puis en deux sur la largeur (moules rectangulaires). Pour les moules carrés, couper la préparation en deux dans un sens, puis en deux dans l'autre sens. Couper ensuite les barres ou les carrés aux dimensions souhaitées, en s'aidant d'une règle au besoin. Certains carrés et barres avec glaçage seront plus faciles à servir si on les coupe directement dans le moule.

POUR CONSERVER LES BARRES ET LES CARRÉS

Les placer côte à côte dans un contenant hermétique, en séparant chaque étage d'une feuille de papier ciré. Ils se conserveront jusqu'à 1 semaine au réfrigérateur ou jusqu'à 3 mois au congélateur.

DES SCONES FRAIS EN TOUT TEMPS

Contrairement aux barres et aux carrés, les scones sont à leur meilleur à leur sortie du four. Si on doit les préparer à l'avance, on les laisse refroidir complètement avant de les envelopper individuellement d'une pellicule de plastique. Ils se conserveront jusqu'à 2 semaines au congélateur, dans un contenant hermétique. Pour servir, décongeler les scones, puis retirer la pellicule de plastique et réchauffer au four pendant quelques minutes.

POUR RÉUSSIR NOS SCONES

● Les scones sont la première étape dans l'apprentissage des techniques de pétrissage. Grâce à la poudre à pâte et au bicarbonate de sodium qu'ils contiennent, ils ne nécessitent pas d'ajout de levure ni de temps de repos. Une fois la pâte façonnée en rectangle, on peut facilement couper les scones en triangles ou leur donner une forme ronde à l'aide d'un emporte-pièce légèrement fariné, ce qui permet aussi de créer de délicieux shortcakes aux fruits.

● Pour obtenir des scones qui fondent dans la bouche, il est essentiel que le beurre soit bien froid. On l'ajoute coupé en petits dés aux ingrédients secs, en travaillant le mélange à l'aide d'un coupe-pâte ou de deux couteaux jusqu'à ce qu'il ait la consistance d'une chapelure grossière dans laquelle les morceaux de beurre sont encore bien présents.

● Au fur et à mesure qu'on ajoute les ingrédients liquides, on travaille la pâte en partant du fond du bol et en remontant délicatement vers le haut. La pâte est prête lorsqu'elle se tient, mais qu'elle est encore souple et un peu collante. Avec les mains légèrement farinées, on renverse la pâte sur une surface farinée et on la pétrit une dizaine de fois tout au plus. Il faut travailler la pâte rapidement et le moins possible pour que les morceaux de beurre n'aient pas le temps de fondre, ce qui rendrait les scones plus durs et moins feuilletés.

● Couper la pâte tel qu'indiqué dans la recette et la badigeonner d'un mélange de jaune d'oeuf et de lait. Cuire sur une plaque à biscuits au centre du four préchauffé à 400°F (200°C), afin d'obtenir des scones dorés et bien feuilletés.

SCONES: NOS VARIANTES PRÉFÉRÉES

À partir de notre recette de base de Scones classiques au babeurre (voir p. 103), il est facile de créer nos propres variantes. Il suffit d'incorporer des fruits séchés ou des noix juste après avoir ajouté les ingrédients liquides, ou encore d'incorporer du zeste d'agrume aux ingrédients secs (si on l'ajoute plus tard, il se retrouvera au fond de la préparation).

Aux abricots: parsemer la préparation de 3/4 t (180 ml) d'abricots séchés hachés juste avant de mélanger les ingrédients liquides avec les ingrédients secs. Arroser les scones refroidis de la glace à l'amande (voir recette, ci-contre) et les parsemer de 1/4 t (60 ml) d'amandes en tranches, grillées.

Aux fruits séchés et au citron: ajouter 2 c. à thé (10 ml) de zeste de citron râpé aux ingrédients secs. Parsemer la préparation de 1/2 t (125 ml) de fruits séchés (raisins, canneberges, bleuets, cerises coupées en deux, pruneaux ou abricots hachés) juste avant de mélanger les ingrédients liquides avec les ingrédients secs.

Aux graines de pavot et au citron: ajouter 1 c. à tab (15 ml) de zeste de citron râpé et 4 c. à thé (20 ml) de graines de pavot aux ingrédients secs. Arroser les scones refroidis de la glace au citron (voir recette, ci-contre).

À l'avoine: remplacer 1/2 t (125 ml) de la farine par la même quantité de flocons d'avoine et ajouter 1 c. à thé (5 ml) de cannelle moulue aux ingrédients secs. Parsemer la préparation de 1/2 t (125 ml) de raisins secs juste avant de mélanger les ingrédients liquides avec les ingrédients secs.

Mini-shortcakes aux fraises: ajouter 1 c. à tab (15 ml) de zeste de citron râpé aux ingrédients secs. Façonner la pâte en un cercle de 3/4 po (2 cm) d'épaisseur. À l'aide d'un emporte-pièce rond de 1 3/4 po (4,5 cm) de diamètre, légèrement fariné, découper des cercles dans la pâte. Badigeonner les cercles de 1 oeuf battu et les parsemer de sucre. Cuire au centre du four pendant 12 minutes, puis laisser refroidir complètement. Couper chaque cercle en deux horizontalement. Garnir la moitié des cercles de 2 t (500 ml) de fraises coupées en tranches, sucrées au goût, et couvrir de l'autre moitié des cercles. Garnir les mini-shortcakes de 1 t (250 ml) de crème fouettée, légèrement sucrée.

GLACE À L'AMANDE
Donne 1/3 t (80 ml).

1 t	sucre glace	250 ml
2 c. à tab	lait	30 ml
1	trait d'essence d'amande	1
1 c. à thé	eau (facultatif)	5 ml

Mélanger le sucre glace, le lait, l'essence d'amande et l'eau, si désiré, jusqu'à ce que la glace soit coulante.

Variante

GLACE AU CITRON
Remplacer le lait par du jus de citron. Omettre l'essence d'amande.

BROWNIES AUX *brisures de caramel* ET AUX NOIX DE CAJOU

Donne 16 carrés.
Préparation: 20 min
Cuisson: 22 à 24 min

6 oz	chocolat mi-amer haché	180 g
1/4 t	beurre non salé	60 ml
2/3 t	sucre	160 ml
2	oeufs	2
1 c. à thé	vanille	5 ml
3/4 t	farine	180 ml
1/4 t	poudre de cacao non sucrée	60 ml
1 c. à thé	poudre à pâte	5 ml
1	pincée de sel	1
1/2 t	noix de cajou non salées, hachées grossièrement	125 ml
1 t	caramels enrobés de chocolat (de type Mini Rolo), coupés en deux	250 ml

1 Dans un bol allant au micro-ondes, mélanger le chocolat et le beurre. Cuire au micro-ondes, à intensité maximale, pendant 1 minute. Mélanger et poursuivre la cuisson pendant 20 secondes. Mélanger de nouveau jusqu'à ce que la préparation soit lisse. Incorporer le sucre, les oeufs et la vanille. Tamiser la farine, le cacao, la poudre à pâte et le sel sur la préparation au chocolat et mélanger jusqu'à ce qu'elle soit lisse. Incorporer les noix de cajou et les caramels.

2 Verser la pâte dans un moule de 8 po (20 cm) de côté tapissé de papier d'aluminium beurré (bien lisser le papier d'aluminium et laisser dépasser un excédent de 1 po/2,5 cm sur deux côtés du moule). Cuire au four préchauffé à 350°F (180°C) de 20 à 22 minutes ou jusqu'à ce qu'un cure-dents inséré au centre du gâteau en ressorte avec quelques miettes humides (ne pas trop cuire). Déposer le moule sur une grille et laisser refroidir légèrement.

3 Démouler les brownies en soulevant les bordures de papier d'aluminium. Couper en carrés. (Vous pouvez préparer les brownies à l'avance, les laisser refroidir et les mettre dans un contenant hermétique en séparant chaque étage d'une feuille de papier ciré. Ils se conserveront jusqu'à 3 jours au réfrigérateur ou jusqu'à 1 mois au congélateur.)

Par carré: • calories: 225 • protéines: 3 g
• matières grasses: 9 g (4 g sat.) • cholestérol: 40 mg
• glucides: 35 g • fibres: 1 g • sodium: 45 mg

Variantes

Rien de plus facile que de personnaliser nos brownies selon nos goûts et ceux de notre famille! Il y a toute une panoplie d'ingrédients gourmands qu'on peut ajouter à notre pâte à brownies de base. Quelques suggestions.

AU LIEU DES NOIX DE CAJOU (MÊME QUANTITÉ):

• arachides non salées, amandes, pacanes ou noix de macadam, hachées
• raisins secs ou abricots séchés, hachés
• écorce d'orange confite, hachée

AU LIEU DES CARAMELS DE TYPE MINI ROLO (MÊME QUANTITÉ):

• biscuits aux brisures de chocolat (de type Chips Ahoy!) ou biscuits doubles au chocolat et à la crème (de type Oreo), cassés en petits morceaux
• brisures de chocolat au lait, de chocolat blanc ou de beurre d'arachides
• tablettes de chocolat de type Toblerone, Skor, Mars ou Reese's, hachées

BROWNIES MARBRÉS
AU *fromage à la crème*

Donne 24 carrés.
Préparation: 30 min
Cuisson: 31 min
Repos: 2 h

Pâte au chocolat

1 3/4 t	farine	430 ml
3/4 c. à thé	poudre à pâte	4 ml
3/4 c. à thé	sel	4 ml
1/2 t	beurre non salé	125 ml
4 oz	chocolat non sucré haché grossièrement	125 g
1 1/2 t	sucre	375 ml
4	oeufs	4
1 c. à thé	vanille	5 ml

Pâte au fromage à la crème

6 oz	fromage à la crème ramolli	180 g
1/3 t	farine	80 ml
1/2 t	sucre	125 ml
1/2 c. à thé	vanille	2 ml
2 c. à tab	lait	30 ml

Préparation de la pâte au chocolat

1 Dans un bol, mélanger la farine, la poudre à pâte et le sel. Réserver. Dans un bol allant au micro-ondes, mélanger le beurre et le chocolat. Cuire au micro-ondes, à intensité maximale, pendant 1 minute. Mélanger jusqu'à ce que la préparation soit lisse (au besoin, poursuivre la cuisson pendant 15 secondes).

2 Ajouter le sucre à la préparation au chocolat et mélanger. Incorporer les oeufs et la vanille. Ajouter le mélange de farine réservé et mélanger jusqu'à ce que la pâte soit homogène. Étendre la pâte dans un moule de 13 po x 9 po (33 cm x 23 cm), tapissé de papier d'aluminium beurré (laisser dépasser un excédent de 1 po/ 2,5 cm sur deux côtés du moule).

Préparation de la pâte au fromage à la crème

3 Dans un autre bol, à l'aide d'un batteur électrique, battre le fromage à la crème jusqu'à ce qu'il soit léger. Incorporer la farine, le sucre et la vanille en battant à faible vitesse. Ajouter le lait et battre jusqu'à ce que la pâte soit homogène. À l'aide d'une cuillère, creuser des cavités dans la pâte au chocolat. Remplir les cavités de la pâte au fromage à la crème.

4 Cuire au four préchauffé à 350°F (180°C) pendant environ 30 minutes ou jusqu'à ce qu'un cure-dents inséré au centre du gâteau en ressorte avec quelques miettes humides (ne pas trop cuire). Déposer le moule sur une grille et laisser refroidir. Démouler en soulevant le papier d'aluminium. Laisser refroidir pendant 2 heures avant de couper en carrés. (Vous pouvez préparer les brownies à l'avance et les mettre dans un contenant hermétique, en séparant chaque étage d'une feuille de papier ciré. Ils se conserveront 1 semaine au réfrigérateur ou jusqu'à 3 mois au congélateur.)

Par carré: • calories: 205 • protéines: 3 g
• matières grasses: 10 g (6 g sat.) • cholestérol: 55 mg
• glucides: 27 g • fibres: 1 g • sodium: 120 mg

BROWNIES
AU *beurre d'arachides*

6 oz	chocolat mi-amer haché grossièrement	180 g
1/4 t	beurre non salé	60 ml
2/3 t	sucre	160 ml
2	oeufs	2
1 c. à thé	vanille	5 ml
3/4 t	farine	180 ml
1/4 t	poudre de cacao non sucrée	60 ml
1 c. à thé	poudre à pâte	5 ml
1	pincée de sel	1
3/4 t	arachides non salées, hachées	180 ml
1	boîte de lait concentré sucré (de type Eagle Brand) (300 ml)	1
1/2 t	beurre d'arachides crémeux	125 ml

1 Dans un bol allant au micro-ondes, mélanger le chocolat et le beurre. Cuire au micro-ondes, à intensité maximale, pendant 1 minute. Mélanger et poursuivre la cuisson pendant 20 secondes. Mélanger de nouveau jusqu'à ce que la préparation soit lisse. Incorporer le sucre, les oeufs et la vanille. Tamiser la farine, le cacao, la poudre à pâte et le sel sur la préparation au chocolat et mélanger jusqu'à ce qu'elle soit lisse. Incorporer les arachides. Verser la moitié de la pâte dans un moule de 8 po (20 cm) de côté tapissé de papier d'aluminium beurré (bien lisser le papier d'aluminium et laisser dépasser un excédent de 1 po/ 2,5 cm sur deux côtés du moule).

2 Dans un autre bol, mélanger le lait concentré sucré et le beurre d'arachides jusqu'à ce que la préparation soit homogène. Étendre la préparation sur la pâte au chocolat dans le moule. Façonner le reste de la pâte au chocolat en petites boules et les aplatir avec les doigts. Disposer les morceaux de pâte au chocolat sur la préparation au beurre d'arachides.

3 Cuire au four préchauffé à 350°F (180°C) de 25 à 30 minutes ou jusqu'à ce qu'un cure-dents inséré au centre du gâteau en ressorte avec quelques miettes humides (ne pas trop cuire). Déposer le moule sur une grille et laisser refroidir. Démouler en soulevant les bordures de papier d'aluminium. Couper en carrés. (Vous pouvez préparer les brownies à l'avance et les mettre dans un contenant hermétique, en séparant chaque étage d'une feuille de papier ciré. Ils se conserveront jusqu'à 3 jours à la température ambiante ou jusqu'à 3 mois au congélateur.)

Par carré: • calories: 305 • protéines: 8 g • matières grasses: 16 g (7 g sat.) • cholestérol: 42 mg • glucides: 36 g • fibres: 2 g • sodium: 110 mg

Carrés
DE RÊVE

Donne 40 barres.
Préparation: 30 min
Cuisson: 40 min
Réfrigération: 1 h

Héritage de la Grande Dépression américaine, les *dream bars* sont rapidement devenues, dans les années 30, un des desserts favoris des Canadiens français, qui les ont simplement rebaptisées «carrés de rêve». Avec le retour de l'opulence, vers 1950, on s'est mis à les garnir de noix, de noix de coco, de caramel ou de cerises confites. Chaque famille avait sa propre version.

Croûte

3/4 t	beurre ramolli	180 ml
1/2 t	sucre	125 ml
1/4 c. à thé	sel	1 ml
2 t	farine	500 ml
Garniture aux fruits et aux noix		
2	oeufs	2
1 1/2 t	cassonade tassée	375 ml
1/2 c. à thé	essence d'amande	2 ml
2 c. à tab	farine	30 ml
1/2 c. à thé	poudre à pâte	2 ml
1 t	noix de Grenoble grillées	250 ml
1 t	cerises confites coupées en quatre	250 ml
1/2 t	dattes hachées	125 ml
Glaçage à la vanille		
1/2 t	beurre ramolli	125 ml
2 c. à tab	lait	30 ml
1/2 c. à thé	vanille	2 ml
2 t	sucre glace	500 ml

Préparation de la croûte

1 Dans un grand bol, à l'aide d'un batteur électrique, battre le beurre, le sucre et le sel jusqu'à ce que la préparation soit légère. Ajouter la farine et mélanger à l'aide d'une cuillère de bois jusqu'à ce que la pâte soit homogène. Presser le mélange au fond d'un moule de 13 po x 9 po (33 cm x 23 cm), tapissé de papier-parchemin.

2 Cuire au centre du four préchauffé à 350°F (180°C) pendant environ 20 minutes ou jusqu'à ce que la croûte soit dorée. Déposer le moule sur une grille et laisser refroidir.

Préparation de la garniture

3 Dans un autre grand bol, à l'aide d'un fouet, mélanger les oeufs, la cassonade et l'essence d'amande. Ajouter la farine et la poudre à pâte et mélanger à l'aide d'une cuillère de bois jusqu'à ce que la pâte soit homogène. Incorporer les noix de Grenoble, les cerises confites et les dattes. Étendre la garniture sur la croûte refroidie.

4 Cuire au centre du four préchauffé à 350°F (180°C) pendant environ 20 minutes ou jusqu'à ce que la garniture soit ferme. Déposer le moule sur une grille et laisser refroidir.

Préparation du glaçage

5 Dans un autre grand bol, à l'aide du batteur électrique (utiliser des fouets propres), battre le beurre, le lait et la vanille jusqu'à ce que la préparation soit homogène. Incorporer le sucre glace en deux fois, en battant jusqu'à ce que le glaçage soit léger. Étendre le glaçage sur la garniture refroidie. Réfrigérer pendant environ 1 heure ou jusqu'à ce que la préparation soit bien froide. (Vous pouvez préparer les carrés de rêve jusqu'à cette étape, les démouler et les envelopper d'une pellicule de plastique. Ils se conserveront jusqu'à 5 jours à la température ambiante ou jusqu'à 2 semaines au congélateur, enveloppés de papier d'aluminium résistant.) Couper en rectangles.

Par barre: • calories: 181 • protéines: 2 g • matières grasses: 8 g (4 g sat.) • cholestérol: 25 mg • glucides: 27 g • fibres: 1 g • sodium: 83 mg

BARRES SUCRÉES-SALÉES AUX *canneberges* ET AU CHOCOLAT BLANC

Donne environ 24 barres.
Préparation: 20 min
Cuisson: 40 à 45 min

Croûte aux bretzels

6 t	mini-bretzels en forme de noeud	1,5 L
2 c. à tab	cassonade tassée	30 ml
1/2 t	beurre fondu	125 ml
1 1/2 t	canneberges séchées	375 ml
1 1/2 t	noix salées mélangées	375 ml
1 t	chocolat blanc ou mi-sucré, haché	250 ml

Garniture au sirop de maïs

1/2 t	sucre	125 ml
1/3 t	beurre	80 ml
1/3 t	sirop de maïs	80 ml
1 c. à thé	vanille	5 ml
1/4 c. à thé	bicarbonate de sodium	1 ml

Préparation de la croûte

1 Au robot culinaire, mélanger les bretzels, la cassonade et le beurre jusqu'à ce que la préparation ait la texture d'une chapelure fine (racler la paroi du récipient de temps à autre). Presser la préparation au fond d'un moule de 13 po x 9 po (33 cm x 23 cm), légèrement beurré.

2 Cuire au four préchauffé à 325°F (160°C) pendant 10 minutes. Parsemer uniformément la croûte des canneberges, des noix et du chocolat. Réserver.

Préparation de la garniture

3 Dans une petite casserole, mélanger le sucre, le beurre et le sirop de maïs. Chauffer à feu moyen, en brassant sans arrêt, pendant environ 10 minutes ou jusqu'à ce que la préparation commence à bouillir. Retirer la casserole du feu. Ajouter la vanille et le bicarbonate de sodium et mélanger. Verser le mélange de sirop sur la garniture aux canneberges réservée.

4 Poursuivre la cuisson au four préchauffé à 325°F (160°C) de 20 à 25 minutes ou jusqu'à ce que le mélange de sirop soit bouillonnant sur toute la surface. Déposer le moule sur une grille et laisser refroidir complètement. Couper en barres.

Par barre: • calories: 265 • protéines: 3 g
• matières grasses: 14 g (6 g sat.) • cholestérol: 18 mg
• glucides: 34 g • fibres: 2 g • sodium: 315 mg

CARRÉS AUX *dattes*,
AUX FIGUES ET À L'ORANGE

Donne 25 carrés.
Préparation: 20 min
Repos: 30 min
Cuisson: 55 min

Les figues séchées ajoutent une saveur riche et inédite à ces carrés. Si désiré, on peut aussi les préparer seulement avec des dattes ou seulement avec des figues. On trouve les bonnes figues séchées, plus souples et faciles à hacher, dans les épiceries fines et les magasins d'aliments naturels.

2 t	eau	500 ml
6 oz	dattes dénoyautées	180 g
6 oz	figues séchées (de type Calimyrna ou Mission) hachées grossièrement	180 g
3/4 t	sucre	180 ml
2 c. à tab	jus de citron	30 ml
2 c. à tab	jus d'orange	30 ml

2 1/2 t	flocons d'avoine	625 ml
1 1/4 t	farine	310 ml
1 t	cassonade tassée	250 ml
1 c. à tab	zeste d'orange râpé finement	15 ml
1/4 c. à thé	sel	1 ml
1 t	beurre froid, coupé en cubes	250 ml
1/4 t	noisettes en tranches	60 ml

1 Dans une casserole, mélanger l'eau, les dattes, les figues, le sucre, le jus de citron et le jus d'orange. Laisser reposer pendant 30 minutes, puis porter à ébullition. Réduire à feu moyen et laisser bouillir, en brassant souvent, pendant 10 minutes ou jusqu'à ce que la préparation ait épaissi. Laisser refroidir.

2 Dans un grand bol, mélanger les flocons d'avoine, la farine, la cassonade, le zeste d'orange et le sel. Ajouter le beurre et, à l'aide d'un coupe-pâte ou de deux couteaux, travailler la préparation jusqu'à ce qu'elle ait la texture d'une chapelure grossière. Presser uniformément

la moitié de la préparation de flocons d'avoine dans un plat carré de 8 po (20 cm), tapissé de papier-parchemin. Étendre la garniture aux dattes et aux figues refroidie sur la préparation de flocons d'avoine. Mélanger le reste de la préparation de flocons d'avoine avec les noisettes. Parsemer ce mélange sur la garniture et le presser légèrement.

3 Cuire au four préchauffé à 350°F (180°C) pendant environ 45 minutes ou jusqu'à ce que le dessus de la préparation soit légèrement doré. Déposer le moule sur une grille et laisser refroidir. Couper en carrés. (Vous pouvez préparer les carrés aux dattes et aux figues à l'avance, les laisser refroidir et les couvrir d'une pellicule de plastique. Ils se conserveront jusqu'à 3 jours au réfrigérateur ou jusqu'à 2 semaines au congélateur, enveloppés de papier d'aluminium résistant.)

Par carré: • calories: 221 • protéines: 2 g
• matières grasses: 9 g (5 g sat.) • cholestérol: 20 mg
• glucides: 36 g • fibres: 2 g • sodium: 82 mg

CARRÉS AU *fromage à la crème*,
AUX PACANES ET À L'ÉRABLE

Donne environ 96 carrés.
Préparation: 40 min
Cuisson: 47 à 52 min
Repos: 1 h
Réfrigération: 4 h

Croûte sablée aux pacanes

1/3 t	beurre ramolli	80 ml
1/4 t	cassonade tassée	60 ml
1/4 c. à thé	vanille	1 ml
1 t	farine	250 ml
1/3 t	pacanes hachées finement	80 ml

Garniture au fromage et à l'érable

3	paquets de fromage à la crème, ramolli (250 g chacun)	3
1 t	sucre	250 ml
2 c. à tab	farine	30 ml
3	oeufs	3
1/2 t	crème à 10 %	125 ml
1/3 t	sirop d'érable	80 ml
1/3 t	pacanes hachées finement	80 ml
96	pacanes confites (voir recette)	96

Préparation de la croûte

1 Dans un bol, à l'aide d'un batteur électrique, battre le beurre jusqu'à ce qu'il soit crémeux. Ajouter la cassonade et la vanille et battre jusqu'à ce que le mélange soit léger. Ajouter la farine et battre à faible vitesse jusqu'à ce que le mélange soit granuleux, sans plus. Incorporer les pacanes à l'aide d'une cuillère. Presser uniformément la pâte dans un moule de 13 po x 9 po (33 cm x 23 cm), tapissé de papier d'aluminium beurré (laisser dépasser un excédent sur deux côtés).

2 Cuire au four préchauffé à 325°F (160°C) pendant 12 minutes ou jusqu'à ce que la croûte soit légèrement dorée. Déposer le moule sur une grille et laisser refroidir.

Préparation de la garniture

3 Dans un grand bol, à l'aide du batteur électrique (utiliser des fouets propres), mélanger le fromage à la crème, le sucre et la farine. Ajouter les oeufs et battre à faible vitesse jusqu'à ce que la préparation soit homogène. Incorporer la crème, le sirop d'érable et les pacanes hachées à l'aide d'une cuillère. Verser la garniture sur la croûte refroidie.

4 Cuire au four préchauffé à 325°F (160°C) de 35 à 40 minutes ou jusqu'à ce que le centre de la garniture ait pris. Remettre le moule sur la grille et laisser refroidir pendant 1 heure. Couvrir d'une pellicule de plastique et réfrigérer pendant au moins 4 heures ou jusqu'à ce que la garniture soit froide. Démouler délicatement en soulevant les bordures de papier d'aluminium et couper en carrés. Garnir chaque carré d'une pacane confite.

PACANES CONFITES
Donne 1 3/4 t (430 ml).

1 3/4 t	pacanes	430 ml
1/2 t	sucre	125 ml
2 c. à tab	beurre	30 ml
1/2 c. à thé	vanille	2 ml

Dans un grand poêlon à fond épais, mélanger délicatement tous les ingrédients. Cuire à feu moyen-vif, en secouant le poêlon de temps à autre, jusqu'à ce que le sucre commence à fondre (ne pas brasser). Réduire à feu doux et poursuivre la cuisson, en brassant souvent à l'aide d'une cuillère de bois, jusqu'à ce que le sucre soit doré. Retirer du feu et étendre les pacanes en une seule couche sur une plaque de cuisson tapissée de papier d'aluminium beurré. Laisser refroidir complètement à la température ambiante. Casser le pralin en pacanes individuelles. (Vous pouvez préparer les pacanes à l'avance et les mettre dans un contenant de métal, en séparant chaque étage de papier ciré. Elles se conserveront jusqu'à 5 jours à la température ambiante.)

Par carré: • calories: 75 • protéines: 1 g
• matières grasses: 5 g (2 g sat.) • cholestérol: 17 mg
• glucides: 5 g • fibres: traces • sodium: 30 mg

CARRÉS À *l'avoine* ET AUX BLEUETS

Donne 25 carrés.
Préparation: 20 min
Cuisson: 56 min
Réfrigération: 1 h

3 t	bleuets frais ou surgelés	750 ml
1/2 t	sucre	125 ml
1/3 t	jus d'orange	80 ml
4 c. à thé	fécule de maïs	20 ml
2 c. à tab	eau	30 ml
2 1/2 t	flocons d'avoine	625 ml
1 1/4 t	farine	310 ml
1 t	cassonade tassée	250 ml
1 c. à tab	zeste d'orange râpé	15 ml
1/4 c. à thé	sel	1 ml
1 t	beurre froid, coupé en dés	250 ml

① Dans une casserole, mélanger les bleuets, le sucre et le jus d'orange et porter à ébullition. Réduire le feu et laisser mijoter pendant environ 10 minutes ou jusqu'à ce que les bleuets aient ramolli. Dans un petit bol, mélanger la fécule de maïs et l'eau. Incorporer le mélange de fécule à la préparation aux bleuets et laisser bouillir, en brassant, pendant environ 1 minute ou jusqu'à ce que la garniture ait épaissi. Verser dans un bol et laisser refroidir pendant 5 minutes. Couvrir directement la surface de la garniture d'une pellicule de plastique et réfrigérer pendant environ 1 heure ou jusqu'à ce qu'elle soit froide.

② Dans un grand bol, mélanger les flocons d'avoine, la farine, la cassonade, le zeste d'orange et le sel. Ajouter le beurre et, à l'aide d'un coupe-pâte ou de deux couteaux, travailler la préparation jusqu'à ce qu'elle ait la texture d'une chapelure grossière. Presser la moitié de la préparation à l'avoine au fond d'un moule en métal de 8 po (20 cm) de côté, tapissé de papier-parchemin. Couvrir de la garniture aux bleuets refroidie et parsemer du reste de la préparation à l'avoine. Presser légèrement.

③ Cuire au centre du four préchauffé à 350°F (180°C) pendant environ 45 minutes ou jusqu'à ce que le dessus soit légèrement doré. Déposer le moule sur une grille et laisser refroidir. Couper en carrés. (Vous pouvez préparer les carrés à l'avance et les couvrir. Ils se conserveront jusqu'à 5 jours au réfrigérateur ou jusqu'à 1 mois au congélateur, enveloppés de papier d'aluminium.)

Par carré: • calories: 185 • protéines: 2 g • matières grasses: 8 g (5 g sat.) • cholestérol: 19 mg • glucides: 27 g • fibres: 2 g • sodium: 81 mg

BARRES À *l'ananas* ET À LA NOIX DE COCO

Donne 24 barres.
Préparation: 20 min
Cuisson: 50 min
Réfrigération: 30 min

Croûte aux amandes

1 1/4 t	farine	310 ml
1/2 t	amandes hachées finement	125 ml
1/2 t	cassonade tassée	125 ml
1/4 c. à thé	sel	1 ml
1 t	beurre non salé froid, coupé en dés	250 ml

Garniture à l'ananas et à la noix de coco

1 1/2 t	flocons de noix de coco non sucrés	375 ml
2 t	sucre	500 ml
1/4 t	farine	60 ml
4	oeufs	4
1/2 t	jus d'ananas	125 ml
	sucre glace (facultatif)	

Préparation de la croûte

1 Tapisser de papier d'aluminium un plat allant au four de 13 po x 9 po (33 cm x 23 cm), en laissant dépasser un excédent sur les côtés étroits. Dans un bol, mélanger la farine, les amandes, la cassonade et le sel. Ajouter le beurre et, à l'aide d'un coupe-pâte ou de deux couteaux, travailler la préparation jusqu'à ce qu'elle ait la texture d'une chapelure grossière. Avec les mains farinées, presser uniformément la préparation au fond du plat.

2 Cuire au four préchauffé à 350°F (180°C) pendant 20 minutes ou jusqu'à ce que la croûte commence à dorer sur les côtés.

Préparation de la garniture

3 Parsemer la moitié des flocons de noix de coco sur la croûte. Dans un bol, mélanger le sucre, la farine, les oeufs et le jus d'ananas. Verser ce mélange sur la croûte et parsemer du reste des flocons de noix de coco.

4 Cuire au four préchauffé à 350°F (180°C) pendant 30 minutes ou jusqu'à ce que le dessus de la garniture ait pris. Déposer le moule sur une grille et laisser refroidir. Réfrigérer pendant environ 30 minutes ou jusqu'à ce que la garniture soit froide.

5 Passer la lame d'un couteau sur les côtés du gâteau pour le détacher du moule, puis démouler en soulevant les bordures de papier d'aluminium. À l'aide d'une spatule, détacher le gâteau du papier d'aluminium, puis le saupoudrer de sucre glace, si désiré. Couper en barres.

Par barre: • calories: 233 • protéines: 3 g • matières grasses: 11 g (6 g sat.) • cholestérol: 56 mg • glucides: 31 g • fibres: 1 g • sodium: 50 mg

BARRES AU *chocolat* ET AUX COURGETTES

Donne 16 barres.
Préparation: 15 min
Cuisson: 30 à 35 min

1 1/2 t	farine	375 ml
1 1/2 c. à tab	poudre de cacao non sucrée	22 ml
1/2 c. à thé	bicarbonate de sodium	2 ml
1/2 c. à thé	cannelle moulue	2 ml
1/4 c. à thé	poudre à pâte	1 ml
1/4 t	beurre ramolli	60 ml
1/4 t	huile végétale	60 ml
3/4 t	sucre	180 ml
1	oeuf	1
1/4 t	crème sure	60 ml
1/2 c. à thé	vanille	2 ml
1 t	courgette râpée	250 ml
3/4 t	brisures de chocolat miniatures	180 ml
1/3 t	noix de Grenoble hachées	80 ml

1 Dans un grand bol, mélanger la farine, le cacao, le bicarbonate de sodium, la cannelle et la poudre à pâte. Dans un autre grand bol, à l'aide d'un batteur électrique, battre le beurre, l'huile, le sucre et l'oeuf à faible vitesse jusqu'à ce que la préparation soit lisse. Incorporer la crème sure et la vanille en battant.

Ajouter les ingrédients secs et battre pendant 2 minutes. Ajouter la courgette et les brisures de chocolat et, à l'aide d'une cuillère de bois, mélanger en soulevant délicatement la masse.

2 Étendre la pâte dans un plat allant au four de 13 po x 9 po (33 cm x 23 cm), huilé. Parsemer des noix. Cuire au four préchauffé à 325°F (160°C) de 30 à 35 minutes ou jusqu'à ce qu'un cure-dents inséré au centre du gâteau en ressorte propre. Déposer le plat sur une grille et laisser refroidir. Couper en barres.

Par barre: • calories: 205 • protéines: 3 g
• matières grasses: 12 g (4 g sat.) • cholestérol: 22 mg
• glucides: 25 g • fibres: 1 g • sodium: 75 mg

BARRES AUX *pacanes* ET AUX CANNEBERGES

Préparation de la croûte

1 Tapisser de papier d'aluminium un moule allant au four de 15 po x 10 po (38 cm x 25 cm), en laissant dépasser un excédent sur deux côtés. Huiler le papier. Réserver. Dans un grand bol, mélanger la farine, le sucre et le sel. Ajouter le beurre et, à l'aide d'un coupe-pâte ou de deux couteaux, travailler la préparation jusqu'à ce qu'elle ait la texture d'une chapelure grossière. Presser uniformément la préparation au fond du moule réservé.

2 Cuire au four préchauffé à 350°F (180°C) pendant 20 minutes.

Préparation de la garniture

3 Entre-temps, dans un grand bol, mélanger les oeufs, le sirop de maïs, le sucre, le beurre et la vanille. Parsemer la croûte chaude des pacanes et des canneberges et arroser de la préparation aux oeufs.

4 Cuire au four préchauffé à 350°F (180°C) de 25 à 30 minutes ou jusqu'à ce que la garniture ait pris. Déposer le moule sur une grille et laisser refroidir complètement. Démouler en soulevant les bordures de papier d'aluminium, puis retirer le papier. Couper en rectangles. (Vous pouvez préparer les barres à l'avance et les mettre dans un contenant hermétique, en séparant chaque étage d'une feuille de papier ciré. Elles se conserveront jusqu'à 3 jours à la température ambiante ou jusqu'à 3 mois au congélateur.)

Par barre: • calories: 170 • protéines: 2 g • matières grasses: 9 g (3 g sat.) • cholestérol: 30 mg • glucides: 22 g • fibres: 1 g • sodium: 70 mg

---

Donne 48 barres.
Préparation: 20 min
Cuisson: 45 à 50 min

Croûte sablée

3 t	farine	750 ml
1/2 t	sucre	125 ml
1/2 c. à thé	sel	2 ml
1 t	beurre froid, coupé en dés	250 ml

Garniture aux pacanes

4	oeufs légèrement battus	4
1 1/4 t	sirop de maïs	310 ml
1 1/4 t	sucre	310 ml
3 c. à tab	beurre fondu	45 ml
2 c. à thé	vanille	10 ml
2 1/2 t	pacanes hachées	625 ml
1/3 t	canneberges séchées, hachées	80 ml

BARRES AU *caramel* ET AU CAFÉ

Donne 48 barres.
Préparation: 30 min
Cuisson: 20 à 25 min
Repos: 15 min

1 t	beurre ramolli	250 ml
2 t	cassonade tassée	500 ml
2	oeufs	2
1 c. à tab	poudre de café instantané	15 ml
2 c. à thé	vanille	10 ml
3 t	flocons d'avoine	750 ml
2 1/3 t	farine	580 ml
1 1/2 t	pacanes hachées	375 ml
1 c. à thé	bicarbonate de sodium	5 ml
1/4 c. à thé	sel	1 ml
3/4 t	sauce au caramel du commerce (de type Smucker's)	180 ml
	glace au café (voir recette) (facultatif)	

❶ Dans un grand bol, à l'aide d'un batteur électrique, battre le beurre et la cassonade jusqu'à ce que le mélange soit léger. Ajouter les oeufs, la poudre de café et la vanille en battant. Dans un autre bol, mélanger les flocons d'avoine, la farine, 1 t (250 ml) des pacanes, le bicarbonate de sodium et le sel. Incorporer le plus d'ingrédients secs possible au mélange de beurre, en battant à faible vitesse. À l'aide d'une cuillère de bois, incorporer le reste des ingrédients secs jusqu'à ce que la pâte soit homogène. Réserver 2 t (500 ml) de la préparation aux flocons d'avoine pour la garniture.

❷ Presser le reste de la préparation au fond d'un moule de 15 po x 10 po (38 cm x 25 cm), légèrement beurré. Couvrir uniformément de la sauce au caramel, en laissant une bordure de 1/4 po (5 mm). Ajouter la préparation aux flocons d'avoine réservée par grosses cuillerées. Parsemer du reste des pacanes.

❸ Cuire au four préchauffé à 350°F (180°C) de 20 à 25 minutes ou jusqu'à ce que le pourtour soit ferme (ne pas trop cuire). Déposer le moule sur une grille et laisser refroidir. Couvrir de la glace au café, si désiré, et laisser reposer pendant 15 minutes ou jusqu'à ce qu'elle ait pris. Couper en barres.

GLACE AU CAFÉ
Donne environ 1/2 t (125 ml).

2 c. à tab	lait très chaud	30 ml
1 c. à thé	poudre de café instantané	5 ml
1 t	sucre glace tamisé	250 ml

Dans un bol, mélanger le lait et la poudre de café jusqu'à ce que le café soit dissous. Ajouter le sucre glace et mélanger jusqu'à ce que la glace soit lisse.

Par barre (sans la glace): • calories: 150 • protéines: 2 g • matières grasses: 7 g (3 g sat.) • cholestérol: 20 mg • glucides: 21 g • fibres: 1 g • sodium: 85 mg

CARRÉS AUX *cerises*
ET AUX PACANES

Donne environ 25 carrés.
Préparation: 30 min
Cuisson: 30 min

2 t	farine	500 ml
2 c. à thé	poudre à pâte	10 ml
1/4 c. à thé	sel	1 ml
1/2 t	beurre non salé ramolli	125 ml
1 t	sucre	250 ml
1	oeuf	1
1	jaune d'oeuf	1
1 c. à thé	vanille	5 ml
1 c. à thé	essence d'amande	5 ml
1	blanc d'oeuf	1
1 1/4 t	cerises au marasquin, égouttées et hachées	310 ml
1 t	cassonade tassée	250 ml
1/2 t	pacanes hachées grossièrement	125 ml

1 Dans un bol, mélanger la farine, la poudre à pâte et le sel. Réserver. Dans un grand bol, à l'aide d'un batteur électrique, battre le beurre et le sucre pendant 2 minutes. Ajouter l'oeuf et le jaune d'oeuf, en battant bien après chaque addition. Incorporer la vanille et l'essence d'amande. Ajouter les ingrédients secs réservés et battre à faible vitesse jusqu'à ce que la préparation soit lisse. Presser la préparation au fond d'un moule de 13 po x 9 po (33 cm x 23 cm), beurré. Réserver.

2 Dans un autre bol, à l'aide du batteur électrique (utiliser des fouets propres), battre le blanc d'oeuf jusqu'à ce qu'il forme des pics fermes mais humides. Éponger les cerises avec des essuie-tout. Ajouter les cerises et la cassonade au blanc d'oeuf battu et mélanger délicatement à l'aide d'une cuillère jusqu'à ce que la préparation soit homogène. Étendre la préparation de cerises sur la croûte réservée et parsemer des pacanes.

3 Cuire au four préchauffé à 350°F (180°C) pendant 30 minutes. Déposer le moule sur une grille et laisser refroidir complètement. Couper en carrés. (Vous pouvez préparer les carrés à l'avance et les mettre dans un contenant hermétique, en séparant chaque étage d'une feuille de papier ciré. Ils se conserveront jusqu'à 1 semaine au réfrigérateur ou jusqu'à 3 mois au congélateur.)

Par carré: • calories: 170 • protéines: 2 g • matières grasses: 6 g (3 g sat.) • cholestérol: 27 mg • glucides: 29 g • fibres: 1 g • sodium: 60 mg

BARRES TENDRES AUX *cerises*

Donne environ 36 barres.
Préparation: 25 min
Cuisson: 35 min

3/4 t	beurre ramolli	180 ml
1 t	cassonade tassée	250 ml
1	oeuf	1
1 c. à thé	vanille	5 ml
1 t	farine de blé entier	250 ml
1 t	farine blanche non blanchie	250 ml
2 c. à thé	poudre à pâte	10 ml
2 t	flocons d'avoine	500 ml
1 t	tartinade aux cerises (de type Double Fruit)	250 ml

1 Dans un grand bol, à l'aide d'un batteur électrique, battre le beurre et la cassonade jusqu'à ce que le mélange soit léger. Ajouter l'oeuf et la vanille en battant. Dans un autre bol, mélanger la farine de blé entier, la farine blanche et la poudre à pâte. Incorporer le plus d'ingrédients secs possible au mélange de beurre, en battant à faible vitesse. À l'aide d'une cuillère de bois, incorporer le reste des ingrédients secs et les flocons d'avoine.

2 Réserver 1/2 t (125 ml) de la préparation aux flocons d'avoine. Presser le reste de la préparation au fond d'un moule de 13 po x 9 po (33 cm x 23 cm), légèrement beurré. Couvrir de la tartinade aux cerises. Parsemer de la préparation aux flocons d'avoine réservée.

3 Cuire au four préchauffé à 350°F (180°C) pendant environ 35 minutes ou jusqu'à ce que le dessus soit légèrement doré. Déposer le moule sur une grille et laisser refroidir complètement. Couper en barres.

Par barre: • calories: 110 • protéines: 2 g • matières grasses: 4 g (2 g sat.) • cholestérol: 15 mg • glucides: 16 g • fibres: 1 g • sodium: 55 mg

Variante

BARRES TENDRES AUX FRAMBOISES ET À LA NOIX DE COCO

Incorporer 1/2 t (125 ml) de flocons de noix de coco non sucrés à la préparation aux flocons d'avoine réservée. Remplacer la tartinade aux cerises par de la tartinade aux framboises.

CARRÉS AUX *amandes* ET À L'ORANGE

Donne 40 carrés.
Préparation: 30 min
Cuisson: 40 à 45 min

3	oeufs	3
3	jaunes d'oeufs	3
1 t	beurre fondu, refroidi	250 ml
2 c. à tab	zeste d'orange râpé	30 ml
2 c. à thé	essence d'amande	10 ml
2 1/4 t	amandes moulues	560 ml
2 1/4 t + 1 c. à tab	sucre glace	575 ml
1 t	farine	250 ml
3/4 t	amandes en tranches	180 ml

1 Dans un grand bol, à l'aide d'un batteur électrique, battre les oeufs, les jaunes d'oeufs, le beurre fondu, le zeste d'orange et l'essence d'amande jusqu'à ce que la préparation soit homogène. Dans un autre bol, mélanger les amandes moulues, 2 1/4 t (560 ml) du sucre glace et la farine. Ajouter les ingrédients secs au mélange d'oeufs et mélanger jusqu'à ce que la pâte soit homogène.

2 Étendre la pâte dans un moule de 13 po x 9 po (33 cm x 23 cm) tapissé de papier-parchemin et lisser le dessus. Parsemer des amandes en tranches et presser délicatement.

3 Cuire au centre du four préchauffé à 325°F (160°C) de 40 à 45 minutes ou jusqu'à ce que le gâteau soit doré et légèrement gonflé. Déposer le moule sur une grille et laisser refroidir. (Vous pouvez préparer les carrés aux amandes et à l'orange jusqu'à cette étape, les démouler et les envelopper d'une pellicule de plastique. Ils se conserveront jusqu'au lendemain à la température ambiante ou jusqu'à 1 mois au congélateur, enveloppés de papier d'aluminium résistant.) Couper en carrés. Saupoudrer du reste du sucre glace.

Par carré: • calories: 126 • protéines: 2 g • matières grasses: 9 g (3 g sat.) • cholestérol: 44 mg • glucides: 10 g • fibres: 1 g • sodium: 53 mg

Barres tendres
aux cerises

BARRES À L'AVOINE, AUX *abricots* ET AUX PISTACHES

1 Dans un bol, mélanger la farine, les flocons d'avoine et la cassonade. Ajouter le beurre et mélanger à l'aide d'une cuillère de bois jusqu'à ce que la préparation se tienne. Presser 3/4 t (180 ml) de la préparation de flocons d'avoine au fond d'un moule de 8 po (20 cm) de côté, beurré. Réserver.

2 Dans une petite casserole, mélanger le lait concentré et la cardamome, si désiré. Porter à ébullition à feu doux. Retirer la casserole du feu. Dans un autre bol, mélanger les flocons de noix de coco, les pistaches, les dattes et les abricots. Ajouter le mélange de lait concentré et mélanger jusqu'à ce que la préparation soit homogène. À l'aide d'une spatule, étendre uniformément la préparation de noix de coco sur la croûte réservée. Parsemer du reste de la préparation de flocons d'avoine.

3 Cuire au four préchauffé à 325°F (160°C) pendant 30 minutes ou jusqu'à ce que la garniture soit légèrement dorée. Déposer le moule sur une grille et laisser refroidir complètement. Couper en barres. (Vous pouvez préparer les barres à l'avance et les mettre dans un contenant hermétique, en séparant chaque étage d'une feuille de papier ciré. Elles se conserveront jusqu'à 1 semaine au réfrigérateur ou jusqu'à 3 mois au congélateur.)

Par barre: • calories: 247 • protéines: 4 g • matières grasses: 10 g (5 g sat.) • cholestérol: 13 mg • glucides: 37 g • fibres: 3 g • sodium: 63 mg

---

Donne 16 barres.
Préparation: 35 min
Cuisson: 35 min

1/2 t	farine	125 ml
1/2 t	flocons d'avoine	125 ml
1/3 t	cassonade tassée	80 ml
1/4 t	beurre fondu	60 ml
3/4 t	lait concentré sucré faible en gras (de type Eagle Brand)	180 ml
1/2 c. à thé	cardamome moulue (facultatif)	2 ml
1 t	flocons de noix de coco non sucrés	250 ml
1 t	pistaches non salées, grillées	250 ml
1 t	dattes hachées	250 ml
1 t	abricots séchés, hachés	250 ml

SCONES CLASSIQUES
AU *babeurre*

Donne 12 scones.
Préparation: 40 min
Cuisson: 18 à 20 min

2 1/2 t	farine	625 ml
2 c. à tab	sucre	30 ml
2 1/2 c. à thé	poudre à pâte	12 ml
1/2 c. à thé	bicarbonate de sodium	2 ml
1/2 c. à thé	sel	2 ml
1/2 t	beurre froid, coupé en dés	125 ml
1 t	babeurre	250 ml
1	oeuf	1

➊ Dans un grand bol, mélanger la farine, le sucre, la poudre à pâte, le bicarbonate de sodium et le sel. Ajouter le beurre et, à l'aide d'un coupe-pâte ou de deux couteaux, travailler la préparation jusqu'à ce qu'elle ait la texture d'une chapelure grossière. Dans un autre bol, à l'aide d'un fouet, mélanger le babeurre et l'oeuf. Verser la préparation sur le mélange de farine et mélanger à l'aide d'une fourchette jusqu'à ce que la pâte se tienne (la pâte sera collante).

➋ Avec les mains légèrement farinées, façonner la pâte en boule. Sur une surface farinée, pétrir délicatement la pâte une dizaine de fois, puis la façonner en un rectangle de 10 po x 7 po (25 cm x 18 cm). À l'aide d'un couteau bien aiguisé, égaliser le pourtour et couper le rectangle en six carrés. Couper chaque carré en deux sur la diagonale, de façon à obtenir des triangles.

➌ Mettre les triangles de pâte sur une plaque à biscuits recouverte de papier-parchemin ou farinée. Cuire au centre du four préchauffé à 400°F (200°C) de 18 à 20 minutes ou jusqu'à ce que les scones soient dorés. Déposer la plaque sur une grille et laisser refroidir pendant 5 minutes. Déposer les scones sur la grille et laisser refroidir complètement. (Vous pouvez préparer les scones à l'avance et les mettre dans un contenant hermétique. Ils se conserveront jusqu'au lendemain à la température ambiante ou jusqu'à 2 semaines au congélateur, emballés individuellement d'une pellicule de plastique.)

Par scone: • calories: 189 • protéines: 4 g • matières grasses: 9 g (5 g sat.) • cholestérol: 37 mg • glucides: 23 g • fibres: 1 g • sodium: 289 mg

SCONES AUX *cerises* ET AU CHOCOLAT BLANC

Donne 12 scones.
Préparation: 35 min
Cuisson: 20 à 22 min
Repos: 1 h

2 1/2 t	farine	625 ml
2 c. à tab	sucre	30 ml
2 1/2 c. à thé	poudre à pâte	12 ml
1/2 c. à thé	bicarbonate de sodium	2 ml
1/2 c. à thé	sel	2 ml
1/2 t	beurre froid, coupé en dés	125 ml
1 t	babeurre	250 ml
1	oeuf	1
1 t	cerises ou canneberges séchées, coupées en deux	250 ml
3 oz + 2 oz	chocolat blanc haché	150 g

1 Dans un grand bol, mélanger la farine, le sucre, la poudre à pâte, le bicarbonate de sodium et le sel. Ajouter le beurre et, à l'aide d'un coupe-pâte ou de deux couteaux, travailler la préparation jusqu'à ce qu'elle ait la texture d'une chapelure grossière. Dans un petit bol, mélanger le babeurre et l'oeuf. Ajouter la préparation de babeurre, les cerises séchées et 3 oz (90 g) du chocolat blanc au mélange de farine et mélanger à l'aide d'une fourchette jusqu'à ce que la pâte se tienne, sans plus (ne pas trop mélanger).

2 Avec les mains légèrement farinées, façonner la pâte en boule. Sur une surface farinée, pétrir délicatement la pâte une dizaine de fois, puis la façonner en un rectangle de 10 po x 7 po (25 cm x 18 cm). Égaliser les côtés. Couper la pâte en six carrés, puis couper chaque carré en deux sur la diagonale, de façon à obtenir des triangles. Disposer les triangles de pâte sur une plaque de cuisson tapissée de papier-parchemin.

3 Cuire au centre du four préchauffé à 400°F (200°C) de 18 à 20 minutes ou jusqu'à ce que les scones soient dorés. Déposer les scones sur une grille et laisser refroidir.

4 Dans une petite casserole à fond épais, faire fondre le reste du chocolat blanc à feu doux, en brassant souvent. Arroser les scones refroidis du chocolat fondu et laisser reposer pendant environ 1 heure ou jusqu'à ce que le chocolat ait pris.

Par scone: • calories: 291 • protéines: 5 g • matières grasses: 13 g (7 g sat.) • cholestérol: 43 mg • glucides: 40 g • fibres: 2 g • sodium: 317 mg

SCONES À LA *citrouille*, GLACE À LA CANNELLE

Donne 12 scones.
Préparation: 35 min
Cuisson: 18 à 20 min
Repos: 1 h

2 1/2 t	farine	625 ml
1/3 t	cassonade tassée	80 ml
2 1/2 c. à thé	poudre à pâte	12 ml
1/2 c. à thé	bicarbonate de sodium	2 ml
1/2 c. à thé	gingembre moulu	2 ml
3/4 c. à thé	cannelle moulue	4 ml
1/2 c. à thé	sel	2 ml
1	pincée de clou de girofle moulu	1
1/2 t	beurre froid, coupé en dés	125 ml
3/4 t	babeurre	180 ml
1/2 t	purée de citrouille	125 ml
1	oeuf	1
1 c. à thé	vanille	5 ml
1 t	sucre glace	250 ml
2 c. à tab	lait	30 ml

1 Dans un grand bol, mélanger la farine, la cassonade, la poudre à pâte, le bicarbonate de sodium, le gingembre, 1/2 c. à thé (2 ml) de la cannelle, le sel et le clou de girofle. Ajouter le beurre et, à l'aide d'un coupe-pâte ou de deux couteaux, travailler la préparation jusqu'à ce qu'elle ait la texture d'une chapelure grossière. Dans un petit bol, mélanger le babeurre, la purée de citrouille, l'oeuf et la vanille. Ajouter la préparation de citrouille au mélange de farine et mélanger à l'aide d'une fourchette jusqu'à ce

Scones à la citrouille, glace à la cannelle

Scones aux cerises et au chocolat blanc

que la pâte se tienne, sans plus (ne pas trop mélanger).

② Avec les mains légèrement farinées, façonner la pâte en boule. Sur une surface farinée, pétrir délicatement la pâte une dizaine de fois, puis la façonner en un rectangle de 10 po x 7 po (25 cm x 18 cm). Égaliser les côtés. Couper la pâte en six carrés, puis couper chaque carré en deux sur la diagonale. Disposer les

triangles de pâte sur une plaque de cuisson tapissée de papier-parchemin.

③ Cuire au centre du four préchauffé à 400°F (200°C) de 18 à 20 minutes ou jusqu'à ce que les scones soient dorés. Déposer les scones sur une grille et laisser refroidir.

④ Dans un petit bol, à l'aide d'un fouet, mélanger le sucre glace, le lait et le reste de la cannelle (au besoin, ajouter jusqu'à

1 c. à thé/5 ml d'eau si la glace est trop épaisse). Étendre la glace sur les scones refroidis et laisser reposer pendant environ 1 heure ou jusqu'à ce qu'elle ait pris.

Par scone: • calories: 239 • protéines: 4 g
• matières grasses: 9 g (5 g sat.) • cholestérol: 40 mg
• glucides: 37 g • fibres: 1 g • sodium: 302 mg

SCONES AU *chocolat* ET AUX NOIX DE GRENOBLE, GLAÇAGE AU FUDGE

Donne 12 scones.
Préparation: 40 min
Cuisson: 18 à 20 min
Repos: 1 h

Scones au chocolat et aux noix de Grenoble

2 t	farine	500 ml
1/2 t	poudre de cacao non sucrée	125 ml
1/4 t	cassonade tassée	60 ml
2 1/2 c. à thé	poudre à pâte	12 ml
1/2 c. à thé	bicarbonate de sodium	2 ml
1/2 c. à thé	sel	2 ml
1/2 t	beurre froid, coupé en dés	125 ml
1 t	babeurre	250 ml
1	oeuf	1
1 c. à thé	vanille	5 ml
3/4 t	noix de Grenoble grillées, hachées	180 ml

Glaçage au fudge

1 t	sucre glace	250 ml
2 c. à tab	poudre de cacao non sucrée	30 ml
2 c. à tab	lait (environ)	30 ml
1 c. à thé	vanille	5 ml

Préparation des scones

① Dans un grand bol, mélanger la farine, le cacao, la cassonade, la poudre à pâte, le bicarbonate de sodium et le sel. Ajouter le beurre et, à l'aide d'un coupe-pâte ou de deux couteaux, travailler la préparation jusqu'à ce qu'elle ait la texture d'une chapelure grossière. Dans un autre bol, à l'aide d'un fouet, mélanger le babeurre, l'oeuf et la vanille. Verser la préparation sur le mélange de farine. Ajouter les noix de Grenoble. À l'aide d'une fourchette, mélanger jusqu'à ce que la pâte se tienne (la pâte sera collante).

② Avec les mains légèrement farinées, façonner la pâte en boule. Sur une surface farinée, pétrir délicatement la pâte une dizaine de fois, puis la façonner en un rectangle de 10 po x 7 po (25 cm x 18 cm). À l'aide d'un couteau bien aiguisé, égaliser le pourtour et couper le rectangle en six carrés. Couper chaque carré en deux sur la diagonale, de façon à obtenir des triangles. Mettre les triangles de pâte sur une plaque à biscuits recouverte de papier-parchemin ou farinée.

③ Cuire au centre du four préchauffé à 400°F (200°C) de 18 à 20 minutes ou jusqu'à ce que les scones soient fermes.

Déposer la plaque sur une grille et laisser refroidir pendant 5 minutes. Déposer les scones sur la grille et laisser refroidir complètement.

Préparation du glaçage

④ Dans un petit bol, tamiser le sucre et le cacao. Ajouter le lait et la vanille et mélanger à l'aide du fouet (utiliser un fouet propre) jusqu'à ce que la préparation soit lisse, en ajoutant jusqu'à 1 c. à thé (5 ml) de lait au besoin. Étendre le glaçage sur les scones refroidis et laisser reposer pendant environ 1 heure ou jusqu'à ce qu'il soit ferme. (Vous pouvez préparer les scones à l'avance et les mettre dans un contenant hermétique. Ils se conserveront jusqu'au lendemain à la température ambiante ou jusqu'à 2 semaines au congélateur, emballés individuellement d'une pellicule de plastique.)

Par scone: • calories: 270 • protéines: 5 g • matières grasses: 14 g (6 g sat.) • cholestérol: 41 mg • glucides: 34 g • fibres: 2 g • sodium: 307 mg

MUFFINS
ET *pains-gâteaux*

*Moelleux à souhait, nos muffins et pains-gâteaux
sont à la fois délicieux, nourrissants et faciles à réussir.
À garder toujours sous la main!*

Les muffins et pains-gâteaux se préparent vraiment en un tournemain, avec des ingrédients courants, et ne requièrent aucune habileté technique particulière. Seule précaution: il faut savoir mélanger la pâte juste assez, pas trop, afin d'obtenir une texture moelleuse et une cuisson uniforme.

Comme pour les barres et les carrés, on peut opter pour des muffins et des pains-gâteaux santé, qui conviendront pour la collation mais aussi pour le déjeuner. Mais il ne faut pas se priver des versions gourmandes, à servir au dessert! La différence réside habituellement dans la quantité de sucre et de matières grasses, dans le type de farine utilisé (farine de blé entier ou d'avoine, ou farine blanche), et dans l'ajout d'un glaçage, de chocolat ou de caramel.

LES BONS OUTILS

Le plus important: utiliser des moules de la bonne grandeur, et préférer la spatule au batteur électrique pour mélanger la pâte. L'opération demande davantage de muscle, mais le résultat en vaut largement la peine.

Moules à muffins (2 x 12 moules). Se procurer des moules de format moyen de 2 3/4 po (7 cm) de diamètre et d'une capacité de 1/3 à 1/2 t (80 à 125 ml). Si on les choisit en métal, on les graisse et on les farine avant de les remplir, ou on les tapisse d'une double épaisseur de moules en papier. On peut aussi opter pour un modèle en métal recouvert d'un revêtement antiadhésif, ou pour un modèle en silicone. Nos recettes donnent généralement 12 ou 24 muffins moyens.

Moules à pain. Selon les recettes, on a besoin de moules à pain standard de 8 po x 4 po (20 cm x 10 cm), d'une capacité de 6 t (1,5 L), ou de moules de 9 po x 5 po (23 cm x 13 cm), d'une capacité de 8 t (2 L). Comme pour les moules à muffins, on les choisit soit en métal (à graisser et à fariner avant de remplir), soit en métal à revêtement antiadhésif, soit en silicone. Le pyrex est aussi un choix intéressant (à graisser et à fariner avant de remplir).

Bols à mélanger (2). Il faut un bol de taille moyenne pour les ingrédients liquides et un grand bol pour les ingrédients secs. C'est dans le grand bol qu'on mélangera la pâte avant de la répartir dans les moules.

Spatule. En plastique ou en silicone, elle permet de mélanger la pâte tout en l'aérant et de bien racler la paroi du bol.

Fouet. Pour la plupart des muffins et des pains-gâteaux, l'utilisation d'un batteur électrique est déconseillée. Le fouet sera donc très utile pour bien mélanger les ingrédients liquides avant de les verser sur les ingrédients secs.

Cuillère à crème glacée avec mécanisme d'éjection. Pour les muffins. Choisir une cuillère d'une capacité de 1/2 t (125 ml). Elle permet de mesurer la quantité exacte de pâte à déposer dans chaque moule, ce qui favorise une meilleure cuisson et permet d'obtenir des muffins uniformes.

Grille. Elle est essentielle pour faire refroidir tous les types de pâtisseries.

POUR UNE CUISSON PARFAITE DES MUFFINS

Une bonne précaution à prendre: vérifier l'état de nos muffins 5 minutes avant la fin du temps de cuisson recommandé dans la recette. On se fie à nos sens: sent-on le parfum du grain et des noix grillés? Lorsqu'on applique une légère pression du doigt au centre, les muffins sont-ils fermes? Un cure-dents inséré au centre en ressort-il propre? Si on a répondu «oui» à toutes ces questions, c'est que nos muffins sont prêts.

LA CONSERVATION DES MUFFINS

Comme les scones, les muffins sont à leur meilleur à leur sortie du four. Ils se conservent à la température ambiante jusqu'au lendemain, dans un sac de papier mis dans un sac de plastique non scellé. Ainsi, leur côté moelleux sera partiellement préservé. On peut aussi les placer dans un contenant hermétique, en séparant chaque étage de papier ciré, et les réfrigérer; ils se conserveront alors 1 semaine. Pour leur redonner leur texture croustillante, on les réchauffe au four pendant 3 minutes, à 350°F (180°C).

1 RECETTE, 10 VERSIONS

Rien n'est plus facile que de créer de nouvelles recettes de muffins ou de pains-gâteaux à partir d'une recette type. Il suffit de modifier les ingrédients utilisés, en choisissant toutefois des ingrédients de même famille, et de respecter les quantités. La recette demande des noix de Grenoble? On utilise la même quantité de pacanes, d'amandes, de noisettes ou de pistaches. Au lieu des canneberges séchées, on essaie les bleuets, les cerises, les dattes ou les abricots séchés. Et pourquoi ne pas opter pour des brisures de caramel au lieu de brisures de chocolat, ou encore arroser notre pain-gâteau tout juste sorti du four d'une glace légère ou d'un peu de miel au zeste d'agrume? Des variantes toutes simples mais franchement exquises, qui nous permettent aussi d'utiliser les ingrédients qu'on a sous la main.

POUR PRÉPARER LA PÂTE

● Préparer les moules en métal (ou en pyrex) en les graissant et en les farinant (ou, pour les moules à muffins, en les tapissant de deux épaisseurs de moules en papier). On peut aussi tapisser les moules à pain légèrement graissés de papier-parchemin (voir p. 78). Placer une des grilles du four au centre et préchauffer le four selon les instructions de la recette.

● Mesurer les ingrédients secs et les mettre dans un grand bol. Dans un autre bol, mélanger au fouet les ingrédients liquides. Verser ensuite les ingrédients liquides sur les ingrédients secs, sans brasser. Ajouter le reste des ingrédients (noix, chocolat, fruits séchés, etc.).

● À l'aide d'une spatule, soulever délicatement le mélange en quelques mouvements, juste assez pour humecter les ingrédients secs. La pâte doit avoir une apparence grumeleuse. Si on la mélange trop, nos muffins et pains-gâteaux seront plus durs et ne lèveront pas durant la cuisson.

● Comme la poudre à pâte commence à agir dès que les ingrédients secs et les ingrédients liquides entrent en contact, il est important de procéder rapidement pour remplir les moules et les mettre au four. Déposer la pâte dans les moules à muffins avec une cuillère à crème glacée ou en s'aidant de deux cuillères à soupe. Pour les pains-gâteaux, utiliser la spatule. Tapoter légèrement le dessous du moule pour répartir la pâte uniformément.

● Cuire au centre du four selon la durée indiquée dans la recette.

● Quand les muffins sont cuits, déposer les moules sur une grille et laisser refroidir pendant 5 minutes. Démouler ensuite en passant d'abord la lame d'un couteau pointu autour de chaque muffin (pour les moules graissés et farinés), puis laisser refroidir complètement sur la grille. Pour les pains-gâteaux, laisser refroidir le moule 20 minutes sur une grille. Passer ensuite la lame d'un couteau pointu autour du pain-gâteau (pour les moules graissés et farinés), puis démouler sur la grille et laisser refroidir complètement.

Astuce de pro

CONGELER ET DÉCONGELER LES MUFFINS

La meilleure façon de conserver les muffins, c'est encore de les congeler. Cela permet de mieux préserver leur texture. Après la cuisson, dès que les muffins sont complètement refroidis, les envelopper individuellement d'une pellicule de plastique, puis les mettre dans un sac de congélation (de type Ziploc) ou dans un contenant hermétique. Les muffins se conserveront ainsi de 2 à 4 semaines sans s'altérer. Pour les décongeler, les laisser reposer 2 heures à la température ambiante, dans leur pellicule de plastique. On peut aussi accélérer le processus en les chauffant au micro-ondes (sans leur pellicule de plastique) de 20 à 30 secondes, à intensité maximale.

Astuces de pro

LA CONSERVATION DES PAINS-GÂTEAUX

Les pains-gâteaux se conservent 2 jours à la température ambiante ou jusqu'à 1 semaine au réfrigérateur, enveloppés d'une pellicule de plastique ou de papier d'aluminium. Pour les réchauffer, on les coupe en tranches et on les met au four préchauffé à 325°F (160°C) pendant 2 minutes, ou on réchauffe chaque tranche individuellement au micro-ondes pendant 20 secondes, à intensité maximale.

CONGELER ET DÉCONGELER LES PAINS-GÂTEAUX

Envelopper chaque pain-gâteau non tranché dans une pellicule de plastique, puis le mettre dans un sac de congélation (de type Ziploc) ou dans un contenant hermétique. Il se conservera jusqu'à 2 mois au congélateur. Pour le décongeler, le retirer du sac de congélation et le laisser reposer à la température ambiante (dans sa pellicule de plastique) pendant environ 4 heures, avant de le couper en tranches avec un couteau dentelé.

MUFFINS AU *son*, AUX CAROTTES ET AUX RAISINS SECS

Donne 12 muffins.
Préparation: 20 min
Cuisson: 16 à 18 min

1 1/4 t	céréales de son de blé (de type All-Bran)	310 ml
3/4 t	farine de blé entier	180 ml
3/4 t	farine blanche non blanchie	180 ml
1 1/2 c. à thé	poudre à pâte	7 ml
1 1/2 c. à thé	bicarbonate de sodium	7 ml
1/2 c. à thé	sel	2 ml
1/2 c. à thé	cannelle moulue	2 ml
2/3 t	lait écrémé	160 ml
2	oeufs	2
1/2 t	cassonade tassée	125 ml
1/3 t	huile végétale	80 ml
3/4 t	carottes râpées finement (environ 2 carottes)	180 ml
3/4 t	raisins secs	180 ml

1 Dans un grand bol, mélanger les céréales de son, la farine de blé entier, la farine blanche, la poudre à pâte, le bicarbonate de sodium, le sel et la cannelle. Dans un petit bol, à l'aide d'un fouet, mélanger le lait, les oeufs, la cassonade et l'huile. Ajouter les carottes et les raisins secs et mélanger. Faire un puits au centre des ingrédients secs, y verser le mélange de carottes et mélanger en soulevant délicatement la masse jusqu'à ce que la pâte soit humide, sans plus. Répartir la pâte dans des moules à muffins tapissés de moules en papier ou huilés (mettre environ 1/3 t/80 ml de pâte dans chacun). Laisser reposer pendant 5 minutes à la température ambiante.

2 Cuire au four préchauffé à 375°F (190°C) de 16 à 18 minutes ou jusqu'à ce que le dessus des muffins soit ferme et qu'un cure-dents inséré au centre en ressorte propre. Déposer les moules sur une grille et laisser refroidir pendant 5 minutes. Démouler les muffins sur la grille. (Vous pouvez préparer les muffins à l'avance et les mettre dans un contenant hermétique, en séparant chaque étage d'une feuille de papier ciré. Ils se conserveront jusqu'à 2 jours à la température ambiante ou jusqu'à 1 mois au congélateur.)

Par muffin: • calories: 204 • protéines: 5 g • matières grasses: 7 g (1 g sat.) • cholestérol: 36 mg • glucides: 33 g • fibres: 4 g • sodium: 332 mg

MUFFINS
AUX *bleuets*

1 Dans un grand bol, mélanger la farine, 3/4 t (180 ml) du sucre, la poudre à pâte, le bicarbonate de sodium et le sel. Dans un petit bol, à l'aide d'un fouet, mélanger le lait, les oeufs, l'huile et le zeste d'orange. Faire un puits au centre des ingrédients secs, y verser le mélange de lait et mélanger jusqu'à ce que la préparation soit homogène, sans plus. Incorporer les bleuets en soulevant délicatement la masse. Répartir la pâte dans 10 moules à muffins tapissés de moules en papier ou huilés (les remplir aux trois quarts). Remplir d'eau les moules à muffins vides pour assurer une cuisson uniforme. Parsemer chaque muffin d'environ 1/2 c. à thé (2 ml) du reste du sucre. **2** Cuire au four préchauffé à 375°F (190°C) de 23 à 25 minutes ou jusqu'à ce que le dessus des muffins soit ferme et légèrement doré. Déposer les moules sur une grille et laisser refroidir pendant 5 minutes. Démouler les muffins sur la grille. Servir chauds ou à la température ambiante. (Vous pouvez préparer les muffins à l'avance et les mettre dans un contenant hermétique, en séparant chaque étage d'une feuille de papier ciré. Ils se conserveront jusqu'à 2 jours au réfrigérateur ou jusqu'à 1 mois au congélateur.)

Par muffin: • calories: 286 • protéines: 4 g • matières grasses: 13 g (1 g sat.) • cholestérol: 44 mg • glucides: 39 g • fibres: 1 g • sodium: 229 mg

Donne 10 muffins.
Préparation: 15 min
Cuisson: 23 à 25 min

2 t	farine blanche non blanchie	500 ml
3/4 t + 5 c. à thé	sucre	205 ml
3/4 c. à thé	poudre à pâte	4 ml
1/2 c. à thé	bicarbonate de sodium	2 ml
1/2 c. à thé	sel	2 ml
1/2 t	lait	125 ml
2	oeufs	2
1/2 t	huile végétale	125 ml
1 c. à thé	zeste d'orange râpé	5 ml
1 t	bleuets frais ou surgelés	250 ml

MUFFINS
AUX *agrumes*

Des muffins sans oeufs et sans noix qui combinent agréablement les saveurs de l'orange et du pamplemousse. Pour éviter qu'ils n'aient un goût trop acide, il faut enlever le plus possible de membrane blanche sous l'écorce avant de passer cette dernière au robot.

	écorce de 1 pamplemousse	
	écorce de 1 orange	
1 1/2 t	babeurre	375 ml
3/4 t	sucre	180 ml
1 c. à thé	sel	5 ml
1/2 t	beurre ramolli	125 ml
3/4 t	farine de blé entier	180 ml
2 c. à thé	poudre à pâte	10 ml
1/2 c. à thé	bicarbonate de sodium	2 ml

1 Au mélangeur ou au robot culinaire, mélanger les écorces de pamplemousse et d'orange et le babeurre jusqu'à ce que les écorces soient hachées finement. Ajouter le sucre, le sel et le beurre et bien mélanger.

2 Dans un bol, mélanger la farine, la poudre à pâte et le bicarbonate de sodium. Ajouter le mélange de babeurre et mélanger jusqu'à ce que la préparation soit humide, sans plus.

3 Répartir la pâte dans 12 moules à muffins tapissés de moules en papier. Cuire au four préchauffé à 375°F (190°C) de 20 à 25 minutes ou jusqu'à ce qu'un cure-dents inséré au centre des muffins en ressorte propre. Laisser refroidir sur une grille pendant environ 5 minutes. Démouler et laisser refroidir complètement. (Vous pouvez préparer les muffins à l'avance et les mettre dans un contenant hermétique. Ils se conserveront jusqu'à 3 jours au réfrigérateur ou jusqu'à 1 mois au congélateur.)

Par muffin: • calories: 160 • protéines: 2 g • matières grasses: 8 g (5 g sat.) • cholestérol: 20 mg • glucides: 20 g • fibres: 1 g • sodium: 340 mg

MUFFINS À *l'orange* ET AUX DATTES

Donne 12 muffins.
Préparation: 15 min
Cuisson: 15 à 20 min

1	orange brossée	1
1/2 t	jus d'orange	125 ml
1/2 t	beurre non salé ramolli	125 ml
1	gros oeuf, légèrement battu	1
1 1/2 t	farine	375 ml
3/4 t	sucre (environ)	180 ml
1 c. à thé	bicarbonate de sodium	5 ml
2 c. à thé	poudre à pâte	10 ml
1/2 t	dattes dénoyautées, hachées grossièrement	125 ml

1 À l'aide d'un couteau, peler l'orange (réserver la pelure). Défaire l'orange en quartiers et les couper en morceaux (retirer les pépins). Au robot culinaire, mélanger la pelure et les morceaux d'orange, le jus d'orange, le beurre et l'oeuf jusqu'à ce que la préparation soit homogène. Verser dans un grand bol. Dans un autre bol, mélanger la farine, le sucre, le bicarbonate de sodium et la poudre à pâte. Incorporer les ingrédients secs et les dattes hachées au mélange d'orange jusqu'à ce que la préparation soit homogène, sans plus (ne pas trop mélanger).

2 À l'aide d'une cuillère, répartir la pâte dans des moules à muffins huilés ou tapissés de moules en papier (les remplir aux trois quarts). Cuire au four préchauffé à 400°F (200°C) de 15 à 20 minutes ou jusqu'à ce que les muffins reprennent leur forme sous une légère pression du doigt.

Par muffin: • calories: 215 • protéines: 3 g
• matières grasses: 8 g (5 g sat.) • cholestérol: 40 mg
• glucides: 33 g • fibres: 2 g • sodium: 175 mg

Variantes

MUFFINS À L'ORANGE, AU CHOCOLAT ET AUX NOIX

Remplacer les dattes par 2 oz (60 g) de chocolat mi-amer haché grossièrement. Ajouter 1 t (250 ml) de noix de Grenoble ou de pacanes hachées grossièrement en même temps que le chocolat.

MUFFINS AU CITRON ET AUX FIGUES

Remplacer l'orange par un citron et le jus d'orange par du jus de citron. Remplacer les dattes par des figues séchées (de type Calimyrna ou Mission).

MUFFINS AUX *pommes* ET AU MIEL

4	gros oeufs, battus	4
1 t	miel liquide	250 ml
3/4 t	huile végétale	180 ml
1 t + 2 c. à tab	sucre	280 ml
1 1/4 t	farine de blé entier	310 ml
1 1/4 t	farine tout usage	310 ml
1 c. à tab	poudre à pâte	15 ml
1 c. à thé	bicarbonate de sodium	5 ml
1 1/2 lb	pommes pelées, le coeur enlevé, coupées en dés (environ 6 pommes)	750 g

1/4 c. à thé	cannelle moulue	1 ml
1/4 c. à thé	muscade moulue	1 ml
1	pomme pelée, le coeur enlevé, coupée en 24 tranches	1

1 Dans un grand bol, mélanger les oeufs, le miel, l'huile et 1 t (250 ml) du sucre. Dans un autre grand bol, mélanger la farine de blé entier, la farine tout usage, la poudre à pâte et le bicarbonate de sodium. Incorporer les ingrédients secs et les dés de pommes à la préparation d'oeufs et mélanger jusqu'à ce que la pâte soit lisse, sans plus.

2 Répartir la pâte dans 24 moules à muffins tapissés de moules en papier ou légèrement beurrés. Dans un petit bol, mélanger la cannelle, la muscade et le reste du sucre. Ajouter les tranches de pomme et les retourner pour bien les enrober. Déposer une tranche de pomme sur chaque muffin et cuire au four préchauffé à 350°F (180°C) de 25 à 30 minutes ou jusqu'à ce qu'un cure-dents inséré au centre des muffins en ressorte propre. (Vous pouvez préparer les muffins à l'avance, les laisser refroidir et les mettre dans un contenant hermétique. Ils se conserveront jusqu'à 1 semaine au réfrigérateur ou jusqu'à 2 mois au congélateur.)

Par muffin: • calories: 215 • protéines: 3 g • matières grasses: 8 g (1 g sat.) • cholestérol: 35 mg • glucides: 35 g • fibres: 1 g • sodium: 110 mg

MUFFINS AU *sirop d'érable*

De bons muffins moelleux au parfum d'érable, sans oeufs ni noix.

1/4 t	beurre non salé ramolli	60 ml
1/4 t	sucre	60 ml
1 c. à thé	sel	5 ml
3/4 t	farine tout usage	180 ml
3/4 t	farine de blé entier	180 ml
2 c. à thé	poudre à pâte	10 ml
3/4 t + 1 c. à tab	flocons d'avoine	195 ml

1/2 t	lait à 1 %	125 ml
1/2 t	sirop d'érable	125 ml

1 Dans un bol, mélanger le beurre, le sucre et le sel. Dans un autre bol, mélanger la farine tout usage, la farine de blé entier et la poudre à pâte. Incorporer le mélange de farine à la préparation de beurre. Ajouter 3/4 t (180 ml) des flocons d'avoine et mélanger. Dans un troisième bol, mélanger le lait et le sirop d'érable. Verser le mélange de sirop d'érable sur la pâte et mélanger jusqu'à ce que la préparation soit humide, sans plus.

2 Répartir la pâte dans 8 moules à muffins tapissés de moules en papier. Parsemer du reste des flocons d'avoine. Remplir d'eau les moules à muffins vides pour assurer une cuisson uniforme. Cuire au centre du four préchauffé à 350°F (180°C) de 20 à 25 minutes ou jusqu'à ce qu'un cure-dents inséré au centre des muffins en ressorte propre. Laisser refroidir sur une grille pendant 5 minutes. Démouler et laisser refroidir complètement. (Vous pouvez préparer les muffins à l'avance et les mettre dans un contenant hermétique. Ils se conserveront jusqu'à 3 jours au réfrigérateur ou jusqu'à 1 mois au congélateur.)

Par muffin: • calories: 245 • protéines: 5 g • matières grasses: 7 g (4 g sat.) • cholestérol: 15 mg • glucides: 44 g • fibres: 2 g • sodium: 385 mg

Muffins aux pommes et au miel

MUFFINS AUX *pommes* ET AUX CANNEBERGES

Donne de 10 à 12 muffins.
Préparation: 15 min
Cuisson: 22 à 25 min

1 t	pommes non pelées, hachées	250 ml
2/3 t	sucre	160 ml
1/2 t	canneberges fraîches ou surgelées, hachées	125 ml
1/2 t	carottes râpées	125 ml
1/2 t	noix de Grenoble ou pacanes hachées	125 ml
1 1/4 t	farine	310 ml
1 1/2 c. à thé	poudre à pâte	7 ml
1 c. à thé	bicarbonate de sodium	5 ml
1 c. à thé	cannelle moulue	5 ml
1 c. à thé	coriandre moulue	5 ml
1/4 c. à thé	sel	1 ml
1	oeuf légèrement battu	1
1/4 t	huile végétale	60 ml

1 Dans un grand bol, mélanger les pommes, le sucre, les canneberges, les carottes et les noix. Dans un autre bol, mélanger la farine, la poudre à pâte, le bicarbonate de sodium, la cannelle, la coriandre et le sel. Ajouter les ingrédients secs au mélange de fruits et mélanger. Dans un petit bol, mélanger l'oeuf et l'huile. Verser ce mélange sur la préparation de fruits et mélanger jusqu'à ce que la pâte soit humide, sans plus.

2 Répartir la pâte dans 10 à 12 moules à muffins tapissés de moules en papier (les remplir aux trois quarts). Cuire au four préchauffé à 375°F (190°C) de 22 à 25 minutes ou jusqu'à ce que les muffins soient dorés et qu'un cure-dents inséré au centre en ressorte propre. Déposer les moules sur une grille et laisser refroidir pendant 5 minutes. Démouler et laisser refroidir complètement.

Par muffin: • calories: 175 • protéines: 3 g • matières grasses: 8 g (1 g sat.) • cholestérol: 18 mg • glucides: 23 g • fibres: 1 g • sodium: 211 mg

MUFFINS AUX *pêches*,
GARNITURE CROQUANTE AUX AMANDES

Donne 12 muffins.
Préparation: 25 min
Cuisson: 25 min

Pour un extra de saveur, garnir chaque muffin d'une tranche de pêche avant de mettre au four.

Muffins aux pêches

2 1/3 t	farine tout usage	580 ml
1/3 t	farine de blé entier	80 ml
1 c. à thé	bicarbonate de sodium	5 ml
1	pincée de sel	1
1 t	cassonade tassée	250 ml
1 t	yogourt nature épais (de type balkan)	250 ml
1/2 t	huile végétale	125 ml
2	oeufs	2
1 c. à thé	vanille	5 ml
1 t	pêches mûres mais fermes, pelées et coupées en dés	250 ml

Garniture croquante aux amandes

1/2 t	cassonade tassée	125 ml
1/2 t	amandes en tranches	125 ml
1/2 c. à thé	cannelle moulue	2 ml
4 c. à thé	huile végétale	20 ml

Préparation des muffins

1 Dans un grand bol, mélanger la farine tout usage, la farine de blé entier, le bicarbonate de sodium et le sel. Dans un autre bol, à l'aide d'un fouet, mélanger la cassonade, le yogourt, l'huile, les oeufs et la vanille. Verser le mélange sur les ingrédients secs et parsemer des pêches. Mélanger délicatement jusqu'à ce que la pâte soit humide, sans plus. Répartir la pâte dans 12 moules à muffins huilés ou tapissés de moules en papier. Réserver.

Préparation de la garniture

2 Dans un autre bol, mélanger la cassonade, les amandes et la cannelle. Ajouter l'huile et mélanger délicatement jusqu'à ce que la préparation commence à former des grumeaux. Parsemer sur le dessus des muffins réservés.

3 Cuire au four préchauffé à 350°F (180°C) pendant environ 25 minutes ou jusqu'à ce que le dessus des muffins soit ferme. Déposer les moules sur une grille et laisser refroidir pendant 5 minutes. Démouler les muffins et laisser refroidir complètement. (Vous pouvez préparer les muffins à l'avance et les mettre dans un contenant hermétique. Ils se conserveront jusqu'au lendemain à la température ambiante ou jusqu'à 1 mois au congélateur, emballés individuellement d'une pellicule de plastique.)

Par muffin: • calories: 359 • protéines: 6 g • matières grasses: 15 g (2 g sat.) • cholestérol: 35 mg • glucides: 52 g • fibres: 2 g • sodium: 139 mg

MUFFINS AUX *flocons d'avoine* ET AU MIEL

1 t	flocons d'avoine	250 ml
1 t	babeurre	250 ml
1 t	farine de blé entier	250 ml
1 1/2 c. à thé	poudre à pâte	7 ml
1/2 c. à thé	bicarbonate de sodium	2 ml
1/2 c. à thé	cannelle moulue	2 ml
1/4 c. à thé	sel	1 ml
1/3 t	huile végétale	80 ml
1/3 t	miel liquide	80 ml
1/4 t	cassonade tassée	60 ml
1	oeuf	1
1/3 t	graines de tournesol non salées, écalées et grillées	80 ml

1. Dans un grand bol, mélanger les flocons d'avoine et le babeurre. Laisser reposer pendant 15 minutes.

2. Entre-temps, dans un autre grand bol, mélanger la farine, la poudre à pâte, le bicarbonate de sodium, la cannelle et le sel.

3. Incorporer l'huile, le miel, la cassonade et l'oeuf au mélange de babeurre, puis verser le mélange sur les ingrédients secs. Parsemer de 1/4 t (60 ml) des graines de tournesol et mélanger jusqu'à ce que la pâte soit humide, sans plus.

4. Répartir la pâte dans 10 moules à muffins tapissés de moules en papier ou légèrement beurrés. Remplir d'eau les moules à muffins vides pour assurer une cuisson uniforme. Garnir du reste des graines de tournesol. Cuire au centre du four préchauffé à 375° (190°C) pendant 17 minutes ou jusqu'à ce que le dessus des muffins soit ferme. Déposer les moules sur une grille et laisser refroidir pendant 5 minutes. Démouler les muffins sur la grille et laisser refroidir complètement. (Vous pouvez préparer les muffins à l'avance et les mettre dans un contenant hermétique. Ils se conserveront jusqu'à 3 jours à la température ambiante ou jusqu'à 2 semaines au congélateur, emballés individuellement d'une pellicule de plastique.)

Par muffin: • calories: 241 • protéines: 6 g • matières grasses: 11 g (1 g sat.) • cholestérol: 19 mg • glucides: 32 g • fibres: 3 g • sodium: 191 mg

PETITS GÂTEAUX À LA *noix de coco*, GLAÇAGE AU CITRON

Donne 12 petits gâteaux.
Préparation: 35 min
Cuisson: 20 min

Petits gâteaux à la noix de coco

1/2 t	beurre ramolli	125 ml
1 t	sucre granulé	250 ml
2	oeufs	2
1 1/2 t	farine	375 ml
1/2 t	flocons de noix de coco sucrés	125 ml
4 c. à thé	zeste de citron râpé	20 ml
1 c. à thé	poudre à pâte	5 ml
1/4 c. à thé	sel	1 ml
1/2 t	lait	125 ml

Glaçage au citron

2 c. à tab	fromage à la crème ramolli	30 ml
1 c. à tab	beurre ramolli	15 ml
1/2 c. à thé	zeste de citron râpé (environ)	2 ml
1 1/2 c. à thé	jus de citron	7 ml
1 t	sucre glace	250 ml
1/2 t	flocons de noix de coco sucrés	125 ml

Préparation des petits gâteaux

1 Dans un grand bol, à l'aide d'un batteur électrique, battre le beurre et le sucre jusqu'à ce que le mélange soit léger. Incorporer les oeufs un à un, en battant bien après chaque addition. Dans un autre grand bol, mélanger la farine, les flocons de noix de coco, le zeste de citron, la poudre à pâte et le sel. Incorporer les ingrédients secs au mélange de beurre en trois fois, en alternant deux fois avec le lait.

2 Répartir la pâte dans 12 moules à muffins beurrés ou tapissés de moules en papier. Cuire au centre du four préchauffé à 350°F (180°C) pendant 20 minutes ou jusqu'à ce qu'un cure-dents inséré au centre des petits gâteaux en ressorte propre. Déposer les moules sur une grille et laisser refroidir pendant 10 minutes. Démouler les petits gâteaux sur la grille et laisser refroidir complètement. (Vous pouvez préparer les petits gâteaux jusqu'à cette étape et les mettre côte à côte dans un contenant hermétique. Ils se conserveront jusqu'au lendemain à la température ambiante ou jusqu'à 2 semaines au congélateur, enveloppés individuellement d'une pellicule de plastique.)

Préparation du glaçage

3 Dans un bol, à l'aide du batteur électrique (utiliser des fouets propres), battre le fromage à la crème et le beurre jusqu'à ce que le mélange soit léger. Incorporer le zeste et le jus de citron en battant. Ajouter le sucre glace et battre jusqu'à ce que le glaçage soit léger.

4 Étendre le glaçage sur les petits gâteaux. Mettre les flocons de noix de coco dans une assiette et y passer les petits gâteaux de façon à bien couvrir le glaçage. Garnir de zeste de citron, si désiré. (Vous pouvez préparer les petits gâteaux à l'avance et les mettre côte à côte dans un contenant hermétique. Ils se conserveront jusqu'au lendemain au réfrigérateur.)

Par petit gâteau: • calories: 302 • protéines: 3 g • matières grasses: 13 g (9 g sat.) • cholestérol: 57 mg • glucides: 43 g • fibres: 1 g • sodium: 177 mg

PAIN AUX *canneberges* ET À L'ORANGE

1 Dans un grand bol, mélanger la farine, le sucre, la poudre à pâte, le sel et le bicarbonate de sodium. Ajouter le beurre et, à l'aide d'un coupe-pâte ou de deux couteaux, travailler la préparation jusqu'à ce qu'elle ait la texture d'une chapelure grossière. Ajouter l'oeuf, le zeste et le jus d'orange et mélanger jusqu'à ce que la préparation soit homogène, sans plus. Incorporer les canneberges et les noix en soulevant délicatement la masse.

2 Verser la pâte dans un moule à pain de 9 po x 5 po (23 cm x 13 cm), légèrement beurré. Cuire au four préchauffé à 350°F (180°C) pendant environ 1 heure ou jusqu'à ce qu'un cure-dents inséré au centre du pain en ressorte propre. Laisser refroidir sur une grille pendant 10 minutes. Démouler le pain sur la grille et laisser refroidir complètement. (Vous pouvez préparer le pain à l'avance et l'envelopper d'une pellicule de plastique. Il se conservera jusqu'à 1 semaine au réfrigérateur ou jusqu'à 2 mois au congélateur, dans un sac de congélation.)

Par tranche: • calories: 200 • protéines: 3 g • matières grasses: 9 g (3 g sat.) • cholestérol: 25 mg • glucides: 28 g • fibres: 1 g • sodium: 160 mg

Donne 16 tranches.
Préparation: 15 min
Cuisson: 1 h

2 t	farine	500 ml
1 t	sucre	250 ml
1 1/2 c. à thé	poudre à pâte	7 ml
1/2 c. à thé	sel	2 ml
1/4 c. à thé	bicarbonate de sodium	1 ml
1/3 t	beurre froid, coupé en dés	80 ml
1	oeuf battu	1
1 c. à thé	zeste d'orange râpé finement	5 ml
2/3 t	jus d'orange	160 ml
1 1/2 t	canneberges fraîches, coupées en deux	375 ml
1 t	noix de Grenoble hachées grossièrement	250 ml

PAINS AUX *dattes* ET AUX POMMES

*Donne 2 pains
de 10 tranches chacun.*
Préparation: 15 min
Cuisson: 50 min

1	paquet de dattes hachées (8 oz/250 g)	1
1 c. à tab	poudre de café instantané	15 ml
1 t	eau bouillante	250 ml
2 1/4 t	farine	560 ml
2 c. à thé	poudre à pâte	10 ml
1/2 c. à thé	bicarbonate de sodium	2 ml
1/2 c. à thé	sel	2 ml
3/4 t	cassonade légèrement tassée	180 ml
1	oeuf battu	1
1 t	compote de pommes lisse, non sucrée	250 ml
2 c. à tab	beurre fondu	30 ml
2 t	pommes pelées, le coeur enlevé, coupées en dés	500 ml
1 t	noix (noisettes, amandes ou pacanes) hachées	250 ml

1 Mettre les dattes dans un bol. Dissoudre le café dans l'eau bouillante, verser sur les dattes et laisser reposer.

2 Entre-temps, dans un grand bol, mélanger la farine, la poudre à pâte, le bicarbonate de sodium, le sel et la cassonade. Dans un autre bol, mélanger l'oeuf, la compote et le beurre fondu. Ajouter les pommes, les noix et la préparation de dattes et mélanger. Ajouter la préparation de pommes aux ingrédients secs et mélanger jusqu'à ce que la pâte soit homogène, sans plus. Verser la pâte dans deux moules à pain de 8 po x 4 po (20 cm x 10 cm), beurrés.

3 Cuire au four préchauffé à 350°F (180°C) pendant 50 minutes ou jusqu'à ce qu'un cure-dents inséré au centre des pains en ressorte propre (couvrir de papier d'aluminium en fin de cuisson, si nécessaire). (Vous pouvez préparer les pains à l'avance, les laisser refroidir et les envelopper d'une pellicule de plastique. Ils se conserveront jusqu'à 1 semaine au réfrigérateur ou jusqu'à 2 mois au congélateur, dans un sac de congélation.)

Par tranche: • calories: 180 • protéines: 3 g • matières grasses: 5 g (1 g sat.) • cholestérol: 15 mg • glucides: 32 g • fibres: 2 g • sodium: 140 mg

PETITS PAINS AUX *dattes* ET AUX NOIX, GLACE À LA NOIX DE COCO

Donne 2 petits pains de 8 tranches chacun.
Préparation: 20 min
Cuisson: 45 à 50 min

Petits pains aux dattes et aux noix

1 3/4 t	farine	430 ml
1 t	sucre	250 ml
1/4 c. à thé	sel	1 ml
1 t	eau	250 ml
1 t	dattes dénoyautées, hachées	250 ml
1 c. à tab	beurre	15 ml
1 c. à thé	bicarbonate de sodium	5 ml
1 c. à thé	vanille	5 ml
1	oeuf légèrement battu	1
1 t	noix de Grenoble hachées	250 ml

Glace à la noix de coco

2 c. à tab	beurre non salé	30 ml
6 c. à tab	cassonade	90 ml
3 c. à tab	crème à 35 %	45 ml
1 t	flocons de noix de coco non sucrés	250 ml

Préparation des pains

❶ Dans un grand bol, mélanger la farine, le sucre et le sel. Dans une casserole, porter l'eau à ébullition à feu moyen-vif. Ajouter les dattes, le beurre, le bicarbonate de sodium et la vanille et mélanger jusqu'à ce que le beurre ait fondu. Retirer la casserole du feu. Ajouter la préparation de dattes et l'oeuf aux ingrédients secs et mélanger à l'aide d'une cuillère de bois jusqu'à ce que la pâte soit homogène, sans plus. Ajouter les noix de Grenoble et mélanger.

❷ Répartir la pâte dans deux moules à pain de 5 3/4 po x 2 po (14 cm x 5 cm), légèrement beurrés. Cuire au four préchauffé à 350°F (180°C) de 40 à 45 minutes ou jusqu'à ce qu'un cure-dents inséré au centre des pains en ressorte propre. Déposer les moules sur une grille et laisser refroidir pendant 10 minutes. Démouler les pains sur la grille et laisser refroidir complètement.

Préparation de la glace

❸ Dans une petite casserole, faire fondre le beurre et la cassonade. Ajouter la crème et les flocons de noix de coco et mélanger. Mettre les pains refroidis sur une plaque de cuisson tapissée de papier-parchemin et les couvrir de la glace. Passer sous le gril préchauffé du four de 1 à 1 1/2 minute ou jusqu'à ce que la glace soit légèrement dorée. Déposer la plaque sur la grille et laisser refroidir.

Par tranche: • calories: 262 • protéines: 3 g
• matières grasses: 11 g (4 g sat.) • cholestérol: 21 mg
• glucides: 40 g • fibres: 2 g • sodium: 141 mg

PAIN AUX *abricots*, AUX PACANES ET AU CHOCOLAT BLANC

1 Dans un petit bol, mettre les abricots et les couvrir d'eau bouillante. Laisser reposer pendant 15 minutes. Égoutter.

2 Entre-temps, dans un grand bol, mélanger la farine, le sucre, la poudre à pâte et le sel. Dans un autre bol, mélanger l'oeuf, le lait et l'huile. Former un puits au centre des ingrédients secs et y verser la préparation de lait. Mélanger jusqu'à ce que la pâte soit humide, sans plus (la pâte sera grumeleuse). Incorporer les pacanes, le chocolat et les abricots égouttés en soulevant délicatement la masse. Étendre la pâte dans un moule à pain de 9 po x 5 po (23 cm x 13 cm) légèrement huilé.

3 Cuire au four préchauffé à 350°F (180°C) pendant environ 1 heure ou jusqu'à ce qu'un cure-dents inséré au centre du pain en ressorte propre. Déposer le moule sur une grille et laisser refroidir pendant 10 minutes. Démouler le pain sur la grille et laisser refroidir complètement. (Vous pouvez préparer le pain à l'avance, le couper en tranches, si désiré, et l'envelopper d'une pellicule de plastique. Il se conservera jusqu'à 1 semaine au réfrigérateur ou jusqu'à 2 mois au congélateur, dans un sac de congélation.)

Par tranche: • calories: 210 • protéines: 3 g • matières grasses: 8 g (2 g sat.) • cholestérol: 15 mg • glucides: 31 g • fibres: 1 g • sodium: 155 mg

Donne 16 tranches.
Préparation: 30 min
Cuisson: 1 h

1/2 t	abricots séchés, hachés	125 ml
2 t	farine	500 ml
1 t	sucre	250 ml
1 c. à tab	poudre à pâte	15 ml
1/2 c. à thé	sel	2 ml
1	oeuf légèrement battu	1
1 t	lait	250 ml
1/4 t	huile végétale	60 ml
1/2 t	pacanes grillées, hachées	125 ml
1/2 t	chocolat blanc haché grossièrement	125 ml

PAINS AUX *bananes* ET AUX NOIX

Donne 2 pains de 10 tranches chacun.
Préparation: 20 min
Cuisson: 35 min

2 1/2 t	farine	625 ml
1 1/2 c. à thé	bicarbonate de sodium	7 ml
1/4 c. à thé	cannelle moulue	1 ml
1/4 c. à thé	muscade moulue	1 ml
1/4 c. à thé	sel	1 ml
3	grosses bananes mûres	3
2	oeufs	2
3/4 t	sucre	180 ml
1/2 t	beurre non salé fondu, refroidi	125 ml
3/4 t	noix de Grenoble hachées	180 ml

1 Dans un grand bol, mélanger la farine, le bicarbonate de sodium, la cannelle, la muscade et le sel. Dans un autre bol, écraser les bananes. Ajouter les oeufs, le sucre et le beurre fondu et mélanger jusqu'à ce que la préparation soit lisse. Faire un puits au centre des ingrédients secs, y verser la préparation de bananes et mélanger à l'aide d'une cuillère de bois jusqu'à ce que la pâte soit homogène, sans plus. Incorporer les noix de Grenoble en soulevant délicatement la masse. Répartir la pâte dans deux moules à pain de 8 1/2 po x 4 1/2 po (21 cm x 11 cm), vaporisés d'un enduit végétal antiadhésif (de type Pam).

2 Cuire au four préchauffé à 350°F (180°C) pendant 35 minutes ou jusqu'à ce que le dessus des pains soit doré et reprenne sa forme sous une légère pression du doigt. Déposer les moules sur une grille et laisser refroidir pendant 5 minutes. Démouler et laisser refroidir complètement. (Vous pouvez préparer les pains à l'avance et les envelopper d'une pellicule de plastique. Ils se conserveront jusqu'à 3 jours au réfrigérateur ou jusqu'à 1 mois au congélateur, dans un sac de congélation.)

Par tranche: · calories: 180 · protéines: 3 g · matières grasses: 8 g (3 g sat.) · cholestérol: 33 mg · glucides: 25 g · fibres: 1 g · sodium: 132 mg

PAIN
choco-bananes

Donne 16 tranches.
Préparation: 30 min
Cuisson: 55 à 60 min

2 t	farine	500 ml
1 1/2 c. à thé	poudre à pâte	7 ml
1 c. à thé	zeste de citron râpé finement	5 ml
1/2 c. à thé	bicarbonate de sodium	2 ml
1/4 c. à thé	sel	1 ml
1/4 c. à thé	muscade moulue	1 ml
1	pincée de cannelle moulue	1
2	oeufs légèrement battus	2
1 1/2 t	bananes mûres, écrasées (environ 3 bananes)	375 ml
1 t	sucre	250 ml
1/2 t	beurre fondu	125 ml
1 c. à tab	lait ou rhum brun	15 ml
2 oz	chocolat mi-amer fondu, refroidi	60 g

① Dans un grand bol, mélanger la farine, la poudre à pâte, le zeste de citron, le bicarbonate de sodium, le sel, la muscade et la cannelle. Dans un autre bol, mélanger les oeufs, les bananes, le sucre, le beurre et le lait. Former un puits au centre des ingrédients secs et y verser la préparation de bananes. Mélanger jusqu'à ce que la pâte soit humide, sans plus (la pâte sera grumeleuse). Verser le tiers de la pâte (environ 1 1/4 t/310 ml) dans un troisième bol et y incorporer le chocolat fondu en soulevant délicatement la masse.

② Dans un moule à pain de 9 po x 5 po (23 cm x 13 cm) légèrement beurré, laisser tomber la pâte aux bananes par grosses cuillerées en alternant avec la pâte au chocolat. Passer la lame d'un couteau dans la pâte pour obtenir un effet marbré.

③ Cuire au four préchauffé à 350°F (180°C) de 55 à 60 minutes ou jusqu'à ce qu'un cure-dents inséré au centre du pain en ressorte propre. Déposer le moule sur une grille et laisser refroidir pendant 10 minutes. Démouler le pain sur la grille et laisser refroidir complètement. (Vous pouvez préparer le pain à l'avance, le couper en tranches, si désiré, et l'envelopper d'une pellicule de plastique. Il se conservera jusqu'à 1 semaine au réfrigérateur ou jusqu'à 2 mois au congélateur, dans un sac de congélation.)

Par tranche: • calories: 205 • protéines: 3 g • matières grasses: 8 g (5 g sat.) • cholestérol: 42 mg • glucides: 32 g • fibres: 1 g • sodium: 160 mg

PAIN AUX *poires*, À L'ÉRABLE ET AUX PACANES

Donne 8 tranches.
Préparation: 25 min
Cuisson: 1 h

Pain aux poires et aux pacanes		
1 3/4 t	farine	430 ml
1 1/2 c. à thé	poudre à pâte	7 ml
1/2 c. à thé	cardamome moulue	2 ml
1/2 c. à thé	muscade moulue	2 ml
1/4 c. à thé	clou de girofle moulu	1 ml
1/2 c. à thé	sel	2 ml
6 c. à tab	beurre non salé ramolli	90 ml
1/3 t	cassonade tassée	80 ml
1/4 t	sirop d'érable	60 ml
2	oeufs	2
2	poires fermes (de type Bartlett), pelées, le coeur enlevé, hachées grossièrement	2
3/4 t	pacanes hachées finement	180 ml
Glace à l'érable		
3/4 t	sucre glace	180 ml
2 c. à tab	sirop d'érable	30 ml
1 c. à tab	eau (environ)	15 ml

Préparation du pain

❶ Dans un bol, mélanger la farine, la poudre à pâte, la cardamome, la muscade, le clou de girofle et le sel. Réserver. Dans un grand bol, à l'aide d'un batteur électrique, battre le beurre jusqu'à ce qu'il soit crémeux. Ajouter la cassonade et le sirop d'érable et battre pendant 2 minutes ou jusqu'à ce que le mélange soit gonflé. Ajouter les oeufs un à un, en battant bien après chaque addition. Ajouter les ingrédients secs réservés et mélanger à l'aide d'une cuillère de bois jusqu'à ce que la préparation soit homogène. Incorporer les poires et 1/2 t (125 ml) des pacanes en soulevant délicatement la masse. Verser la pâte dans un moule à pain tapissé de papier d'aluminium, ou beurré et fariné. Parsemer du reste des pacanes.

❷ Cuire au four préchauffé à 350°F (180°C) pendant environ 1 heure ou jusqu'à ce que le dessus du pain soit doré et qu'un cure-dents inséré au centre en ressorte propre (si les noix dorent trop rapidement, couvrir le dessus du pain de papier d'aluminium, sans serrer). Mettre le moule sur une grille et laisser refroidir pendant 15 minutes. Démouler le pain sur la grille et laisser refroidir complète-ment. Glisser une feuille de papier ciré sous la grille.

Préparation de la glace

❸ Dans un petit bol, mélanger le sucre glace, le sirop d'érable et l'eau (au besoin, ajouter un peu d'eau pour que la glace soit plus coulante). Verser la glace dans un sac de plastique refermable et couper un des coins. Garnir le pain de la glace en un mince filet, dans un mouvement de va-et-vient. (Vous pouvez préparer le pain à l'avance et le mettre dans un contenant hermétique. Il se conservera jusqu'à 1 semaine à la température ambiante.)

Par tranche: • calories: 301 • protéines: 4 g • matières grasses: 12 g (4 g sat.) • cholestérol: 51 mg • glucides: 46 g • fibres: 2 g • sodium: 164 mg

PAIN AUX *bleuets*, À L'ORANGE ET AUX AMANDES

1 Dans un grand bol, à l'aide d'un batteur électrique, battre le beurre avec 3/4 t (180 ml) du sucre jusqu'à ce que le mélange soit léger et gonflé. Ajouter les oeufs un à un, en battant bien après chaque addition. Ajouter le zeste d'orange et l'essence d'amande en battant.

2 Dans un autre bol, mélanger la farine, la poudre à pâte, le bicarbonate de sodium et le sel. Incorporer les ingrédients secs au mélange de beurre en trois fois, en alternant deux fois avec le lait. Ajouter les bleuets et les amandes grillées et mélanger. Verser la pâte dans un moule à pain de 9 po x 5 po (23 cm x 13 cm), beurré et tapissé de papier-parchemin.

3 Parsemer le dessus du pain des amandes non grillées et du reste du sucre. Cuire au centre du four préchauffé à 350°F (180°C) pendant environ 1 heure ou jusqu'à ce qu'un cure-dents inséré au centre du pain en ressorte propre. Déposer le moule sur une grille et laisser refroidir pendant 15 minutes. Démouler le pain sur la grille et laisser refroidir complètement. (Vous pouvez préparer le pain à l'avance et l'envelopper d'une pellicule de plastique. Il se conservera jusqu'à 2 jours à la température ambiante ou jusqu'à 1 mois au congélateur, enveloppé de papier d'aluminium résistant.)

Par tranche: • calories: 261 • protéines: 5 g
• matières grasses: 12 g (6 g sat.) • cholestérol: 51 mg
• glucides: 35 g • fibres: 2 g • sodium: 266 mg

Donne 16 tranches.
Préparation: 20 min
Cuisson: 1 h

3/4 t	beurre ramolli	180 ml
3/4 t + 1 c. à tab	sucre	195 ml
2	oeufs	2
2 c. à tab	zeste d'orange râpé finement	30 ml

1/2 c. à thé	essence d'amande	2 ml
3 t	farine	750 ml
1 c. à thé	poudre à pâte	5 ml
1 c. à thé	bicarbonate de sodium	5 ml
1/2 c. à thé	sel	2 ml
1 t	lait	250 ml
1 t	bleuets séchés ou surgelés	250 ml
1/2 t	amandes en tranches, grillées	125 ml
2 c. à tab	amandes en tranches, non grillées	30 ml

PAIN-GÂTEAU AUX *cerises* ET AUX PACANES

Donne 8 tranches.
Préparation: 20 min
Repos: 15 min
Cuisson: 55 à 65 min

Pour le glaçage, on utilise le reste du kirsch ayant servi à faire tremper les cerises séchées. Si désiré, on le remplace par 4 c. à thé (20 ml) de jus de citron. Ou encore, on omet le glaçage et on saupoudre simplement le pain-gâteau du sucre glace.

1/2 t	cerises séchées	125 ml
2 c. à tab	kirsch ou eau	30 ml
1/2 t	beurre non salé ramolli	125 ml
1/2 t	fromage à la crème ramolli	125 ml
1 t	sucre granulé	250 ml
2	oeufs	2
1/2 c. à thé	vanille	2 ml
1 1/2 t	farine à gâteau et à pâtisserie tamisée	375 ml
1/2 t	pacanes hachées	125 ml
1 c. à thé	zeste de citron râpé	5 ml
1/4 c. à thé	poudre à pâte	1 ml
1/4 c. à thé	bicarbonate de sodium	1 ml
1/4 c. à thé	sel	1 ml
1/2 t	sucre glace	125 ml

❶ Dans un petit bol, mettre les cerises séchées. Arroser du kirsch et laisser reposer pendant 15 minutes. Égoutter (réserver le kirsch pour le glaçage) et éponger à l'aide d'essuie-tout. Réserver.

❷ Dans un grand bol, à l'aide d'un batteur électrique, battre le beurre et le fromage à la crème jusqu'à ce que le mélange soit lisse. Ajouter le sucre granulé et battre jusqu'à ce que le mélange soit léger. Ajouter les oeufs un à un, en battant bien après chaque addition. Incorporer la vanille. Dans un autre grand bol, mélanger la farine, les pacanes, le zeste de citron, la poudre à pâte, le bicarbonate de sodium et le sel. Incorporer le mélange de farine à la préparation de beurre en trois fois. Ajouter les cerises réservées et mélanger. Verser la pâte dans un moule à pain de 8 po x 4 po (20 cm x 10 cm), beurré.

❸ Cuire au centre du four préchauffé à 325°F (160°C) de 55 à 65 minutes ou jusqu'à ce qu'un cure-dents inséré au centre du pain-gâteau en ressorte propre. Déposer le moule sur une grille et laisser refroidir pendant 20 minutes. Démouler le pain-gâteau sur la grille et laisser refroidir complètement. (Vous pouvez préparer le pain-gâteau jusqu'à cette étape et l'envelopper d'une pellicule de plastique. Il se conservera jusqu'à 2 jours à la température ambiante ou jusqu'à 2 semaines au congélateur, enveloppé de papier d'aluminium résistant.)

❹ Dans un autre bol, à l'aide d'un fouet, mélanger le sucre glace et le kirsch réservé jusqu'à ce que le glaçage soit lisse. Étendre le glaçage sur le pain-gâteau refroidi.

Par tranche (sans le glaçage): • calories: 429
• protéines: 5 g • matières grasses: 23 g (11 g sat.)
• cholestérol: 93 mg • glucides: 52 g • fibres: 2 g
• sodium: 183 mg

PAIN-GÂTEAU AUX *carottes* ET À L'ANANAS, GLAÇAGE AU FROMAGE À LA CRÈME

Donne 16 tranches.
Préparation: 45 min
Cuisson: 1 h

Pain-gâteau aux carottes et à l'ananas

2 t	farine	500 ml
2 c. à thé	poudre à pâte	10 ml
1 c. à thé	bicarbonate de sodium	5 ml
1/2 c. à thé	sel	2 ml
2	oeufs	2
1 t	sucre	250 ml
1/2 t	huile végétale	125 ml
2 c. à thé	zeste d'orange râpé finement	10 ml
1 c. à thé	vanille	5 ml
2 t	carottes râpées	500 ml
1	boîte d'ananas broyé, égoutté (14 oz/398 ml)	1
1/2 t	flocons de noix de coco sucrés	125 ml

Glaçage au fromage à la crème

2 c. à tab	fromage à la crème ramolli	30 ml
2 c. à tab	beurre ramolli	30 ml
1/4 à thé	vanille	1 ml
3/4 t	sucre glace	180 ml

Carottes en pâte d'amandes

1 oz	pâte d'amandes	30 g
	pâtes colorantes verte et orange	
1 c. à thé	gaufrette au chocolat émiettée	5 ml

Préparation du pain-gâteau

1 Dans un grand bol, mélanger la farine, la poudre à pâte, le bicarbonate de sodium et le sel. Dans un autre grand bol, à l'aide d'un batteur électrique, battre les oeufs et le sucre jusqu'à ce que le mélange soit léger. Incorporer l'huile, le zeste d'orange et la vanille en battant. Verser la préparation sur les ingrédients secs et mélanger à l'aide d'une cuillère de bois jusqu'à ce que la pâte soit humide, sans plus. Ajouter les carottes, l'ananas et les flocons de noix de coco et mélanger.

2 Verser la pâte dans un moule à pain de 9 po x 5 po (23 cm x 13 cm) tapissé de papier-parchemin et lisser le dessus. Cuire au centre du four préchauffé à 350°F (180°C) pendant environ 1 heure ou jusqu'à ce qu'un cure-dents inséré au centre du pain-gâteau en ressorte propre. Déposer le moule sur une grille et laisser refroidir pendant 15 minutes. Démouler le pain-gâteau sur la grille et laisser refroidir complètement. (Vous pouvez préparer le pain-gâteau jusqu'à cette étape et l'envelopper d'une pellicule de plastique. Il se conservera jusqu'à 2 jours à la température ambiante ou jusqu'à 2 semaines au congélateur, emballé de papier d'aluminium résistant. Décongeler avant de poursuivre.)

Préparation du glaçage

3 Dans un bol, à l'aide du batteur électrique (utiliser des fouets propres), battre le fromage à la crème et le beurre jusqu'à ce que le mélange soit lisse. Incorporer la vanille en battant. Ajouter le sucre glace en deux fois et battre jusqu'à ce que le glaçage soit crémeux. Étendre le glaçage sur le pain-gâteau. Réserver.

Préparation des carottes en pâte d'amandes

4 Dans un petit bol, mettre 1 c. à thé (5 ml) de pâte d'amandes. À l'aide d'un cure-dents, ajouter un peu de pâte colorante verte et mélanger jusqu'à l'obtention d'une teinte uniforme. Dans un autre bol, mettre le reste de la pâte d'amandes. À l'aide d'un autre cure-dents, ajouter un peu de pâte colorante orange et mélanger jusqu'à l'obtention d'une teinte uniforme.

5 Diviser la pâte d'amandes orange en sept portions et façonner chacune en une petite carotte (utiliser un couteau, au besoin). Réserver. Diviser la pâte d'amandes verte en sept portions et façonner chacune en un feuillage. À l'aide d'un autre cure-dents, faire un trou dans chaque carotte, puis y fixer le feuillage. À l'aide du manche d'une cuillère de bois, faire trois trous au centre du pain-gâteau réservé et y insérer trois carottes, en prenant soin de laisser dépasser le feuillage et une partie de la carotte. Disposer les autres carottes à plat sur le gâteau. Parsemer le pourtour des carottes de la gaufrette émiettée pour donner l'effet de la terre.

Par tranche: • calories: 254 • protéines: 3 g • matières grasses: 11 g (3 g sat.) • cholestérol: 29 mg • glucides: 37 g • fibres: 1 g • sodium: 228 mg

TARTES

Tarte mousseline, tarte aux fruits, tarte aux noix ou au chocolat, croûte feuilletée, sablée ou à pâte brisée... Les tartes peuvent prendre mille et un visages. Elles sont donc parfaites en toute occasion.

De toutes les pâtisseries, les tartes sont sans doute celles qui autorisent le plus de fantaisie et de variété. Chacun des étages permet de mettre à profit notre créativité: garnitures aux fruits de saison débordantes de fraîcheur, crèmes pâtissières gourmandes, mousses aériennes aromatisées au chocolat, aux fruits, au fromage ou au café, sans oublier les délices à la pâte d'amandes, au yogourt ou à la crème glacée... Au royaume de la tarte, tout est possible! Mais encore faut-il en maîtriser le b.a.-ba.

A

B

C

D

E

F

G

LES BONS OUTILS

Moules à tarte ordinaire (1) (A) et profond (1) de 9 po (23 cm) de diamètre + moule à tarte profond de 10 po (25 cm) de diamètre. Les modèles en pyrex ou en porcelaine sont très appréciés, car ils répartissent la chaleur de façon optimale et la pâte y cuit moins vite que dans les moules en métal (qui sont aussi plus minces).

Moule à charnière (à fond amovible) de 9 po (23 cm) de diamètre (B). Très utile pour les tartes mousseline avec une croûte de chapelure de biscuits.

Moule à tarte en métal à fond amovible de 10 po (25 cm) de diamètre (C)

Moules à tartelettes en métal de 2 3/4 po (7 cm) de diamètre ou moules à muffins (D)

Rouleau à pâtisserie en bois (E) ou en verre. Choisir un modèle solide, qui se manipule aisément et se nettoie bien. La pâte adhère moins aux rouleaux en bois qu'à ceux en verre.

Robot culinaire (F). On l'utilise pour mélanger la farine, l'eau glacée et le corps gras qui formeront la pâte. Il facilite cette délicate opération en limitant les manipulations et en écourtant le processus.

Papier d'aluminium (G). On en recouvre les fonds de tarte avant de les remplir de haricots secs ou de poids de cuisson. Le papier d'aluminium permet aussi de protéger la croûte en fin de cuisson et d'éviter qu'elle ne brûle.

Astuces de pro

UNE CROÛTE DÉTREMPÉE, NON MERCI!

Avant d'ajouter la garniture, badigeonner de blanc d'oeuf le fond de l'abaisse du dessous. Cela imperméabilisera la croûte et empêchera la garniture de la détremper. La cuisson sera ainsi plus égale, et la texture plus croustillante. Évidemment, si on cuit l'abaisse du dessous avant de la garnir, cette précaution est superflue.

DÉCORATION MINUTE

Conserver les retailles de pâte à tarte pour décorer les tartes à double croûte. Il suffit de les abaisser au rouleau à pâtisserie à la même épaisseur que nos abaisses, de les découper à la forme désirée à l'aide d'emporte-pièces et de les humecter légèrement avec un peu d'eau pour les faire adhérer à la pâte.

DES FONDS TOUT SIMPLES À RÉALISER

● Les croûtes (ou fonds) de tarte les plus faciles à réussir sont celles à base de **chapelure de biscuits.** On les confectionne avec des biscuits Graham, des gaufrettes au chocolat ou à la vanille, ou encore des biscuits au gingembre de type gingersnap. Il s'agit de mélanger les biscuits secs écrasés à du beurre fondu et à du sucre, de presser le mélange au fond et sur la paroi d'un moule à tarte et de cuire de 15 à 20 minutes, avant d'ajouter une garniture déjà cuite ou qui ne requiert pas de cuisson. On utilise cette croûte dans les tartes jardinières (fruits et crème pâtissière), au citron ou à la crème glacée, et dans les tartes mousseline, dont la garniture doit être réfrigérée, car elle contient de la gélatine.

● Une autre façon de faire consiste à créer un fond de tarte avec un **mélange de noix hachées, de sucre ou de cassonade, et de beurre,** ou encore avec de la **pâte phyllo** que l'on superpose en plusieurs couches (chacune étant badigeonnée de beurre fondu). C'est le cas de notre délicieuse Tarte feuilletée au fromage et aux canneberges (voir p. 167).

(voir p. 167)

Astuces de pro

LE MÉLANGE JAUNE D'OEUF ET EAU
Badigeonner la pâte de ce mélange permet d'obtenir une belle croûte brillante et dorée. La recette est simple: battre ensemble 1 jaune d'oeuf et 1 c. à tab (15 ml) d'eau glacée.

MIEUX VAUT PRÉVENIR…
Toujours vérifier la cuisson de la tarte 20 minutes avant la fin du temps recommandé dans la recette. Pour éviter que le pourtour de la croûte ne brûle (surtout pour les tartes profondes), le recouvrir d'une double épaisseur de papier d'aluminium, si nécessaire.

Pâte sablée

Pâte brisée

Pâte feuilletée

L'ABAISSE: AU BEURRE, AU SAINDOUX
OU AU SHORTENING?

La préparation de l'abaisse, une croûte de tarte amincie à l'aide d'un rouleau à pâtisserie, est d'un niveau de difficulté supérieur. L'abaisse peut être simple ou double. Quant à la pâte, elle est soit feuilletée (au beurre, pour les préparations salées ou sucrées), soit sablée (au beurre avec jaune d'oeuf et sucre, qui lui confèrent une texture granuleuse), soit brisée (à base de farine et de saindoux, de shortening d'huile végétale ou de beurre). Les risques associés aux gras trans contenus dans le shortening d'huile végétale amènent plusieurs amateurs de tartes à opter plutôt pour le beurre, moins nocif pour la santé des artères, qui reste le grand favori de la pâtisserie française. Certains remplacent aussi le shortening ou le saindoux par de l'huile végétale; mais si cette option est meilleure pour la santé, elle ne permet pas d'obtenir une croûte feuilletée, puisque le feuilletage s'obtient uniquement lorsque les morceaux de gras solide contenus dans la pâte se mêlent à la farine en éclatant sous l'action de la chaleur. La consistance liquide de l'huile la fait plutôt s'amalgamer complètement à la farine dès qu'on l'y incorpore.

UNE BONNE PÂTE POUR DE BELLES CROÛTES

La technique utilisée pour préparer la croûte est la même dans toutes les recettes, sauf dans celles qui demandent une croûte à base de chapelure de biscuits (voir *Des fonds tout simples à réaliser*, p. 146) ou à base de pâte feuilletée. Cette dernière, qui exige de savoir plier correctement le beurre dans la pâte, est très difficile à réussir; mieux vaut acheter une version du commerce (dans certaines épiceries et dans les pâtisseries). Mais pour les autres recettes de tartes, voici les étapes.

● D'abord, il faut couper la matière grasse – très froide et déjà taillée en dés – dans le mélange de farine à l'aide d'un coupe-pâte ou de deux couteaux, ou bien au robot culinaire. On amalgame en ajoutant un peu d'eau glacée pour éviter que le gras ne fonde à cause de la manipulation. Il est nécessaire de travailler très rapidement afin de ne pas réchauffer le corps gras, qui doit rester en grumeaux pour garantir une croûte légère.

● L'étape suivante, celle du pétrissage, requiert une certaine habileté: il faut manipuler la pâte du bout des doigts, juste assez pour qu'elle se tienne. Encore ici, trop de manipulation durcira la pâte, car le beurre aura commencé à fondre avant la cuisson sous l'effet de la chaleur des mains.

● Après avoir enveloppé la pâte dans une pellicule de plastique, on la réfrigère de 30 à 60 minutes pour la raffermir. Il s'agit ensuite de l'abaisser sur une surface légèrement farinée à l'aide d'un rouleau à pâtisserie, jusqu'à une épaisseur de 1/4 po (5 mm), en lui donnant la forme et la dimension du moule utilisé (prévoir un excédent de 1 po/2,5 cm sur le pourtour). Puis on enroule l'abaisse sur le rouleau délicatement, sans serrer, et on la dépose dans le moule sans l'étirer (c'est ce qu'on entend par «foncer le moule»). On passe la lame d'un couteau de biais sur le bord du moule pour couper l'excédent de pâte (réserver les retailles; voir *Décoration minute*, p. 145).

● Pour certaines tartes à une seule croûte, on doit cuire la pâte avant d'ajouter la garniture. On recouvre alors l'abaisse de papier d'aluminium ou de papier-parchemin, qu'on prend soin de bien lisser, et on étale sur toute la surface des haricots secs ou des poids à tarte. Cette précaution empêche la pâte de former des poches d'air et de gonfler sous l'effet de la chaleur. On cuit ensuite l'abaisse selon les instructions de la recette et on la laisse refroidir complètement. Enfin, on verse la garniture refroidie dans l'abaisse.

LES TARTES À 2 CROÛTES

● Pour les tartes à deux croûtes, le processus est relativement simple. Après avoir foncé le moule avec la première abaisse, on ajoute la garniture, puis on humidifie le pourtour de l'abaisse avec un peu d'eau, ce qui aidera à mieux sceller les deux croûtes. Avant de soulever la seconde abaisse de la surface de travail, on la plie en deux pour éviter de la déchirer. On la place ensuite sur la garniture en prenant soin de la laisser dépasser légèrement sur le pourtour du moule, on la déplie et on scelle les deux abaisses en pressant. À l'aide d'un couteau bien aiguisé ou de ciseaux de cuisine, on coupe l'excédent de pâte en laissant une bordure de 3/4 po (2 cm) sur le pourtour. Avec la pointe du couteau, on pratique trois incisions de 2 po (5 cm) dans l'abaisse du dessus pour permettre à la vapeur de s'échapper pendant la cuisson.

● On peut ensuite canneler la bordure. Pour ce faire, on appuie l'index et le pouce d'une main sur le rebord de la tarte. En plaçant l'index de l'autre main entre ces deux doigts, on pousse doucement la bordure de pâte vers l'extérieur. On répète sur tout le pourtour de la tarte. Badigeonner ensuite la croûte du dessus d'un mélange de jaune d'oeuf battu et d'eau, et cuire selon les instructions de la recette.

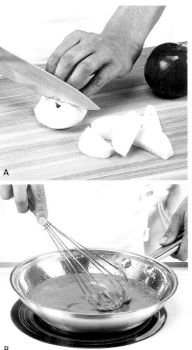

A

B

LA CÉLÈBRE TARTE TATIN

Parer les pommes (A)

Peler 5 pommes rouges (de type Cortland, Royal Gala ou Empire), les couper en quartiers épais (environ 1 po/2,5 cm) et retirer le coeur. Dans un grand bol, mélanger les quartiers de pommes avec 2 c. à tab (30 ml) de jus de citron.

Faire le caramel (B)

Dans un poêlon allant au four de 8 po (20 cm) de diamètre, faire fondre 3 c. à tab (45 ml) de beurre à feu moyen-vif. Ajouter 3/4 t (180 ml) de sucre et cuire, en brassant sans arrêt, pendant environ 5 minutes ou jusqu'à ce que le sirop commence à dorer. Retirer le poêlon du feu.

Disposer les pommes (C)

Égoutter les tranches de pommes et les disposer en cercles concentriques sur le sirop dans le poêlon, en les superposant légèrement. Cuire à feu moyen-doux pendant environ 15 minutes ou jusqu'à ce que les pommes commencent à ramollir et que le sirop ait caramélisé. Laisser refroidir pendant 5 minutes.

C

Ajouter la pâte (D)

Couvrir les pommes caramélisées d'une abaisse de pâte feuilletée d'au moins 12 po (30 cm) de diamètre. Enfoncer légèrement la bordure de pâte entre les pommes et la paroi interne du poêlon, en pressant délicatement. Cuire dans le tiers inférieur du four préchauffé à 425°F (220°C) pendant environ 25 minutes ou jusqu'à ce que la pâte soit bien dorée. Laisser refroidir pendant 5 minutes. Mettre une assiette sur la tarte et démouler en retournant le poêlon. Donne de 5 à 8 portions.

D

TARTE FRANGIPANE
AUX *abricots* ET AUX BLEUETS

Donne 8 portions.
Préparation: 25 min
Congélation: 10 min
Cuisson: 40 min
Repos: 30 min

	zeste râpé de 1 citron	
	pâte brisée pour 1 abaisse de 10 po (25 cm) de diamètre	
1/2 t	beurre non salé ramolli	125 ml
1/3 t	sucre	80 ml
2	oeufs	2
1 t	amandes blanchies moulues finement	250 ml
1 c. à thé	vanille	5 ml
1/2 t	confiture d'abricots fondue et filtrée, chaude	125 ml
1 t	bleuets frais	250 ml
1 lb	abricots frais, coupés en deux et dénoyautés	500 g

❶ Incorporer le zeste de citron à la pâte brisée. Sur une surface légèrement farinée, abaisser la pâte en un cercle de 12 po (30 cm) de diamètre. Presser l'abaisse dans un moule à tarte à fond amovible de 10 po (25 cm) de diamètre, beurré, et couper l'excédent. Piquer le fond de la croûte à l'aide d'une fourchette. Congeler pendant 10 minutes.

❷ Dans un bol, à l'aide d'un batteur électrique, battre le beurre et le sucre pendant 3 minutes ou jusqu'à ce que le mélange soit gonflé. Ajouter les oeufs un à un, en battant bien après chaque addition. Incorporer les amandes et la vanille en battant jusqu'à ce que la préparation soit homogène. Réserver.

❸ Badigeonner la croûte à tarte de 1/4 t (60 ml) de la confiture et parsemer des bleuets. À l'aide d'une spatule, couvrir uniformément de la garniture aux amandes réservée. Disposer les abricots, le côté coupé dessous, sur la garniture aux amandes.

❹ Cuire au four préchauffé à 350°F (180°C) pendant 40 minutes ou jusqu'à ce que la garniture ait pris et que la croûte soit dorée. Laisser refroidir pendant 30 minutes, puis badigeonner le dessus de la tarte du reste de la confiture.

Par portion: • calories: 440 • protéines: 6 g • matières grasses: 26 g (11 g sat.) • cholestérol: 85 mg • glucides: 46 g • fibres: 3 g • sodium: 145 mg

TARTE AUX *pêches* CLASSIQUE

Donne 8 portions.
Préparation: 45 min
Réfrigération: 30 min
Cuisson: 1 h 15 min à 1 h 30 min

Pâte à tarte à la crème sure

2 1/2 t	farine	625 ml
1/2 c. à thé	sel	2 ml
1/2 t	beurre froid, coupé en cubes	125 ml
1/2 t	saindoux (ou graisse végétale) froid	125 ml
1/4 t	eau glacée (environ)	60 ml
3 c. à tab	crème sure	45 ml

Garniture aux pêches

5 t	pêches mûres mais fermes, pelées et coupées en tranches	1,25 L
3/4 t	sucre	180 ml
1/4 t	farine	60 ml
1 c. à tab	jus de citron	15 ml

Préparation de la pâte

1 Dans un bol, mélanger la farine et le sel. Ajouter le beurre et le saindoux et, à l'aide d'un coupe-pâte ou de deux couteaux, travailler la préparation jusqu'à ce qu'elle ait la texture d'une chapelure grossière. Dans un autre bol, à l'aide d'un fouet, mélanger l'eau et la crème sure. Arroser la préparation de farine du mélange de crème sure et mélanger vigoureusement à l'aide d'une fourchette jusqu'à l'obtention d'une pâte molle (au besoin, ajouter de l'eau, 1 c. à tab/15 ml à la fois).

2 Diviser la pâte en deux portions. Façonner chaque portion en un disque et envelopper chacun d'une pellicule de plastique. Réfrigérer pendant environ 30 minutes ou jusqu'à ce que la pâte soit froide. (Vous pouvez préparer la pâte à tarte à l'avance. Elle se conservera jusqu'à 3 jours au réfrigérateur.)

Préparation de la garniture

3 Entre-temps, dans un autre bol, mélanger tous les ingrédients. Réserver.

Assemblage de la tarte

4 Sur une surface légèrement farinée, abaisser un disque de pâte jusqu'à 1/8 po (3 mm) d'épaisseur. Presser délicatement l'abaisse au fond et sur la paroi d'un moule à tarte de 9 po (23 cm) de diamètre. Couper l'excédent de pâte. Verser la garniture aux pêches réservée dans l'abaisse.

5 Abaisser l'autre disque de pâte jusqu'à 1/8 po (3 mm) d'épaisseur. Badigeonner d'un peu d'eau le pourtour de l'abaisse du dessous et couvrir de l'autre abaisse. Couper l'excédent de pâte en laissant une bordure de 3/4 po (2 cm). Replier la bordure sous l'abaisse du dessous et presser pour sceller. Canneler le pourtour. Faire des entailles sur le dessus de la tarte pour permettre à la vapeur de s'échapper.

6 Cuire dans le tiers inférieur du four préchauffé à 425°F (220°C) pendant 15 minutes. Réduire la température du four à 350°F (180°C) et poursuivre la cuisson de 1 heure à 1 heure 15 minutes ou jusqu'à ce que la garniture soit bouillonnante et que le dessus de la tarte soit doré. Déposer le moule sur une grille et laisser refroidir. (Vous pouvez préparer la tarte à l'avance et la couvrir de papier d'aluminium. Elle se conservera jusqu'à 2 jours au réfrigérateur ou jusqu'à 1 mois au congélateur, dans un sac de congélation.)

Par portion: • calories: 447 • protéines: 5 g • matières grasses: 22 g (11 g sat.) • cholestérol: 39 mg • glucides: 58 g • fibres: 3 g • sodium: 197 mg

TARTELETTES AU *citron* ET À LA CRÈME

Donne 12 tartelettes.
Préparation: 50 min
Réfrigération: 30 min (croûtes);
3 h (tartelettes)
Cuisson: 20 min
Repos: 30 min

Croûtes sablées

2 1/2 t	farine	625 ml
1/2 t	sucre	125 ml
1	pincée de sel	1
1 t	beurre non salé froid, coupé en cubes	250 ml
4	jaunes d'oeufs	4
2 c. à tab	eau froide	30 ml

Garniture au citron et à la crème

1 1/4 t + 2 c. à tab	sucre	340 ml
6 c. à tab	fécule de maïs	90 ml
1	pincée de sel	1
2 t	eau	500 ml
4	jaunes d'oeufs	4
1 c. à tab	zeste de citron râpé	15 ml
1/2 t	jus de citron fraîchement pressé	125 ml
3 c. à tab	beurre non salé coupé en dés	45 ml
3/4 t	crème à 35 %	180 ml
	tranches de citron confites (voir recette) (facultatif)	

Préparation des croûtes

1 Au robot culinaire, mélanger la farine, le sucre et le sel. Incorporer le beurre en actionnant et en arrêtant successivement l'appareil jusqu'à ce que la préparation ait la texture d'une chapelure grossière. Dans un petit bol, mélanger les jaunes d'oeufs et l'eau. Ajouter le mélange de jaunes d'oeufs à la préparation dans le robot et mélanger jusqu'à ce que la pâte forme une boule, sans plus (ne pas trop mélanger). Envelopper la pâte d'une pellicule de plastique et réfrigérer pendant 30 minutes.

2 Diviser la pâte en 12 portions, puis presser uniformément chaque portion de pâte dans des moules à tartelettes de 4 po (10 cm) de diamètre, beurrés et farinés. Déposer les moules sur une plaque de cuisson. À l'aide d'une fourchette, piquer le fond des croûtes à plusieurs endroits. Cuire au four préchauffé à 375°F (190°C) de 12 à 15 minutes ou jusqu'à ce qu'elles soient légèrement dorées. Mettre les croûtes sur une grille et laisser refroidir complètement.

Préparation de la garniture

3 Dans une casserole à fond épais, mélanger 1 1/4 t (310 ml) du sucre, la fécule de maïs et le sel. Ajouter l'eau et mélanger. Porter à ébullition à feu moyen-vif, en brassant sans arrêt. Réduire à feu moyen-doux et laisser mijoter, en brassant, pendant 3 minutes. Retirer la casserole du feu.

4 Dans un bol, à l'aide d'un fouet, battre légèrement les jaunes d'oeufs. Ajouter 1/2 t (125 ml) de la préparation de fécule chaude et mélanger. Verser le mélange dans la casserole et cuire à feu moyen, en brassant, pendant 2 minutes (ne pas trop cuire). Retirer la casserole du feu. Incorporer le zeste et le jus de citron et le beurre. Verser la garniture dans un bol à l'épreuve de la chaleur et couvrir directement la surface d'une pellicule de plastique. Laisser reposer à la température ambiante pendant 30 minutes. Réserver.

5 Dans un bol, à l'aide d'un batteur électrique, battre la crème jusqu'à ce qu'elle forme des pics mous. Ajouter petit à petit le reste du sucre en battant jusqu'à ce que la préparation forme des pics fermes. Réserver.

Assemblage des tartelettes

6 À l'aide d'une grosse cuillère, répartir la garniture au citron réservée, environ 1/4 t (60 ml) à la fois, dans les croûtes refroidies. Réfrigérer les tartelettes pendant au moins 3 heures ou jusqu'à ce qu'elles soient bien froides. Au moment de servir, garnir de crème fouettée et décorer de tranches de citron confites, si désiré.

Par tartelette: • calories: 485 • protéines: 5 g • matières grasses: 26 g (16 g sat.) • cholestérol: 210 mg • glucides: 56 g • fibres: 1 g • sodium: 40 mg

TRANCHES DE CITRON CONFITES
Donne environ 24 tranches.

1/4 t	sucre	60 ml
1/4 t	eau	60 ml
1	citron brossé et coupé en tranches très fines	1

Dans une petite casserole, mélanger le sucre et l'eau et porter à ébullition. Ajouter le citron et mélanger pour bien enrober les tranches. Réduire à feu doux et laisser mijoter de 12 à 15 minutes ou jusqu'à ce que la préparation ait la consistance d'un sirop épais. Retirer les tranches de citron de la casserole (jeter le sirop) et les étendre sur une feuille de papier ciré. Laisser refroidir. (Vous pouvez préparer les tranches de citron confites à l'avance et les mettre côte à côte dans un contenant hermétique. Elles se conserveront jusqu'à 2 jours à la température ambiante.)

TARTE À LA *ricotta*, AU CITRON ET À L'ORANGE

Pâte à tarte

3 t	farine	750 ml
1/4 t	sucre	60 ml
1 c. à thé	poudre à pâte	5 ml
1/2 c. à thé	sel	2 ml
1/2 t	beurre non salé froid, coupé en dés	125 ml
3	oeufs légèrement battus	3

Garniture à la ricotta

3 t	fromage ricotta (1 1/2 lb/750 g)	750 ml
1/3 t	sucre	80 ml
1 c. à tab	zeste de citron râpé	15 ml
1 c. à tab	zeste d'orange râpé	15 ml
1/4 t	jus de citron	60 ml
2	oeufs	2
1/2 c. à thé	cannelle moulue	2 ml

1	jaune d'oeuf	1
1 c. à thé	eau	5 ml

Préparation de la pâte à tarte

❶ Dans un bol, mélanger la farine, le sucre, la poudre à pâte et le sel. Ajouter le beurre et, à l'aide d'un coupe-pâte ou de deux couteaux, travailler la préparation jusqu'à ce qu'elle ait la texture d'une chapelure grossière. Ajouter les oeufs et mélanger jusqu'à ce que la pâte commence à se tenir (ajouter jusqu'à 1 c. à tab/15 ml d'eau, au besoin). Façonner la pâte en boule, l'aplatir en un disque et l'envelopper d'une pellicule de plastique. Réfrigérer pendant 30 minutes ou jusqu'à ce qu'elle soit froide.

Préparation de la garniture

❷ Dans un grand bol, à l'aide d'un fouet, mélanger le fromage ricotta, le sucre, les zestes de citron et d'orange, le jus de citron, les oeufs et la cannelle. Réserver.

❸ Réserver le tiers de la pâte refroidie. Sur une surface légèrement farinée, abaisser le reste de la pâte en un cercle de 13 po (33 cm) de diamètre. Déposer l'abaisse dans un moule à tarte à fond amovible de 10 po (25 cm) de diamètre. Étendre la garniture à la ricotta réservée dans l'abaisse et lisser le dessus. Couper l'excédent de pâte en laissant une bordure de 1/2 po (1 cm).

❹ Abaisser la pâte réservée en un carré de 12 po (30 cm) de côté. À l'aide d'une roulette à pâtisserie ou d'un couteau, couper l'abaisse en 12 lanières de 1 po (2,5 cm) de largeur. Déposer 6 lanières de pâte parallèlement sur la garniture, en les espaçant d'environ 1/2 po (1 cm). Étendre le reste des lanières de pâte dans le sens opposé, en les entrecroisant à mesure de manière à former un treillis. Couper l'excédent des lanières en laissant une bordure de 1/2 po (1 cm).

❺ Dans un petit bol, battre le jaune d'oeuf et l'eau. Badigeonner le dessous des extrémités des lanières de pâte d'un peu du mélange de jaune d'oeuf. Presser l'extrémité des lanières sur la bordure de l'abaisse pour sceller. Replier la bordure sous l'abaisse. Canneler le pourtour. Badigeonner le dessus de la tarte du reste du mélange de jaune d'oeuf.

❻ Cuire sur la grille inférieure du four préchauffé à 350°F (180°C) pendant environ 55 minutes ou jusqu'à ce que la croûte soit dorée. Déposer le moule sur une grille et laisser refroidir. (Vous pouvez préparer la tarte à l'avance et la couvrir. Elle se conservera jusqu'au lendemain au réfrigérateur.)

Par portion: • calories: 178 • protéines: 6 g • matières grasses: 9 g (5 g sat.) • cholestérol: 72 mg • glucides: 18 g • fibres: 1 g • sodium: 95 mg

TARTE
À LA *citrouille*

Donne 10 portions.
Préparation: 30 min
Réfrigération: 3 h
Cuisson: 55 à 60 min

Si désiré, on peut abaisser les retailles de pâte pour faire de jolies formes à l'emporte-pièce. Il suffit de les cuire au four préchauffé à 375°F (190°C) pendant environ 8 minutes et d'en décorer la tarte cuite.

Pâte brisée à l'huile

1 1/3 t	farine	330 ml
1/4 c. à thé	sel	1 ml
1/3 t	huile végétale	80 ml
3 c. à tab	lait écrémé	45 ml

Garniture à la citrouille

1	boîte de purée de citrouille (14 oz/398 ml)	1
1/3 t	sucre	80 ml
2 c. à tab	miel liquide	30 ml
1 c. à thé	cannelle moulue	5 ml
1/4 c. à thé	gingembre moulu	1 ml
1/4 c. à thé	muscade moulue	1 ml
2	oeufs légèrement battus	2
1 c. à thé	vanille	5 ml
3/4 t	lait écrémé évaporé	180 ml

Préparation de la pâte

1 Dans un bol, mélanger la farine et le sel. Ajouter l'huile et le lait et mélanger à l'aide d'une fourchette jusqu'à ce que la pâte commence à se tenir. Façonner la pâte en boule et l'envelopper d'une pellicule de plastique. Réfrigérer pendant 1 heure. (Vous pouvez préparer la pâte à l'avance. Elle se conservera jusqu'à 2 jours au réfrigérateur ou jusqu'à 1 mois au congélateur, dans un sac de congélation.)

2 Sur une surface de travail farinée, à l'aide d'un rouleau à pâtisserie, abaisser la pâte en un cercle de 12 po (30 cm) de diamètre. Presser délicatement l'abaisse au fond et sur la paroi d'un moule à tarte de 9 po (23 cm) de diamètre. Couper l'excédent de pâte en laissant une bordure de 1/2 po (1 cm). Replier la bordure sous l'abaisse et canneler le pourtour. Tapisser l'abaisse de papier d'aluminium et la remplir de haricots secs. Cuire dans le tiers inférieur du four préchauffé à 450°F (230°C) pendant 8 minutes. Retirer les haricots secs et le papier d'aluminium et poursuivre la cuisson pendant 6 minutes. Déposer le moule sur une grille et laisser refroidir.

Préparation de la garniture

3 Dans un bol, mélanger la purée de citrouille, le sucre, le miel, la cannelle, le gingembre et la muscade. Ajouter les oeufs et la vanille et mélanger à l'aide d'une fourchette jusqu'à ce que la préparation soit homogène. Incorporer petit à petit le lait évaporé.

4 Verser la garniture à la citrouille dans la croûte refroidie et cuire au four préchauffé à 375°F (190°C) de 40 à 45 minutes ou jusqu'à ce que la garniture ait pris (au besoin, couvrir la bordure de la croûte de papier d'aluminium pour l'empêcher de brûler). Déposer la tarte sur une grille et laisser refroidir. Couvrir et réfrigérer pendant 2 heures. (Vous pouvez préparer la tarte à l'avance et l'envelopper de papier d'aluminium. Elle se conservera jusqu'à 2 jours au réfrigérateur ou jusqu'à 1 mois au congélateur, dans un sac de congélation.)

Par portion: • calories: 210 • protéines: 5 g • matières grasses: 9 g (1 g sat.) • cholestérol: 45 mg • glucides: 29 g • fibres: 2 g • sodium: 100 mg

TARTE
AUX *noix*

Donne 12 portions.
Préparation: 40 min
Réfrigération: 1 h 20 min
Cuisson: 45 à 55 min

Pâte à tarte sablée

1 t	farine	250 ml
2 c. à tab	sucre	30 ml
1	pincée de sel	1
1/3 t	beurre non salé froid, coupé en cubes	80 ml
2	jaunes d'oeufs	2
4 c. à thé	crème à 35 % (environ)	20 ml
1/2 c. à thé	vanille	2 ml

Garniture aux noix

1/3 t	noisettes	80 ml
3	oeufs	3
1 t	cassonade tassée	250 ml
1/2 t	sirop de maïs	125 ml
1 c. à tab	vinaigre de cidre	15 ml
1 c. à tab	bourbon ou brandy ou	15 ml
1/2 c. à thé	vanille	2 ml
1	pincée de sel	1
1/3 t	noix de Grenoble	80 ml
1/3 t	pacanes	80 ml

Préparation de la pâte

1 Au robot culinaire, mélanger la farine, le sucre et le sel. Ajouter le beurre et mélanger en actionnant et en arrêtant successivement l'appareil jusqu'à ce que la préparation ait la texture d'une chapelure grossière. Dans un bol, mélanger les jaunes d'oeufs, la crème et la vanille. Ajouter le mélange de jaunes d'oeufs à la préparation de farine et mélanger en actionnant et en arrêtant successivement l'appareil jusqu'à ce que la pâte forme une boule (ajouter jusqu'à 2 c. à thé/10 ml de crème, au besoin). Mettre la boule de pâte sur une surface farinée et l'aplatir en un disque. Envelopper la pâte d'une pellicule de plastique et réfrigérer pendant 1 heure. (Vous pouvez préparer la pâte à l'avance. Elle se conservera jusqu'à 2 jours au réfrigérateur ou jusqu'à 1 mois au congélateur, dans un sac de congélation.)

2 À l'aide d'un rouleau à pâtisserie, abaisser la pâte entre deux feuilles de papier ciré farinées en un cercle de 11 po (28 cm) de diamètre. Presser délicatement l'abaisse au fond et sur la paroi d'un moule à tarte à fond amovible de 9 po (23 cm) de diamètre. Couper l'excédent de pâte. À l'aide d'une fourchette, piquer le fond de l'abaisse sur toute sa surface. Réfrigérer pendant 20 minutes.

3 Tapisser l'abaisse de papier d'aluminium et la remplir de haricots secs. Cuire dans le tiers inférieur du four préchauffé à 400°F (200°C) pendant 10 minutes. Retirer les haricots secs et le papier d'aluminium et poursuivre la cuisson pendant 3 minutes. Déposer le moule sur une plaque de cuisson.

Préparation de la garniture

4 Étaler les noisettes sur une autre plaque de cuisson et les faire griller au four préchauffé à 350°F (180°C) de 8 à 10 minutes ou jusqu'à ce qu'elles soient dorées et dégagent leur arôme. Étendre les noisettes sur un linge. Replier le linge sur les noisettes et frotter vigoureusement pour enlever la peau. Réserver.

5 Dans un bol, à l'aide d'un fouet, mélanger les oeufs, la cassonade, le sirop de maïs, le vinaigre de cidre, le bourbon et le sel. Verser le mélange d'oeufs dans la croûte à tarte. Disposer les noisettes réservées, les noix de Grenoble et les pacanes sur le mélange d'oeufs. Cuire au centre du four préchauffé à 375°F (190°C) de 25 à 30 minutes ou jusqu'à ce que le centre de la tarte soit encore légèrement gélatineux et que le pourtour soit doré. Déposer la tarte sur une grille et laisser refroidir. (Vous pouvez préparer la tarte à l'avance et l'envelopper de papier d'aluminium. Elle se conservera jusqu'à 2 jours au réfrigérateur ou jusqu'à 1 mois au congélateur, dans un sac de congélation.)

Par portion: • calories: 273 • protéines: 4 g
• matières grasses: 13 g (4 g sat.) • cholestérol: 86 mg
• glucides: 38 g • fibres: 1 g • sodium: 41 mg

TARTE TRUFFÉE AU *chocolat* ET AU FROMAGE MASCARPONE

Donne 10 portions.
Préparation: 40 min
Cuisson: 12 à 14 min
Réfrigération: 3 h

Pour faciliter le service de cette tarte un peu collante, tremper le couteau dans l'eau chaude et bien l'essuyer avant de couper chaque portion.

Croûte aux amandes

2/3 t	farine	160 ml
1/2 t	sucre glace	125 ml
1/2 t	amandes blanchies, moulues	125 ml
6 c. à tab	beurre ramolli	90 ml
1/3 t	poudre de cacao non sucrée	80 ml

Garniture au chocolat

1 1/4 t	crème à 35 %	310 ml
12 oz	chocolat mi-amer haché	375 g
1/4 t	sucre	60 ml
1/4 t	confiture de fraises	60 ml

Garniture au fromage mascarpone

4 oz	fromage mascarpone	125 g
2/3 t	sucre	160 ml
1/3 t	crème à 35 %	80 ml
1/8 c. à thé	essence d'amande	0,5 ml
	copeaux de chocolat mi-amer (facultatif)	

Préparation de la croûte

❶ Dans un grand bol, à l'aide d'un batteur électrique, battre la farine, le sucre glace, les amandes, le beurre et le cacao jusqu'à ce que la préparation soit homogène. Avec les mains, pétrir délicatement la préparation jusqu'à ce qu'elle forme une boule. Presser la pâte au fond et sur la paroi d'un moule à tarte à fond amovible de 9 po (23 cm) de diamètre, cannelé (ou d'un moule carré de 9 po/ 23 cm de côté).

❷ À l'aide d'une fourchette, piquer l'abaisse à plusieurs endroits. Cuire au four préchauffé à 350°F (180°C) de 12 à 14 minutes ou jusqu'à ce que la croûte ait légèrement gonflé. Déposer le moule sur une grille et laisser refroidir.

Préparation de la garniture au chocolat

❸ Dans une casserole, mélanger la crème, le chocolat et le sucre. Cuire à feu moyen, en brassant de temps à autre, jusqu'à ce que le chocolat ait fondu. Verser la préparation dans un bol. À l'aide d'un fouet, incorporer la confiture de fraises. Couvrir et réfrigérer pendant environ 1 heure ou jusqu'à ce que la préparation ait refroidi et légèrement épaissi (remuer de temps à autre).

❹ À l'aide du batteur électrique (utiliser des fouets propres), battre la préparation de chocolat refroidie pendant environ 30 secondes ou jusqu'à ce qu'elle ait légèrement pâli. Verser la garniture au chocolat dans la croûte refroidie et lisser le dessus. Couvrir et réfrigérer pendant environ 2 heures ou jusqu'à ce que la garniture soit ferme. (Vous pouvez préparer la tarte jusqu'à cette étape. Elle se conservera jusqu'au lendemain au réfrigérateur.)

Préparation de la garniture au fromage

❺ Dans un bol, à l'aide du batteur électrique (utiliser des fouets propres), battre le fromage mascarpone, le sucre, la crème et l'essence d'amande jusqu'à ce que la garniture ait épaissi et forme des pics fermes. À l'aide d'un petit couteau, détacher délicatement la croûte du moule à tarte. Retirer la paroi du moule. Étendre la garniture au fromage sur la tarte refroidie. Parsemer de copeaux de chocolat, si désiré.

Par portion: • calories: 590 • protéines: 6 g
• matières grasses: 39 g (23 g sat.) • cholestérol: 85 mg
• glucides: 63 g • fibres: 4 g • sodium: 70 mg

TARTE À LA *rhubarbe* ET AUX AMANDES

Donne 10 portions.
Préparation: 25 min
Réfrigération: 1 h
Cuisson: 55 min

Croûte de tarte

1 1/2 t	farine	375 ml
2 c. à tab	sucre	30 ml
4 c. à thé	fécule de maïs	20 ml
3/4 t	beurre froid, coupé en dés	180 ml

Garniture à la rhubarbe

4 t	rhubarbe fraîche, coupée en tranches sur le biais (environ 12 oz/375 g)	1 L
2/3 t	sucre	160 ml
2/3 t	amandes moulues	160 ml
2 c. à tab	beurre ramolli	30 ml
1	oeuf	1
1/4 c. à thé	essence d'amande	1 ml
2 c. à tab	farine	30 ml
3 c. à tab	confiture d'abricots	45 ml

Préparation de la croûte

1 Dans un grand bol, mélanger la farine, le sucre et la fécule de maïs. Ajouter le beurre et, à l'aide d'un coupe-pâte ou de deux couteaux, travailler la préparation jusqu'à ce qu'elle commence à se tenir. Avec les mains farinées, travailler la pâte, 1/2 t (125 ml) à la fois, en la pressant jusqu'à ce qu'elle forme une boule. Presser la pâte dans un moule à tarte à fond amovible de 9 po (23 cm) de diamètre. À l'aide d'une fourchette, piquer la croûte sur toute sa surface. Réfrigérer pendant environ 1 heure ou jusqu'à ce qu'elle soit ferme.

2 Cuire dans le tiers inférieur du four préchauffé à 350°F (180°C) pendant environ 20 minutes ou jusqu'à ce que la pâte commence à dorer. Déposer le moule sur une grille et laisser refroidir complètement. (Vous pouvez préparer la croûte à l'avance et la couvrir d'une pellicule de plastique, sans serrer. Elle se conservera jusqu'au lendemain à la température ambiante.)

Préparation de la garniture

3 Dans un bol, mélanger la rhubarbe et 2 c. à tab (30 ml) du sucre. Laisser reposer pendant 15 minutes. Dans une passoire placée sur un bol, égoutter le mélange de rhubarbe. Entre-temps, dans un autre bol, à l'aide d'un batteur électrique, battre les amandes, le beurre et le reste du sucre. Ajouter l'oeuf et l'essence d'amande en battant. Ajouter la farine et mélanger à l'aide d'une cuillère. Verser la préparation aux amandes dans la croûte refroidie et couvrir de la rhubarbe égouttée.

4 Cuire dans le tiers inférieur du four préchauffé à 375°F (190°C) pendant environ 35 minutes ou jusqu'à ce que la garniture soit ferme et qu'un cure-dents inséré au centre en ressorte propre. Laisser refroidir sur une grille.

5 Dans une petite casserole, faire fondre la confiture d'abricots. Filtrer la confiture et la badigeonner sur la croûte et la garniture à la rhubarbe refroidies. (Vous pouvez préparer la tarte à l'avance et la couvrir. Elle se conservera jusqu'au lendemain au réfrigérateur.)

Par portion: • calories: 330 • protéines: 5 g • matières grasses: 19 g (10 g sat.) • cholestérol: 60 mg • glucides: 36 g • fibres: 2 g • sodium: 120 mg

TARTE VELOUTÉE AU *chocolat*
ET AUX PACANES CONFITES

Donne de 8 à 10 portions.
Préparation: 30 min
Cuisson: 17 min
Réfrigération: 4 h 30 min

Pour une version encore plus festive, on peut remplacer la vanille dans la garniture au chocolat par 1 à 2 c. à tab (15 à 30 ml) de liqueur au choix (Grand Marnier, Tia Maria, amaretto, etc.). La quantité de pacanes confites est suffisante pour couvrir la totalité de la tarte, si désiré. Sinon, elles sont délicieuses à croquer seules!

Croûte au chocolat

1 1/2 t	petits biscuits secs au chocolat (de type M. Christie), émiettés finement (environ 36 biscuits)	375 ml
1/4 t	sucre	60 ml
1/3 t	beurre non salé fondu	80 ml

Pacanes confites

1 t	pacanes grillées	250 ml
3 c. à tab	sirop de maïs à la température ambiante	45 ml

Garniture crémeuse au chocolat

8 oz	chocolat mi-amer haché	250 g
1 t	crème à 35 %	250 ml
1/4 t	beurre non salé coupé en morceaux, à la température ambiante	60 ml
2 c. à thé	vanille	10 ml
	crème fouettée (facultatif)	

Préparation de la croûte

1 Dans un bol, mélanger les biscuits au chocolat et le sucre. Ajouter le beurre et mélanger jusqu'à ce que la préparation soit humide. Presser la préparation dans un moule à tarte à fond amovible de 9 po (23 cm) de diamètre. Cuire au four préchauffé à 325°F (160°C) pendant 15 minutes ou jusqu'à ce que la croûte soit ferme. Déposer le moule sur une grille et laisser refroidir.

Préparation des pacanes

2 Entre-temps, mettre les pacanes dans un grand bol. Ajouter le sirop de maïs et mélanger pour bien les enrober. Étendre les pacanes sur une plaque de cuisson tapissée de papier-parchemin, en prenant soin de bien les séparer les unes des autres.

3 Cuire au four préchauffé à 325°F (160°C) pendant 15 minutes. Déposer la plaque sur une grille et laisser refroidir complètement. (Vous pouvez préparer les pacanes à l'avance et les mettre dans un contenant hermétique. Elles se conserveront jusqu'à 1 semaine à la température ambiante.)

Préparation de la garniture

4 Lorsque la croûte est refroidie, mettre le chocolat dans un bol à l'épreuve de la chaleur. Dans une casserole à fond épais, chauffer la crème à feu moyen jusqu'à ce que des bulles se forment sur la paroi. Verser la crème bouillante sur le chocolat et mélanger à l'aide d'un fouet jusqu'à ce que le chocolat ait fondu. Ajouter le beurre, un morceau à la fois, en fouettant après chaque addition. Incorporer la vanille.

5 Verser la garniture au chocolat dans la croûte. Réfrigérer pendant au moins 30 minutes ou jusqu'à ce que la garniture ait refroidi. Décorer la tarte des pacanes confites. Couvrir d'une pellicule de plastique et réfrigérer pendant 4 heures ou jusqu'à ce que la garniture ait pris. (Vous pouvez préparer la tarte à l'avance. Elle se conservera jusqu'au lendemain au réfrigérateur.) Au moment de servir, garnir chaque portion de crème fouettée, si désiré.

Par portion: • calories: 455 • protéines: 3 g • matières grasses: 35 g (17 g sat.) • cholestérol: 60 mg • glucides: 38 g • fibres: 12 g • sodium: 85 mg

TARTE MOUSSELINE
AUX *clémentines*

Donne 12 portions.
Préparation: 20 min
Cuisson: 16 min
Refroidissement: 30 min
Réfrigération: 3 à 4 h

Croûte sablée

3 c. à tab	beurre non salé fondu	45 ml
1 t	flocons de noix de coco sucrés, hachés finement	250 ml
1 t	biscuits sablés émiettés	250 ml

Garniture aux clémentines

4	clémentines défaites en quartiers et épépinées	4
1/4 t	jus de citron	60 ml
1/4 t	beurre non salé	60 ml
3/4 t	sucre	180 ml
1 c. à thé	zeste de clémentine haché finement	5 ml
1	sachet de gélatine sans saveur (7 g)	1
2	oeufs	2
3/4 t	crème à 35 %	180 ml
	quartiers de clémentines ou suprêmes d'orange (facultatif)	

Préparation de la croûte

1 Dans un grand bol, mélanger le beurre, les flocons de noix de coco et les biscuits jusqu'à ce que la préparation soit humide. Presser uniformément la préparation au fond et sur la paroi d'un moule à tarte de 9 po (23 cm) de diamètre. Cuire au four préchauffé à 350°F (180°C) pendant 14 minutes ou jusqu'à ce que la croûte soit légèrement dorée sur le pourtour. Déposer le moule à tarte sur une grille et laisser refroidir.

Préparation de la garniture

2 Entre-temps, au mélangeur, réduire les quartiers de clémentines en purée lisse avec le jus de citron. Dans une casserole, mélanger le beurre, le sucre, le zeste et la purée de clémentines et la gélatine. Porter à ébullition. Réduire le feu et cuire de 2 à 3 minutes ou jusqu'à ce que la gélatine et le sucre soient dissous. Retirer du feu.

3 Dans un bol, à l'aide d'un fouet, battre les oeufs légèrement. Incorporer une petite quantité du mélange de clémentines chaud en continuant de battre. Verser le mélange d'oeufs dans la casserole en battant. Cuire, en battant sans arrêt, pendant environ 2 minutes ou jusqu'à ce que la préparation de clémentines ait épaissi. Dans une passoire fine placée sur un grand bol, filtrer la préparation. Couvrir directement la surface d'une pellicule de plastique et laisser refroidir pendant 30 minutes à la température ambiante. Réfrigérer pendant 2 heures ou jusqu'à ce que la préparation commence à prendre.

4 Ajouter la crème à la préparation de clémentines refroidie. À l'aide d'un batteur électrique, battre pendant environ 3 minutes ou jusqu'à ce que la préparation forme des pics mous. Étendre la garniture aux clémentines dans la croûte refroidie. Réfrigérer de 1 à 2 heures ou jusqu'à ce que la garniture soit ferme. Au moment de servir, garnir le dessus de la tarte de quartiers de clémentines, si désiré.

Par portion: • calories: 268 • protéines: 3 g • matières grasses: 18 g (10 g sat.) • cholestérol: 76 mg • glucides: 26 g • fibres: 1 g • sodium: 80 mg

TARTE FEUILLETÉE AU *fromage* ET AUX CANNEBERGES

Donne 10 portions.
Préparation: 15 min
Cuisson: 50 min

1 t	canneberges fraîches ou surgelées	250 ml
1/4 t + 1/3 t	sucre	140 ml
1 c. à tab	jus d'orange	15 ml
1	paquet de fromage à la crème, ramolli (8 oz/250 g)	1
1	oeuf	1
1	blanc d'oeuf	1
1 c. à thé	vanille	5 ml
1/4 t	beurre fondu	60 ml
3	feuilles de pâte phyllo surgelée, décongelée	3

1 Dans une petite casserole, mélanger les canneberges, 1/4 t (60 ml) du sucre et le jus d'orange. Cuire à feu moyen, en brassant souvent, jusqu'à ce que les canneberges éclatent et que la préparation ait légèrement épaissi. Retirer du feu et réserver.

2 Dans un bol, à l'aide d'un batteur électrique, battre le fromage à la crème, l'oeuf, le blanc d'oeuf, la vanille et le reste du sucre jusqu'à ce que la préparation soit homogène. Réserver.

3 Badigeonner un moule à tarte de 9 po (23 cm) de diamètre d'un peu de beurre fondu. Étendre une feuille de pâte phyllo sur une surface de travail. Badigeonner la feuille de pâte d'un peu de beurre fondu et la plier en deux de manière à former

un rectangle de 8 po x 14 po (20 cm x 35 cm). Couper le rectangle en deux sur la longueur de façon à obtenir deux rectangles de 8 po x 7 po (20 cm x 18 cm). Presser délicatement la pâte au fond du moule en laissant dépasser l'excédent et la badigeonner de beurre. Badigeonner de beurre une autre feuille de pâte, la plier en deux, la couper tel qu'indiqué, la presser dans le moule en la décalant légèrement par rapport à la première et la badigeonner de beurre. Procéder de la même façon avec la troisième feuille de pâte phyllo, de manière à bien couvrir le pourtour du moule. Séparer délicatement les feuilles de pâte sur le bord du moule pour leur donner du volume. Cuire la croûte au four préchauffé à 350°F (180°C) pendant 5 minutes.

4 Étendre uniformément la garniture au fromage réservée dans la croûte, puis couvrir de la garniture aux canneberges réservée. Passer un couteau dans la garniture aux canneberges pour obtenir un effet marbré. Poursuivre la cuisson au four de 20 à 25 minutes ou jusqu'à ce que la croûte soit légèrement dorée et que la garniture au fromage ait pris. Déposer la tarte sur une grille et laisser refroidir pendant 1 heure. Couvrir et réfrigérer de 2 à 4 heures.

Par portion: • calories: 220 • protéines: 3 g • matières grasses: 14 g (8 g sat.) • cholestérol: 60 mg • glucides: 20 g • fibres: 1 g • sodium: 180 mg

TARTE RUSTIQUE
AUX *bleuets*

Donne 10 portions.
Préparation: 35 min
Cuisson: 30 à 35 min
Refroidissement: 1 h
Réfrigération: 2 à 4 h

Pas si difficile à réaliser, le treillis de pâte donne une touche fait maison à notre tarte. Si on préfère, on peut très bien la couvrir d'une abaisse ordinaire; il suffira alors d'y faire trois entailles pour permettre à la vapeur de s'échapper. Pour gagner du temps, on peut aussi utiliser de la pâte à tarte du commerce (au rayon des produits réfrigérés).

Pâte à tarte

2 1/2 t	farine	625 ml
1/2 t	graisse végétale froide, coupée en dés	125 ml
1/2 c. à thé	zeste de citron râpé finement (facultatif)	2 ml
1/2 c. à thé	sel	2 ml
1/2 t	beurre froid, coupé en dés	125 ml
1/4 à 1/3 t	eau glacée	60 à 80 ml

Garniture aux bleuets

4 t	bleuets	1 L
2/3 t	sucre (environ)	160 ml
3 c. à tab	tapioca minute (de type Minit)	45 ml
1/2 c. à thé	zeste de citron râpé finement (facultatif)	2 ml
1 c. à tab	beurre coupé en dés	15 ml
1	jaune d'oeuf	1
2 c. à tab	lait	30 ml

Préparation de la pâte

1 Au robot culinaire, mélanger la farine, la graisse végétale, le zeste de citron, si désiré, et le sel en actionnant et en arrêtant successivement l'appareil jusqu'à ce que la préparation ait la texture d'une chapelure grossière. Ajouter le beurre et mélanger en actionnant et en arrêtant l'appareil trois fois. Incorporer l'eau petit à petit, en mélangeant de 3 à 4 secondes ou jusqu'à ce que la pâte commence à se tenir et forme une boule. Déposer la pâte sur une surface de travail et la diviser en deux portions. Aplatir chaque portion en un disque et les envelopper d'une pellicule de plastique. Réfrigérer pendant 1 heure ou jusqu'à ce que la pâte soit ferme. (Vous pouvez préparer la pâte à l'avance. Elle se conservera jusqu'au lendemain au réfrigérateur ou jusqu'à 1 mois au congélateur.)

2 Sur une surface légèrement farinée, abaisser une portion de pâte en un cercle d'environ 12 po (30 cm) de diamètre. Déposer l'abaisse dans un moule à tarte profond de 9 po (23 cm) de diamètre, en la pressant délicatement au fond et sur la paroi. Couper l'excédent de pâte en laissant une bordure de 1/2 po (1 cm). Replier la bordure sous l'abaisse et canneler le pourtour, si désiré. Réfrigérer jusqu'au moment d'utiliser.

Préparation de la garniture

3 Dans un grand bol, mélanger les bleuets, le sucre, le tapioca et le zeste de citron, si désiré, en brassant jusqu'à ce que le tapioca soit bien incorporé. Réserver.
4 Abaisser l'autre portion de pâte en un cercle de 10 po (25 cm) de diamètre. À l'aide d'une roulette à pâtisserie ou d'un couteau, couper l'abaisse en lanières de 3/4 po (2 cm) de largeur. Étendre la garniture réservée dans l'abaisse préparée. Parsemer du beurre. Déposer 4 ou 5 lanières de pâte parallèlement sur la garniture, en laissant un espace d'environ 1 po (2,5 cm) entre chacune. Étendre 4 ou 5 autres lanières dans le sens opposé, en les entrecroisant à mesure de manière à former un treillis. Couper l'excédent des lanières et replier les extrémités sous l'abaisse en pressant pour sceller. Dans un petit bol, battre le jaune d'oeuf et le lait, puis en badigeonner le treillis de pâte. Parsemer d'un peu de sucre, si désiré.

5 Cuire dans le tiers inférieur du four préchauffé à 425°F (220°C) pendant 10 minutes. Réduire la température du four à 350°F (180°C) et poursuivre la cuisson de 30 à 35 minutes ou jusqu'à ce que la croûte soit dorée et que la garniture soit bouillonnante. Déposer le moule sur une grille et laisser refroidir. (Vous pouvez préparer la tarte à l'avance et la couvrir de papier d'aluminium. Elle se conservera jusqu'à 2 jours au réfrigérateur ou jusqu'à 1 mois au congélateur, dans un sac de congélation.)

Par portion: • calories: 495 • protéines: 5 g • matières grasses: 27 g (12 g sat.) • cholestérol: 60 mg • glucides: 61 g • fibres: 3 g • sodium: 240 mg

TARTE AUX *poires*, À LA RHUBARBE ET AUX CANNEBERGES

Donne 8 portions.
Préparation: 40 min
Réfrigération: 30 min
Cuisson: 1 h 30 min à 1 h 45 min

Croûte à la crème sure

2 1/2 t	farine	625 ml
1/2 c. à thé	sel	2 ml
1/2 t	beurre froid, coupé en dés	125 ml
1/2 t	saindoux froid, coupé en dés	125 ml
1/4 t + 1 c. à tab	eau froide	75 ml
3 c. à tab	crème sure	45 ml
1	jaune d'oeuf	1
1 c. à thé	gros sucre cristallisé	5 ml

Garniture aux fruits

3 t	poires pelées, le coeur enlevé, coupées en dés	750 ml
3 t	rhubarbe surgelée coupée en morceaux	750 ml
1 t	canneberges fraîches ou surgelées	250 ml
1 t	sucre	250 ml
1/4 t	farine	60 ml
1 c. à thé	zeste d'orange râpé	5 ml
2 c. à thé	jus d'orange	10 ml

Préparation de la croûte

1 Dans un bol, mélanger la farine et le sel. Ajouter le beurre et le saindoux et, à l'aide d'un coupe-pâte ou de deux couteaux, travailler la préparation jusqu'à ce qu'elle ait la texture d'une chapelure grossière. Dans un petit bol, à l'aide d'un fouet, mélanger 1/4 t (60 ml) de l'eau et la crème sure. Verser ce mélange sur la préparation de farine et mélanger à l'aide d'une fourchette jusqu'à ce que la pâte commence à se tenir. Façonner la pâte en boule, la diviser en deux portions et aplatir chacune en un disque. Envelopper la pâte d'une pellicule de plastique et réfrigérer pendant 30 minutes ou jusqu'à ce qu'elle soit froide.

2 Sur une surface légèrement farinée, à l'aide d'un rouleau à pâtisserie, abaisser la moitié de la pâte à environ 1/8 po (3 mm) d'épaisseur. Presser délicatement l'abaisse au fond et sur la paroi d'un moule à tarte de 9 po (23 cm) de diamètre. Couper l'excédent de pâte en laissant une bordure de 3/4 po (2 cm). Replier la bordure sous l'abaisse et canneler le pourtour, si désiré.

Préparation de la garniture

3 Dans un grand bol, mélanger les poires, la rhubarbe, les canneberges, le sucre, la farine, le zeste et le jus d'orange.

Verser la garniture aux fruits dans la croûte.

4 Abaisser le reste de la pâte à environ 1/8 po (3 mm) d'épaisseur. À l'aide d'un emporte-pièce de 2 po (5 cm) en forme d'étoile, découper 24 étoiles dans l'abaisse (abaisser les retailles de pâte, au besoin). Disposer les étoiles sur la garniture aux fruits. Dans un petit bol, à l'aide d'un fouet, mélanger le jaune d'oeuf et le reste de l'eau. Badigeonner les étoiles du mélange de jaune d'oeuf. Parsemer du gros sucre.

5 Cuire dans le tiers inférieur du four préchauffé à 425°F (220°C) pendant 15 minutes. Réduire la température du four à 350°F (180°C) et poursuivre la cuisson de 1 1/4 à 1 1/2 heure ou jusqu'à ce que la garniture soit bouillonnante. Déposer le moule sur une grille et laisser refroidir. (Vous pouvez préparer la tarte à l'avance et la couvrir d'une pellicule de plastique, sans serrer. Elle se conservera jusqu'à 6 heures à la température ambiante. Ou encore, l'envelopper de papier d'aluminium et la mettre dans un sac de congélation. Elle se conservera jusqu'à 1 mois au congélateur.)

Par portion: • calories: 427 • protéines: 4 g • matières grasses: 18 g (9 g sat.) • cholestérol: 56 mg • glucides: 63 g • fibres: 4 g • sodium: 160 mg

TARTE AUX *poires* GLACÉE À L'ABRICOT

Donne 12 portions.
Préparation: 45 min
Réfrigération: 30 min
Cuisson: 1 h
Repos: 25 min

Croûte au beurre

1 1/2 t	farine	375 ml
2 c. à tab	sucre	30 ml
1/2 t	beurre non salé froid, coupé en dés	125 ml
1	oeuf légèrement battu	1
2 à 3 c. à tab	eau glacée	30 à 45 ml

Garniture aux poires

6 c. à tab	beurre	90 ml
1	oeuf	1
1	jaune d'oeuf	1
1/3 t	sucre	80 ml
3 c. à tab	farine	45 ml
1 t	eau	250 ml
2 c. à tab	jus de citron	30 ml
3 à 4	poires mûres (de type Bartlett), pelées, le coeur enlevé, coupées en deux	3 à 4
1/3 t	confiture d'abricots	80 ml
1 c. à tab	liqueur de poire (facultatif)	15 ml
	croustilles de poire (voir recette) (facultatif)	

Préparation de la croûte

1 Dans un bol, mélanger la farine et le sucre. Ajouter le beurre et, à l'aide d'un coupe-pâte ou de deux couteaux, travailler la préparation jusqu'à ce qu'elle ait la texture d'une chapelure grossière. Dans un petit bol, mélanger l'oeuf et 1 c. à tab (15 ml) de l'eau. À l'aide d'une fourchette, ajouter petit à petit le mélange d'oeuf à la préparation de farine. Ajouter le reste de l'eau, 1 c. à tab (15 ml) à la fois, et mélanger avec la fourchette jusqu'à ce que la pâte commence à se tenir et forme une boule. Aplatir la pâte en un disque et l'envelopper d'une pellicule de plastique. Réfrigérer pendant 30 minutes.

2 Sur une surface légèrement farinée, abaisser la pâte en un cercle de 12 po (30 cm) de diamètre. Presser l'abaisse dans un moule à tarte à fond amovible de 11 po (28 cm) de diamètre. Couper l'excédent de pâte. Tapisser l'abaisse d'une double épaisseur de papier d'aluminium et cuire au four préchauffé à 450°F (230°C) pendant 8 minutes. Retirer le papier d'aluminium et poursuivre la cuisson de 5 à 6 minutes ou jusqu'à ce que la croûte soit dorée. Déposer le moule sur une grille et laisser refroidir.

Préparation de la garniture

3 Dans une petite casserole, chauffer le beurre à feu moyen jusqu'à ce qu'il soit doré. Laisser refroidir pendant 5 minutes. Dans un bol, à l'aide d'un fouet, mélanger l'oeuf et le jaune d'oeuf. Ajouter le sucre en fouettant, puis la farine. Incorporer le beurre refroidi de la même façon. Réserver.

4 Dans un bol, mélanger l'eau et le jus de citron. Tremper les demi-poires dans le mélange de jus et les égoutter sur des essuie-tout. À l'aide d'un couteau bien aiguisé, couper les poires en tranches fines de 1/8 po (3 mm) d'épaisseur, en gardant intacte environ 1/2 po (1 cm) de la partie étroite de chaque demi-poire (ne pas détacher les tranches). Disposer les poires dans la croûte refroidie, la partie étroite vers le centre. Presser délicatement les tranches de poires pour les ouvrir en éventail. Arroser de la préparation de beurre réservée.

5 Cuire au four préchauffé à 375°F (190°C) de 35 à 40 minutes ou jusqu'à ce que la garniture ait pris. Déposer la tarte sur une grille et laisser refroidir pendant 20 minutes.

6 Dans une petite casserole, faire fondre la confiture d'abricots. À l'aide d'une passoire fine placée sur un bol, filtrer la confiture. Ajouter la liqueur de poire, si désiré, et mélanger. Badigeonner uniformément les poires du mélange de confiture. Garnir la tarte de croustilles de poire, si désiré.

Par portion: • calories: 265 • protéines: 3 g • matières grasses: 15 g (9 g sat.) • cholestérol: 90 mg • glucides: 31 g • fibres: 1 g • sodium: 60 mg

CROUSTILLES DE POIRE
Donne de 10 à 20 croustilles.

1 ou 2	petites poires	1 ou 2
	(de type Forelle)	

À l'aide d'une mandoline, couper les poires en tranches très fines, puis les étendre sur une grande plaque de cuisson tapissée de papier-parchemin. Cuire au four préchauffé à 300°F (150°C) pendant environ 20 minutes ou jusqu'à ce qu'elles soient dorées et croustillantes (les retourner une fois).

TARTE
À LA *lime*

Pour la croûte, on utilise ici de la farine de maïs, qui a une texture très fine, comme la farine tout usage; on la trouve dans les magasins d'aliments naturels. Il ne faut pas la confondre avec la semoule, qui est offerte dans les supermarchés et dans les épiceries italiennes (pour préparer notamment la fameuse polenta). Si on met de la semoule dans une recette qui demande de la farine, on risque d'obtenir une texture granuleuse désagréable.

Croûte à la farine de maïs

2 1/2 t	farine de maïs fine	625 ml
1	pincée de sel	1
1 t	beurre non salé ramolli	250 ml
1/2 t	cassonade	125 ml
2 c. à tab	lait froid	30 ml
2	gros jaunes d'oeufs	2

Garniture à la lime

1	sachet de gélatine sans saveur (7 g)	1
1/4 t	eau froide	60 ml
1 t	beurre	250 ml
	jus et zeste de 12 limes	
1 t	sucre	250 ml

2	brins de thym frais	2
2	tiges de citronnelle fraîche, hachées	2
1	feuille de lime	1
9	jaunes d'oeufs	9
9	oeufs	9
	fines tranches de lime (facultatif)	

Préparation de la croûte

❶ Dans un grand bol, mélanger la farine et le sel. Dans un petit bol, à l'aide d'un batteur électrique, mélanger le beurre et la cassonade jusqu'à ce que le mélange ait gonflé. Ajouter le mélange de beurre aux ingrédients secs et, à l'aide d'un coupe-pâte ou de deux couteaux, travailler la préparation jusqu'à ce qu'elle ait la texture d'une chapelure grossière. Dans un autre bol, à l'aide d'un fouet, mélanger le lait et les jaunes d'oeufs. Incorporer petit à petit le mélange de jaunes d'oeufs à la préparation de farine, en mélangeant avec le bout des doigts de 5 à 6 minutes ou jusqu'à ce que la pâte se tienne. Façonner la pâte en boule, l'envelopper d'une pellicule de plastique et réfrigérer pendant au moins 30 minutes.

❷ Sur une surface légèrement farinée, à l'aide d'un rouleau à pâtisserie, abaisser la pâte en un cercle de 11 po (28 cm) de diamètre. Déposer l'abaisse dans un moule à tarte profond de 9 po (23 cm) de diamètre, en la pressant délicatement au fond et sur la paroi. Replier l'excédent de pâte sous l'abaisse. À l'aide d'une fourchette, piquer le fond de l'abaisse. Cuire au four préchauffé à 450°F (230°C) de 10 à 12 minutes ou jusqu'à ce que la croûte soit dorée.

Préparation de la garniture

❸ Dans un petit bol, saupoudrer la gélatine sur l'eau froide et laisser ramollir pendant 5 minutes. Dans une casserole, faire fondre le beurre à feu très doux. Ajouter le jus et le zeste de lime, la gélatine ramollie, le sucre, le thym, la citronnelle et la feuille de lime et mélanger délicatement. Retirer la casserole du feu et laisser reposer pendant 15 minutes.

❹ Dans une passoire fine placée sur un bol, filtrer la préparation à la lime. Dans un grand bol, à l'aide du batteur électrique (utiliser des fouets propres), battre les jaunes d'oeufs et les oeufs. Incorporer petit à petit la préparation à la lime tiède, en battant. Remettre la préparation dans la casserole et chauffer à feu doux, en brassant, jusqu'à ce qu'elle ait suffisamment épaissi pour napper le dos d'une cuillère. Verser la garniture à la lime dans la croûte à tarte cuite et réfrigérer pendant au moins 45 minutes. (Vous pouvez préparer la tarte à l'avance et la couvrir d'une pellicule de plastique. Elle se conservera jusqu'à 3 jours au réfrigérateur.) Au moment de servir, garnir de tranches de lime, si désiré.

Par portion: • calories: 665 • protéines: 12 g • matières grasses: 47 g (27 g sat.) • cholestérol: 520 mg • glucides: 50 g • fibres: 3 g • sodium: 230 mg

TARTELETTES MOUSSELINE
choco-fraises

Si on souhaite démouler facilement nos tartelettes pour le service, il est préférable d'utiliser des moules à tartelettes à fond amovible (dans les boutiques d'accessoires de cuisine). Pour se simplifier la tâche, on peut très bien faire cette recette en une seule grande tarte, tel qu'indiqué à l'étape 4.

Mousse aux fraises

2/3 t	yogourt nature	160 ml
3 t	fraises fraîches	750 ml
1/3 t	sucre	80 ml
2 c. à tab	jus de citron	30 ml
1 c. à tab	jus d'orange	15 ml
1 c. à thé	gélatine sans saveur	5 ml
1/3 t	crème à 35 %	80 ml

Croûtes au chocolat

2 t	chapelure de biscuits au chocolat (de type Oreo)	500 ml
1/4 t	beurre fondu	60 ml
1 oz	chocolat mi-amer fondu	30 g
3 oz	chocolat mi-amer haché grossièrement	90 g

Préparation de la mousse

❶ Tapisser une passoire fine d'un filtre à café ou d'une double épaisseur d'étamine (coton à fromage) et la placer sur un bol. Verser le yogourt dans la passoire et couvrir d'une pellicule de plastique. Laisser égoutter au réfrigérateur pendant 2 heures ou jusqu'à ce que le yogourt ait réduit environ de moitié (jeter le liquide). Réserver. (Vous pouvez préparer le yogourt à l'avance. Il se conservera jusqu'au lendemain au réfrigérateur.)

❷ Couper en deux 8 à 10 fraises et les réserver. Équeuter le reste des fraises et les couper en quatre. Au robot culinaire ou au mélangeur, réduire 1 t (250 ml) des quartiers de fraises en purée lisse avec le sucre. Verser la purée dans un bol, ajouter le reste des quartiers de fraises et mélanger.

❸ Dans un petit bol en métal, mélanger le jus de citron et le jus d'orange. Saupoudrer la gélatine sur le mélange de jus et laisser gonfler pendant 5 minutes. Déposer le bol sur une petite casserole d'eau chaude mais non bouillante. Chauffer à feu doux, en brassant, jusqu'à ce que la gélatine soit dissoute et que le liquide soit clair. Verser le mélange de gélatine sur la purée de fraises et mélanger. Couvrir d'une pellicule de plastique et réfrigérer de 20 à 30 minutes ou jusqu'à ce que la purée ait partiellement pris.

Préparation des croûtes

❹ Entre-temps, dans un bol, mélanger la chapelure de biscuits et le beurre jusqu'à ce que la préparation soit humide. Presser uniformément la préparation, environ 3 c. à tab (45 ml) à la fois, dans 8 à 10 moules à tartelettes de 4 po (10 cm) de diamètre ou dans un moule à flan (moule à tarte à fond amovible) de 9 po (23 cm) de diamètre. Cuire au centre du four préchauffé à 350°F (180°C) pendant 10 minutes. Déposer les moules sur une grille et laisser refroidir.

Assemblage des tartelettes

❺ Étendre délicatement le chocolat fondu dans les croûtes refroidies. Réserver. Dans un bol, à l'aide d'un batteur électrique, battre la crème jusqu'à ce qu'elle forme des pics fermes. À l'aide d'une spatule, incorporer le yogourt réservé à la purée de fraises. Incorporer la crème fouettée en soulevant délicatement la masse. Étendre la mousse aux fraises dans les croûtes réservées. Couvrir les tartelettes d'une pellicule de plastique, sans serrer. Réfrigérer pendant au moins 2 heures ou jusqu'à ce que la mousse ait pris. (Vous pouvez préparer les tartelettes jusqu'à cette étape. Elles se conserveront jusqu'au lendemain au réfrigérateur.) Au moment de servir, garnir des demi-fraises réservées et du chocolat haché.

Par tartelette: • calories: 250 • protéines: 3 g • matières grasses: 15 g (8 g sat.) • cholestérol: 25 mg • glucides: 30 g • fibres: 2 g • sodium: 110 mg

TARTE MOUSSELINE
À LA *mangue* ET À LA NOIX DE COCO

Donne 8 portions.
Préparation: 45 min
Cuisson: 14 min
Réfrigération: 4 h

3 c. à tab	beurre non salé ramolli	45 ml
2 2/3 t	flocons de noix de coco non sucrés	660 ml
2	mangues coupées en cubes	2
1/4 t	jus d'orange	60 ml
1	sachet de gélatine sans saveur (7 g)	1
2 c. à tab	eau froide	30 ml
1/2 t	crème à 35 %	125 ml
1 1/2 c. à tab	sucre glace	22 ml

1 À l'aide d'un morceau de papier ciré, étendre uniformément le beurre au fond et sur la paroi d'un moule à tarte en verre de 9 po (23 cm) de diamètre. Réserver 1/3 t (80 ml) des flocons de noix de coco pour les faire griller. Parsemer le beurre du reste des flocons de noix de coco et presser délicatement pour les faire pénétrer dans le beurre. Cuire dans le tiers inférieur du four préchauffé à 350°F (180°C) pendant 13 minutes ou jusqu'à ce que la bordure de la croûte soit légèrement dorée (le fond et le pourtour commenceront tout juste à dorer). Déposer le moule sur une grille et laisser refroidir.

2 Entre-temps, étendre les flocons de noix de coco réservés sur une plaque de cuisson et les faire griller au four préchauffé à 350°F (180°C) pendant 6 minutes ou jusqu'à ce qu'ils soient dorés (les brasser une ou deux fois).

3 Au robot culinaire ou au mélangeur, réduire les mangues en purée lisse (vous devriez obtenir environ 2 t/500 ml de purée). Verser la purée de mangue dans un grand bol. Ajouter le jus d'orange et mélanger. Dans une petite casserole, saupoudrer la gélatine sur l'eau et laisser ramollir pendant 2 minutes. Chauffer à feu doux, en brassant délicatement, jusqu'à ce que la gélatine soit dissoute. Laisser refroidir pendant 5 minutes.

4 Dans un bol, à l'aide d'un batteur électrique, battre la crème et le sucre glace jusqu'à ce que le mélange forme des pics fermes. Incorporer la préparation de gélatine refroidie à la purée de mangue et bien mélanger. Ajouter la crème fouettée en soulevant délicatement la masse. Verser la mousse à la mangue dans la croûte refroidie. Parsemer des flocons de noix de coco grillés. Réfrigérer pendant 4 heures ou jusqu'au lendemain.

Par portion: • calories: 249 • protéines: 2 g • matières grasses: 18 g (13 g sat.) • cholestérol: 32 mg • glucides: 22 g • fibres: 2 g • sodium: 72 mg

TARTES MOUSSELINE
À LA *crème irlandaise*

Donne 2 tartes
de 8 portions chacune.
Préparation: 30 min
Cuisson: 20 min
Repos: 8 à 10 min
Réfrigération: 2 h

Croûtes Graham

3 t	gaufrettes Graham émiettées finement	750 ml
3/4 t	beurre non salé fondu	180 ml
1/4 t	sucre	60 ml
2 c. à thé	cannelle moulue	10 ml

Garniture crémeuse

2/3 t	sucre	160 ml
1/2 t	eau	125 ml
4	jaunes d'oeufs	4
1	sachet de gélatine sans saveur (7 g ou 1 c. à tab/15 ml)	1
1/8 c. à thé	sel	0,5 ml
1/3 t	boisson à la crème irlandaise (de type Baileys)	80 ml
1/2 t	blancs d'oeufs liquides (de type Naturoeuf)	125 ml
1 t	crème à 35 %	250 ml
	poudre de cacao non sucrée	
	grains de café enrobés de chocolat (facultatif)	
	feuilles de menthe (facultatif)	

Préparation des croûtes

1 Dans un bol, mélanger les gaufrettes, le beurre, le sucre et la cannelle jusqu'à ce que la préparation soit humide. Presser la préparation au fond et sur la paroi de deux moules à tarte à fond amovible de 8 po (20 cm) de diamètre. Cuire au four préchauffé à 325°F (160°C) pendant 15 minutes ou jusqu'à ce que les croûtes soient légèrement dorées. Déposer les moules sur une grille et laisser refroidir.

Préparation de la garniture

2 Dans une petite casserole, mélanger 1/3 t (80 ml) du sucre, l'eau, les jaunes d'oeufs, la gélatine et le sel. Cuire à feu moyen-doux, en brassant, pendant environ 5 minutes ou jusqu'à ce que la préparation ait légèrement épaissi. Dans une passoire fine placée sur un grand bol en verre, filtrer la préparation de jaunes d'oeufs. Ajouter la boisson à la crème irlandaise et mélanger. Réserver.

3 Dans un bol, à l'aide d'un batteur électrique, battre les blancs d'oeufs jusqu'à ce qu'ils forment des pics mous. Ajouter petit à petit le reste du sucre, en battant jusqu'à ce que la préparation forme des pics fermes. Réserver. Dans un autre bol, à l'aide du batteur électrique nettoyé, battre la crème jusqu'à ce qu'elle forme des pics fermes. Couvrir et réfrigérer.

4 Déposer le bol contenant la préparation de jaunes d'oeufs réservée dans un grand bol d'eau glacée. Laisser reposer de 8 à 10 minutes ou jusqu'à ce que la préparation ait suffisamment épaissi pour tenir dans une cuillère (brasser de temps à autre). À l'aide d'une spatule, incorporer la préparation de blancs d'oeufs réservée à la préparation de jaunes d'oeufs en soulevant délicatement la masse. Incorporer la crème fouettée de la même manière, jusqu'à ce que la garniture soit homogène. Répartir la garniture crémeuse dans les croûtes refroidies. Couvrir et réfrigérer pendant au moins 2 heures. (Les tartes se conserveront jusqu'au lendemain au réfrigérateur.)

5 Au moment de servir, saupoudrer les tartes de cacao. Garnir de grains de café enrobés de chocolat et de feuilles de menthe, si désiré.

Par portion: • calories: 270 • protéines: 3 g • matières grasses: 18 g (10 g sat.) • cholestérol: 115 mg • glucides: 25 g • fibres: 1 g • sodium: 140 mg

TARTE STREUSEL
AUX *pommes* ET AU MIEL

Croûte au miel

1 3/4 t	farine	430 ml
2 c. à tab	sucre	30 ml
1 c. à thé	cannelle moulue	5 ml
1/2 c. à thé	sel	2 ml
1/2 t	beurre non salé froid, coupé en dés	125 ml
1/4 t	miel	60 ml
2	jaunes d'oeufs	2
1 c. à tab	eau glacée	15 ml

Garniture streusel

1 t	farine	250 ml
1/3 t	sucre	80 ml
1 1/2 c. à thé	zeste de citron râpé	7 ml
1/2 c. à thé	vanille	2 ml
1/2 t	beurre non salé froid, coupé en dés	125 ml

Garniture aux pommes

1/4 t	sucre	60 ml
2 c. à tab	jus de citron	30 ml
1 1/2 c. à thé	fécule de maïs	7 ml
1/4 c. à thé	cannelle moulue	1 ml
3 t	pommes pelées, le coeur enlevé, coupées en morceaux (environ 4 pommes)	750 ml

Préparation de la croûte

1 Au robot culinaire, mélanger la farine, le sucre, la cannelle et le sel. Ajouter le beurre et mélanger en actionnant et en arrêtant successivement l'appareil jusqu'à ce que la préparation ait la texture d'une chapelure grossière. Dans un bol, mélanger le miel, les jaunes d'oeufs et l'eau. Ajouter le mélange de miel à la préparation de farine et mélanger en actionnant et en arrêtant successivement l'appareil jusqu'à ce que la pâte se tienne. Façonner la pâte en boule et l'aplatir en un disque. Envelopper la pâte d'une pellicule de plastique et réfrigérer pendant 1 heure.

2 Sur une surface légèrement farinée, abaisser la pâte en un cercle de 12 po (30 cm) de diamètre. Déposer l'abaisse dans un moule à tarte à fond amovible de 10 po (25 cm) de diamètre et la presser délicatement au fond et sur la paroi. Replier l'excédent vers l'intérieur, puis presser de nouveau l'abaisse dans le moule. Couvrir et réfrigérer pendant 30 minutes ou jusqu'au lendemain.

Préparation de la garniture streusel

3 Dans un bol, mélanger la farine, le sucre, le zeste de citron et la vanille. Ajouter le beurre et travailler la préparation avec les doigts jusqu'à ce qu'elle ait la texture d'une chapelure grossière. Réserver au réfrigérateur.

Préparation de la garniture aux pommes

4 Dans un autre bol, mélanger le sucre, le jus de citron, la fécule de maïs et la cannelle. Ajouter les pommes et mélanger pour bien les enrober.

Assemblage de la tarte

5 Étendre la garniture aux pommes dans la croûte à tarte froide et parsemer de la garniture streusel réservée. Cuire au four préchauffé à 350°F (180°C) pendant environ 1 heure ou jusqu'à ce que la garniture streusel soit dorée et que la garniture aux pommes soit bouillonnante. Déposer le moule sur une grille et laisser refroidir. (Vous pouvez préparer la tarte à l'avance et la couvrir d'une pellicule de plastique. Elle se conservera jusqu'au lendemain au réfrigérateur. Laisser revenir à la température ambiante avant de servir.)

Par portion: • calories: 495 • protéines: 5 g • matières grasses: 25 g (11 g sat.) • cholestérol: 115 mg • glucides: 65 g • fibres: 2 g • sodium: 150 mg

TARTELETTES AUX *pommes*
ET AUX FIGUES

Donne 4 tartelettes.
Préparation: 40 min
Réfrigération: 30 min à 1 h
Cuisson: 25 à 30 min

1 1/4 t	farine	310 ml
1/3 t	noix de Grenoble grillées, moulues finement	80 ml
1/4 t	sucre (environ)	60 ml
1/2 t	beurre froid	125 ml
2	jaunes d'oeufs	2
2 c. à tab	lait (environ)	30 ml
2 t	pommes pelées, le coeur enlevé, coupées en tranches	500 ml
1/2 t	figues séchées, hachées	125 ml
1/3 t	confiture d'abricots ou de pêches	80 ml

1 Dans un bol, mélanger la farine, les noix de Grenoble et le sucre. Ajouter le beurre et, à l'aide d'un coupe-pâte ou de deux couteaux, travailler la préparation jusqu'à ce qu'elle ait la texture d'une chapelure grossière. Dans un petit bol, mélanger les jaunes d'oeufs et le lait. Ajouter petit à petit le mélange de jaunes d'oeufs à la préparation de farine et mélanger avec les mains jusqu'à ce que la pâte commence à se tenir et forme une boule. Envelopper la pâte d'une pellicule de plastique et réfrigérer de 30 à 60 minutes ou jusqu'à ce qu'elle soit ferme.

2 Tapisser deux grandes plaques de cuisson de papier d'aluminium ou de papier-parchemin. Diviser la pâte en quatre portions égales. Sur une surface légèrement farinée, à l'aide d'un rouleau à pâtisserie, abaisser une portion de pâte en un cercle de 6 po (15 cm) de diamètre. Déposer l'abaisse sur une plaque de cuisson. Répéter avec le reste de la pâte en mettant deux abaisses par plaque.

3 Disposer les tranches de pommes et les figues au centre de chaque abaisse en laissant une bordure intacte de 1 1/2 à 2 po (4 à 5 cm). Étendre uniformément la confiture d'abricots sur les fruits. Replier la bordure de pâte sur les fruits. Badigeonner la pâte de lait et parsemer de sucre.

4 Cuire au four préchauffé à 375°F (190°C) de 25 à 30 minutes ou jusqu'à ce que les fruits soient tendres (au besoin, couvrir la croûte de papier d'aluminium pendant les 5 à 10 dernières minutes de cuisson pour l'empêcher de brûler). Déposer les plaques de cuisson sur des grilles et laisser refroidir légèrement. Servir les tartelettes chaudes ou complètement refroidies. (Vous pouvez préparer les tartelettes à l'avance, les laisser refroidir et les mettre côte à côte dans un contenant hermétique. Elles se conserveront jusqu'à 2 jours au réfrigérateur ou jusqu'à 1 mois au congélateur.)

Par tartelette: • calories: 663 • protéines: 8 g • matières grasses: 34 g (14 g sat.) • cholestérol: 168 mg • glucides: 86 g • fibres: 5 g • sodium: 193 mg

FEUILLETÉ AUX *pommes* ET À LA RHUBARBE

Une recette parfaite si on a des réserves de rhubarbe au congélateur. Sinon, on peut simplement la remplacer par une pomme supplémentaire et 1/2 t (125 ml) de canneberges séchées.

2	pommes pelées, le coeur enlevé, coupées en tranches fines	2
1 t	rhubarbe hachée	250 ml
1/4 t + 2 c. à thé	sucre	70 ml
2 c. à tab	farine	30 ml
1 c. à thé	jus de citron	5 ml
1/4 c. à thé	cannelle moulue	1 ml
1	abaisse de pâte feuilletée surgelée, décongelée (1/2 paquet de 411 g)	1
1	jaune d'oeuf	1
1 c. à thé	eau	5 ml

1 Dans un grand bol, mélanger les pommes, la rhubarbe, 1/4 t (60 ml) du sucre, la farine, le jus de citron et la cannelle.

2 Sur une surface farinée, dérouler la pâte feuilletée et l'abaisser en un rectangle de 9 po x 12 po (23 cm x 30 cm). Déposer l'abaisse sur une plaque de cuisson tapissée de papier-parchemin. Étendre le mélange de pommes sur la moitié de la pâte feuilletée, dans le sens de la longueur, en laissant une bordure intacte de 1/2 po (1 cm) sur le pourtour.

Dans un bol, mélanger le jaune d'oeuf et l'eau, puis en badigeonner légèrement la bordure de pâte. En soulevant le papier-parchemin, replier la pâte sur la garniture. À l'aide d'une fourchette, presser les côtés pour les sceller. Badigeonner le dessus du feuilleté du reste du mélange de jaune d'oeuf. Pratiquer quatre entailles de 2 po (5 cm) sur le dessus du feuilleté pour permettre à la vapeur de s'échapper. Parsemer du reste du sucre.
3 Cuire au centre du four préchauffé à 375°F (190°C) pendant environ 40 minutes ou jusqu'à ce que le feuilleté soit doré et que les pommes soient tendres. (Vous pouvez préparer le feuilleté à l'avance et le couvrir. Il se conservera jusqu'au lendemain à la température ambiante.) Au moment de servir, couper en six pointes.

Par portion: • calories: 439 • protéines: 6 g • matières grasses: 23 g (4 g sat.) • cholestérol: 51 mg • glucides: 54 g • fibres: 3 g • sodium: 144 mg

TARTE TATIN
À *l'érable*

Pâte à tarte

1 t	farine	250 ml
1 c. à tab	sucre	15 ml
1/4 c. à thé	sel	1 ml
1/2 t	beurre non salé froid, coupé en dés	125 ml
1 c. à thé	vinaigre blanc ou vinaigre de cidre	5 ml
	eau glacée	

Garniture aux pommes

1/4 t	beurre non salé	60 ml
1/3 t	sucre ou cassonade	80 ml
2/3 t	sirop d'érable	160 ml
4 à 6	pommes pelées, le coeur enlevé, coupées en quartiers de 1 po (2,5 cm) d'épaisseur (environ 2 1/2 lb/1,25 kg)	4 à 6

Préparation de la pâte à tarte

1 Dans un grand bol, mélanger la farine, le sucre et le sel. Ajouter le beurre et, à l'aide d'un coupe-pâte ou de deux couteaux, travailler la préparation jusqu'à ce qu'elle ait la texture d'une chapelure grossière parsemée de morceaux plus gros. Dans une tasse à mesurer, à l'aide d'un fouet, mélanger le vinaigre et suffisamment d'eau glacée pour obtenir 1/4 t (60 ml) de liquide. Arroser la préparation de beurre de ce mélange et mélanger à l'aide d'une fourchette jusqu'à ce que la pâte se tienne. Façonner la pâte en boule et l'aplatir en un disque. Envelopper la pâte d'une pellicule de plastique et réfrigérer pendant 30 minutes. (Vous pouvez préparer la pâte à l'avance. Elle se conservera jusqu'à 3 jours au réfrigérateur ou jusqu'à 1 mois au congélateur.)

Préparation de la garniture

2 Dans un poêlon à fond épais allant au four, de 8 po (20 cm) ou 9 po (23 cm) de diamètre, faire fondre le beurre à feu moyen-vif. Ajouter le sucre et cuire, en brassant, pendant environ 2 minutes ou jusqu'à ce que la préparation soit bouillonnante et légèrement dorée. Ajouter le sirop d'érable. Poursuivre la cuisson, en brassant, jusqu'à ce que le sucre soit dissous. Retirer le poêlon du feu. En commençant par le pourtour du poêlon, disposer les quartiers de pommes sur le sirop en cercles concentriques, le côté plat dessous. Laisser mijoter à feu moyen-doux pendant environ 7 minutes ou jusqu'à ce que les pommes commencent à ramollir et le sirop à épaissir (arroser souvent les pommes du sirop). Retirer le poêlon du feu. Laisser reposer pendant 5 minutes.

3 Entre-temps, sur une surface légèrement farinée, à l'aide d'un rouleau à pâtisserie, abaisser la pâte en un cercle de 10 po (25 cm) de diamètre. À l'aide d'un couteau bien aiguisé, faire quatre entailles au centre de l'abaisse pour permettre à la vapeur de s'échapper. Déposer l'abaisse sur les pommes. Plier l'excédent de pâte vers le fond du poêlon pour faire une bordure.

4 Cuire au centre du four préchauffé à 425°F (220°C) pendant environ 30 minutes ou jusqu'à ce que la croûte soit dorée. Laisser reposer pendant 5 minutes. Retirer la tarte du four. Mettre une grande assiette de service sur le dessus de la tarte, retourner rapidement et démouler (au besoin, remettre sur la tarte les morceaux de pommes et le sirop restés dans le poêlon). (Vous pouvez préparer la tarte à l'avance et la couvrir de papier d'aluminium. Elle se conservera jusqu'à 2 jours au réfrigérateur ou jusqu'à 1 mois au congélateur, dans un sac de congélation.)

Par portion: • calories: 302 • protéines: 2 g • matières grasses: 14 g (9 g sat.) • cholestérol: 40 mg • glucides: 44 g • fibres: 2 g • sodium: 65 mg

TARTE AU *chocolat*, AUX AMANDES ET AUX ABRICOTS

Donne 8 portions.
Préparation: 45 min
Cuisson: 15 à 20 min
Réfrigération: 30 à 40 min
(garniture); 5 h (tarte)

Croûte aux amandes

20	petits biscuits aux amandes (de type amaretti)	20
2/3 t	amandes en tranches	160 ml
1/4 t	cassonade tassée	60 ml
1/4 t	farine	60 ml
1/4 c. à thé	sel	1 ml
1/4 t	beurre fondu	60 ml

Garniture au chocolat et aux abricots

1 t	crème à 35 %	250 ml
1 t	chocolat mi-amer haché	250 ml
1/3 t	sucre	80 ml
1/3 t	beurre	80 ml
2	jaunes d'oeufs	2
3 c. à tab	liqueur d'amande (de type amaretto)	45 ml
2 c. à thé	vanille	10 ml
1/2 t	abricots séchés, hachés finement	125 ml

Crème fouettée

2/3 t	crème à 35 %	160 ml
2 c. à thé	sucre	10 ml
	abricots séchés, coupés en tranches fines (facultatif)	

Préparation de la croûte

❶ Au robot culinaire, émietter les biscuits avec les amandes, la cassonade, la farine et le sel en actionnant et en arrêtant successivement l'appareil. Ajouter le beurre et mélanger de la même façon jusqu'à ce que la préparation ait la texture d'une chapelure grossière. Réserver 1/4 t (60 ml) de la préparation aux biscuits. Presser le reste de la préparation au fond et sur la paroi d'un moule à tarte de 9 po (23 cm) de diamètre. Cuire au four préchauffé à 350°F (180°C) de 10 à 12 minutes ou jusqu'à ce que la croûte soit dorée. Déposer le moule sur une grille et laisser refroidir.

Préparation de la garniture

❷ Entre-temps, dans une casserole à fond épais, mélanger la crème, le chocolat, le sucre, le beurre et les jaunes d'oeufs. Cuire à feu moyen, en brassant, de 15 à 20 minutes ou jusqu'à ce que le mélange ait épaissi. Ajouter la liqueur d'amande et la vanille et mélanger. Verser la garniture au chocolat dans un grand bol et couvrir directement la surface d'une pellicule de plastique. Réfrigérer de 30 à 40 minutes ou jusqu'à ce qu'elle ait épaissi (brasser de temps à autre).

❸ À l'aide d'un batteur électrique, battre la garniture au chocolat de 2 à 3 minutes ou jusqu'à ce qu'elle soit légère et gonflée. À l'aide d'une spatule, incorporer les abricots hachés en soulevant délicatement la masse. Étendre uniformément la garniture au chocolat et aux abricots dans la croûte refroidie. Couvrir la tarte d'une pellicule de plastique et réfrigérer pendant 5 heures. (Vous pouvez préparer la tarte jusqu'à cette étape. Elle se conservera jusqu'au lendemain au réfrigérateur.)

Préparation de la crème fouettée

❹ Dans un bol, à l'aide du batteur électrique (utiliser des fouets propres), battre la crème et le sucre jusqu'à ce que le mélange forme des pics fermes. Au moment de servir, garnir chaque portion d'une cuillerée de crème fouettée et parsemer de la préparation aux biscuits réservée. Garnir de tranches d'abricots séchés, si désiré.

Par portion: • calories: 605 • protéines: 6 g • matières grasses: 43 g (24 g sat.) • cholestérol: 155 mg • glucides: 51 g • fibres: 3 g • sodium: 195 mg

TARTE AUX *poires* ET AU CHOCOLAT

Donne 8 portions.
Préparation: 40 min
Réfrigération: 1 h 30 min
Cuisson: 1 h

Croûte à tarte

1 1/2 t	farine	375 ml
3 c. à tab	sucre	45 ml
1/2 c. à thé	sel	2 ml
1/2 t	beurre non salé coupé en dés	125 ml
1/4 t	eau glacée (environ)	60 ml
1	jaune d'oeuf	1

Garniture aux poires

4 oz	chocolat mi-amer haché finement	125 g
3	poires mûres (de type Bartlett), pelées, le coeur enlevé, coupées en tranches fines sur la largeur	3

Garniture à la vanille

1	oeuf	1
1	jaune d'oeuf	1
1/2 t	crème à 35 %	125 ml
1 1/2 c. à thé	vanille ou	7 ml
1 c. à tab	kirsch	15 ml
1 c. à tab	sucre	15 ml

Préparation de la croûte

1 Dans un grand bol, mélanger la farine, le sucre et le sel. Ajouter le beurre et, à l'aide d'un coupe-pâte ou de deux couteaux, travailler la préparation jusqu'à ce qu'elle ait la texture d'une chapelure fine. Dans un bol, à l'aide d'un fouet, mélanger l'eau et le jaune d'oeuf. Verser le mélange sur la préparation de farine et mélanger à l'aide d'une fourchette jusqu'à ce que la pâte se tienne bien (ajouter jusqu'à 1 c. à tab/15 ml d'eau, au besoin). Façonner la pâte en un disque et l'envelopper d'une pellicule de plastique. Réfrigérer pendant environ 30 minutes ou jusqu'à ce qu'elle soit froide. (Vous pouvez préparer la pâte à l'avance. Elle se conservera jusqu'à 3 jours au réfrigérateur ou jusqu'à 1 mois au congélateur.)

2 Sur une surface légèrement farinée, abaisser la pâte jusqu'à 1/8 po (3 mm) d'épaisseur. Presser l'abaisse dans un moule à flan (moule à tarte à fond amovible) de 11 po (28 cm) de diamètre et couper l'excédent de pâte en laissant une bordure de 1 po (2,5 cm). Replier la bordure sous l'abaisse et presser sur la paroi. Réfrigérer pendant environ 1 heure ou jusqu'à ce que la croûte soit ferme.

3 À l'aide d'une fourchette, piquer le fond de la croûte à plusieurs endroits. Tapisser la croûte de papier d'aluminium et la remplir de haricots secs. Cuire au centre du four préchauffé à 375°F (190°C) pendant 15 minutes. Retirer les haricots secs et le papier d'aluminium. Poursuivre la cuisson pendant environ 10 minutes ou jusqu'à ce que la croûte soit dorée. Laisser refroidir.

Préparation de la garniture aux poires

4 Parsemer le chocolat dans la croûte refroidie. Aplatir légèrement les tranches de poires et les disposer sur le chocolat de façon à former une hélice, en les faisant se chevaucher.

Préparation de la garniture à la vanille

5 Dans un bol, mélanger l'oeuf, le jaune d'oeuf, la crème et la vanille. Verser le mélange sur la garniture aux poires et parsemer du sucre. Cuire au centre du four préchauffé à 350°F (180°C) de 30 à 40 minutes ou jusqu'à ce que les poires soient tendres et que la garniture à la vanille ait pris et commence à dorer. Laisser refroidir. (Vous pouvez préparer la tarte à l'avance et la couvrir d'une pellicule de plastique. Elle se conservera jusqu'au lendemain au réfrigérateur. Laisser revenir à la température ambiante avant de servir.)

Par portion: • calories: 384 • protéines: 5 g • matières grasses: 23 g (14 g sat.) • cholestérol: 130 mg • glucides: 42 g • fibres: 3 g • sodium: 165 mg

TARTE AU *sirop d'érable* ET AUX NOIX

Donne 8 portions.
Préparation: 30 min
Réfrigération: 30 min
Congélation: 30 min
Cuisson: 35 min

Pour gagner du temps, on peut aussi se procurer une croûte à tarte surgelée. Un dessert divin à servir froid ou à peine tiédi, avec une cuillerée de crème fouettée ou une boule de crème glacée pour les plus gourmands.

Pâte à tarte au robot

3 t	farine à gâteau et à pâtisserie	750 ml
1/4 c. à thé	sel	1 ml
1 t	beurre non salé froid, coupé en morceaux	250 ml
1	jaune d'oeuf	1
	eau glacée	
1	oeuf battu	1
1 c. à tab	lait	15 ml

Garniture au sirop d'érable

2 t	sirop d'érable	500 ml
1/3 t	crème à 35 % ou crème à 15 % épaisse	80 ml
1/4 t	farine	60 ml
3	oeufs	3
1/2 t	pacanes ou noix de Grenoble coupées en morceaux	125 ml

Préparation de la pâte à tarte

1 Au robot culinaire, mélanger la farine et le sel. Ajouter le beurre et mélanger en actionnant et en arrêtant successivement l'appareil jusqu'à ce que la préparation ait la texture d'une chapelure grossière. Dans une tasse à mesurer, à l'aide d'une fourchette, battre le jaune d'oeuf. Ajouter suffisamment d'eau glacée pour obtenir 2/3 t (160 ml) de liquide. Incorporer petit à petit le mélange de jaune d'oeuf à la préparation de farine, en mélangeant jusqu'à ce que la pâte commence à se tenir et forme une boule (au besoin, ajouter un peu d'eau, environ 1 c. à tab/15 ml à la fois). Retirer la pâte de l'appareil et la diviser en quatre portions. Façonner chaque portion en un disque et l'envelopper d'une pellicule de plastique. Réfrigérer pendant au moins 30 minutes ou jusqu'à ce que la pâte à tarte soit ferme.

2 Sur une surface légèrement farinée, abaisser une portion de pâte à 1/8 po (3 mm) d'épaisseur (réserver le reste de la pâte pour un usage ultérieur). Déposer délicatement l'abaisse dans un moule à tarte profond de 9 po (23 cm) de diamètre, en la pressant délicatement au fond et sur la paroi. Couper l'excédent de pâte, puis canneler le pourtour. Dans un petit bol, à l'aide d'une fourchette, mélanger l'oeuf et le lait. Badigeonner le pourtour de l'abaisse du mélange d'oeuf. Congeler la croûte pendant 30 minutes ou jusqu'à ce qu'elle soit ferme.

Préparation de la garniture

3 Entre-temps, dans un bol, à l'aide d'un fouet, mélanger le sirop d'érable, la crème, la farine et les oeufs. Ajouter les pacanes et mélanger. Verser la garniture au sirop d'érable dans la croûte refroidie. Déposer le moule sur une plaque de cuisson (pour prévenir les débordements).

4 Cuire dans le tiers inférieur du four préchauffé à 375°F (190°C) pendant environ 35 minutes ou jusqu'à ce que la croûte soit dorée et que la garniture ait pris (au besoin, couvrir le pourtour de la croûte de bandes de papier d'aluminium pour l'empêcher de brûler). Déposer le moule sur une grille et laisser refroidir.

Par portion: • calories: 395 • protéines: 5 g • matières grasses: 12 g (7 g sat.) • cholestérol: 140 mg • glucides: 67 g • fibres: 1 g • sodium: 65 mg

GÂTEAUX

Gâteaux d'anniversaire, gâteaux de noces, gâteaux gourmands des fêtes...
Ils sont de toutes nos célébrations. Et même si certains demandent plus de doigté,
les gâteaux sont toujours un plaisir à confectionner. Qui n'aime pas lécher les fouets
du batteur ou humer le parfum sucré de la pâte qui cuit?

Difficile de trouver une étape importante de la vie qui ne soit pas soulignée par un gâteau: de la naissance au mariage, en passant par les anniversaires et les grandes fêtes du calendrier, le plaisir ne serait pas complet sans ce petit bonheur sucré. Mais les gâteaux ne sont pas seulement pour les occasions spéciales: partager un bon gâteau au chocolat avec ceux qu'on aime, ça égaie le quotidien à coup sûr.

Évidemment, tous les gâteaux ne présentent pas le même niveau de difficulté. Le triple étagé au fondant est peut-être plus facile à confectionner pour un pâtissier chevronné, mais le Reine-Élisabeth, le gâteau aux carottes et le gâteau des anges sont à la portée de tous. Il suffit d'investir dans les bons outils, d'opter pour des ingrédients de qualité, de bien se préparer (voir *Les clés du succès,* p. 196) et de suivre les étapes de nos recettes. Et s'il faut un peu de temps et de minutie pour réussir un gâteau parfait, rien ne vaut la fierté de déposer sur la table un dessert alléchant, qui créera inévitablement une ambiance de fête!

A

B

C

D

E

F

G

H

LES BONS OUTILS

En plus des accessoires de base, les gâteaux requièrent une batterie un peu plus étoffée. Voici les indispensables, mais aussi les petits luxes qui rendent la confection plus facile et qui donnent des résultats incomparables.

Moules à cheminée cannelés (de type Bundt) de 9 po (23 cm) de diamètre, d'une capacité de 10 t (2,5 L), et de 10 po (25 cm) de diamètre, d'une capacité de 12 t (3 L) (A). Issu de la tradition culinaire allemande, ce type de moule est façonné avec différents reliefs et donne aux gâteaux une jolie forme. Habituellement, on nappe les gâteaux cuits dans un moule à cheminée d'un simple glaçage semi-liquide, et non d'une crème au beurre ou d'une crème fouettée.

Moule à cheminée de 10 po (25 cm) de diamètre, d'une capacité de 16 t (4 L), en métal ou en aluminium (B). On l'utilise pour certains gâteaux traditionnels qui ne sont pas étagés et pour la préparation du gâteau des anges. Certains modèles ont un fond amovible.

Moules ronds de 9 po (23 cm) de diamètre, en métal brillant et à rebord droit (3) (C). Ces moules simples permettent de faire des gâteaux étagés.

Moule à charnière de 9 po (23 cm) de diamètre (D). Très utile pour la confection des gâteaux au fromage.

Moules carrés de 8 po (20 cm) et de 9 po (23 cm) de côté, en métal brillant et à rebord droit + moule rectangulaire de 13 po x 9 po (33 cm x 23 cm). Pour certains gâteaux plus simples, souvent plus denses.

Tamis fin (E). Certaines recettes requièrent que la farine soit tamisée, ce qui contribue à obtenir des gâteaux plus légers. Utiliser un tamis fin spécialement conçu pour la farine, et non une passoire.

Batteur électrique sur socle (F). C'est le nec plus ultra. Plus gros et plus résistant que le batteur électrique ordinaire, il a un moteur puissant conçu pour un usage intensif. Mais il est aussi beaucoup plus cher (entre 250 $ et 400 $), à cause de sa qualité et de sa robustesse. Il est particulièrement bien conçu pour la pâte à gâteau traditionnelle, qui demande de battre longtemps le beurre et le sucre, et pour battre les blancs d'oeufs en neige proprement. Au besoin, on utilise un batteur électrique ordinaire, mais on fait attention aux éclaboussures et à la surchauffe du moteur.

Grilles en métal (2) (G). Essentielles, elles servent à faire refroidir tous les types de pâtisseries, incluant les gâteaux.

Spatule de caoutchouc. Elle permet de décoller la pâte de la paroi du bol et de la verser facilement dans les moules.

Cuillère de bois à long manche. On l'utilise pour incorporer délicatement les ingrédients secs aux ingrédients liquides.

Règle à mesurer. Elle sert à mesurer l'épaisseur d'un gâteau afin de le couper en étages égaux.

Cure-dents. On les utilise pour se donner des repères précis sur toute la circonférence d'un gâteau avant de le couper en deux dans l'épaisseur.

Couteau à lame longue et dentelée. Il facilite la coupe des gâteaux étagés.

Balance de cuisine. Elle permet de s'assurer que tous les moules sont remplis d'une même quantité de pâte, ce qui est bien pratique pour les gâteaux à étages.

Spatule à glacer et assiette à décorer. Ces deux outils pratiques facilitent beaucoup le glaçage des gâteaux étagés. Si on fait assez souvent des gâteaux plus spectaculaires, c'est un bon investissement.

Pique à gâteau (H). Vendue dans les boutiques d'accessoires de cuisine, elle permet de tester le degré de cuisson des gâteaux. On peut aussi utiliser une fourchette à fondue ou une fine brochette de métal, ou encore des cure-dents.

LES 3 TYPES DE GÂTEAUX

Les gâteaux classiques

Pour les préparer, on mélange
les ingrédients secs; on bat
le beurre avec le sucre, auxquels
on ajoute ensuite les oeufs; puis
on mélange les ingrédients secs
avec les ingrédients liquides.

**Les gâteaux à base de blancs
d'oeufs montés en neige**

Ces derniers donnent une pâte
très légère, comme celle du
gâteau des anges.

**Les gâteaux avec une garniture
au fromage**

Leur technique de fabrication
s'apparente plutôt à celle
des flans qu'à celle
des autres gâteaux.

LES CLÉS DU SUCCÈS

Des ingrédients à la bonne température

La première étape pour obtenir des
gâteaux parfaits? Utiliser des
ingrédients à la température ambiante.
C'est particulièrement important pour
le lait, les oeufs et le beurre. Idéalement,
on les mesure et on les réserve sur le
comptoir 2 heures avant de préparer
notre gâteau. On veut gagner du
temps? On évite tout de même de
réchauffer le beurre au micro-ondes:
une fois fondu, il ne pourra pas
contribuer à faire entrer suffisamment
d'air dans la pâte pour permettre au
gâteau de lever. On peut par contre le
râper finement dans un bol: il atteindra
la température idéale en une vingtaine
de minutes. Pour réchauffer rapidement
les oeufs, les placer dans un bol d'eau
chaude pendant 10 minutes. Quant au
lait, on peut le chauffer au micro-ondes
de 20 à 30 secondes, tout au plus.

Une mise en place impeccable

Pendant que nos ingrédients reposent
pour atteindre la température
ambiante, on en profite pour tout
mettre en place. On commence
par préparer nos moules (on les beurre
et on les farine, ou on les tapisse
de papier-parchemin), puis on mesure
les ingrédients secs et on les met dans
des bols. On fait la même chose avec
les ingrédients liquides. La recette qu'on
a choisie requiert des oeufs dont le
jaune et le blanc doivent être séparés?
Il est plus facile de faire cette opération
pendant qu'ils sont encore froids, puis
de les verser dans des bols différents
pour les laisser atteindre la bonne
température. On dispose tous les
ingrédients à portée de main, on place
les grilles du four à la bonne hauteur,
et voilà!

Gâteau au citron
et aux graines de pavot
(voir recette, p. 220)

LES TECHNIQUES À MAÎTRISER

Battre, battre et battre encore! (A)

Indispensable pour les gâteaux traditionnels. Battre en crème le beurre avec le sucre permet d'incorporer de l'air au mélange et d'obtenir des gâteaux qui lèvent bien. Il s'agit de mélanger le beurre et le sucre à l'aide d'un batteur électrique, à vitesse élevée, jusqu'à ce qu'ils deviennent légers et mousseux et qu'ils soient d'une couleur jaune pâle rappelant celle de la crème (une dizaine de minutes). Ajouter ensuite les oeufs un à un, en battant bien après chaque addition, pour s'assurer de leur parfaite émulsion dans la pâte. Racler souvent la paroi et le fond du bol avec une spatule de caoutchouc.

Alterner les ingrédients (B)

Ajouter les ingrédients secs au mélange de beurre en trois fois et les ingrédients liquides en deux fois, en commençant et en terminant par les ingrédients secs. Pour éviter que le gluten contenu dans la farine ne s'active et ne rende la pâte élastique, on incorpore délicatement le mélange de farine à l'aide d'une cuillère de bois ou d'un batteur électrique à faible vitesse. Racler souvent la paroi et le fond du bol avec une spatule de caoutchouc.

Remplir les moules également (C)

Les moules à gâteaux ne doivent pas être remplis à plus de la moitié ou des deux tiers de leur hauteur. Dans le cas des moules pour les gâteaux étagés (les moules ronds ordinaires), mesurer la quantité de pâte obtenue avant de la diviser en deux ou en trois, ou peser les moules remplis sur une balance de cuisine: on obtiendra ainsi des gâteaux de même poids et de même apparence.

Avant de mettre au four, tapoter délicatement le fond des moules pour bien répartir la pâte et éliminer les bulles d'air.

Faire refroidir les gâteaux

Pour les gâteaux étagés, on laisse refroidir les moules sur une grille pendant une dizaine de minutes avant de démouler. Les gâteaux plus gros, eux, doivent reposer de 20 à 30 minutes. Ce temps de repos est essentiel pour permettre à la structure délicate du gâteau de se solidifier suffisamment avant le démoulage.

Démouler avec précaution (D)

Une fois le gâteau refroidi, on glisse la lame d'un couteau pointu sur toute la paroi interne du moule, en prenant soin de ne pas toucher le gâteau. On place ensuite une grande assiette sur le moule, puis on retourne en un seul mouvement et on retire délicatement le moule. Si le gâteau ne se détache pas du premier coup, répéter l'opération avec le couteau. À garder en tête: idéalement, on devrait toujours beurrer et fariner généreusement les moules avant de les remplir, ou les tapisser de papier-parchemin. Enlever l'excédent de farine une fois que la surface est bien recouverte.

Astuces de pro

POUR DES GÂTEAUX QUI RESTENT FRAIS

On utilise une cloche à gâteau, ou on couvre le gâteau d'une pellicule de plastique (on insère des cure-dents sur le dessus et le pourtour pour éviter que la pellicule ne le touche).

DES TRANCHES PARFAITES

Tremper la lame du couteau dans un bol d'eau très chaude et l'essuyer sur un linge propre. Couper immédiatement une tranche de gâteau, sans faire de mouvement de va-et-vient. Nettoyer la lame de la même façon avant de couper la prochaine tranche. Changer l'eau au besoin. Pour un gâteau des anges, utiliser un couteau à lame dentelée.

L'ART D'ASSEMBLER UN GÂTEAU ÉTAGÉS

● Pour couper un gâteau en deux horizontalement, tenir une règle à la verticale contre le gâteau afin de voir où se trouve la mi-hauteur. Marquer l'emplacement à l'aide d'un cure-dents (A). Répéter l'opération cinq fois, de façon à avoir un total de six cure-dents autour du gâteau. En se fiant à ces repères, couper le gâteau en deux tranches d'épaisseur égale à l'aide d'un long couteau dentelé (B) (n'appliquer aucune pression; simplement laisser la lame faire son travail dans un lent mouvement de va-et-vient).

● Brosser ensuite le côté coupé du gâteau avec un pinceau à badigeonner pour éliminer les miettes qui risqueraient de se mêler au glaçage. Glisser quatre bandes de papier ciré sous le gâteau pour que l'assiette reste propre

(les retirer une fois le gâteau glacé). Déposer une généreuse cuillerée de glaçage au centre de la première tranche de gâteau et l'étendre uniformément à l'aide d'une spatule. Étendre les garnitures fermes, comme la gelée ou la confiture, jusqu'au bord du gâteau (C). Avec une crème au beurre ou une crème fouettée, on laisse une bordure intacte de 1/4 po (5 mm) sur le pourtour du gâteau: elle leur permettra de s'étaler légèrement sans déborder lorsqu'on ajoutera la deuxième tranche de gâteau.

● Soulever ensuite l'autre moitié du gâteau en s'aidant d'une main et d'une spatule, et la placer sur la première tranche, le côté coupé vers le bas (D).

● Si notre gâteau comporte plus de deux étages, procéder de la même

manière avec les autres tranches de gâteau, en réservant une des tranches inférieures pour la placer sur le dessus (le côté coupé vers le bas) (E). On obtiendra ainsi un gâteau bien droit. Égaliser au besoin avec du glaçage.

● Pour un gâteau qui a fière allure, commencer par étendre une très fine couche de glaçage sur le pourtour et le dessus du gâteau (F): c'est la couche de masquage, qui empêchera les miettes de se détacher et de gâcher la finition de notre chef-d'oeuvre. Réfrigérer pendant 30 minutes. Étaler ensuite une seconde couche de glaçage sur le gâteau au complet. Pour le pourtour, tenir une longue spatule à la verticale contre le gâteau et remonter vers le haut. On obtiendra un gâteau bien lisse et glacé uniformément.

RÉUSSIR LES GÂTEAUX
À BASE DE BLANCS D'OEUFS

D'abord, tous nos ustensiles doivent être parfaitement propres, sinon les blancs ne monteront pas. À l'aide d'un batteur électrique, battre les blancs d'oeufs à vitesse élevée jusqu'à la formation de pics mous (A). Ajouter le sucre, 1 c. à tab (15 ml) à la fois (B), en continuant de battre jusqu'à la formation de pics fermes et opaques qui se tiennent à la verticale lorsqu'on retire les fouets du batteur (C). Saupoudrer les ingrédients secs délicatement à la surface des blancs d'oeufs (D) et mélanger en soulevant la masse à l'aide d'une spatule en caoutchouc: plonger la spatule vers le fond du bol, puis remonter vers la paroi sans retirer la spatule de la préparation (E). Cela fera descendre la farine vers le fond et permettra aux blancs d'oeufs de remonter vers le haut. Répéter cette opération en tournant le bol jusqu'à ce que la préparation soit homogène. Étendre la pâte dans un moule à cheminée et passer la spatule à la verticale dans le mélange afin d'éliminer les bulles d'air (F). Pour faire refroidir le gâteau après la cuisson, placer le moule sur une longue bouteille afin de permettre une bonne circulation d'air tout autour.

GÂTEAU AUX *bananes* ET AU CHOCOLAT, GLACE AU CHOCOLAT

Gâteau aux bananes et au chocolat

3 t	farine	750 ml
1 1/2 c. à thé	poudre à pâte	7 ml
1 1/2 c. à thé	bicarbonate de sodium	7 ml
1/2 c. à thé	sel	2 ml
2 t	bananes mûres, écrasées (environ 4 bananes moyennes)	500 ml
2	oeufs	2
4	blancs d'oeufs	4
1/2 t	sucre	125 ml
1/2 t	cassonade tassée	125 ml
1/2 t	huile de canola	125 ml
8 oz	chocolat mi-amer haché grossièrement	250 g

Glace au chocolat

1/2 t	sucre glace	125 ml
1/2 t	poudre de cacao	125 ml
1/2 t	lait	125 ml
1 c. à tab	beurre	15 ml
1 1/2 oz	chocolat mi-amer haché	45 g
1/2 c. à thé	vanille	2 ml
3 c. à tab	noix de Grenoble ou pacanes grillées, hachées (facultatif)	45 ml

Préparation du gâteau

1 Dans un bol, mélanger la farine, la poudre à pâte, le bicarbonate de sodium et le sel. Dans un grand bol, à l'aide d'un batteur électrique, battre les bananes, les oeufs, les blancs d'oeufs, le sucre, la cassonade et l'huile pendant environ 2 minutes ou jusqu'à ce que la préparation soit homogène. Ajouter les ingrédients secs et mélanger à l'aide d'une cuillère de bois jusqu'à ce qu'ils soient incorporés, sans plus. Incorporer le chocolat en soulevant délicatement la masse.

2 Vaporiser d'un enduit végétal antiadhésif un moule à cheminée (de type Bundt) d'une capacité de 10 t (2,5 L) ou le huiler légèrement. Verser la pâte dans le moule. Cuire au centre du four préchauffé à 350°F (180°C) pendant environ 40 minutes ou jusqu'à ce qu'un cure-dents inséré au centre du gâteau en ressorte propre. Mettre le moule sur une grille et laisser refroidir pendant 10 minutes avant de démouler. (Vous pouvez préparer le gâteau jusqu'à cette étape, le laisser refroidir, l'envelopper d'une pellicule de plastique et le mettre dans un contenant hermétique. Il se conservera jusqu'au lendemain à la température ambiante ou jusqu'à 1 mois au congélateur.)

Préparation de la glace

3 Dans une petite casserole, mélanger le sucre glace, le cacao, le lait et le beurre et porter à ébullition à feu moyen, en brassant sans arrêt. Cuire, en brassant, pendant 3 minutes. Retirer la casserole du feu. Ajouter le chocolat et la vanille et brasser jusqu'à ce que le chocolat ait fondu. Laisser refroidir pendant 10 minutes.

4 Déposer la grille avec le gâteau sur une plaque de cuisson. À l'aide d'une grosse cuillère, arroser le dessus du gâteau de la glace au chocolat (au besoin, récupérer la glace qui s'accumule sur la plaque et en arroser le gâteau). Parsemer des noix, si désiré.

Par portion: • calories: 275 • protéines: 5 g
• matières grasses: 11 g (4 g sat.) • cholestérol: 25 mg
• glucides: 43 g • fibres: 3 g • sodium: 110 mg

GÂTEAU PRALINÉ AU *fromage* ET AUX PISTACHES

Croûte aux pistaches

1	paquet de biscuits sablés (de type Walkers) (160 g)	1
1/2 t	pistaches non salées	125 ml
1/4 t	sucre	60 ml
1/4 t	beurre non salé froid, coupé en dés	60 ml

Garniture au fromage

3	paquets de fromage à la crème, ramolli (250 g chacun)	3
1 1/4 t	sucre	310 ml
1 c. à thé	cardamome moulue	5 ml
4	gros oeufs, à la température ambiante	4
2 1/4 t	crème sure	560 ml
1/2 t	nectar de poire	125 ml
2 c. à tab	farine	30 ml
2 c. à thé	vanille	10 ml
5 oz	chocolat blanc haché finement	150 g
	pralin aux pistaches (voir recette)	

Préparation de la croûte

① Au robot culinaire, moudre finement les sablés et les pistaches avec le sucre. Ajouter le beurre et mélanger jusqu'à ce que la préparation soit humide. Presser la préparation au fond d'un moule à charnière de 9 po (23 cm) de diamètre. Couvrir l'extérieur du moule de papier d'aluminium résistant. Cuire au four préchauffé à 350°F (180°C) pendant environ 15 minutes ou jusqu'à ce que la croûte soit dorée. Laisser refroidir.

Préparation de la garniture

② Dans un grand bol, à l'aide d'un batteur électrique, battre le fromage à la crème, le sucre et la cardamome jusqu'à ce que la préparation soit lisse. Ajouter les oeufs un à un, en battant bien après chaque addition. Ajouter 1 t (250 ml) de la crème sure, le nectar de poire, la farine et la vanille et battre jusqu'à ce que la préparation soit homogène.

③ Verser la garniture sur la croûte refroidie. Mettre le moule dans un plat peu profond allant au four. Verser suffisamment d'eau chaude dans le plat pour couvrir la paroi du moule jusqu'à une hauteur de 1 po (2,5 cm). Cuire au centre du four préchauffé à 350°F (180°C) pendant environ 1 heure ou jusqu'à ce que le pourtour du gâteau ait pris, mais que le centre soit encore légèrement gélatineux. Retirer le moule du plat, le déposer sur une grille et laisser refroidir pendant 10 minutes.

④ Entre-temps, dans la partie supérieure d'un bain-marie contenant de l'eau frémissante, faire fondre le chocolat jusqu'à ce qu'il soit lisse. Laisser refroidir jusqu'à ce qu'il soit tiède. À l'aide d'un fouet, incorporer le reste de la crème sure. Étendre le glaçage au chocolat blanc sur le gâteau encore chaud. Réfrigérer, sans couvrir, jusqu'au lendemain. (Vous pouvez préparer le gâteau à l'avance et le couvrir d'une pellicule de plastique. Il se conserve jusqu'à 3 jours au réfrigérateur ou jusqu'à 2 semaines au congélateur, enveloppé de papier d'aluminium résistant.)

⑤ Au moment de servir, retirer la paroi du moule. Mettre le gâteau dans une assiette de service et piquer le dessus de morceaux de pralin aux pistaches.

Par portion: • calories: 725 • protéines: 11 g • matières grasses: 47 g (26 g sat.) • cholestérol: 175 mg • glucides: 67 g • fibres: 1 g • sodium: 295 mg

PRALIN AUX PISTACHES
Donne de 12 à 16 morceaux.

1 t	sucre	250 ml
1/4 t	eau	60 ml
1/4 t	pistaches non salées	60 ml

① Dans une petite casserole à fond épais, mélanger le sucre et l'eau. Chauffer à feu moyen-doux jusqu'à ce que le sucre soit dissous. Porter à ébullition et laisser bouillir, sans brasser, pendant environ 12 minutes ou jusqu'à ce que le sirop soit de couleur ambre foncé (à l'aide d'un pinceau préalablement trempé dans l'eau, badigeonner de temps à autre la paroi de la casserole pour faire tomber les cristaux de sucre).

② Ajouter les pistaches et mélanger. Verser aussitôt la préparation sur une plaque beurrée et l'étendre rapidement avec un couteau en une mince couche de 10 à 12 po (25 à 30 cm) de longueur. Laisser refroidir complètement. Briser le pralin en morceaux. (Vous pouvez préparer le pralin à l'avance. Il se conservera jusqu'à 3 jours à la température ambiante, dans un contenant hermétique.)

GÂTEAU À *l'érable*
GLACÉ À L'ÉRABLE

Donne 12 portions.
Préparation: 40 min
Cuisson: 50 min
Refroidissement: 15 à 20 min

Gâteau à l'érable

2 1/4 t	farine	560 ml
1 c. à thé	poudre à pâte	5 ml
1/2 c. à thé	sel	2 ml
1 1/4 t	beurre non salé ramolli	310 ml
1 t	sucre	250 ml
5	oeufs	5
1/2 t	sirop d'érable	125 ml
1 c. à thé	vanille	5 ml
1 1/2 t	pacanes grillées, hachées finement	375 ml

Glace au caramel à l'érable

1/3 t	beurre non salé	80 ml
1/4 t	sirop d'érable	60 ml
3/4 t	sucre glace	180 ml
1/4 t	cassonade	60 ml
2 c. à tab	fécule de maïs	30 ml
1/4 t	crème à 35 %	60 ml

Préparation du gâteau

1 Dans un bol, mélanger la farine, la poudre à pâte et le sel. Réserver. Dans un grand bol, à l'aide d'un batteur électrique, battre le beurre et le sucre pendant environ 4 minutes ou jusqu'à ce que le mélange soit pâle et épais. Ajouter les oeufs un à un, en battant bien après chaque addition. Incorporer le sirop d'érable et la vanille en battant. Ajouter les ingrédients secs réservés et bien mélanger à l'aide d'une cuillère de bois. Ajouter les pacanes et mélanger en soulevant délicatement la masse.

2 Verser la pâte dans un moule à cheminée (de type Bundt) d'une capacité de 12 t (3 L), beurré et fariné. Cuire au centre du four préchauffé à 350°F (180°C) pendant 50 minutes ou jusqu'à ce qu'un cure-dents inséré au centre du gâteau en ressorte propre. Déposer le moule sur une grille et laisser refroidir pendant 10 minutes avant de démouler. (Vous pouvez préparer le gâteau à l'avance et le couvrir. Il se conservera jusqu'à 2 jours au réfrigérateur ou jusqu'à 2 semaines au congélateur, enveloppé de papier d'aluminium et mis dans un contenant hermétique.)

Préparation de la glace

3 Entre-temps, dans une casserole à fond épais, faire fondre le beurre à feu moyen avec le sirop d'érable. À l'aide d'un fouet, incorporer le sucre glace et la cassonade. Dans un petit bol, diluer la fécule dans la crème, puis verser le mélange dans la casserole en brassant. Réduire à feu doux et laisser mijoter de 1 à 2 minutes ou jusqu'à ce que la glace ait épaissi. Retirer du feu et laisser refroidir de 15 à 20 minutes.

4 Déposer le gâteau dans une assiette de service. Napper de la glace en la laissant couler sur le pourtour et au centre du gâteau.

Par portion: • calories: 600 • protéines: 7 g • matières grasses: 38 g (18 g sat.) • cholestérol: 160 mg • glucides: 62 g • fibres: 2 g • sodium: 165 mg

GÂTEAU MARBRÉ AU *chocolat* ET AUX NOIX

Donne 12 portions.
Préparation: 30 min
Cuisson: 45 min
Repos: 35 min

Gâteau au chocolat et aux noix

1 1/2 t	farine	375 ml
1 c. à thé	poudre à pâte	5 ml
1/2 c. à thé	sel	2 ml
1/2 t	beurre ramolli	125 ml
1 t	sucre	250 ml
2	oeufs	2
3/4 t	lait	180 ml
1/3 t	poudre de cacao non sucrée	80 ml
1/3 t	noix de Grenoble hachées	80 ml

Glace au chocolat

1/2 t	chocolat mi-sucré haché	125 ml
2 c. à tab	crème à 10 %	30 ml
1 c. à tab	sucre	15 ml
1/4 c. à thé	vanille	1 ml

Préparation du gâteau

❶ Dans un bol, mélanger la farine, la poudre à pâte et le sel. Réserver. Dans un grand bol, à l'aide d'un batteur électrique, battre le beurre pendant 30 secondes. Ajouter 3/4 t (180 ml) du sucre en battant. Ajouter les oeufs en battant jusqu'à ce que le mélange soit léger et gonflé. Incorporer les ingrédients secs réservés en alternant avec le lait et en battant bien après chaque addition.

❷ Étendre le tiers de la pâte dans un moule à cheminée cannelé (de type Bundt) d'une capacité de 6 t (1,5 L), beurré. Dans un petit bol, mélanger le cacao, le reste du sucre et les noix de Grenoble. Parsemer la moitié de ce mélange sur la pâte dans le moule. Étager le reste de la pâte et du mélange de cacao de la même manière (terminer par la pâte). (Ou encore, verser la moitié de la pâte dans un moule carré de 9 po/23 cm, beurré. Parsemer du mélange de cacao et couvrir du reste de la pâte.)

❸ Cuire au four préchauffé à 350°F (180°C) pendant environ 45 minutes (ou 35 minutes pour le moule carré) ou jusqu'à ce qu'un cure-dents inséré au centre du gâteau en ressorte propre. Laisser reposer pendant 5 minutes, puis retourner le moule à cheminée (ne pas retourner le moule carré) et laisser refroidir pendant 30 minutes. (Vous pouvez préparer le gâteau jusqu'à cette étape et le couvrir. Il se conservera jusqu'au lendemain à la température ambiante ou jusqu'à 1 mois au congélateur, enveloppé de papier d'aluminium et mis dans un contenant hermétique.)

Préparation de la glace

❹ Entre-temps, dans une petite casserole, mélanger le chocolat, la crème, le sucre et la vanille. Chauffer à feu doux jusqu'à ce que le chocolat ait fondu et que la glace soit lisse. Démouler le gâteau et l'arroser de la glace au chocolat.

Par portion: • calories: 275 • protéines: 5 g • matières grasses: 14 g (7 g sat.) • cholestérol: 55 mg • glucides: 37 g • fibres: 2 g • sodium: 200 mg

DACQUOISE
AU *citron*

Donne 12 portions.
Préparation: 1 h
Cuisson: 1 h 15 min (dacquoise) ;
5 min (zeste de citron confit)
Réfrigération: 1 h

Meringues

2 1/4 t	amandes en tranches	560 ml
1 1/2 t	sucre granulé	375 ml
2 c. à tab	fécule de maïs	30 ml
9	blancs d'oeufs	9
1/2 c. à thé	essence d'amande	2 ml

Crème fouettée au citron

2 t	crème à 35 %	500 ml
3/4 t	sucre glace	180 ml
2 c. à tab	jus de citron	30 ml
1 c. à tab	zeste de citron râpé	15 ml
	zeste de citron confit (voir recette)	

Préparation des meringues

1 Tapisser deux plaques de cuisson de papier-parchemin. À l'aide d'un moule à gâteau de 8 po (20 cm) de diamètre, retourné, tracer deux cercles sur chaque feuille de papier-parchemin. Retourner le papier. Réserver.

2 Étendre les amandes sur une autre plaque de cuisson. Cuire au four préchauffé à 350°F (180°C) pendant environ 8 minutes ou jusqu'à ce qu'elles soient dorées. Laisser refroidir. Au robot culinaire, moudre finement 1 1/2 t (375 ml) des amandes avec 1/2 t (125 ml) du sucre granulé et la fécule de maïs. Réserver le mélange d'amandes et le reste des amandes grillées.

3 Dans un grand bol, à l'aide d'un batteur électrique, battre les blancs d'oeufs jusqu'à ce qu'ils forment des pics mous. Ajouter le reste du sucre granulé, 1 c. à tab (15 ml) à la fois, et battre jusqu'à ce que la préparation forme des pics fermes et luisants. Incorporer l'essence d'amande en battant. Parsemer la préparation de blancs d'oeufs de la moitié du mélange d'amandes réservé et l'incorporer à l'aide d'une spatule en soulevant délicatement la masse. Incorporer le reste du mélange d'amandes de la même manière. À l'aide de la spatule, étendre uniformément la meringue à l'intérieur des cercles tracés sur le papier-parchemin réservé.

4 Déposer une plaque de cuisson sur la grille supérieure du four préchauffé à 275°F (135°C) et l'autre sur la grille inférieure. Cuire de 1 heure 5 minutes à 1 heure 15 minutes ou jusqu'à ce que les meringues soient fermes (intervertir et tourner les plaques à la mi-cuisson). Déposer les plaques sur des grilles. Au besoin, à l'aide d'un couteau dentelé et en se guidant avec le moule à gâteau, égaliser les meringues encore chaudes de manière à obtenir des cercles uniformes. À l'aide d'une spatule de métal, détacher délicatement les meringues du papier-parchemin, les déposer sur les grilles et laisser refroidir complètement. (Vous pouvez préparer les meringues à l'avance et les mettre dans un contenant hermétique, en séparant chaque étage d'une feuille de papier ciré. Elles se conserveront jusqu'à 1 semaine dans un endroit frais et sec.)

Préparation de la crème fouettée

5 Dans un bol, à l'aide du batteur électrique (utiliser des fouets propres), fouetter la crème avec le sucre glace et le jus de citron jusqu'à ce qu'elle forme des pics fermes. Incorporer le zeste de citron râpé à l'aide d'une cuillère. Réserver 2 t (500 ml) de la crème fouettée au citron pour glacer la dacquoise.

Assemblage de la dacquoise

6 Déposer une meringue dans une assiette de service, le côté plat dessous (mettre des lanières de papier ciré sous la meringue pour éviter de salir l'assiette). À l'aide d'une spatule, étendre le tiers du reste de la crème fouettée au citron sur la meringue. Couvrir de la deuxième meringue. Répéter ces opérations avec le reste de la crème fouettée au citron et des meringues. Étendre la crème fouettée au citron réservée sur le dessus et le pourtour de la dacquoise. Presser les amandes grillées réservées sur le pourtour de la dacquoise. Réfrigérer pendant 1 heure. (Vous pouvez préparer la dacquoise à l'avance et la couvrir. Elle se conservera jusqu'à 8 heures au réfrigérateur.)

7 Au moment de servir, retirer les lanières de papier ciré. Garnir le dessus de la dacquoise de zeste de citron confit. À l'aide d'un couteau dentelé, couper la dacquoise en pointes en essuyant chaque fois la lame après avoir coupé une portion.

Par portion: • calories: 387 • protéines: 8 g • matières grasses: 24 g (9 g sat.) • cholestérol: 51 mg • glucides: 39 g • fibres: 2 g • sodium: 59 mg

ZESTE DE CITRON CONFIT
Donne environ 1/4 t (60 ml).

1	citron brossé	1
1/2 t	sucre	125 ml
1/2 t	jus de citron	125 ml

❶ À l'aide d'un couteau économe ou d'un couteau d'office, prélever tout le zeste du citron par larges bandes, en travaillant de haut en bas. Couper les bandes de zeste en fines lanières sur la longueur et égaliser les extrémités.

❷ Dans une petite casserole, mélanger le sucre et le jus de citron et porter à ébullition. Ajouter le zeste et porter de nouveau à ébullition. Retirer la casserole du feu et laisser refroidir. (Vous pouvez préparer le zeste de citron confit à l'avance et le mettre avec le sirop dans un contenant hermétique. Il se conservera jusqu'à 1 semaine à la température ambiante.) Bien égoutter le zeste avant de l'utiliser.

GÂTEAU AU *chocolat*,
SAUCE AU BEURRE ET AU RHUM

Donne de 12 à 16 portions.
Préparation: 40 min
Cuisson: 1 h (gâteau) ;
15 min (sauce)

4 c. à tab	poudre de cacao non sucrée	60 ml
2 t	farine	500 ml
1 c. à thé	bicarbonate de sodium	5 ml
1/2 c. à thé	sel	2 ml
5 oz	chocolat mi-amer haché	150 g
1/4 t	poudre de café instantané (ordinaire ou espresso)	60 ml
2 c. à tab	eau bouillante	30 ml
	eau froide	
1/2 t	rhum brun	125 ml
1 t	beurre non salé ramolli	250 ml
2 t	sucre	500 ml
3	oeufs	3
1 1/2 c. à thé	vanille	7 ml
	sauce au beurre et au rhum (voir recette)	

1 Beurrer un moule à cheminée (de type Bundt) de 10 po (25 cm) de diamètre. Ajouter le cacao et secouer le moule en l'inclinant pour bien couvrir toute sa surface (jeter l'excédent de cacao). Réserver. Dans un bol, mélanger la farine, le bicarbonate de sodium et le sel. Réserver.

2 Dans un petit bol allant au microondes, faire fondre le chocolat à intensité moyenne (50 %) pendant 1 minute. Remuer et poursuivre la cuisson pendant 30 secondes. Remuer jusqu'à ce

que le chocolat soit lisse. Laisser refroidir légèrement.

3 Dans une tasse à mesurer en verre d'une capacité de 2 t (500 ml), dissoudre le café instantané dans l'eau bouillante. Ajouter suffisamment d'eau froide pour obtenir 1 1/2 t (375 ml) de liquide en tout. Ajouter le rhum et mélanger.

4 Dans un grand bol, à l'aide d'un batteur électrique, battre le beurre pendant 30 secondes. Ajouter le sucre et battre jusqu'à ce que le mélange ait gonflé (racler la paroi du bol de temps à autre). Ajouter les oeufs un à un, en battant bien après chaque addition. Incorporer le chocolat fondu et la vanille. En battant à faible vitesse, incorporer les ingrédients secs réservés en alternant avec la préparation de café et battre jusqu'à ce que la pâte soit homogène, sans plus. Verser la pâte dans le moule réservé.

5 Cuire au four préchauffé à 325°F (160°C) pendant environ 1 heure ou jusqu'à ce qu'un cure-dents inséré au centre du gâteau en ressorte propre. Déposer le moule sur une grille et laisser refroidir pendant 15 minutes. Démouler le gâteau sur la grille et laisser refroidir complètement. (Vous pouvez préparer le gâteau à l'avance et l'envelopper d'une pellicule de plastique. Il se conservera jusqu'à 2 jours à la température ambiante ou jusqu'à 2 mois au congélateur, dans un contenant hermétique.)

6 Au moment de servir, napper le gâteau de la sauce au beurre et au rhum.

Par portion: • calories: 485 • protéines: 4 g
• matières grasses: 28 g (17 g sat.) • cholestérol:
155 mg • glucides: 50 g • fibres: 1 g • sodium: 250 mg

SAUCE AU BEURRE
ET AU RHUM
Donne 1 3/4 t (430 ml).

1 t	beurre	250 ml
1/2 t	sucre	125 ml
4	jaunes d'oeufs légèrement battus	4
1/4 t	rhum brun, brandy ou lait	60 ml
	eau chaude (facultatif)	

Dans une petite casserole à fond épais, mélanger le beurre et le sucre. Chauffer à feu moyen, en brassant, jusqu'à ce que le beurre ait fondu et que le mélange soit bouillonnant. Retirer la casserole du feu. Mettre les jaunes d'oeufs dans un bol et, à l'aide d'une cuillère, incorporer petit à petit la moitié du mélange de beurre. Verser la préparation de jaunes d'oeufs dans la casserole et cuire à feu moyendoux, en brassant, pendant environ 15 minutes. Retirer la casserole du feu. Laisser refroidir légèrement. Ajouter le rhum et mélanger. Au besoin, ajouter de l'eau chaude, 1 c. à thé (5 ml) à la fois, pour obtenir la consistance désirée. Servir la sauce chaude ou à la température ambiante. (Si la sauce devient trop épaisse, l'éclaircir en ajoutant un peu d'eau chaude.)

GÂTEAU *moka* ÉTAGÉ

Donne 16 portions.
Préparation: 1 h 30 min
Cuisson: 40 à 45 min
Réfrigération: 1 h

Gâteaux au café et aux noix

1 c. à thé	poudre de café instantané	5 ml
1 c. à thé	vanille	5 ml
8	oeufs, jaunes et blancs séparés	8
1 t	sucre	250 ml
2 1/2 t	noix de Grenoble moulues	625 ml
1/4 t	farine	60 ml
1/4 t	chapelure nature	60 ml

Sirop au café

1/4 t	sucre	60 ml
1/4 t	eau	60 ml
1 c. à tab	liqueur de café (de type Kahlua) ou café fort, refroidi	15 ml

Crème au beurre parfumée au café

5	blancs d'oeufs	5
1 t	sucre	250 ml
2 1/4 t	beurre non salé ramolli	560 ml
4 c. à thé	poudre de café instantané	20 ml
1 1/2 c. à thé	vanille	7 ml
1 1/2 oz	chocolat mi-amer fondu	45 g
16	grains de café enrobés de chocolat	16
1/2 t	noix de Grenoble grillées, hachées grossièrement	125 ml

Préparation des gâteaux

1 Beurrer le fond de deux moules de 9 po (23 cm) de diamètre. Tapisser le fond et la paroi de papier-parchemin, en le laissant dépasser d'environ 1 po (2,5 cm) de la bordure des moules. Réserver.

2 Dans un petit bol, dissoudre le café dans la vanille. Dans un grand bol, à l'aide d'un batteur électrique, battre les jaunes d'oeufs avec 1/2 t (125 ml) du sucre jusqu'à ce que le mélange soit léger. Ajouter le mélange de café en battant.

3 Dans un autre bol, à l'aide du batteur électrique (utiliser des fouets propres), battre les blancs d'oeufs jusqu'à ce qu'ils soient mousseux. Ajouter le reste du sucre, 2 c. à tab (30 ml) à la fois, en battant jusqu'à ce que la préparation forme des pics fermes. Dans un troisième bol, mélanger les noix de Grenoble, la farine et la chapelure. Incorporer les ingrédients secs au mélange de jaunes d'oeufs en trois fois, en alternant deux fois avec la préparation de blancs d'oeufs et en soulevant délicatement la masse. Répartir la pâte dans les moules réservés et lisser le dessus. Cuire au centre du four préchauffé à 325°F (160°C) de 35 à 40 minutes ou jusqu'à ce qu'un cure-dents inséré au centre des gâteaux en ressorte propre. Laisser refroidir sur une grille.

Préparation du sirop

4 Dans une casserole, porter le sucre et l'eau à ébullition à feu moyen-vif et laisser bouillir, en brassant, jusqu'à ce que le sucre soit dissous. Poursuivre la cuisson pendant 1 minute ou jusqu'à ce que le mélange soit clair. Ajouter la liqueur de café et mélanger. Laisser refroidir.

Préparation de la crème au beurre

5 Dans un grand bol à l'épreuve de la chaleur, à l'aide d'un fouet, battre les blancs d'oeufs et le sucre. Mettre le bol sur une casserole d'eau chaude mais non bouillante et cuire, en battant, pendant environ 1 minute ou jusqu'à ce que le mélange soit opaque et qu'un thermomètre à bonbons indique 110°F (43°C). Retirer du feu. À l'aide du batteur électrique (utiliser des fouets propres), battre le mélange pendant environ 10 minutes ou jusqu'à ce qu'il ait refroidi. Ajouter le beurre, 2 c. à tab (30 ml) à la fois, en battant (le mélange se séparera) jusqu'à ce que la préparation soit satinée. Dans un petit bol, dissoudre le café dans la vanille. Incorporer le mélange de café à la préparation de beurre en battant. Mettre dans un bol 1 3/4 t (430 ml) de la crème au café et y incorporer le chocolat fondu en battant. Réserver.

Assemblage du gâteau étagé

6 Couper les gâteaux en deux horizontalement. Disposer des lanières de papier ciré sur le pourtour d'une grande assiette de service. Déposer une tranche de gâteau dans l'assiette, le côté coupé dessus. Badigeonner le gâteau de sirop au café et étendre environ 3/4 t (180 ml) du reste de la crème au café. Répéter avec deux autres tranches de gâteau, le sirop et la crème au café, puis couvrir de la dernière tranche de gâteau. Étendre une fine couche de crème au café sur le dessus et le pourtour du gâteau (utiliser la crème au café et au chocolat réservée s'il ne reste plus de crème au café). Réfrigérer pendant environ 30 minutes ou jusqu'à ce que la crème au café soit ferme.

7 Mettre environ 1/3 t (80 ml) de la crème au café et au chocolat dans une poche à douille munie d'un embout étoilé. Étendre délicatement le reste de la crème au café et au chocolat sur le dessus et le pourtour du gâteau. À l'aide de la poche à douille, garnir le dessus du gâteau de rosettes de crème au café et au chocolat. Décorer chaque rosette d'un grain de café. Presser les noix de Grenoble sur la base du gâteau de manière à former une bande de 1/2 po (1 cm) de hauteur. Réfrigérer pendant environ 30 minutes ou jusqu'à ce que la crème au café et au chocolat ait pris. (Vous pouvez préparer le gâteau à l'avance et le couvrir. Il se conservera jusqu'au lendemain au réfrigérateur.)

Par portion: • calories: 527 • protéines: 8 g • matières grasses: 42 g (20 g sat.) • cholestérol: 162 mg • glucides: 36 g • fibres: 2 g • sodium: 64 mg

GÂTEAU CLASSIQUE AU *chocolat* À TROIS ÉTAGES

Donne 16 portions.
Préparation: 40 min
Cuisson: 27 à 33 min
Refroidissement: 1 h 30 min

Gâteaux au chocolat

3/4 t	beurre non salé ramolli	180 ml
1 1/2 t	sucre	375 ml
7	oeufs, jaunes et blancs séparés	7
1 1/2 c. à thé	vanille	7 ml
1 1/2 t	farine à gâteau et à pâtisserie	375 ml
2/3 t	poudre de cacao non sucrée	160 ml
1 1/2 c. à thé	bicarbonate de sodium	7 ml
3/4 t	babeurre	180 ml

Ganache fouettée

10 oz	chocolat mi-amer haché grossièrement	300 g
2/3 t	crème à 35 %	160 ml
1/2 t	beurre non salé	125 ml

Préparation des gâteaux

1 Beurrer la paroi de trois moules à gâteau de 9 po (23 cm) de diamètre. Tapisser le fond de papier-parchemin ou de papier ciré. Réserver.

2 Dans un bol, à l'aide d'un batteur électrique, battre le beurre et 3/4 t (180 ml) du sucre jusqu'à ce que le mélange soit gonflé. Ajouter les jaunes d'oeufs un à un, en battant bien après chaque addition. Incorporer la vanille en battant. Dans un autre bol, tamiser ensemble la farine, le cacao et le bicarbonate de sodium. Incorporer les ingrédients secs à la préparation de jaunes d'oeufs en trois fois, en alternant deux fois avec le babeurre.

3 Dans un troisième bol, à l'aide du batteur électrique (utiliser des fouets propres), battre les blancs d'oeufs jusqu'à ce qu'ils forment des pics mous. Ajouter petit à petit le reste du sucre et battre jusqu'à ce que le mélange forme des pics fermes. À l'aide d'une spatule, incorporer le quart du mélange de blancs d'oeufs à la préparation de cacao en soulevant délicatement la masse. Incorporer le reste du mélange de blancs d'oeufs de la même manière, en deux fois.

4 Répartir la pâte dans les moules réservés et lisser le dessus. Cuire au four préchauffé à 350°F (180°C) de 25 à 30 minutes ou jusqu'à ce qu'un cure-dents inséré au centre des gâteaux en ressorte propre. Déposer les moules sur une grille et laisser refroidir pendant 30 minutes. Démouler les gâteaux sur la grille, les retourner, le papier dessous, et laisser refroidir complètement. (Vous pouvez préparer les gâteaux à l'avance et les envelopper d'une pellicule de plastique. Ils se conserveront jusqu'au lendemain au réfrigérateur ou jusqu'à 2 mois au congélateur, enveloppés de papier d'aluminium et mis dans un contenant hermétique.)

Préparation de la ganache

5 Dans un bol allant au micro-ondes, mettre le chocolat, la crème et le beurre. Chauffer au micro-ondes, à intensité moyenne (50 %), de 2 à 3 minutes ou jusqu'à ce que le chocolat commence à fondre. À l'aide d'une cuillère de bois, remuer jusqu'à ce que le chocolat ait complètement fondu et que le mélange soit lisse. Laisser refroidir à la température ambiante pendant 1 heure. À l'aide du batteur électrique (utiliser des fouets propres), battre la ganache pendant environ 3 minutes ou jusqu'à ce qu'elle soit épaisse et onctueuse.

Assemblage du gâteau

6 Retirer le papier-parchemin des gâteaux refroidis. Déposer un gâteau dans une assiette de service et étendre le tiers de la ganache sur le dessus. Répéter avec les deux autres gâteaux et le reste de la ganache.

Par portion: • calories: 420 • protéines: 6 g • matières grasses: 27 g (16 g sat.) • cholestérol: 145 mg • glucides: 44 g • fibres: 3 g • sodium: 170 mg

GÂTEAU ÉTAGÉ AUX *amandes*, GLAÇAGE À LA VANILLE

Donne 16 portions.
Préparation: 50 min
Cuisson: 42 min
Réfrigération: 30 min

Le secret de ce gâteau étagé à la texture divinement légère: un glaçage aux blancs d'oeufs qu'on appelle souvent «glaçage 7 minutes», ainsi nommé parce qu'on le fouette dans une casserole sur la cuisinière pendant 7 minutes. Pour le parfum d'amandes de la pâte à gâteau, on peut utiliser de l'essence (ou extrait) d'amande artificielle (dans tous les supermarchés), ou encore de l'essence d'amande naturelle (dans les épiceries fines et les magasins d'aliments naturels), laquelle coûte plus cher, mais a un goût un peu plus prononcé. Pour décorer notre gâteau, nous avons utilisé ici des copeaux de noix de coco; on peut les remplacer par des amandes en tranches grillées.

Gâteaux aux amandes

3/4 t	beurre non salé ramolli	180 ml
2 t	sucre	500 ml
4	oeufs	4
3 t	farine	750 ml
1 c. à tab	poudre à pâte	15 ml
3/4 c. à thé	sel	4 ml
1 t	lait à la température ambiante	250 ml
2 c. à thé	essence d'amande	10 ml

Glaçage à la vanille

2	blancs d'oeufs	2
1 1/2 t	sucre	375 ml
1/2 t	eau	125 ml
1 c. à tab	sirop de maïs pâle	15 ml
1	pincée de sel	1
1 c. à thé	vanille	5 ml

Préparation des gâteaux

❶ Beurrer et fariner la paroi de deux moules à gâteau de 9 po (23 cm) de diamètre. Tapisser le fond de papier-parchemin ou de papier ciré. Réserver.

❷ Dans un grand bol, à l'aide d'un batteur électrique, battre le beurre et le sucre jusqu'à ce que le mélange soit léger et gonflé. Ajouter les oeufs un à un, en battant bien après chaque addition. Dans un autre bol, mélanger la farine, la poudre à pâte et le sel. Dans une tasse à mesurer, mélanger le lait et l'essence d'amande. Incorporer les ingrédients secs au mélange de beurre en trois fois, en alternant deux fois avec le mélange de lait, jusqu'à ce que la pâte soit homogène. Répartir la pâte dans les moules réservés et lisser le dessus.

❸ Cuire au four préchauffé à 350°F (180°C) pendant environ 35 minutes ou jusqu'à ce que les gâteaux reprennent leur forme sous une légère pression du doigt. Déposer les moules sur des grilles et laisser refroidir pendant 15 minutes. Démouler les gâteaux sur les grilles. Retirer délicatement le papier-parchemin, retourner les gâteaux et laisser refroidir complètement. (Vous pouvez préparer les gâteaux à l'avance et les envelopper d'une pellicule de plastique. Ils se conserveront jusqu'au lendemain au réfrigérateur ou jusqu'à 2 semaines au congélateur, enveloppés de papier d'aluminium résistant.)

Préparation du glaçage

❹ Dans une casserole à fond épais, mélanger les blancs d'oeufs, le sucre, l'eau, le sirop de maïs et le sel. Chauffer à feu très doux, en battant à l'aide du batteur électrique (utiliser des fouets propres), pendant environ 7 minutes ou jusqu'à ce que le mélange forme des pics mous. Retirer la casserole du feu. Incorporer la vanille en battant pendant encore 1 minute.

Assemblage du gâteau

❺ À l'aide d'un couteau denté, égaliser le dessus des gâteaux refroidis, au besoin. Retirer les miettes avec un pinceau. Couper les gâteaux en deux horizontalement. Déposer une tranche de gâteau, le côté coupé dessus, dans une assiette de service. Glisser des lanières de papier ciré sous le pourtour du gâteau pour protéger la bordure de l'assiette. À l'aide d'une spatule de métal, étendre environ 3/4 t (180 ml) du glaçage sur le dessus du gâteau. Faire deux autres étages de la même manière. Couvrir de la dernière tranche de gâteau, le côté coupé dessous. Étendre 1 t (250 ml) du glaçage sur le dessus et le pourtour du gâteau, juste assez pour le masquer. Étendre le reste du glaçage sur le dessus et le pourtour du gâteau et réfrigérer pendant environ 30 minutes ou jusqu'à ce qu'il soit ferme. Retirer les lanières de papier ciré.

Par portion: • calories: 370 • protéines: 5 g
• matières grasses: 10 g (6 g sat.) • cholestérol: 55 mg
• glucides: 64 g • fibres: 1 g • sodium: 245 mg

GÂTEAU À LA *ricotta* ET AU MIEL

Donne de 10 à 12 portions.
Préparation: 45 min
Réfrigération: 4 h 30 min
Cuisson: 1 h 25 min (gâteau);
15 min (noix)
Refroidissement: 1 h

Croûte au beurre

1 1/2 t	farine	375 ml
1/2 t	beurre froid, coupé en dés	125 ml
2 c. à tab	sucre	30 ml
1/4 c. à thé	sel	1 ml
3 c. à tab	eau froide	45 ml

Garniture à la ricotta et au miel

2 t	fromage ricotta	500 ml
1/2 t + 1/4 t	miel liquide	185 ml
1/4 t	sucre	60 ml
4	oeufs	4
1/4 t	crème à 35 %	60 ml
3 c. à tab	farine	45 ml
1 c. à tab	zeste de citron râpé finement	15 ml
2 c. à tab	jus de citron	30 ml
	noix caramélisées (voir recette)	

Préparation de la croûte

1 Au robot culinaire, mélanger la farine, le beurre, le sucre et le sel en actionnant et en arrêtant successivement l'appareil jusqu'à ce que le mélange ait la texture d'une chapelure grossière. Ajouter l'eau et mélanger de la même manière jusqu'à ce que la pâte commence à se tenir.

Presser la pâte au fond et sur la paroi d'un moule à charnière de 9 po (23 cm) de diamètre, jusqu'à une hauteur de 2 po (5 cm). À l'aide d'une fourchette, piquer la croûte sur toute sa surface. Réfrigérer pendant 30 minutes.

2 Tapisser la croûte de papier d'aluminium et la remplir de haricots secs. Cuire dans le tiers inférieur du four préchauffé à 375°F (190°C) pendant 15 minutes. Retirer délicatement les haricots secs et le papier d'aluminium et poursuivre la cuisson pendant 20 minutes ou jusqu'à ce que la croûte soit dorée. Déposer le moule sur une grille et laisser refroidir.

Préparation de la garniture

3 Entre-temps, au robot culinaire, réduire le fromage ricotta en purée lisse. Incorporer 1/2 t (125 ml) du miel et le sucre. Ajouter les oeufs un à un, en mélangeant bien après chaque addition. Ajouter la crème, la farine, le zeste et le jus de citron et mélanger.

4 Verser la garniture dans la croûte refroidie. Cuire au centre du four préchauffé à 325°F (160°C) pendant 50 minutes ou jusqu'à ce que la garniture ait pris sur le pourtour mais qu'elle soit encore légèrement gélatineuse au centre. Mettre le moule sur la grille, ouvrir légèrement la charnière pour détacher du moule le pourtour du gâteau et laisser refroidir pendant 1 heure. Couvrir le moule d'une pellicule de plastique et réfrigérer pendant au moins 4 heures ou jusqu'à ce que le gâteau soit ferme. (Vous pouvez préparer le gâteau à l'avance. Il se conservera jusqu'à 2 jours au réfrigérateur.)

5 Au moment de servir, démouler le gâteau et le couper en pointes. Arroser du reste du miel et garnir des noix caramélisées.

Par portion: • calories: 400 • protéines: 11 g • matières grasses: 20 g (9 g sat.) • cholestérol: 110 mg • glucides: 46 g • fibres: 2 g • sodium: 185 mg

NOIX CARAMÉLISÉES
Donne environ 1 t (250 ml).

1 t	noix au choix (pacanes, noisettes, amandes)	250 ml
3 c. à tab	sirop de maïs	45 ml

Mettre les noix dans un bol. Dans un petit bol allant au micro-ondes, chauffer le sirop de maïs à intensité maximale pendant environ 30 secondes ou jusqu'à ce qu'il soit bouillonnant. Verser le sirop de maïs sur les noix et mélanger pour bien les enrober. Étendre les noix sur une plaque de cuisson tapissée de papier-parchemin. Cuire au four préchauffé à 325°F (160°C) pendant 15 minutes ou jusqu'à ce qu'elles soient caramélisées. (Vous pouvez préparer les noix à l'avance, les laisser refroidir et les mettre dans un contenant hermétique. Elles se conserveront jusqu'à 1 semaine à la température ambiante.)

GÂTEAU AU *citron*
ET AUX GRAINES DE PAVOT

Gâteau au citron et aux graines de pavot

1 t	beurre ramolli	250 ml
1 1/2 t	sucre	375 ml
4	oeufs	4
2 c. à tab	zeste de citron râpé	30 ml
1 c. à thé	vanille	5 ml
3 t	farine	750 ml
1 c. à tab	poudre à pâte	15 ml
1/2 c. à thé	sel	2 ml
1/3 t	graines de pavot	80 ml
1 1/4 t	lait	310 ml
Glace au citron		
2 c. à tab	jus de citron	30 ml
1 t	sucre glace tamisé	250 ml
1 c. à thé	zeste de citron râpé finement	5 ml

Préparation du gâteau

1 Dans un grand bol, à l'aide d'un batteur électrique, battre le beurre et le sucre jusqu'à ce que le mélange soit léger et gonflé. Ajouter les oeufs un à un, en battant bien après chaque addition. Ajouter le zeste de citron et la vanille en battant. Dans un autre bol, mélanger la farine, la poudre à pâte, le sel et les graines de pavot. À l'aide d'une cuillère de bois, incorporer les ingrédients secs au mélange d'oeufs en trois fois, en alternant deux fois avec le lait.

2 Étendre la pâte dans un moule à cheminée (de type Bundt) d'une capacité de 12 t (3 L), légèrement beurré. Cuire au four préchauffé à 350°F (180°C) de 35 à 40 minutes ou jusqu'à ce qu'un cure-dents inséré au centre du gâteau en ressorte propre. Déposer le moule sur une grille et laisser refroidir pendant 20 minutes. Passer la lame d'un couteau sur le pourtour du gâteau pour le détacher du moule. Démouler le gâteau sur la grille et laisser refroidir complètement. (Vous pouvez préparer le gâteau à l'avance et le mettre dans un contenant hermétique. Il se conservera jusqu'au lendemain à la température ambiante ou jusqu'à 2 semaines au congélateur.)

Préparation de la glace

3 Dans un bol, à l'aide d'un fouet, incorporer le jus de citron au sucre glace jusqu'à ce que la glace soit homogène et assez liquide pour être versée. Ajouter le zeste de citron et mélanger. Verser la glace au citron sur le gâteau refroidi en la laissant couler sur le pourtour. Réfrigérer pendant 1 heure ou jusqu'à ce qu'elle ait pris.

Par portion: • calories: 435 • protéines: 7 g • matières grasses: 19 g (11 g sat.) • cholestérol: 112 mg • glucides: 60 g • fibres: 1 g • sodium: 330 mg

GÂTEAU AUX *prunes* ET À LA CRÈME SURE

Donne 12 portions.
Préparation: 30 min
Cuisson: 1 h 20 min

4	grosses prunes, coupées en deux et dénoyautées (environ 1 lb/500 g)	4
2 c. à tab	cassonade tassée	30 ml
1/2 c. à thé	cannelle moulue	2 ml
1/2 t	beurre non salé ramolli	125 ml
1 1/2 t	sucre	375 ml
3	oeufs	3
1 c. à tab	zeste d'orange râpé	15 ml
1 c. à thé	vanille	5 ml
1 1/2 t	crème sure	375 ml
1/3 t	huile végétale	80 ml
2 1/4 t	farine	560 ml
1 1/2 c. à thé	poudre à pâte	7 ml
1/2 c. à thé	bicarbonate de sodium	2 ml
1/4 c. à thé	sel	1 ml
3/4 t	confiture d'abricots	180 ml

1 Couper les prunes en tranches de 1/4 po (5 mm) d'épaisseur. Dans un bol, mélanger les prunes, la cassonade et la cannelle. Réserver.

2 Dans un grand bol, à l'aide d'un batteur électrique, battre le beurre et le sucre jusqu'à ce que le mélange soit léger. Ajouter les oeufs un à un, en battant bien après chaque addition. Incorporer le zeste d'orange et la vanille en battant. Dans un autre grand bol, à l'aide d'une cuillère de bois, mélanger la crème sure et l'huile. Dans un quatrième grand bol, mélanger la farine, la poudre à pâte, le bicarbonate de sodium et le sel. Incorporer les ingrédients secs au mélange de beurre en trois fois, en alternant deux fois avec le mélange de crème sure.

3 Verser la pâte dans un moule à charnière de 10 po (25 cm) de diamètre, beurré et fariné, et lisser le dessus. Disposer les tranches de prunes réservées sur la pâte en deux cercles concentriques, en laissant environ 1/2 po (1 cm) entre les cercles.

4 Cuire au centre du four préchauffé à 350°F (180°C) pendant environ 1 heure 20 minutes ou jusqu'à ce qu'un cure-dents inséré au centre du gâteau en ressorte propre. Déposer le moule sur une grille et laisser refroidir pendant 20 minutes. Retirer la paroi du moule et laisser refroidir complètement. (Vous pouvez préparer le gâteau jusqu'à cette étape et le couvrir d'une pellicule de plastique. Il se conservera jusqu'au lendemain à la température ambiante ou jusqu'à 2 semaines au congélateur, enveloppé de papier d'aluminium résistant.)

5 Mettre le gâteau dans une assiette de service. Dans une petite casserole, faire fondre la confiture à feu doux. Dans une passoire fine placée sur un bol, filtrer la confiture fondue, puis en badigeonner le dessus du gâteau. Servir tiède ou à la température ambiante.

Par portion: • calories: 443 • protéines: 5 g • matières grasses: 19 g (8 g sat.) • cholestérol: 79 mg • glucides: 64 g • fibres: 2 g • sodium: 167 mg

GÂTEAU À LA *crème au citron* ET AUX FRAMBOISES

Donne 12 portions.
Préparation: 1 h
Cuisson: 1 h 5 min à 1 h 20 min
Réfrigération: 5 h

Gâteau de Savoie

6	oeufs	6
1 t	sucre	250 ml
1 c. à tab	zeste de citron râpé	15 ml
1 c. à thé	vanille	5 ml
1 t	farine	250 ml
1/2 c. à thé	poudre à pâte	2 ml
1	pincée de sel	1
1/3 t	beurre fondu	80 ml

Crème au citron

1	sachet de gélatine sans saveur (7 g)	1
3 c. à tab	eau	45 ml
3	oeufs	3
2	jaunes d'oeufs	2
1 1/4 t	sucre	310 ml
1 c. à tab	zeste de citron râpé	15 ml
2/3 t	jus de citron	160 ml
1 1/3 t	crème à 35 %	330 ml
3 t	framboises fraîches	750 ml
1 c. à tab	sucre glace	15 ml

Préparation du gâteau

1 Tapisser de papier-parchemin le fond d'un moule à charnière de 10 po (25 cm) de diamètre. Beurrer le papier. Réserver. Casser les oeufs dans un bol et le placer dans un plat d'eau chaude. Laisser réchauffer les oeufs pendant 5 minutes.

2 À l'aide d'un batteur électrique, battre les oeufs jusqu'à ce qu'ils soient mousseux. Ajouter le sucre petit à petit, en battant pendant environ 10 minutes ou jusqu'à ce que le mélange ait pâli et tombe en rubans lorsqu'on soulève les fouets du batteur. À l'aide d'une spatule, incorporer le zeste de citron et la vanille en soulevant délicatement la masse.

3 Dans un bol, à l'aide d'une passoire fine, tamiser la farine, la poudre à pâte et le sel. Tamiser le tiers des ingrédients secs sur le mélange d'oeufs et mélanger en soulevant délicatement la masse. Incorporer le reste des ingrédients secs de la même manière, en deux fois. Verser le quart de la pâte dans un bol et y ajouter le beurre fondu. Incorporer ce mélange au reste de la pâte en soulevant délicatement la masse. Verser la pâte dans le moule réservé.

4 Cuire au four préchauffé à 325°F (160°C) de 45 à 60 minutes ou jusqu'à ce que le centre du gâteau reprenne sa forme sous une légère pression du doigt. Déposer le moule sur une grille et laisser refroidir pendant 10 minutes. Retirer la paroi du moule et laisser refroidir complètement sur la grille. (Vous pouvez préparer le gâteau à l'avance et l'envelopper d'une pellicule de plastique. Il se conservera jusqu'au lendemain à la température ambiante ou jusqu'à 2 semaines au congélateur, enveloppé de papier d'aluminium résistant.)

Préparation de la crème au citron

5 Dans un petit bol, saupoudrer la gélatine sur l'eau. Réserver. Dans un bol à l'épreuve de la chaleur, à l'aide d'un fouet, battre les oeufs, les jaunes d'oeufs, le sucre, le zeste et le jus de citron. Mettre le bol sur une casserole d'eau frémissante et cuire, en brassant souvent, pendant environ 20 minutes ou jusqu'à ce que le mélange soit translucide et ait suffisamment épaissi pour tenir dans une cuillère.

6 Dans une passoire fine placée sur un grand bol, filtrer la préparation au citron. Ajouter le mélange de gélatine réservé et mélanger jusqu'à ce que la gélatine ait fondu. Couvrir directement la surface d'une pellicule de plastique. Réfrigérer pendant environ 1 heure ou jusqu'à ce que la préparation soit froide et ait épaissi (brasser aux 10 minutes).

7 Dans un autre bol, à l'aide du batteur électrique (utiliser des fouets propres), battre la crème jusqu'à ce qu'elle forme des pics fermes. Incorporer le tiers de la crème fouettée à la préparation au citron refroidie en soulevant délicatement la masse. Incorporer le reste de la crème fouettée, puis 2 1/3 t (580 ml) des framboises de la même façon. Réserver.

Assemblage du gâteau

8 Tapisser de papier ciré ou de papier-parchemin le fond et la paroi du moule à charnière utilisé pour la cuisson du gâteau. Couper le gâteau en trois tranches horizontalement. Mettre dans le moule

la tranche supérieure du gâteau, le côté coupé dessus, et la couvrir de la moitié de la crème au citron réservée. Couvrir de la deuxième tranche de gâteau et du reste de la crème au citron. Couvrir de la dernière tranche de gâteau, le côté coupé dessous. Couvrir et réfrigérer pendant au moins 4 heures ou jusqu'à ce que la crème ait pris. (Vous pouvez préparer le gâteau jusqu'à cette étape. Il se conservera jusqu'au lendemain au réfrigérateur.)

9 Retirer la paroi du moule. Saupoudrer le dessus du gâteau du sucre glace et disposer le reste des framboises sur le pourtour.

Par portion: · calories: 404 · protéines: 8 g · matières grasses: 19 g (11 g sat.) · cholestérol: 221 mg · glucides: 52 g · fibres: 3 g · sodium: 107 mg

GÂTEAU AUX *pommes*,
SAUCE AU CARAMEL

Donne 16 portions.
Préparation: 30 min
Cuisson: 1 h 15 min

Les meilleures variétés de pommes pour faire ce gâteau: Empire et Cortland.

Gâteau aux pommes

3 t	farine	750 ml
1 c. à thé	sel	5 ml
1 c. à thé	bicarbonate de sodium	5 ml
1 1/4 t	huile végétale	310 ml
2 t	sucre	500 ml
3	oeufs	3
1 c. à thé	vanille	5 ml
2	pommes pelées, le coeur enlevé, coupées en dés (environ 2 t/500 ml)	2

Sauce au caramel

1/4 t	beurre non salé	60 ml
3/4 t	cassonade tassée	180 ml
1 t	sirop de maïs	250 ml
1	boîte de lait concentré sucré (de type Eagle Brand) (300 ml)	1
1 c. à thé	vanille	5 ml

Préparation du gâteau

1 Dans un bol, mélanger la farine, le sel et le bicarbonate de sodium. Dans un grand bol, à l'aide d'un batteur électrique, mélanger l'huile et le sucre. Incorporer les oeufs un à un, en battant bien après chaque addition, puis incorporer la vanille. Ajouter les ingrédients secs et mélanger à l'aide d'une spatule. Ajouter les pommes et mélanger.

2 Verser la pâte dans un moule à cheminée (de type Bundt) d'une capacité de 12 t (3 L), beurré et fariné. Cuire dans le tiers inférieur du four préchauffé à 325°F (160°C) pendant 1 heure 15 minutes ou jusqu'à ce qu'un cure-dents inséré au centre du gâteau en ressorte propre. Déposer le moule sur une grille et laisser refroidir pendant 10 minutes. Démouler le gâteau. (Vous pouvez préparer le gâteau à l'avance et le couvrir. Il se conservera jusqu'à 2 jours au réfrigérateur ou jusqu'à 2 semaines au congélateur, enveloppé de papier d'aluminium et mis dans un contenant hermétique.)

Préparation de la sauce

3 Entre-temps, dans une casserole à fond épais, mélanger le beurre, la cassonade et le sirop de maïs. Porter à ébullition à feu moyen, en brassant. Réduire le feu et laisser mijoter pendant 5 minutes ou jusqu'à ce que la cassonade soit dissoute. Retirer du feu. Incorporer le lait concentré sucré et la vanille et mélanger à l'aide d'une cuillère de bois jusqu'à ce que la sauce soit homogène. (Vous pouvez préparer la sauce à l'avance, la laisser refroidir et la mettre dans un contenant hermétique. Elle se conservera jusqu'à 1 semaine au réfrigérateur. Réchauffer à feu doux avant d'en napper le gâteau.)

4 Déposer le gâteau sur une grille placée sur une plaque de cuisson et le napper de la moitié de la sauce, en la laissant couler sur le pourtour et au centre. Servir avec le reste de la sauce en saucière.

Par portion: • calories: 555 • protéines: 4 g • matières grasses: 25 g (5 g sat.) • cholestérol: 55 mg • glucides: 77 g • fibres: 1 g • sodium: 280 mg

GÂTEAU
Reine-Élisabeth

Donne 9 portions.
Préparation: 20 min
Cuisson: 50 à 65 min

Gâteau aux dattes

1 t	dattes dénoyautées, coupées en deux	250 ml
1 t	eau chaude	250 ml
1/4 t	beurre ramolli	60 ml
1 t	sucre	250 ml
1	oeuf	1
1 c. à thé	vanille	5 ml
1 1/2 t	farine à gâteau et à pâtisserie	375 ml
1 c. à thé	poudre à pâte	5 ml
1 c. à thé	bicarbonate de sodium	5 ml
1	pincée de sel	1
1/2 t	pacanes hachées	125 ml

Garniture à la cassonade

1/2 t	cassonade	125 ml
2 c. à tab	crème à 15 %	30 ml
1/3 t	beurre	80 ml
3/4 t	flocons de noix de coco	180 ml

Préparation du gâteau

1 Dans une petite casserole, mélanger les dattes et l'eau et porter à ébullition. Réduire le feu et laisser mijoter pendant environ 5 minutes ou jusqu'à ce que les dattes commencent à se défaire. Laisser refroidir à la température ambiante.

2 Dans un bol, à l'aide d'un batteur électrique, battre le beurre jusqu'à ce qu'il soit crémeux. Ajouter le sucre petit à petit, en battant, puis incorporer l'oeuf et la vanille. Dans un autre bol, mélanger la farine, la poudre à pâte, le bicarbonate de sodium et le sel. Incorporer les ingrédients secs à la préparation de beurre en deux fois, en alternant une fois avec la préparation de dattes. Ajouter les pacanes et mélanger.

3 Verser la pâte dans un moule de 9 po (23 cm) de côté, beurré. Cuire au four préchauffé à 350°F (180°C) de 35 à 45 minutes ou jusqu'à ce que le gâteau soit ferme.

Préparation de la garniture

4 Dans une casserole, mélanger tous les ingrédients. Porter à ébullition et laisser bouillir pendant 3 minutes. Verser aussitôt sur le gâteau. Remettre le gâteau au four et poursuivre la cuisson de 5 à 10 minutes ou jusqu'à ce que la garniture soit dorée. Couper en carrés.

Par portion: • calories: 445 • protéines: 4 g • matières grasses: 20 g (10 g sat.) • cholestérol: 60 mg • glucides: 65 g • fibres: 3 g • sodium: 250 mg

GÂTEAU ÉTAGÉ
À LA *crème de citron*

Donne 16 portions.
Préparation: 1 h
Réfrigération: 6 à 10 h
Cuisson: 45 min

La liqueur au citron de type limoncello est une spécialité italienne qu'on trouve facilement dans les succursales de la SAQ.

Crème de citron

1 t	sucre	250 ml
1 c. à tab	zeste de citron rapé	15 ml
1/2 t	jus de citron	125 ml
3 c. à tab	beurre	45 ml
1/8 c. à thé	sel	0,5 ml
5	oeufs légèrement battus	5

Gâteau au citron

6	jaunes d'oeufs	6
1 1/2 t	sucre	375 ml
1/2 t	eau froide	125 ml
1 c. à thé	vanille	5 ml
1 1/2 t	farine à gâteau et à pâtisserie tamisée	375 ml
6	blancs d'oeufs	6
3/4 c. à thé	crème de tartre	4 ml
1/4 t	liqueur au citron (de type limoncello)	60 ml

Garniture à la crème

1 1/2 t	crème à 35 %	375 ml
2 c. à tab	sucre	30 ml
1	citron coupé en deux, puis en tranches fines	1

Préparation de la crème de citron

1 Dans une casserole, mélanger le sucre, le zeste et le jus de citron, le beurre et le sel. Cuire à feu moyen, en brassant, jusqu'à ce que le beurre ait fondu. Dans un bol, casser les oeufs, puis verser lentement la moitié du mélange de citron, en brassant. Remettre la préparation dans la casserole. Cuire à feu moyen, en brassant, jusqu'à ce que la préparation ait légèrement épaissi. Retirer du feu. Dans une passoire fine placée sur un bol, filtrer la crème de citron. Couvrir directement la surface d'une pellicule de plastique et réfrigérer pendant 4 heures ou jusqu'au lendemain.

Préparation du gâteau

2 Dans un grand bol, à l'aide d'un batteur électrique, battre les jaunes d'oeufs, le sucre, l'eau et la vanille pendant environ 5 minutes ou jusqu'à ce que la préparation ait épaissi. Saupoudrer de 2 c. à tab (30 ml) de la farine et mélanger à l'aide d'une cuillère de bois en soulevant délicatement la masse. Incorporer le reste de la farine de la même manière, 2 c. à tab (30 ml) à la fois.

3 Dans un autre grand bol, à l'aide du batteur électrique (utiliser des fouets propres), battre les blancs d'oeufs et la crème de tartre jusqu'à ce que la préparation forme des pics fermes. Incorporer la préparation de blancs d'oeufs à la préparation de jaunes d'oeufs en soulevant délicatement la masse. Verser la pâte dans un moule à cheminée (de type Bundt) de 10 po (25 cm) de diamètre, non beurré.

4 Cuire au four préchauffé à 350°F (180°C) pendant environ 45 minutes ou jusqu'à ce que le dessus du gâteau reprenne sa forme sous une légère pression du doigt. Retourner aussitôt le moule sur une grille et laisser refroidir complètement. Démouler le gâteau sur une surface de travail. À l'aide d'un long couteau denté, couper le gâteau horizontalement en trois tranches de même épaisseur.

Assemblage du gâteau

5 Déposer la tranche inférieure du gâteau, le côté coupé dessus, dans une assiette de service. Badigeonner de la moitié de la liqueur au citron et couvrir de la moitié de la crème de citron refroidie. Couvrir de la seconde tranche de gâteau, puis du reste de la liqueur au citron et de la crème de citron. Couvrir de la tranche supérieure du gâteau. Couvrir le gâteau d'une pellicule de plastique et réfrigérer de 2 à 6 heures.

Préparation de la garniture à la crème

6 Dans un bol, à l'aide du batteur électrique (utiliser des fouets propres), battre la crème et le sucre jusqu'à ce que le mélange forme des pics fermes. À l'aide d'une poche à douille ou d'une cuillère, garnir le dessus du gâteau refroidi d'un peu de la garniture à la crème, puis des tranches de citron. Servir le reste de la garniture à part.

Par portion: • calories: 320 • protéines: 6 g • matières grasses: 14 g (8 g sat.) • cholestérol: 182 mg • glucides: 43 g • fibres: aucune • sodium: 91 mg

GÂTEAU *Boston* LÉGER

Crème pâtissière à la vanille

1/3 t	sucre	80 ml
2 1/2 c. à tab	fécule de maïs	37 ml
1 1/4 t	lait à 1 %	310 ml
1	oeuf légèrement battu	1
1 c. à thé	vanille	5 ml

Gâteau blanc

3 1/2 c. à tab	beurre ramolli	52 ml
1/2 t + 3 c. à tab	sucre	170 ml
1 c. à thé	vanille	5 ml
1	jaune d'oeuf	1
1 1/2 t	farine à gâteau et à pâtisserie tamisée	375 ml
1 1/2 c. à thé	poudre à pâte	7 ml
1/2 c. à thé	sel	2 ml
3/4 t	lait écrémé	180 ml
2	blancs d'oeufs	2

Glace au chocolat

2 oz	chocolat mi-amer haché	60 g
3 c. à tab	crème à 10 %	45 ml
1 c. à tab	sirop de maïs	15 ml

Préparation de la crème pâtissière

1 Dans une casserole à fond épais, mélanger le sucre et la fécule de maïs. À l'aide d'un fouet, incorporer le lait petit à petit. Porter à ébullition à feu moyen et cuire, en brassant sans arrêt à l'aide d'une cuillère de bois, pendant 1 minute ou jusqu'à ce que la préparation commence à épaissir. Retirer du feu.

2 Mettre l'oeuf dans un petit bol. Verser petit à petit environ le quart de la préparation de lait, en brassant, puis verser le mélange dans la casserole, en brassant toujours. Cuire à feu moyen, en brassant sans arrêt, pendant 1 minute ou jusqu'à ce que la crème ait épaissi. Retirer du feu et incorporer la vanille. Verser la crème pâtissière dans un bol et couvrir directement la surface d'une pellicule de plastique. Réfrigérer pendant 2 heures ou jusqu'à ce que la crème soit froide.

Préparation du gâteau

3 Entre-temps, dans un bol, à l'aide d'un batteur électrique, battre le beurre avec 1/2 t (125 ml) du sucre pendant environ 5 minutes ou jusqu'à ce que le mélange soit pâle et léger. Ajouter la vanille et le jaune d'oeuf en battant. Dans un autre bol, tamiser ensemble la farine, la poudre à pâte et le sel. Incorporer les ingrédients secs à la préparation de beurre en deux fois, en alternant une fois avec le lait. Dans un troisième bol, à l'aide du batteur électrique (utiliser des fouets propres), battre les blancs d'oeufs avec le reste du sucre jusqu'à ce que le mélange forme des pics fermes. À l'aide d'une spatule, incorporer à la pâte environ le quart des blancs d'oeufs, puis incorporer le reste des blancs d'oeufs de la même manière.

4 Verser la pâte dans un moule à gâteau de 9 po (23 cm) de diamètre, vaporisé d'un enduit végétal antiadhésif (de type Pam). Cuire au four préchauffé à 350°F (180°C) pendant environ 35 minutes ou jusqu'à ce qu'un cure-dents inséré au centre du gâteau en ressorte propre. Déposer le moule sur une grille et laisser refroidir pendant 10 minutes. Démouler le gâteau sur la grille et laisser refroidir complètement.

Préparation de la glace

5 Dans un bol allant au micro-ondes, mélanger le chocolat, la crème et le sirop de maïs. Cuire au micro-ondes, à intensité moyenne (50 %), pendant environ 1 minute ou jusqu'à ce que le chocolat commence à fondre. Brasser jusqu'à ce que la glace soit lisse. Laisser refroidir légèrement à la température ambiante.

Assemblage du gâteau

6 À l'aide d'un long couteau denté, couper le gâteau en deux horizontalement. Déposer la partie inférieure, le côté coupé dessus, dans une assiette de service. Étendre uniformément la crème pâtissière refroidie sur le gâteau, en laissant une bordure de 1/2 po (1 cm) sur le pourtour. Couvrir de la partie supérieure du gâteau, le côté arrondi dessus. À l'aide d'une cuillère, napper le gâteau de la glace au chocolat. (Vous pouvez préparer le gâteau à l'avance et le couvrir. Il se conservera jusqu'au lendemain au réfrigérateur. Laisser revenir à la température ambiante avant de servir.)

Par portion: • calories: 275 • protéines: 5 g • matières grasses: 8 g (4 g sat.) • cholestérol: 55 mg • glucides: 46 g • fibres: 1 g • sodium: 255 mg

GÂTEAU DES ANGES
AUX *fraises* ET AU CITRON

Donne 12 portions.
Préparation: 40 min
Cuisson: 40 à 45 min
Réfrigération: 1 h

Gâteau des anges

1 1/4 t	farine à gâteau et à pâtisserie tamisée	310 ml
1 t	sucre	250 ml
1 1/2 t	blancs d'oeufs (10 à 12 blancs d'oeufs)	375 ml
1 c. à tab	jus de citron	15 ml
1 c. à thé	crème de tartre	5 ml
1/2 c. à thé	sel	2 ml
1/2 c. à thé	vanille	2 ml

Garniture crémeuse au citron et aux fraises

1 c. à thé	gélatine sans saveur	5 ml
2 c. à tab	eau	30 ml
1 t	crème à 18 %	250 ml
1 c. à tab	sucre	15 ml
1/4 t	crème sure légère	60 ml
1 c. à thé	zeste de citron râpé finement	5 ml
1/4 t	xérès (sherry) doux	60 ml
4 t	fraises équeutées, coupées en tranches	1 L

Préparation du gâteau

1 Dans une passoire fine placée sur un bol, tamiser la farine et 1/2 t (125 ml) du sucre. Tamiser de nouveau dans un autre bol. Réserver. Dans un grand bol, à l'aide d'un batteur électrique, battre les blancs d'oeufs jusqu'à ce qu'ils soient mousseux. Ajouter le jus de citron, la crème de tartre et le sel et battre jusqu'à ce que la préparation forme des pics mous. Ajouter le reste du sucre, 2 c. à tab (30 ml) à la fois, en battant jusqu'à ce que la préparation forme des pics fermes et brillants. À l'aide de la passoire, saupoudrer le quart du mélange de farine réservé sur la préparation de blancs d'oeufs. Mélanger à l'aide d'une spatule en soulevant délicatement la masse. Répéter l'opération trois fois. Incorporer la vanille en soulevant délicatement la masse.

2 Verser la pâte dans un moule à cheminée (de type Bundt) de 10 po (25 cm) de diamètre, non beurré. Passer une spatule en métal dans la pâte pour éliminer les bulles d'air et lisser le dessus. Cuire au four préchauffé à 350°F (180°C) de 40 à 45 minutes ou jusqu'à ce que le gâteau reprenne sa forme sous une légère pression du doigt. Retourner le moule sur sa cheminée ou le déposer sur une bouteille et laisser refroidir complètement. Démouler le gâteau. (Vous pouvez préparer le gâteau à l'avance et l'envelopper d'une pellicule de plastique. Il se conservera jusqu'à 2 jours au réfrigérateur ou jusqu'à 2 semaines au congélateur, enveloppé de papier d'aluminium.)

Préparation de la garniture

3 Dans une petite casserole, saupoudrer la gélatine sur l'eau. Laisser gonfler pendant 5 minutes. Chauffer à feu moyen-doux, en brassant, jusqu'à ce que la gélatine ait fondu. Entre-temps, dans un bol, à l'aide du batteur électrique (utiliser des fouets propres), battre la crème et le sucre jusqu'à ce que la préparation forme des pics fermes. Incorporer la crème sure et le zeste de citron en soulevant délicatement la masse, puis incorporer le mélange de gélatine de la même manière.

4 À l'aide d'un couteau denté, couper le gâteau en deux horizontalement. Mettre la base du gâteau dans une assiette, le côté coupé dessus, et badigeonner de 2 c. à tab (30 ml) du xérès. Couvrir de la moitié de la garniture crémeuse au citron et de la moitié des fraises. Couvrir de l'autre moitié du gâteau, le côté coupé dessous, et badigeonner du reste du xérès. Étendre le reste de la garniture crémeuse et des fraises sur le dessus du gâteau. Réfrigérer pendant environ 1 heure ou jusqu'à ce que la garniture crémeuse ait pris. (Vous pouvez préparer le gâteau à l'avance et le couvrir. Il se conservera jusqu'à 4 heures au réfrigérateur.)

Par portion: • calories: 200 • protéines: 5 g • matières grasses: 5 g (3 g sat.) • cholestérol: 15 mg • glucides: 33 g • fibres: 1 g • sodium: 160 mg.

GÂTEAU AU *fromage* ET AU CAFÉ

Donne 16 portions.
Préparation: 1 h
Cuisson: 1 h 15 min à 1 h 25 min
Congélation: 30 min
Repos: 2 h 30 min
Réfrigération: 12 h

Croûte au chocolat

9 oz	gaufrettes au chocolat (environ 41 gaufrettes)	270 g
1 t	brisures de chocolat mi-sucré	250 ml
1/2 t	cassonade tassée	125 ml
1	pincée de cannelle moulue	1
7 c. à tab	beurre fondu	105 ml

Ganache

1 t	crème à 35 %	250 ml
15 oz	chocolat mi-amer haché	450 g
2 c. à tab	liqueur de café (de type Kahlua)	30 ml

Garniture au fromage et au café

4	paquets de fromage à la crème, ramolli (250 g chacun)	4
1 1/3 t	sucre	330 ml
2 c. à tab	farine	30 ml
2 c. à tab	poudre de café espresso instantané	30 ml
2 c. à tab	rhum brun	30 ml
1 c. à tab	vanille	15 ml
2 c. à thé	mélasse	10 ml
4	oeufs légèrement battus	4

Glace à la crème sure

1 1/2 t	crème sure	375 ml
1/3 t	sucre	80 ml
2 c. à thé	vanille	10 ml

Préparation de la croûte

1 Au robot culinaire, émietter les gaufrettes avec les brisures de chocolat, la cassonade et la cannelle. Ajouter le beurre et mélanger jusqu'à ce que la préparation soit humide. Presser la préparation au fond d'un moule à charnière de 10 po (25 cm) de diamètre, non beurré. Réserver.

Préparation de la ganache

2 Dans une petite casserole, chauffer la crème à feu moyen-vif jusqu'à ce que des bulles se forment sur la paroi. Retirer la casserole du feu. Ajouter le chocolat (ne pas mélanger) et laisser reposer pendant 5 minutes. À l'aide d'un fouet, brasser jusqu'à ce que la préparation soit lisse. Ajouter la liqueur de café et mélanger. Étendre uniformément 2 t (500 ml) de la ganache sur la croûte réservée. Couvrir et congeler pendant 30 minutes. Mettre le reste de la ganache dans un petit bol, couvrir et réfrigérer jusqu'au moment de servir.

Préparation de la garniture

3 Dans un grand bol, à l'aide d'un batteur électrique, battre le fromage à la crème, le sucre et la farine jusqu'à ce que le mélange soit lisse. Dans un petit bol, mélanger le café instantané, le rhum, la vanille et la mélasse jusqu'à ce que le café soit dissous. Ajouter ce mélange au mélange de fromage et battre jusqu'à ce que la préparation soit homogène. Incorporer les oeufs à l'aide d'une cuillère. Étendre uniformément la garniture au fromage sur la ganache refroidie.

4 Déposer le gâteau au fromage sur une grande plaque de cuisson tapissée de papier d'aluminium. Cuire au four préchauffé à 350°F (180°C) de 1 heure à 1 heure 10 minutes ou jusqu'à ce que le pourtour du gâteau ait pris, mais que le centre soit encore légèrement gélatineux.

Préparation de la glace

5 Entre-temps, dans un bol, mélanger la crème sure, le sucre et la vanille. Étendre la glace sur le dessus du gâteau au fromage encore chaud. Poursuivre la cuisson au four pendant 10 minutes ou jusqu'à ce que la glace ait pris. Déposer le moule sur une grille et laisser refroidir pendant 15 minutes. Passer délicatement la lame d'un couteau sur le pourtour du gâteau pour le détacher du moule et laisser refroidir complètement (environ 1 heure 45 minutes). Retirer la paroi du moule. Couvrir le gâteau d'une pellicule de plastique et réfrigérer jusqu'au lendemain. (Vous pouvez préparer le gâteau à l'avance. Il se conservera jusqu'à 2 jours au réfrigérateur ou jusqu'à 2 semaines au congélateur, enveloppé de papier d'aluminium résistant. Retirer le papier d'aluminium avant de décongeler le gâteau au réfrigérateur.)

6 Laisser reposer le gâteau à la température ambiante pendant 30 minutes avant de servir. Réchauffer le reste de la ganache et en garnir chaque portion.

Par portion: • calories: 785 • protéines: 9 g • matières grasses: 55 g (32 g sat.) • cholestérol: 180 mg • glucides: 70 g • fibres: 3 g • sodium: 410 mg

GÂTEAU AU *fromage* ET AU MIEL, COMPOTE DE BLEUETS

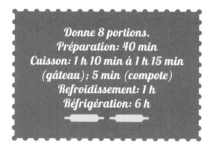

Donne 8 portions.
Préparation: 40 min
Cuisson: 1 h 10 min à 1 h 15 min
(gâteau); 5 min (compote)
Refroidissement: 1 h
Réfrigération: 6 h

Croûte Graham

3/4 t	gaufrettes Graham émiettées finement	180 ml
1/4 t	pacanes grillées, hachées	60 ml
1/4 t	beurre non salé fondu	60 ml
3 c. à tab	cassonade tassée	45 ml

Garniture au fromage

2	paquets de fromage à la crème, ramolli (250 g chacun)	2
1/2 t	miel de fleurs sauvages ou autre miel liquide	125 ml
1 c. à tab	sucre	15 ml
1/2 c. à thé	zeste d'orange râpé finement	2 ml
1	oeuf	1
1	jaune d'oeuf	1
1/3 t	crème sure	80 ml
	compote de bleuets (voir recette)	

Préparation de la croûte

1 Beurrer le fond d'un moule à charnière de 6 po (15 cm) de diamètre et tapisser la paroi de papier-parchemin. Mettre le moule au centre d'un grand carré de papier d'aluminium résistant. En pressant, replier le papier d'aluminium sur la paroi externe du moule de manière à bien l'envelopper. Réserver.

2 Dans un petit bol, mélanger les gaufrettes Graham, les pacanes, le beurre et la cassonade jusqu'à ce que le mélange soit humide. Presser uniformément le mélange de gaufrettes au fond et sur la paroi du moule réservé, jusqu'à la mi-hauteur. Cuire au centre du four préchauffé à 350°F (180°C) de 7 à 8 minutes ou jusqu'à ce que la croûte soit ferme. Déposer le moule sur une grille et laisser refroidir.

Préparation de la garniture

3 Dans un grand bol, à l'aide d'un batteur électrique, battre le fromage à la crème avec le miel jusqu'à ce que le mélange soit homogène. Incorporer le sucre et le zeste d'orange en battant. Ajouter l'oeuf, puis le jaune d'oeuf et mélanger à l'aide d'une cuillère. Incorporer la crème sure de la même manière. Verser la préparation de fromage dans la croûte refroidie.

4 Mettre le moule dans un plat allant au four ou un moule plus grand. Verser suffisamment d'eau chaude dans le plat pour couvrir la paroi du moule jusqu'à une hauteur de 1 po (2,5 cm). Cuire au centre du four préchauffé à 350°F (180°C) de 60 à 65 minutes ou jusqu'à ce que le pourtour du gâteau soit ferme, mais que le centre soit encore légèrement gélatineux. Retirer le moule du plat et le déposer sur une grille. Retirer le papier d'aluminium. Laisser refroidir pendant environ 1 heure à la température ambiante. Couvrir le moule d'une pellicule de plastique et réfrigérer pendant environ 6 heures ou jusqu'à ce que la garniture ait pris. (Vous pouvez préparer le gâteau au fromage à l'avance. Il se conservera jusqu'à 2 jours au réfrigérateur ou jusqu'à 2 semaines au congélateur, enveloppé de papier d'aluminium résistant. Retirer le papier d'aluminium avant de décongeler le gâteau au réfrigérateur.)

5 Au moment de servir, garnir chaque portion de compote de bleuets.

Par portion (avec environ 1 1/2 c. à tab/ 22 ml de compote): • calories: 493 • protéines: 7 g • matières grasses: 34 g (19 g sat.) • cholestérol: 136 mg • glucides: 43 g • fibres: 1 g • sodium: 264 mg

COMPOTE DE BLEUETS
Donne environ 3/4 t (180 ml).

3 c. à tab	sucre	45 ml
1 c. à thé	fécule de maïs	5 ml
3 c. à tab	porto ou eau	45 ml
1 c. à tab	eau	15 ml
1 t	bleuets	250 ml
1 c. à thé	jus de citron	5 ml

Dans une petite casserole, mélanger le sucre et la fécule de maïs. À l'aide d'un fouet, incorporer le porto et l'eau. Ajouter les bleuets et cuire à feu moyen-doux, en brassant sans arrêt, pendant environ 5 minutes ou jusqu'à ce que la préparation ait épaissi et que les bleuets commencent à se défaire. Retirer la casserole du feu. Ajouter le jus de citron et mélanger. (Vous pouvez préparer la compote à l'avance, la laisser refroidir et la mettre dans un contenant hermétique. Elle se conservera jusqu'à 4 jours au réfrigérateur.)

GÂTEAU AU *fromage*, AUX PÊCHES ET AUX AMANDES

Donne de 12 à 16 portions.
Préparation: 50 min
Cuisson: 1 h
Repos: 1 h
Réfrigération: 2 h

Les amaretti sont de petits biscuits ronds aux amandes, légers et croustillants. On les trouve dans les épiceries italiennes et dans les supermarchés, au rayon des biscuits importés. Pour les broyer, utiliser un rouleau à pâtisserie: le robot culinaire les réduirait en une chapelure trop fine.

Croûte aux amandes

1 1/2 t	biscuits amaretti broyés grossièrement	375 ml
2 c. à tab	beurre fondu	30 ml

Garniture au fromage

3	paquets de fromage à la crème, ramolli (250 g chacun)	3
3/4 t	sucre	180 ml
1 c. à tab	liqueur d'amande (de type amaretto)	15 ml
1/2 c. à thé	vanille	2 ml
4	oeufs légèrement battus	4

Pêches pochées

2 t	eau	500 ml
1 t	sucre	250 ml
3	grains de poivre noir	3
1	lanière de zeste de citron	1

4	pêches mûres mais fermes, pelées	4
1 c. à tab	sirop de maïs	15 ml
1/4 t	amandes en tranches, grillées	60 ml

Préparation de la croûte

1 Tapisser de papier-parchemin la paroi d'un moule à charnière de 9 po (23 cm) de diamètre. Réserver.

2 Dans un bol, mélanger les biscuits et le beurre jusqu'à ce que la préparation soit humide, sans plus. Presser la préparation au fond et sur la paroi du moule réservé. Cuire au four préchauffé à 350°F (180°C) pendant environ 12 minutes ou jusqu'à ce que la croûte soit ferme. Déposer le moule sur une grille et laisser refroidir.

Préparation de la garniture

3 Dans un grand bol, à l'aide d'un batteur électrique, battre le fromage à la crème jusqu'à ce qu'il soit léger. Ajouter le sucre et battre jusqu'à ce que la préparation soit lisse. Incorporer la liqueur d'amande et la vanille en battant. Ajouter les oeufs et battre à faible vitesse jusqu'à ce que la préparation soit homogène, sans plus.

4 Verser la garniture dans la croûte refroidie. Cuire au four préchauffé à 350°F (180°C) pendant 50 minutes ou jusqu'à ce que le centre de la garniture ait pris. Laisser reposer dans le four éteint pendant 1 heure (ne pas ouvrir la porte). Couvrir

et réfrigérer pendant environ 2 heures ou jusqu'à ce que le gâteau soit froid. (Vous pouvez préparer le gâteau jusqu'à cette étape. Il se conservera jusqu'à 2 jours au réfrigérateur.)

Préparation des pêches

5 Entre-temps, dans une casserole, mélanger l'eau, le sucre, les grains de poivre et le zeste de citron et porter à ébullition. Laisser bouillir pendant 5 minutes. Ajouter les pêches, couvrir et poursuivre la cuisson à feu moyen-vif de 6 à 8 minutes ou jusqu'à ce qu'elles soient tendres (les retourner à la mi-cuisson). À l'aide d'une écumoire, retirer les pêches de la casserole et les mettre dans une assiette. Laisser refroidir. (Vous pouvez préparer les pêches à l'avance et les mettre dans un contenant hermétique. Elles se conserveront jusqu'au lendemain au réfrigérateur.)

Assemblage du gâteau

6 Retirer la paroi du moule. Badigeonner le pourtour du gâteau du sirop de maïs et y presser les amandes. Couper les pêches en deux, les dénoyauter et les couper en quartiers. Disposer la moitié des quartiers de pêches sur le dessus du gâteau. Servir avec le reste des quartiers de pêches.

Par portion: • calories: 337 • protéines: 6 g • matières grasses: 21 g (13 g sat.) • cholestérol: 102 mg • glucides: 33 g • fibres: 1 g • sodium: 188 mg

GÂTEAU AU *gingembre* ET AUX AGRUMES CONFITS

3 t	farine	750 ml
1 c. à thé	poudre à pâte	5 ml
1/4 c. à thé	bicarbonate de sodium	1 ml
1/4 c. à thé	sel	1 ml
1 t	beurre ramolli	250 ml
2 t	sucre	500 ml
3/4 t	cassonade tassée	180 ml
2 c. à thé	vanille	10 ml
5	oeufs	5
1 t	lait	250 ml
1/2 t	gingembre confit, haché finement	125 ml
2 c. à tab	gingembre frais, râpé	30 ml
	oranges et kumquats confits (voir recette)	

1 Dans un bol, mélanger la farine, la poudre à pâte, le bicarbonate de sodium et le sel. Réserver. Dans un grand bol, à l'aide d'un batteur électrique, battre le beurre pendant 30 secondes. Ajouter petit à petit le sucre et la cassonade, en battant jusqu'à ce que le mélange soit léger et gonflé. Incorporer la vanille. Ajouter les oeufs un à un, en battant bien après chaque addition (racler souvent la paroi du bol). Incorporer les ingrédients secs réservés en alternant avec le lait, en battant à faible vitesse jusqu'à ce que la pâte soit homogène, sans plus. Ajouter le gingembre confit et le gingembre frais et mélanger.

2 Verser la pâte dans un moule à cheminée (de type Bundt) de 10 po (25 cm) de diamètre, beurré et fariné. Cuire au four préchauffé à 350°F (180°C) de 60 à 70 minutes ou jusqu'à ce qu'un cure-dents inséré au centre du gâteau en ressorte propre. Déposer le moule sur une grille et laisser refroidir pendant 10 minutes. Démouler le gâteau sur la grille et laisser refroidir complètement. (Vous pouvez préparer le gâteau à l'avance et l'envelopper d'une pellicule de plastique. Il se conservera jusqu'à 2 jours à la température ambiante ou jusqu'à 2 mois au congélateur, dans un contenant hermétique.)

3 Au moment de servir, garnir des oranges et des kumquats confits et arroser de leur sirop.

Par portion: • calories: 475 • protéines: 6 g • matières grasses: 14 g (8 g sat.) • cholestérol: 100 mg • glucides: 83 g • fibres: 3 g • sodium: 195 mg

ORANGES ET KUMQUATS CONFITS
Donne environ 3 t (750 ml).

1 1/2 t	sucre	375 ml
1 t	eau	250 ml
3	oranges brossées	3
12	kumquats brossés	12

1 Dans une casserole, mélanger le sucre et l'eau. Porter à ébullition. Réduire le feu et laisser mijoter, en brassant souvent, de 15 à 20 minutes ou jusqu'à ce que le sirop ait épaissi et réduit à environ 1 t (250 ml).

2 Entre-temps, couper les oranges et les kumquats en tranches fines (jeter les tranches du bout et retirer les pépins, au besoin). Mettre les agrumes dans le sirop et porter de nouveau à ébullition. Réduire le feu et laisser mijoter pendant environ 5 minutes ou jusqu'à ce qu'ils soient tendres (les retourner délicatement plusieurs fois). À l'aide d'une écumoire, retirer les agrumes confits du sirop et les laisser égoutter sur une grille. (Vous pouvez préparer les oranges et les kumquats confits à l'avance et les mettre côte à côte dans un contenant hermétique. Ils se conserveront jusqu'à 1 semaine à la température ambiante.)

3 Faire bouillir le sirop à découvert de 10 à 15 minutes ou jusqu'à ce qu'il ait réduit à environ 3/4 t (180 ml). Laisser refroidir pendant environ 15 minutes. (Vous pouvez préparer le sirop à l'avance et le couvrir. Il se conservera jusqu'à 1 semaine au réfrigérateur.)

Zoom ingrédient

Sans doute les agrumes les plus petits, les kumquats ont une saveur moins prononcée que celle des oranges et se mangent généralement cuits, en compote, en confiture ou confits. On les trouve dans certains supermarchés et dans les fruiteries, surtout pendant la période des fêtes.

GÂTEAU AUX *amandes* ET AU CHOCOLAT BLANC

Donne de 16 à 20 portions.
Préparation: 50 min
Cuisson: 1 h 10 min
Repos: 15 min

Gâteau aux amandes

4 oz	chocolat blanc haché	125 g
3 t	farine	750 ml
1/4 t	amandes blanchies moulues finement	60 ml
1 c. à thé	poudre à pâte	5 ml
1/2 c. à thé	bicarbonate de sodium	2 ml
1/2 c. à thé	sel	2 ml
1 t	beurre ramolli	250 ml
2 t	sucre	500 ml
6	oeufs	6
1 c. à tab	vanille	15 ml
1 1/2 c. à thé	essence d'amande	7 ml
1 t	crème sure	250 ml

Glace au chocolat blanc

4 oz	chocolat blanc haché	125 g
1 c. à thé	beurre	5 ml
1/4 t	amandes en tranches, grillées et hachées	60 ml

Préparation du gâteau

❶ Dans une petite casserole à fond épais, faire fondre le chocolat à feu doux, en brassant. Réserver. Dans un bol, mélanger la farine, les amandes, la poudre à pâte, le bicarbonate de sodium et le sel.

❷ Dans un très grand bol, à l'aide d'un batteur électrique, battre le beurre jusqu'à ce qu'il soit crémeux. Ajouter le sucre petit à petit, en battant de 6 à 8 minutes ou jusqu'à ce que le mélange ait gonflé et pâli. Ajouter les oeufs un à un, en battant bien après chaque addition. Incorporer la vanille, l'essence d'amande et le chocolat fondu réservé. En battant à faible vitesse, incorporer les ingrédients secs en trois fois, en alternant deux fois avec la crème sure, jusqu'à ce que la pâte soit homogène (ne pas trop mélanger). Verser la pâte dans un moule à cheminée cannelé (de type Bundt) de 10 po (25 cm) de diamètre, beurré et fariné.

❸ Cuire au four préchauffé à 350°F (180°C) de 55 à 60 minutes ou jusqu'à ce qu'un cure-dents inséré près du centre du gâteau en ressorte propre. Déposer le moule sur une grille et laisser refroidir pendant 15 minutes. Démouler le gâteau sur la grille et laisser refroidir complètement. (Vous pouvez préparer le gâteau jusqu'à cette étape et l'envelopper d'une pellicule de plastique. Il se conservera jusqu'à 2 jours à la température ambiante ou jusqu'à 2 semaines au congélateur, enveloppé de papier d'aluminium et mis dans un contenant hermétique.)

Préparation de la glace

❹ Dans une petite casserole à fond épais, faire fondre le chocolat et le beurre à feu doux, en brassant. Arroser le gâteau de la glace en la laissant couler au centre et sur le pourtour. Parsemer des amandes. Laisser reposer jusqu'à ce que la glace ait pris. (Vous pouvez préparer le gâteau à l'avance et le couvrir. Il se conservera jusqu'au lendemain au réfrigérateur. Laisser reposer pendant 30 minutes à la température ambiante avant de servir.)

Par portion: • calories: 345 • protéines: 3 g
• matières grasses: 17 g (9 g sat.) • cholestérol: 35 mg
• glucides: 43 g • fibres: 1 g • sodium: 190 mg

GÂTEAU ÉTAGÉ AU *café*
ET À LA CRÈME FOUETTÉE

Donne 12 portions.
Préparation: 40 min
Cuisson: 25 min

3 c. à tab	poudre de café instantané	45 ml
1 c. à tab	eau	15 ml
1	petit contenant de yogourt au café (175 g)	1
3	blancs d'oeufs	3
1	pincée de crème de tartre	1
1 1/2 t	sucre granulé	375 ml
2 t	farine	500 ml
2 c. à thé	poudre à pâte	10 ml
1/4 c. à thé	sel	1 ml
1	pincée de muscade râpée	1
3/4 t	beurre non salé ramolli	180 ml
1 1/2 t	crème à 35 %	375 ml
3 c. à tab	sucre glace	45 ml

❶ Dans un petit bol, dissoudre le café dans l'eau. Ajouter le yogourt et mélanger jusqu'à ce que le mélange soit lisse. Réserver.

❷ Dans un autre bol, à l'aide d'un batteur électrique, battre les blancs d'oeufs et la crème de tartre jusqu'à ce que le mélange soit mousseux. Ajouter petit à petit 1/2 t (125 ml) du sucre granulé en battant jusqu'à ce que le mélange forme des pics fermes. Réserver.

❸ Dans un troisième bol, mélanger la farine, la poudre à pâte, le sel et la muscade. Dans un grand bol, à l'aide du batteur électrique (utiliser des fouets propres), battre le beurre jusqu'à ce qu'il soit crémeux. Ajouter le reste du sucre granulé en battant pendant environ 2 minutes ou jusqu'à ce que le mélange ait pâli. En battant à faible vitesse, incorporer les ingrédients secs en deux fois, en alternant une fois avec la préparation de yogourt réservée. À l'aide d'une spatule, incorporer la moitié du mélange de blancs d'oeufs réservé en soulevant délicatement la masse, puis incorporer le reste du mélange de la même manière jusqu'à ce que la pâte soit homogène. Verser la pâte dans trois moules de 8 1/2 po (22 cm) de diamètre, beurrés et farinés. Lisser le dessus.

❹ Cuire au four préchauffé à 350°F (180°C) pendant environ 25 minutes ou jusqu'à ce qu'un cure-dents inséré au centre des gâteaux en ressorte propre. Déposer les moules sur des grilles et laisser refroidir pendant 10 minutes. Démouler les gâteaux sur les grilles et laisser refroidir complètement.

❺ Dans un grand bol, à l'aide du batteur électrique (utiliser des fouets propres), battre la crème et le sucre glace jusqu'à ce que le mélange forme des pics fermes. Déposer un gâteau refroidi dans une assiette de service. À l'aide d'une spatule, étendre 3/4 t (180 ml) de la crème fouettée sur le gâteau. Couvrir d'un deuxième gâteau et y étendre 3/4 t (180 ml) de la crème fouettée, puis couvrir du dernier gâteau. Étendre le reste de la crème fouettée sur le dessus du gâteau en formant des pics. Saupoudrer de muscade, si désiré. Réfrigérer jusqu'au moment de servir.

Par portion: • calories: 403 • protéines: 5 g • matières grasses: 23 g (14 g sat.) • cholestérol: 73 mg • glucides: 46 g • fibres: 1 g • sodium: 167 mg

GÂTEAU TRUFFÉ AU *chocolat* ET AUX NOISETTES

Donne 12 portions.
Préparation: 1 h
Cuisson: 1 h 20 min
Repos: 3 h 15 min
Réfrigération: 6 h

Croûte aux noisettes

1/2 t	gaufrettes Graham émiettées	125 ml
1/2 t	noisettes hachées finement	125 ml
2 c. à tab	beurre fondu	30 ml

Garniture au chocolat et aux noisettes

1 t	noisettes grillées	250 ml
2 c. à tab	huile végétale	30 ml
8 oz	chocolat mi-amer haché	250 g
8 oz	chocolat au lait haché	250 g
1 t	tartinade au chocolat et aux noisettes (de type Nutella)	250 ml
6	oeufs	6
1/2 t	sucre	125 ml
1 t	crème à 35 %	250 ml
	poudre de cacao non sucrée (facultatif)	
	crème fouettée (facultatif)	

Préparation de la croûte

1 Beurrer le fond et la paroi d'un moule à charnière de 10 po (25 cm) de diamètre. Envelopper l'extérieur du moule d'une double épaisseur de papier d'aluminium. Dans un petit bol, mélanger les gaufrettes, les noisettes et le beurre jusqu'à ce que la préparation soit humide. Presser la préparation au fond du moule. Réserver.

Préparation de la garniture

2 Au robot culinaire, moudre les noisettes jusqu'à ce qu'elles forment une pâte. Ajouter l'huile et mélanger en actionnant et en arrêtant successivement l'appareil jusqu'à ce que la préparation soit homogène.

3 Dans une casserole à fond épais, faire fondre le chocolat mi-amer et le chocolat au lait à feu doux, en brassant. Retirer la casserole du feu. Ajouter la préparation de noisettes et la tartinade au chocolat et mélanger.

4 Dans un très grand bol, à l'aide d'un batteur électrique, battre les oeufs jusqu'à ce qu'ils soient mousseux. Ajouter le sucre petit à petit, en battant pendant environ 5 minutes ou jusqu'à ce que le mélange tombe en rubans lorsqu'on soulève les fouets du batteur. Ajouter la préparation de chocolat fondu et mélanger délicatement jusqu'à ce que la préparation soit homogène.

5 Dans un autre bol, à l'aide du batteur électrique (utiliser des fouets propres), battre la crème jusqu'à ce qu'elle forme des pics mous. Incorporer la crème fouettée à la préparation de chocolat en soulevant délicatement la masse. Étendre uniformément la garniture au chocolat sur la croûte réservée. Mettre le moule dans un grand plat peu profond allant au four et verser suffisamment d'eau chaude dans le plat pour couvrir la paroi du moule jusqu'à la mi-hauteur.

6 Cuire au four préchauffé à 350°F (180°C) pendant 1 heure 15 minutes. Laisser reposer dans le four éteint pendant 45 minutes (ne pas ouvrir la porte). Retirer le moule de l'eau, le déposer sur une grille et laisser refroidir pendant 2 heures. Retirer le papier d'aluminium. Passer délicatement la lame d'un couteau sur le pourtour du gâteau pour le détacher du moule (ne pas retirer la paroi du moule). Couvrir le gâteau d'une pellicule de plastique et réfrigérer pendant 6 heures. (Vous pouvez préparer le gâteau à l'avance. Il se conservera jusqu'au lendemain au réfrigérateur.) Laisser reposer le gâteau à la température ambiante pendant 30 minutes avant de servir.

7 Au moment de servir, retirer la paroi du moule. Parsemer le dessus du gâteau de cacao et garnir de crème fouettée, si désiré.

Par portion: • calories: 630 • protéines: 10 g • matières grasses: 44 g (22 g sat.) • cholestérol: 145 mg • glucides: 55 g • fibres: 5 g • sodium: 105 mg

CROUSTADES,
poudings
ET PETITS POTS

Simples et réconfortants, ils évoquent la cuisine de nos mères avec leurs parfums sucrés qui embaument toute la maison.

Qui n'a pas un beau souvenir de pouding chômeur ou de croustade aux pommes? Qui n'aime pas casser avec le dos de sa cuillère la divine croûte craquante d'une crème brûlée? Et que dire de la satisfaction de voir quelques tranches de pain rassis se transformer en savoureux pouding au pain... Ces desserts délicieux ont beau faire appel à des techniques très différentes, ils ont au moins un trait en commun: leur simplicité de préparation, en plus du plaisir qu'ils procurent aux gourmands, évidemment!

Si les recettes de ce chapitre sont d'abord de grands classiques, elles permettent aussi de s'aventurer hors des sentiers battus. On aime la croustade? On se laisse tenter par notre croustillant aux prunes et aux pêches. On raffole du pouding au pain, notre pain perdu québécois? On ne résistera pas à notre version aux bleuets, ni à celle à base de pain aux bananes. Et si on craque plutôt pour l'onctueuse panna cotta, qu'on réserve habituellement pour nos sorties au resto, on constatera avec plaisir qu'on peut la concocter à la maison en moins de deux, en la parfumant de toutes sortes de façons.

A et B

C

D

E

Astuce de pro

QUELS FLOCONS
D'AVOINE UTILISER?
Pour des résultats optimaux,
utiliser soit de gros flocons
d'avoine à l'ancienne (le meilleur
choix pour une texture
alléchante), soit des flocons
d'avoine à cuisson rapide. Éviter
les flocons à cuisson instantanée,
qui sont trop petits.

LES BONS OUTILS

Moule carré de 8 po (20 cm), d'une capacité de 8 t (2 L) + moule rectangulaire de 13 po x 9 po (33 cm x 23 cm), d'une capacité de 12 t (3 L), en céramique ou en pyrex (A). Ils sont parfaits pour toutes les recettes de croustades, de poudings au pain et de gâteaux-poudings. Très pratiques aussi pour les petits pots qui doivent cuire dans un plat d'eau bouillante. Pour les croustades et les poudings au pain, on peut également utiliser des moules en métal brillant.

Ramequins d'une capacité de 3/4 à 1 t (180 à 250 ml) (8) (B). Pour les crèmes au chocolat, les panna cotta et les crèmes caramel.

Mini-torche (C). Pour les inconditionnels de la crème brûlée qui veulent obtenir une caramélisation parfaite. Elle se vend dans les boutiques d'accessoires de cuisine (environ 20 $).

Pince (D). Elle est nécessaire pour retirer les ramequins de leur bain d'eau bouillante après la cuisson.

Pinceau (E). Essentiel pour toutes les préparations qui comportent du caramel, il permet d'essuyer la paroi de la casserole pour en faire tomber les cristaux de sucre.

A B C D

POUR RÉUSSIR NOS CROUSTADES...

● Préparer d'abord le mélange de fruits, qu'on peut adapter selon la saison et l'envie du moment (A). On s'assure toutefois d'utiliser des ingrédients frais, mûris juste à point. Idéalement, on choisit un joli plat qui peut facilement passer du four à la table.

● Pour la garniture croustillante, mélanger délicatement à la main ou à l'aide d'une fourchette le beurre ramolli avec la cassonade, la farine et les flocons d'avoine. La garniture doit avoir l'apparence d'une chapelure grossière (B). Pour une texture plus croquante, ajouter des noix (C). Parsemer uniformément la garniture croustillante sur le mélange de fruits (D). Presser délicatement, puis cuire selon les instructions de la recette.

... ET POUDINGS

Le pouding au pain requiert l'utilisation d'un pain acheté la veille ou quelques jours plus tôt: le pain rassis absorbe mieux le mélange d'oeufs battus et de lait. Ne pas le couper en morceaux trop petits, car dans ce cas le pouding aurait une apparence peu appétissante. Si on a un peu de temps, il est bon de laisser reposer le mélange d'oeufs et de pain pendant quelques heures afin d'obtenir une texture plus crémeuse et uniforme. Attention de bien graisser le plat avant d'y étendre la préparation.

Astuce de pro

DOUBLER LA GARNITURE CROUSTILLANTE

Une bonne idée pour gagner du temps: quand on cuisine une croustade, on en profite pour préparer la garniture croustillante en double et on en congèle la moitié pour notre prochaine croustade.

POUR RÉUSSIR NOS DESSERTS À BASE D'OEUFS...

⬤ Les crèmes qui cuisent dans des ramequins doivent être déposées dans un bain d'eau bouillante: il suffit de mettre les ramequins dans un plat carré ou rectangulaire contenant 1 à 1 1/2 po (2,5 à 4 cm) d'eau. Afin d'éviter que la préparation ne se divise et ne coagule, on s'assure que l'eau est à une température de 212°F (100°C). On veille également à ce que le plat soit assez grand pour que les ramequins soient bien entourés d'eau.

⬤ La façon la plus sécuritaire de procéder consiste à déposer d'abord les ramequins dans le plat, à mettre ce dernier sur la grille, dans le four, puis à verser l'eau bouillante à l'aide d'une tasse à mesurer. Lorsque les desserts sont cuits, utiliser une pince pour retirer les ramequins du bain d'eau bouillante. Pour une texture parfaite, retirer les ramequins du four lorsque le centre est encore légèrement gélatineux, car ils continueront de cuire hors du four.

... OU DE GÉLATINE

Pour les desserts à base de gélatine, comme les panna cotta, il est important de bien laisser gonfler la gélatine sur un liquide froid avant de la dissoudre complètement à la chaleur.

Pour la technique de fabrication du caramel, voir p. 22.

Astuce de pro

LA TOUCHE GOURMANDE

On prépare une croustade ou un gâteau-pouding? On n'oublie surtout pas les garnitures indispensables que sont la crème glacée ou le yogourt glacé à la vanille, la crème Chantilly (crème fouettée sucrée et parfumée à la vanille) ou la crème anglaise.

POUDING AU PAIN ET AUX *bleuets*, SAUCE AU BEURRE

Donne de 8 à 10 portions.
Préparation: 30 min
Cuisson: 45 min (pouding);
4 min (sauce)

1 t	sucre	250 ml
6	oeufs battus	6
2 t	crème à 15 %	500 ml
1 t	crème à 35 %	250 ml
1 t	lait	250 ml
1 c. à thé	vanille	5 ml
12 t	pain blanc rassis, la croûte enlevée, coupé en cubes	3 L
2 t	bleuets	500 ml
1/2 t	pacanes hachées finement	125 ml
	sauce au beurre (voir recette)	

1 Réserver 2 c. à tab (30 ml) du sucre. Dans un grand bol, à l'aide d'un fouet, mélanger les oeufs, la crème à 15 %, la crème à 35 %, le lait, la vanille et le reste du sucre. Ajouter le pain et les bleuets et mélanger délicatement à l'aide d'une cuillère jusqu'à ce que le pain soit bien humecté. Étendre la préparation de pain dans un plat en verre allant au four de 13 po x 9 po (33 cm x 23 cm), légèrement beurré. (Vous pouvez préparer le pouding jusqu'à cette étape et le couvrir. Il se conservera jusqu'à 8 heures au réfrigérateur. Ajouter 10 minutes au temps de cuisson.)

2 Dans un petit bol, mélanger les pacanes et le sucre réservé. Parsemer la préparation de pain de ce mélange. Cuire au centre du four préchauffé à 375°F (190°C) pendant environ 45 minutes ou jusqu'à ce que le pouding soit gonflé et doré et que la lame d'un couteau insérée au centre en ressorte propre. Déposer le moule sur une grille et laisser refroidir pendant 15 minutes pour servir le pouding chaud, ou jusqu'à 1 heure pour le servir tiède. Au moment de servir, arroser chaque portion de la sauce au beurre.

Par portion (avec environ 2 c. à tab/ 30 ml de sauce): calories: 670 • protéines: 14 g • matières grasses: 34 g (17 g sat.) • cholestérol: 209 mg • glucides: 77 g • fibres: 3 g • sodium: 495 mg

SAUCE AU BEURRE
Donne environ 1 1/4 t (310 ml).

1	oeuf	1
1/2 t	sucre	125 ml
1 c. à thé	fécule de maïs	5 ml
1/3 t	beurre non salé fondu	80 ml
1/4 t	brandy ou rhum brun (facultatif)	60 ml

Dans un bol à l'épreuve de la chaleur, à l'aide d'un fouet, mélanger l'oeuf, le sucre et la fécule de maïs jusqu'à ce que le mélange soit lisse. Incorporer le beurre en fouettant. Mettre le bol sur une casserole d'eau frémissante et cuire, en fouettant, pendant environ 4 minutes ou jusqu'à ce que la préparation ait suffisamment épaissi pour napper le dos d'une cuillère. Retirer la casserole du feu. Incorporer le brandy, si désiré. (Vous pouvez préparer la sauce à l'avance, la laisser refroidir et la couvrir. Elle se conservera jusqu'au lendemain au réfrigérateur. Réchauffer dans un bol à l'épreuve de la chaleur placé sur une casserole d'eau frémissante.)

CROUSTILLANT
AUX *prunes* ET AUX PÊCHES

casserole d'eau bouillante, blanchir les prunes et les pêches pendant environ 30 secondes. Plonger les fruits dans un grand bol d'eau glacée pour arrêter la cuisson. Peler les prunes et les pêches, les couper en deux, les dénoyauter, puis les couper en quartiers et les mettre dans un grand bol.

❷ Dans le bol, ajouter la cassonade, la fécule de maïs, le jus de framboise, les bâtons de cannelle, les anis étoilés, la cannelle moulue et la muscade. Racler les graines de la gousse de vanille et les ajouter à la préparation de fruits (réserver la gousse pour un usage ultérieur). Mélanger pour bien enrober les prunes et les pêches. Verser la garniture aux fruits dans un plat en verre allant au four de 13 po x 9 po (33 cm x 23 cm). Réserver.

Préparation de la garniture croustillante

❸ Dans un autre bol, mélanger la cassonade, la farine et les flocons d'avoine. Ajouter le beurre et mélanger jusqu'à ce que le mélange soit grumeleux. Parsemer le mélange d'avoine sur la garniture aux fruits. Cuire au centre du four préchauffé à 375°F (190°C) pendant environ 45 minutes ou jusqu'à ce que les fruits soient tendres et que la garniture soit bouillonnante. Servir chaud.

Par portion: • calories: 465 • protéines: 4 g
• matières grasses: 13 g (7 g sat.) • cholestérol: 36 mg
• glucides: 88 g • fibres: 4 g • sodium: 137 mg

Donne 8 portions.
Préparation: 25 min
Cuisson: 45 min

Garniture aux fruits

12	prunes (environ 1 3/4 lb/875 g)	12
8	pêches (environ 1 1/2 lb/750 g)	8
3/4 t	cassonade tassée	180 ml
3 c. à tab	fécule de maïs	45 ml
2 c. à tab	jus de framboise concentré surgelé	30 ml
2	bâtons de cannelle	2
4	anis étoilés	4
1/2 c. à thé	cannelle moulue	2 ml
1	pincée de muscade moulue	1
1	gousse de vanille coupée en deux ou	1
1 c. à thé	vanille	5 ml

Garniture croustillante

1 t	cassonade tassée	250 ml
1 t	farine	250 ml
1/2 t	flocons d'avoine à cuisson rapide (non instantanée)	125 ml
1/2 t	beurre coupé en cubes	125 ml

Préparation de la garniture aux fruits

❶ Avec la pointe d'un couteau, faire une incision en forme de X à la base des prunes et des pêches. Dans une grande

POUDING
choco-moka

Donne 8 portions.
Préparation: 15 min
Cuisson: 35 min

35 minutes ou jusqu'à ce que le pourtour du gâteau ait pris mais que le centre soit encore mou. Déposer le moule sur une grille et laisser refroidir de 15 à 20 minutes. Servir avec la crème fouettée.

Par portion: • calories: 461 • protéines: 5 g • matières grasses: 24 g (11 g sat.) • cholestérol: 40 mg • glucides: 61 g • fibres: 4 g • sodium: 300 mg

1 1/4 t	farine	310 ml
1 t	sucre	250 ml
1/2 t	poudre de cacao	125 ml
2 c. à thé	poudre à pâte	10 ml
1/2 c. à thé	bicarbonate de sodium	2 ml
1/2 c. à thé	cannelle moulue	2 ml
1/4 c. à thé	sel	1 ml
1/2 t	crème à 10 %	125 ml
1/4 t	beurre fondu	60 ml
1 c. à thé	vanille	5 ml
3/4 t	pacanes hachées	180 ml
1/2 t	brisures de chocolat mi-sucré	125 ml
1/2 t	cassonade	125 ml
1 1/2 t	café liquide	375 ml
1/2 t	crème à 35 %, fouettée	125 ml

❶ Dans un grand bol, mélanger la farine, 3/4 t (180 ml) du sucre, 1/4 t (60 ml) de la poudre de cacao, la poudre à pâte, le bicarbonate de sodium, la cannelle et le sel. Ajouter la crème à 10 %, le beurre et la vanille et mélanger jusqu'à ce que la pâte soit humide, sans plus. Incorporer les pacanes et les brisures de chocolat en soulevant délicatement la masse.

❷ Verser la pâte dans un moule d'une capacité de 6 t (1,5 L), beurré. Parsemer du reste du sucre et de la poudre de cacao, puis de la cassonade. Porter le café à ébullition et en arroser le gâteau. Cuire au four préchauffé à 350°F (180°C) pendant

POUDING AU *pain aux bananes* ET AU CHOCOLAT

Pour gagner du temps, on peut préparer ce dessert avec un pain aux bananes du commerce (dans certaines pâtisseries et boulangeries).

1	pain aux bananes coupé en cubes (voir recette)	1
1 t	brisures de chocolat	250 ml
4	oeufs	4
2 t	lait	500 ml
1/2 t	sucre	125 ml
1/2 t	crème à 35 % ou à 10 %	125 ml
1 c. à thé	vanille	5 ml

1 Dans un grand bol, mettre les cubes de pain aux bananes et les parsemer des deux tiers des brisures de chocolat. Dans un autre grand bol, à l'aide d'un fouet, mélanger les oeufs, le lait, le sucre (réserver 1 c. à tab/15 ml), la crème et la vanille. Verser le mélange d'oeufs sur la préparation de pain aux bananes et mélanger délicatement. Laisser reposer pendant 15 minutes (remuer deux fois). Verser la préparation dans un plat allant au four d'une capacité de 12 t (3 L), beurré. (Vous pouvez préparer le pouding jusqu'à cette étape et le couvrir. Il se conservera jusqu'au lendemain au réfrigérateur.)

2 Parsemer le pouding du reste des brisures de chocolat et du reste du sucre. Cuire au centre du four préchauffé à 375°F (190°C) pendant environ 45 minutes ou jusqu'à ce que le pouding soit doré et gonflé et qu'un cure-dents inséré au centre en ressorte propre. Déposer le moule sur une grille et laisser refroidir pendant 15 minutes.

Par portion: • calories: 437 • protéines: 10 g • matières grasses: 18 g (7 g sat.) • cholestérol: 130 mg • glucides: 59 g • fibres: 2 g • sodium: 305 mg

PAIN AUX BANANES
Donne 1 pain.

1/2 t	sucre	125 ml
1/4 t	huile végétale	60 ml
2	oeufs	2
1 t	bananes écrasées	250 ml
1 c. à thé	vanille	5 ml
2 t	farine	500 ml
2 c. à thé	poudre à pâte	10 ml
1/2 c. à thé	bicarbonate de sodium	2 ml
1/2 c. à thé	sel	2 ml
1/2 t	babeurre ou yogourt nature	125 ml

1 Dans un grand bol, à l'aide d'un fouet, mélanger le sucre et l'huile. Ajouter les oeufs un à un, en battant bien après chaque addition. Incorporer les bananes et la vanille.

2 Dans un autre bol, mélanger la farine, la poudre à pâte, le bicarbonate de sodium et le sel. Incorporer les ingrédients secs au mélange de bananes en trois fois, en alternant deux fois avec le babeurre. Verser la pâte dans un moule à pain de 8 po x 4 po (20 cm x 10 cm), beurré.

3 Cuire au centre du four préchauffé à 350°F (180°C) pendant environ 1 heure ou jusqu'à ce que le pain soit doré. Déposer le moule sur une grille et laisser refroidir pendant 15 minutes. Démouler sur la grille et laisser refroidir complètement. (Vous pouvez préparer le pain aux bananes à l'avance, l'envelopper d'une pellicule de plastique et le mettre dans un contenant hermétique. Il se conservera jusqu'à 2 jours à la température ambiante ou jusqu'à 1 mois au congélateur.)

GÂTEAU-POUDING
AUX *bleuets*

les bleuets et 1/3 t (80 ml) du sucre. Réserver.

② Dans un grand bol, à l'aide d'un batteur électrique, battre le beurre avec 3/4 t (180 ml) du reste du sucre jusqu'à ce que le mélange soit léger. Ajouter les oeufs un à un, en battant bien après chaque addition. Incorporer le zeste de citron et la vanille en battant. Dans un autre bol, mélanger la farine, la poudre à pâte et le sel. À l'aide d'une cuillère de bois, incorporer les ingrédients secs au mélange de beurre en trois fois, en alternant deux fois avec le lait. Étendre uniformément la pâte sur la garniture aux bleuets réservée et lisser le dessus.

③ Dans une petite casserole, mélanger l'eau, le jus de citron et le reste du sucre. Porter à ébullition et laisser bouillir, en brassant, jusqu'à ce que le sucre soit dissous. Verser ce mélange sur la pâte. Cuire au centre du four préchauffé à 350°F (180°C) de 50 à 55 minutes ou jusqu'à ce que la garniture soit bouillonnante sur le pourtour et que le gâteau soit ferme au toucher. Déposer le moule sur une grille et laisser refroidir légèrement. (Vous pouvez préparer le pouding à l'avance, le laisser refroidir et le couvrir. Il se conservera jusqu'à 8 heures à la température ambiante. Réchauffer au four avant de servir, si désiré.)

Par portion: • calories: 369 • protéines: 5 g • matières grasses: 13 g (8 g sat.) • cholestérol: 78 mg • glucides: 60 g • fibres: 2 g • sodium: 164 mg

---

Donne 8 portions.
Préparation: 20 min
Cuisson: 55 à 60 min

3 t	bleuets	750 ml
1/3 t + 3/4 t + 1/3 t	sucre	340 ml
1/2 t	beurre ramolli	125 ml
2	oeufs	2
1 c. à thé	zeste de citron râpé	5 ml
1/2 c. à thé	vanille	2 ml
1 1/4 t	farine	310 ml
1 1/2 c. à thé	poudre à pâte	7 ml
1	pincée de sel	1
1/2 t	lait	125 ml
3/4 t	eau	180 ml
1/4 t	jus de citron	60 ml

① Dans un plat en verre de 8 po (20 cm) de côté allant au four, beurré, mélanger

CRÈMES BRÛLÉES
À *l'érable*

Une vraie crème brûlée se prépare habituellement dans des ramequins assez évasés (environ 6 po/16 cm de largeur), souvent de forme ovale, comme celui illustré ici (ils sont vendus dans les boutiques d'accessoires de cuisine).

2 1/2 t	lait	625 ml
4	gros jaunes d'oeufs	4
1/2 t	lait concentré sucré (de type Eagle Brand)	125 ml
1 c. à tab	fécule de maïs	15 ml
2 c. à tab	sirop d'érable	30 ml
5 à 6 c. à tab	sucre d'érable granulé ou râpé finement	75 à 90 ml

1 Dans une casserole à fond épais, chauffer le lait à feu doux jusqu'à ce qu'il soit fumant. Entre-temps, dans un bol, à l'aide d'un fouet, mélanger les jaunes d'oeufs, le lait concentré sucré et la fécule de maïs jusqu'à ce que la préparation soit lisse. À l'aide du fouet, incorporer petit à petit le lait chaud à la préparation de jaunes d'oeufs. Ajouter le sirop d'érable et mélanger. Écumer la surface, au besoin.

2 Mettre cinq ramequins d'une capacité de 1 t (250 ml) ou six ramequins d'une capacité de 3/4 t (180 ml) dans un plat peu profond allant au four. À l'aide d'une louche, répartir la préparation crémeuse dans les ramequins jusqu'à 1/4 po (5 mm) du bord. Verser suffisamment d'eau bouillante dans le plat pour couvrir les ramequins jusqu'à la mi-hauteur.

3 Cuire au four préchauffé à 350°F (180°C) de 30 à 35 minutes ou jusqu'à ce que le pourtour des crèmes ait pris, mais que leur centre soit encore gélatineux. Retirer les ramequins du plat, les mettre sur une grille et les laisser refroidir. Couvrir et réfrigérer pendant au moins 2 heures ou jusqu'à ce que les crèmes soient froides. (Vous pouvez préparer les crèmes brûlées jusqu'à cette étape. Elles se conserveront jusqu'à 2 jours au réfrigérateur.)

4 Environ 15 minutes avant de servir, mettre les crèmes refroidies dans un plat peu profond allant au four, les entourer de glaçons et ajouter suffisamment d'eau dans le plat pour couvrir la paroi des ramequins jusqu'à la mi-hauteur. À l'aide d'essuie-tout, éponger le surplus de liquide sur le dessus des crèmes. Parsemer chacune de 1 c. à tab (15 ml) du sucre d'érable. Cuire sous le gril préchauffé du four, à environ 4 po (10 cm) de la source de chaleur, de 4 à 8 minutes ou jusqu'à ce que le sucre ait fondu et forme une croûte dorée (au besoin, déplacer les crèmes brûlées de façon qu'elles dorent uniformément; les retirer du four à mesure qu'elles sont prêtes). Servir aussitôt (ou encore, réfrigérer les crèmes brûlées, sans les couvrir, pendant au plus 30 minutes).

Par portion: • calories: 188 • protéines: 7 g • matières grasses: 5 g (3 g sat.) • cholestérol: 155 mg • glucides: 27 g • fibres: aucune • sodium: 125 mg

POUDING CHÔMEUR
AU *sirop d'érable*

Préparation de la pâte

1 Dans un grand bol, à l'aide d'un batteur électrique, battre le beurre et le sucre jusqu'à ce que le mélange soit léger. Incorporer les oeufs et la vanille. Dans un autre bol, mélanger la farine et la poudre à pâte. Ajouter les ingrédients secs à la préparation de beurre en deux fois, en alternant avec le lait, et bien mélanger. Verser la pâte dans un plat en verre allant au four de 13 po x 9 po (33 cm x 23 cm), beurré.

Préparation de la sauce

2 Dans une grande casserole, mélanger tous les ingrédients et porter à ébullition en brassant. Réduire le feu et laisser mijoter pendant 2 minutes ou jusqu'à ce que la sauce ait légèrement réduit. Verser délicatement la sauce bouillante sur la pâte.

3 Cuire au four préchauffé à 325°F (160°C) pendant environ 35 minutes ou jusqu'à ce que le dessus du pouding soit doré et qu'un cure-dents inséré au centre en ressorte propre. Servir chaud ou à la température ambiante.

Par portion: • calories: 493 • protéines: 5 g • matières grasses: 18 g (11 g sat.) • cholestérol: 83 mg • glucides: 80 g • fibres: traces • sodium: 227 mg

Donne 12 portions.
Préparation: 15 min
Cuisson: 37 min

Pâte à gâteau		
1/2 t	beurre ramolli	125 ml
1 t	sucre	250 ml
2	oeufs	2
1 c. à thé	vanille	5 ml
2 t	farine	500 ml
1 c. à tab	poudre à pâte	15 ml
1 1/3 t	lait	330 ml
Sauce crémeuse à l'érable		
1 1/2 t	sirop d'érable	375 ml
1 1/2 t	cassonade	375 ml
1 1/2 t	crème à 35 %	375 ml
1/3 t	beurre	80 ml

Au besoin, on peut préparer ce savoureux dessert quelques heures à l'avance ou même la veille. La sauce sera moins abondante, car le gâteau l'aura absorbée en partie, mais on n'aura qu'à le réchauffer au four à 250°F (120°C) de 15 à 20 minutes pour qu'il soit tout aussi gourmand.

CRÈMES CARAMEL
AU *citron*

Donne 8 portions.
Préparation: 20 min
Cuisson: 55 min

1 1/4 t	sucre	310 ml
1/4 t	eau	60 ml
4 c. à thé	jus de citron	20 ml
2 t	lait	500 ml
1 t	crème à 35 %	250 ml
	lanières de zeste de citron	
6	jaunes d'oeufs	6
3	oeufs entiers	3
1/2 c. à thé	vanille	2 ml

1 Dans une petite casserole à fond épais, mélanger 1/2 t (125 ml) du sucre et l'eau et chauffer à feu moyen-vif jusqu'à ce que le sucre soit dissous. Réduire à feu moyen. Cuire, sans brasser, de 10 à 12 minutes ou jusqu'à ce que la préparation soit ambrée (à l'aide d'un pinceau à pâtisserie trempé dans l'eau froide, badigeonner souvent la paroi de la casserole pour faire tomber les cristaux de sucre). Retirer du feu. Ajouter le jus de citron en tournant et en inclinant la casserole pour mélanger. Répartir le caramel dans huit ramequins d'une capacité de 3/4 t (180 ml). Réserver.

2 Dans une autre casserole, porter à ébullition le lait, la crème et le zeste de citron. Retirer du feu. Retirer les lanières de zeste (les jeter). Dans un bol, à l'aide d'un fouet, battre les jaunes d'oeufs, les oeufs, la vanille et le reste du sucre. Ajouter petit à petit le mélange d'oeufs à la préparation de lait chaude en brassant.

À l'aide d'une louche, répartir la préparation sur le caramel réservé.

3 Mettre les ramequins dans un grand plat allant au four. Verser suffisamment d'eau bouillante dans le plat pour couvrir la paroi des ramequins jusqu'à la mi-hauteur. Cuire au four préchauffé à 350°F (180°C) pendant 40 minutes ou jusqu'à ce que la pointe d'un couteau insérée au centre des crèmes caramel en ressorte propre. Retirer les ramequins du plat, les mettre sur une grille et laisser refroidir à la température ambiante. Passer la lame d'un couteau sur le pourtour des crèmes caramel pour les détacher des ramequins. Retourner sur des assiettes à dessert et démouler (racler le caramel qui reste dans les ramequins).

Par portion: • calories: 325 • protéines: 7 g • matières grasses: 17 g (9 g sat.) • cholestérol: 290 mg • glucides: 36 g • fibres: aucune • sodium: 70 mg

FONDANTS AU *chocolat*, SAUCE À L'ORANGE

Donne 8 portions.
Préparation: 40 min
Cuisson: 20 min (fondants);
5 min (sauce)
Repos: 25 min
Réfrigération: 1 à 2 h

8 oz + 6 oz	chocolat mi-amer haché	430 g
1/2 t	crème à 35 %	125 ml
1 c. à tab + 3/4 t	beurre	195 ml
6	oeufs	6
3/4 t	sucre	180 ml
3/4 t	farine	180 ml
	sauce à l'orange (voir recette)	

❶ Dans une petite casserole, faire fondre à feu doux 8 oz (250 g) du chocolat avec la crème et 1 c. à tab (15 ml) du beurre, en brassant jusqu'à ce que la préparation soit lisse. Laisser refroidir à la température ambiante pendant 15 minutes. Couvrir et réfrigérer de 1 à 2 heures ou jusqu'à ce que la garniture ait la consistance d'un fudge.

❷ Dans une autre petite casserole, faire fondre le reste du chocolat et le reste du beurre à feu doux, en brassant jusqu'à ce que la préparation soit lisse. Laisser refroidir légèrement. Dans un grand bol, à l'aide d'un batteur électrique, battre les oeufs et le sucre pendant 5 minutes. Incorporer la farine et le mélange de chocolat et de beurre en battant.

❸ À l'aide d'une cuillère, répartir environ les deux tiers de la pâte dans huit ramequins d'une capacité de 1 t (250 ml), généreusement beurrés. Diviser la garniture au chocolat refroidie en huit portions. En travaillant rapidement, façonner chaque portion en une boule. Mettre une boule de chocolat sur la pâte dans chaque ramequin (la boule ne doit pas toucher la paroi du ramequin). Couvrir du reste de la pâte.

❹ Cuire au four préchauffé à 375°F (190°C) pendant 15 minutes. Retirer du four et laisser reposer pendant 10 minutes. Passer la lame d'un couteau sur le pourtour des gâteaux pour les détacher des ramequins. Démouler dans des assiettes et napper de sauce à l'orange. Servir aussitôt.

Par portion: • calories: 725 • protéines: 9 g • matières grasses: 44 g (26 g sat.) • cholestérol: 225 mg • glucides: 83 g • fibres: 4 g • sodium: 190 mg

SAUCE À L'ORANGE
Donne environ 2 t (500 ml).

2 t	jus d'orange	500 ml
1 c. à thé	zeste d'orange râpé finement	5 ml
1/2 t	sucre	125 ml
2 c. à tab	fécule de maïs	30 ml

Dans une petite casserole, mélanger le jus et le zeste d'orange. Porter à ébullition à feu moyen. Dans un petit bol, mélanger le sucre et la fécule de maïs. Ajouter ce mélange à la préparation à l'orange et porter à ébullition. Cuire, en brassant, pendant 2 minutes ou jusqu'à ce que la sauce ait épaissi. Retirer du feu. Laisser refroidir légèrement avant de servir.

POUDING AU RIZ
À LA *cardamome*

Donne 4 portions.
Préparation: 10 min
Cuisson: 30 à 35 min

2 c. à tab	beurre	30 ml
1/2 t	riz à grain rond (de type arborio)	125 ml
1/4 c. à thé	cardamome moulue	1 ml
1/4 c. à thé	cannelle moulue	1 ml
2 1/2 t	lait à 3,25 %	625 ml
2 c. à tab	sucre	30 ml
1/4 t	pistaches non salées grillées	60 ml
2 c. à thé	miel liquide	10 ml

1 Dans une casserole, faire fondre le beurre à feu moyen. Ajouter le riz, la cardamome et la cannelle et mélanger pour bien enrober le riz. Ajouter le lait et le sucre et porter à ébullition. Réduire le feu, couvrir et laisser mijoter, en brassant souvent, de 25 à 30 minutes ou jusqu'à ce que presque tout le liquide ait été absorbé et que le riz soit tendre. (Vous pouvez préparer le pouding au riz à l'avance, le laisser refroidir et le mettre dans un contenant hermétique. Il se conservera jusqu'au lendemain au réfrigérateur.) Servir le pouding au riz chaud, parsemé des pistaches et arrosé du miel.

Par portion: • calories: 314 • protéines: 8 g
• matières grasses: 14 g (7 g sat.) • cholestérol: 36 mg
• glucides: 39 g • fibres: 1 g • sodium: 116 mg

GÂTEAU-POUDING
AUX *abricots*

Donne 6 portions.
Préparation: 25 min
Cuisson: 40 min

Garniture aux abricots

6 t	abricots non pelés, dénoyautés et coupés en tranches	1,5 L
1/2 t	sucre	125 ml
2 c. à tab	farine	30 ml
1 c. à thé	zeste de citron râpé	5 ml
4 c. à thé	jus de citron	20 ml
1/2 c. à thé	cardamome ou muscade moulue	2 ml

Pâte à gâteau

1 1/2 t	farine	375 ml
1/4 t + 1 c. à tab	sucre	75 ml
4 c. à thé	poudre à pâte	20 ml
1/2 c. à thé	bicarbonate de sodium	2 ml
1/4 c. à thé	sel	1 ml
1/3 t	beurre froid, coupé en cubes	80 ml
1/2 t	babeurre	125 ml
1 c. à tab	lait	15 ml

Préparation de la garniture

1 Dans un grand bol, bien mélanger tous les ingrédients. Étendre la préparation dans un plat en verre de 8 po (20 cm) de côté allant au four, beurré. Réserver.

Préparation de la pâte

2 Dans un autre grand bol, mélanger la farine, 1/4 t (60 ml) du sucre, la poudre à pâte, le bicarbonate de sodium et le sel. Ajouter le beurre et, à l'aide d'un coupe-pâte ou de deux couteaux, travailler la préparation jusqu'à ce qu'elle ait la texture d'une chapelure grossière. Ajouter le babeurre et mélanger à l'aide d'une fourchette jusqu'à l'obtention d'une pâte molle et légèrement collante. Façonner la pâte en boule.

3 Sur une surface légèrement farinée, pétrir la pâte une dizaine de fois ou jusqu'à ce qu'elle soit souple. Avec les mains, façonner la pâte en un cercle d'environ 1/2 po (1 cm) d'épaisseur. À l'aide d'un emporte-pièce rond de 3 po (8 cm) de diamètre, cannelé, découper des cercles dans la pâte (abaisser de nouveau les retailles de pâte). (Ou encore, façonner la pâte en un carré de 8 po/20 cm de côté et le couper en six carrés.) Répartir les cercles de pâte sur la garniture. Badigeonner du lait et parsemer du reste du sucre.

4 Cuire au centre du four préchauffé à 375°F (190°C) pendant environ 40 minutes ou jusqu'à ce que le dessous des cercles de pâte soit cuit. Servir tiède.

Par portion: • calories: 372 • protéines: 6 g • matières grasses: 11 g (7 g sat.) • cholestérol: 33 mg • glucides: 64 g • fibres: 3 g • sodium: 494 mg

MOUSSE AU *dulce de leche* ET AUX NOISETTES PRALINÉES

Donne de 10 à 12 portions.
Préparation: 1 h 15 min
Cuisson: 20 min (mousse);
1 h 20 min à 1 h 50 min
(dulce de leche)
Réfrigération: 2 h (mousse);
4 h (dulce de leche)

Cette mousse toute simple est préparée avec de la crème fouettée et du dulce de leche, un caramel crémeux à base de lait qui vient d'Amérique du Sud. Comme on utilise seulement la moitié de la recette donnée ici, on suggère de garder le reste du dulce de leche dans un pot au frigo: c'est un délice sur les rôties. Pour un effet doré et scintillant, on peut mettre de la gelée d'érable au fond des verrines, mais on peut également l'omettre: le dessert sera tout aussi délectable... et un peu moins sucré!

Gelée d'érable

1 1/4 t	eau froide	310 ml
1	sachet de gélatine sans saveur (7 g ou 1 c. à tab/15 ml)	1
3/4 t	sirop d'érable	180 ml

Noisettes pralinées

2 t	noisettes	500 ml
1/3 t	sirop de maïs	80 ml

Mousse au dulce de leche

1 t	crème à 35 %	250 ml
1 t	dulce de leche maison (voir recette) ou du commerce	250 ml

Préparation de la gelée

1 Verser 1/4 t (60 ml) de l'eau dans un petit bol et saupoudrer la gélatine. Laisser gonfler pendant environ 5 minutes. Dans une casserole, porter à ébullition le reste de l'eau et le sirop d'érable. Retirer du feu. Ajouter la préparation de gélatine et brasser délicatement jusqu'à ce qu'elle ait fondu. Verser le mélange dans un plat en verre carré de 8 po (20 cm) de côté et réfrigérer pendant 2 heures ou jusqu'à ce que la gelée soit ferme. (Vous pouvez préparer la gelée à l'avance et la couvrir. Elle se conservera jusqu'à 1 semaine au réfrigérateur.)

Préparation des noisettes

2 Mettre les noisettes dans un grand bol. Verser le sirop de maïs dans un bol allant au micro-ondes. Chauffer au micro-ondes, à intensité maximale, de 40 à 45 secondes ou jusqu'à ce que le sirop soit bouillonnant. Verser aussitôt sur les noisettes et mélanger pour bien les enrober.

3 Étendre les noisettes sur une plaque de cuisson tapissée de papier-parchemin, en les séparant légèrement les unes des autres. Cuire au four préchauffé à 325°F (160°C) pendant 15 minutes. Mettre la plaque sur une grille et laisser refroidir complètement. Hacher grossièrement les noisettes. (Vous pouvez préparer les noisettes à l'avance et les mettre dans un contenant hermétique. Elles se conserveront jusqu'à 1 semaine à la température ambiante.)

Préparation de la mousse et assemblage des verrines

4 Dans un bol, à l'aide d'un batteur électrique, battre la crème jusqu'à ce qu'elle forme des pics fermes. Verser le dulce de leche dans un autre bol. À l'aide d'une spatule, incorporer délicatement la moitié de la crème fouettée au dulce de leche en soulevant délicatement la masse. Incorporer le reste de la crème fouettée de la même façon jusqu'à ce que la mousse soit presque homogène. Réserver la mousse au réfrigérateur.

5 À l'aide d'une fourchette, racler la gelée de manière à obtenir une texture grumeleuse. Dans 10 à 12 petits verres ou coupes à parfaits d'une capacité de 3/4 t (180 ml), répartir la gelée d'érable. Dans chaque verre, déposer environ 2 c. à tab (30 ml) de noisettes pralinées sur la gelée, puis couvrir d'environ 1/3 t (80 ml) de la mousse réservée. (Vous pouvez préparer les verrines à l'avance et les couvrir d'une pellicule de plastique. Elles se conserveront jusqu'au lendemain au réfrigérateur.)

6 Au moment de servir, garnir chaque portion de quelques noisettes pralinées.

Par portion: • calories: 390 • protéines: 6 g • matières grasses: 23 g (7 g sat.) • cholestérol: 35 mg • glucides: 43 g • fibres: 2 g • sodium: 45 mg

DULCE DE LECHE MAISON
Donne environ 2 t (500 ml).

2	boîtes de lait évaporé à 2 % (370 ml chacune)	2
1 1/4 t	lait	310 ml
1 c. à tab	fécule de maïs	15 ml
1/2 c. à thé	bicarbonate de sodium	2 ml
1 t	sucre	250 ml
3/4 t	eau	180 ml

❶ Dans une grande casserole à fond épais, porter à ébullition le lait évaporé et 3/4 t (180 ml) du lait à feu moyen-vif. Dans un bol, à l'aide d'un fouet, mélanger le reste du lait, la fécule de maïs et le bicarbonate de sodium, puis incorporer ce mélange à la préparation de lait bouillante en brassant à l'aide du fouet. Réduire à feu doux et poursuivre la cuisson jusqu'à ce que la préparation soit bouillonnante, en brassant de temps à autre pour éviter qu'elle ne colle ou ne déborde.

❷ Entre-temps, dans une autre grande casserole à fond épais, mélanger le sucre et l'eau. Chauffer à feu moyen-doux, en brassant de temps à autre, jusqu'à ce que le sucre soit dissous. Porter à ébullition, sans brasser, et laisser bouillir pendant 15 minutes ou jusqu'à ce que le sirop soit doré (à l'aide d'un pinceau à pâtisserie trempé dans l'eau, badigeonner la paroi de la casserole pour faire tomber les cristaux de sucre). Retirer la casserole du feu.

❸ Verser délicatement la préparation de lait dans le sirop (attention aux éclaboussures) en brassant vigoureusement à l'aide du fouet jusqu'à ce que le caramel soit dissous. Remettre la casserole à feu doux et laisser mijoter, en brassant de temps à autre, de 1 heure à 1 heure 30 minutes ou jusqu'à ce que le caramel soit ambre foncé et qu'il ait suffisamment épaissi pour napper le dos d'une cuillère. À l'aide d'une passoire fine placée sur un grand pot en verre, filtrer le caramel en remuant à l'aide d'une cuillère de bois. Laisser refroidir, puis couvrir et réfrigérer pendant au moins 4 heures ou jusqu'à ce que le dulce de leche soit froid. (Vous pouvez préparer le dulce de leche à l'avance. Il se conservera jusqu'à 6 mois au réfrigérateur.)

POTS DE CRÈME
AU *chocolat*

Donne 6 portions.
Préparation: 20 min
Cuisson: 30 min
Réfrigération: 1 h
Repos: 1 h

Cette crème chocolatée gagne à être préparée avec un chocolat mi-amer de qualité qui contient environ 50 % de cacao (comme le Noir de noir de Côte d'Or ou le Cuba de Lindt-Excellence): un pur délice pour les amateurs!

6 oz	chocolat mi-amer haché	180 g
2 t	crème à 35 %	500 ml
6	jaunes d'oeufs	6
1/2 t	sucre	125 ml
1/2 c. à thé	vanille	2 ml

❶ Mettre le chocolat dans un bol à l'épreuve de la chaleur. Dans une petite casserole à fond épais, chauffer la crème à feu moyen jusqu'à ce que des bulles se forment sur la paroi. Verser la crème bouillante sur le chocolat et mélanger jusqu'à ce qu'il ait fondu.

❷ Dans un autre bol, à l'aide d'un fouet, mélanger les jaunes d'oeufs et le sucre pendant environ 3 minutes ou jusqu'à ce que le mélange soit jaune pâle. Verser environ le tiers de la préparation de chocolat fondu sur le mélange de jaunes d'oeufs et bien mélanger. Incorporer le reste de la préparation de chocolat fondu et la vanille. Répartir la crème au chocolat dans six ramequins d'une capacité de 3/4 t (180 ml). Déposer les ramequins dans un plat allant au four et verser suffisamment d'eau chaude dans le plat pour couvrir leur paroi jusqu'à la mi-hauteur.

❸ Cuire au centre du four préchauffé à 325°F (160°C) pendant environ 25 minutes ou jusqu'à ce que le pourtour des crèmes ait pris, mais que leur centre soit encore légèrement gélatineux. Retirer les ramequins du plat, les déposer sur une grille et les laisser refroidir complètement. Couvrir chaque ramequin d'une pellicule de plastique et réfrigérer pendant 1 heure ou jusqu'à ce que les pots de crème soient froids. (Vous pouvez préparer les pots de crème à l'avance et les couvrir. Ils se conserveront jusqu'à 2 jours au réfrigérateur.) Laisser reposer à la température ambiante pendant environ 1 heure avant de servir.

Par portion: • calories: 540 • protéines: 6 g • matières grasses: 41 g (25 g sat.) • cholestérol: 320 mg • glucides: 38 g • fibres: 2 g • sodium: 40 mg

PETITS GRATINS DE *bleuets* ET DE FRAMBOISES

Donne de 4 à 6 portions.
Préparation: 15 min
Cuisson: 5 min

2 t	bleuets	500 ml
2 t	framboises	500 ml
2 c. à tab	beurre ramolli	30 ml
1/2 t	sucre	125 ml
1 c. à thé	fécule de maïs	5 ml
1	oeuf, jaune et blanc séparés	1
1/2 t	crème à 10 %	125 ml
1 c. à thé	vanille	5 ml
1 c. à tab	cassonade tassée	15 ml

1 Répartir les bleuets et les framboises dans quatre à six ramequins d'une capacité de 1 1/4 t (310 ml) ou de 1 t (250 ml). Réserver.

2 Dans une casserole à fond épais, mélanger le beurre, le sucre (réserver 1 c. à tab/15 ml) et la fécule de maïs. À l'aide d'un fouet, incorporer le jaune d'oeuf et la crème. Cuire à feu moyen, en brassant sans arrêt, pendant 3 minutes ou jusqu'à ce que la préparation ait épaissi. Ajouter la vanille et mélanger. Retirer la casserole du feu.

3 Dans un bol, à l'aide d'un batteur électrique, battre le blanc d'oeuf jusqu'à ce qu'il forme des pics mous. Ajouter petit à petit le reste du sucre et battre jusqu'à ce que la préparation forme des pics fermes et brillants. À l'aide d'une spatule, incorporer la préparation au mélange de crème en soulevant délicatement la masse. (Vous pouvez préparer la garniture à la crème à l'avance, la laisser refroidir et la couvrir. Elle se conservera jusqu'à 2 heures au réfrigérateur.)

4 À l'aide d'une cuillère, étendre la garniture à la crème sur les fruits réservés. Parsemer de la cassonade. Cuire sous le gril préchauffé du four, à 4 po (10 cm) de la source de chaleur, de 1 à 1 1/2 minute ou jusqu'à ce que la garniture soit dorée.

Par portion: • calories: 205 • protéines: 2 g • matières grasses: 7 g (4 g sat.) • cholestérol: 60 mg • glucides: 34 g • fibres: 3 g • sodium: 40 mg

PANNA COTTA À LA *noix de coco*, SAUCE AU CARAMEL

Donne 6 portions.
Préparation: 30 min
Cuisson: 2 min (gélatine);
5 min (sauce)
Réfrigération: 4 h

Pour une décoration spectaculaire, on suggère ici de gros copeaux de noix de coco faits avec de la pulpe fraîche, prélevée au couteau économe et grillée au four quelques minutes. Si on souhaite gagner du temps, on peut aussi acheter des flocons de noix de coco non sucrés dans un magasin d'aliments naturels (ils sont un peu plus gros que ceux qu'on trouve au supermarché) et les faire dorer quelques minutes au four.

1/3 t	sucre	80 ml
1	sachet de gélatine sans saveur (7 g ou 1 c. à tab/15 ml)	1
2 t	crème à 35 %	500 ml
1 t	lait de coco	250 ml
1/2 t	flocons de noix de coco grillés	125 ml
	gros copeaux de noix de coco grillés (facultatif)	
1/2 t	sauce au caramel (voir recette)	125 ml

1 Dans une casserole, mélanger le sucre et la gélatine. Ajouter la crème et chauffer à feu moyen, en brassant, jusqu'à ce que la gélatine soit dissoute. Retirer la casserole du feu. Ajouter le lait de coco et mélanger. Verser la préparation dans six ramequins ou verres d'une capacité de 9 oz (270 ml) chacun. Couvrir les ramequins d'une pellicule de plastique et réfrigérer pendant au moins 4 heures ou jusqu'à ce que la crème ait pris. (Vous pouvez préparer les panna cotta jusqu'à cette étape. Elles se conserveront jusqu'au lendemain au réfrigérateur.)

2 Passer la lame d'un couteau sur le pourtour des panna cotta pour les détacher des ramequins. Retourner les panna cotta sur des assiettes individuelles et retirer délicatement les ramequins. Garnir des flocons et des copeaux de noix de coco, si désiré. Arroser de la sauce au caramel.

Par portion: • calories: 560 • protéines: 4 g • matières grasses: 49 g (34 g sat.) • cholestérol: 131 mg • glucides: 29 g • fibres: 2 g • sodium: 106 mg

SAUCE AU CARAMEL
Donne 1 2/3 t (410 ml).

3/4 t	cassonade tassée	180 ml
1/2 t	crème à 35 %	125 ml
1/2 t	beurre	125 ml
2 c. à tab	sirop de maïs	30 ml
1 c. à thé	vanille	5 ml

Dans une casserole à fond épais, mélanger la cassonade, la crème, le beurre et le sirop de maïs. Porter à ébullition à feu moyen-vif, en brassant de temps à autre à l'aide d'un fouet. Réduire à feu moyen et laisser mijoter pendant 3 minutes. Ajouter la vanille et mélanger. Laisser refroidir pendant 15 minutes avant de servir. (Vous pouvez préparer la sauce à l'avance, la mettre dans un contenant hermétique, la laisser refroidir complètement et la couvrir. Elle se conservera jusqu'à 2 semaines au réfrigérateur. Laisser reposer pendant 1 heure à la température ambiante avant de servir.)

PANNA COTTA À LA *vanille*,
AU CHOCOLAT BLANC ET AUX FRAISES

Si désiré, on peut remplacer la gousse de vanille par 1 c. à thé (5 ml) d'essence de vanille pure.

Crème à la vanille et au chocolat blanc

1	gousse de vanille	1
1	sachet de gélatine sans saveur (7 g ou 1 c. à tab/15 ml)	1
3 c. à tab	eau	45 ml
1 1/2 t	crème à 35 %	375 ml
4 oz	chocolat blanc haché finement	125 g
2 c. à tab	sucre	30 ml
1 1/2 t	babeurre	375 ml
Fraises macérées		
2 t	fraises hachées grossièrement	500 ml
2 c. à tab	sucre	30 ml

Préparation de la crème

1 Couper la gousse de vanille en deux sur la longueur. Avec le dos de la lame d'un petit couteau, racler les graines. Réserver les graines et la gousse.

2 Dans un petit bol, saupoudrer la gélatine sur l'eau et laisser gonfler pendant 5 minutes. Dans une casserole à fond épais, mélanger la crème, le chocolat, le sucre, les graines et la gousse de vanille réservées. Chauffer à feu moyen, en brassant de temps à autre, de 4 à 5 minutes ou jusqu'à ce que le chocolat ait fondu. Retirer du feu. Retirer la gousse de vanille, la rincer, l'éponger et la réserver pour la préparation des fraises. Incorporer le babeurre et la préparation de gélatine à la préparation de crème.

3 Verser le mélange dans six petits verres ou ramequins d'une capacité de 1 t (250 ml). Couvrir les verres d'une pellicule de plastique et réfrigérer pendant au moins 2 heures ou jusqu'à ce que la crème ait pris. (Vous pouvez préparer les panna cotta jusqu'à cette étape. Elles se conserveront jusqu'à 2 jours au réfrigérateur.)

Préparation des fraises

4 Entre-temps, dans un bol, écraser la moitié des fraises à l'aide d'une fourchette. Ajouter le reste des fraises, le sucre et la gousse de vanille réservée et mélanger délicatement. Couvrir et laisser reposer à la température ambiante pendant 30 minutes (brasser délicatement de temps à autre). (Vous pouvez préparer les fraises macérées à l'avance. Elles se conserveront jusqu'à 4 heures au réfrigérateur.)

5 Au moment de servir, retirer la gousse de vanille de la préparation de fraises. Garnir les panna cotta des fraises macérées.

Par portion: • calories: 395 • protéines: 6 g • matières grasses: 29 g (18 g sat.) • cholestérol: 7 mg • glucides: 30 g • fibres: 1 g • sodium: 190 mg

PANNA COTTA, SAUCE AU *porto* ET AUX CANNEBERGES

Donne 8 portions.
Préparation: 30 min
Cuisson: 2 min (gélatine);
2 min (sauce)
Réfrigération: 4 h

2 c. à tab	eau froide	30 ml
2 c. à tab	liqueur d'orange (de type Grand Marnier) ou jus d'orange	30 ml
1	sachet de gélatine sans saveur (7 g ou 1 c. à tab/15 ml)	1
8 oz	fromage mascarpone	250 g
8 oz	crème sure	250 g
2/3 t	sucre	160 ml
1 c. à thé	vanille	5 ml
1 t	crème à 35 %	250 ml
	sauce au porto et aux canneberges (voir recette)	

1 Vaporiser d'un enduit végétal anti-adhésif (de type Pam) huit petits rame-quins ou petites tasses d'une capacité de 1/2 t (125 ml). Réserver. Dans une petite casserole, mélanger l'eau et la liqueur d'orange et saupoudrer la gélatine. Lais-ser gonfler pendant 5 minutes. Chauffer à feu doux, en brassant, jusqu'à ce que la gélatine soit dissoute.

2 Dans un bol, à l'aide d'un batteur électrique, battre le fromage mascar-pone jusqu'à ce qu'il soit gonflé. Ajouter la préparation de gélatine, la crème sure, le sucre et la vanille en battant à faible vitesse jusqu'à ce que la préparation soit lisse. À l'aide d'une cuillère, incorporer

la crème. Répartir la préparation dans les ramequins réservés. Couvrir et réfri-gérer pendant au moins 4 heures. (Vous pouvez préparer les panna cotta jusqu'à cette étape. Elles se conserveront jusqu'à 2 jours au réfrigérateur.)

3 Au moment de servir, passer la lame d'un couteau sur le pourtour des panna cotta pour les détacher des ramequins. Tremper les ramequins dans l'eau chau-de pendant quelques secondes et dé-mouler les panna cotta sur des assiettes individuelles. Napper de la sauce.

Par portion: • calories: 445 • protéines: 4 g • matières grasses: 28 g (18 g sat.) • cholestérol: 95 mg • glucides: 41 g • fibres: aucune • sodium: 45 mg

SAUCE AU PORTO ET AUX CANNEBERGES
Donne environ 1 t (250 ml).

1 t	tartinade ou gelée de canneberges	250 ml
2 c. à tab	porto	30 ml

Dans une petite casserole, mélanger la tartinade et le porto. Porter à ébullition. Retirer du feu et laisser refroidir. (Vous pouvez préparer la sauce à l'avance et la couvrir. Elle se conservera jusqu'à 2 jours au réfrigérateur.)

Tiramisus
EN COUPES

Pour gagner du temps, on peut remplacer les biscuits maison par environ 18 biscuits à la cuillère du commerce (de type Vicenzovo).

Biscuits à la cuillère

3	oeufs, blancs et jaunes séparés	3
1/2 t	sucre granulé	125 ml
3/4 t	farine	180 ml
2 c. à tab	sucre glace	30 ml

Sirop au café

1/4 t	café espresso ou autre café liquide fort	60 ml
1/4 t	liqueur de café (de type Kahlua)	60 ml
2 c. à tab	sucre granulé	30 ml
1/4 t	eau	60 ml

Garniture au mascarpone

4	jaunes d'oeufs	4
1/4 t	sucre granulé	60 ml
1/4 t	liqueur de café (de type Kahlua)	60 ml
1	petit contenant de fromage mascarpone ou paquet de fromage à la crème, ramolli (250 g)	1
2/3 t	crème à 35 %	160 ml
	chocolat râpé finement (facultatif)	

Préparation des biscuits à la cuillère

1 Dans un bol, à l'aide d'un batteur électrique, battre les blancs d'oeufs jusqu'à ce qu'ils soient mousseux. Incorporer la moitié du sucre granulé, 1 c. à tab (15 ml) à la fois, en battant jusqu'à ce que le mélange forme des pics très fermes. Réserver.

2 Dans un bol, à l'aide du batteur électrique (utiliser des fouets propres), battre les jaunes d'oeufs et le reste du sucre pendant environ 5 minutes ou jusqu'à ce que le mélange forme des rubans lorsqu'on soulève les fouets du batteur. Incorporer environ la moitié du mélange de blancs d'oeufs réservé en soulevant délicatement la masse à l'aide d'une spatule. Tamiser la moitié de la farine sur la préparation et l'incorporer de la même manière. Incorporer le reste du mélange de blancs d'oeufs, puis le reste de la farine de la même manière.

3 Mettre la pâte dans une grande poche à douille munie d'un embout plat de 3/4 po (2 cm) et la presser en 18 bandes de 4 po (10 cm) de longueur sur une plaque de cuisson tapissée de papier-parchemin, en laissant un espace de 1 po (2,5 cm) entre chaque bande. Saupoudrer du sucre glace.

4 Cuire au centre du four préchauffé à 350°F (180°C) pendant 15 minutes ou jusqu'à ce que les biscuits soient gonflés et dorés. Déposer la plaque sur une grille et laisser refroidir pendant 10 minutes. À l'aide d'une spatule, décoller délicatement les biscuits du papier-parchemin et les mettre sur la grille. Laisser refroidir complètement.

Préparation du sirop

5 Entre-temps, dans une petite casserole, mélanger le café, la liqueur de café, le sucre et l'eau. Chauffer à feu moyen, en brassant de temps à autre, jusqu'à ce que le sucre soit dissous. Retirer du feu et laisser refroidir complètement.

Préparation de la garniture

6 Dans un bol à l'épreuve de la chaleur, mélanger les jaunes d'oeufs, le sucre et la liqueur de café. Mettre le bol sur une casserole d'eau chaude mais non bouillante et cuire, en brassant sans arrêt à l'aide d'un fouet, de 6 à 8 minutes ou jusqu'à ce que le mélange forme des rubans lorsqu'on soulève le fouet. Retirer le bol de la casserole et laisser refroidir légèrement. Incorporer le fromage mascarpone. Laisser refroidir complètement à la température ambiante, en brassant de temps à autre.

7 Dans un bol, à l'aide du batteur électrique (utiliser des fouets propres), battre la crème jusqu'à ce qu'elle forme des pics fermes. Incorporer la préparation de mascarpone refroidie en soulevant délicatement la masse. Couvrir et réfrigérer.

Assemblage des tiramisus

🔵 À l'aide d'une cuillère, mettre environ 3 c. à tab (45 ml) de la garniture au mascarpone dans une coupe à dessert ou un verre d'une capacité de 1 t (250 ml). Tremper rapidement 3 biscuits dans le sirop au café refroidi, puis en déposer la moitié dans la coupe (briser les biscuits en morceaux). Couvrir de 3 c. à tab (45 ml) de la garniture, puis déposer le reste des biscuits trempés par-dessus. Couvrir de 3 c. à tab (45 ml) de la garniture. Parsemer de chocolat râpé, si désiré. Assembler cinq autres tiramisus de la même manière. Couvrir les coupes d'une pellicule de plastique et réfrigérer pendant au moins 2 heures pour permettre aux saveurs de se mélanger. (Vous pouvez préparer les tiramisus à l'avance. Ils se conserveront jusqu'au lendemain au réfrigérateur.)

Par portion: • calories: 565 • protéines: 10 g • matières grasses: 30 g (17 g sat.) • cholestérol: 330 mg • glucides: 57 g • fibres: traces • sodium: 175 mg

CRÈMES À *l'érable* ET AU CARAMEL CROQUANT

jusqu'à ce que le mélange soit homogène, sans plus. Incorporer petit à petit la préparation de crème chaude, en battant. Répartir la préparation dans les ramequins réservés. Verser suffisamment d'eau bouillante dans le plat pour couvrir la paroi des ramequins jusqu'à la mi-hauteur.

3 Cuire au four préchauffé à 350°F (180°C) de 30 à 35 minutes ou jusqu'à ce que le pourtour des crèmes ait pris mais que le centre soit encore légèrement gélatineux. Retirer les ramequins du plat, les déposer sur une grille et les laisser refroidir. Couvrir et réfrigérer pendant au moins 1 heure. (Vous pouvez préparer les crèmes jusqu'à cette étape. Elles se conserveront jusqu'au lendemain au réfrigérateur.) Laisser reposer à la température ambiante pendant 20 minutes avant de servir. Parsemer des noisettes et des framboises.

4 Entre-temps, dans un poêlon à fond épais de 8 po (20 cm) de diamètre, chauffer le reste du sucre à feu moyen-vif jusqu'à ce qu'il commence à fondre (ne pas brasser, mais secouer le poêlon de temps à autre afin que le sucre fonde uniformément). Réduire à feu doux et poursuivre la cuisson, en brassant à l'aide d'une cuillère de bois, pendant environ 5 minutes ou jusqu'à ce que le sucre ait complètement fondu et soit de couleur ambre foncé. Arroser aussitôt les crèmes du sucre caramélisé de manière à former des filaments (s'il devient trop dur, le chauffer en brassant pour le faire fondre).

Par portion: • calories: 475 • protéines: 5 g • matières grasses: 37 g (20 g sat.) • cholestérol: 320 mg • glucides: 32 g • fibres: 2 g • sodium: 90 mg

Donne 6 portions.
Préparation: 30 min
Cuisson: 40 à 45 min
Réfrigération: 1 h
Repos: 20 min

1/4 t	noisettes ou amandes grillées, hachées	60 ml
1 t	framboises fraîches	250 ml

1 Vaporiser légèrement d'un enduit végétal antiadhésif (de type Pam) six ramequins d'une capacité de 3/4 t (180 ml). Déposer les ramequins dans un grand plat allant au four. Réserver. Dans une casserole à fond épais, chauffer la crème et 3 c. à tab (45 ml) du sucre à feu moyen, en brassant de temps à autre, jusqu'à ce que la préparation soit bouillonnante. Retirer la casserole du feu.

2 Entre-temps, dans un grand bol, à l'aide d'un fouet, mélanger les jaunes d'oeufs, le sirop d'érable, la vanille et le sel

2 t	crème à 35 %	500 ml
3 c. à tab + 1/4 t	sucre	105 ml
6	jaunes d'oeufs	6
1/3 t	sirop d'érable	80 ml
1 1/2 c. à thé	vanille	7 ml
1/8 c. à thé	sel	0,5 ml

CROUSTADE AUX *pommes* ET AUX PACANES

Donne 8 portions.
Préparation: 15 min
Cuisson: 45 min

Pour la cuisson, on suggère ici un moule carré, mais un moule rectangulaire de 13 po x 9 po (33 cm x 23 cm) ou de 11 po x 7 po (28 cm x 18 cm) convient également: la garniture aux pommes sera simplement un peu moins épaisse. Utiliser un moule en verre (de type Pyrex ou Corning Ware) ou un moule en métal, mais avec une surface antiadhésive, sinon la préparation de pommes risquerait de s'oxyder (son goût n'en serait toutefois pas altéré).

Garniture croquante aux pacanes

3/4 t	flocons d'avoine	180 ml
1/2 t	farine	125 ml
1/2 t	cassonade	125 ml
1 c. à tab	sucre	15 ml
1/4 c. à thé	cannelle moulue	1 ml
1	pincée de sel	1
1/2 t	beurre froid, coupé en morceaux	125 ml
3/4 t	pacanes hachées grossièrement	180 ml

Garniture aux pommes

8	pommes pelées, le coeur enlevé, coupées en quartiers	8
2 c. à tab	jus de citron	30 ml
1/2 t	sucre	125 ml
1/4 c. à thé	cannelle moulue	1 ml

Préparation de la garniture croquante

1 Dans un grand bol, mélanger les flocons d'avoine, la farine, la cassonade, le sucre, la cannelle et le sel. Ajouter le beurre et travailler la préparation avec les doigts jusqu'à ce qu'elle soit homogène, mais avec de gros morceaux. Ajouter les pacanes et mélanger.

Préparation de la garniture aux pommes

2 Dans un autre bol, mélanger les pommes, le jus de citron, le sucre et la cannelle. Étendre la garniture aux pommes dans un plat carré de 8 po (20 cm) de côté, légèrement beurré. Avec les doigts, défaire la garniture croquante en gros morceaux sur la garniture aux pommes.
3 Cuire au four préchauffé à 350°F (180°C) pendant 45 minutes ou jusqu'à ce que la garniture croquante soit dorée et que la garniture aux pommes soit bouillonnante. Laisser refroidir pendant 15 minutes.

Par portion: • calories: 375 • protéines: 3 g
• matières grasses: 19 g (8 g sat.) • cholestérol: 30 mg
• glucides: 52 g • fibres: 4 g • sodium: 105 mg

DESSERTS *glacés*

*Élégants semifreddos à l'italienne, exubérants sorbets,
mignonnes barbotines ou crèmes glacées bien gourmandes,
les desserts glacés nous réchauffent le coeur!*

Depuis quelques années, les sorbetières sont de plus en plus populaires. Et la fabrication de douceurs glacées aussi! Les rafraîchissants granités et les sucettes glacées – ces grandes favorites des enfants – restent des incontournables de nos étés.

Fabriquer nos glaces, ce n'est pas si difficile. D'abord, il faut choisir de bons ingrédients, car aucun artifice ne viendra masquer le goût, la texture ou l'arôme de nos produits. Les oeufs, le lait, la crème, les essences naturelles et les fruits doivent être bien frais, et le chocolat, les noix et le café, de bonne qualité.

Aucune des recettes de ce chapitre ne nécessite l'utilisation d'une sorbetière. Toutefois, si on est un inconditionnel des desserts glacés, cet appareil peut représenter un achat judicieux: il facilite la préparation des crèmes glacées et des sorbets et donne d'excellents résultats. On trouve sur le marché des sorbetières domestiques de qualité pour une centaine de dollars, et des modèles très performants pour environ 200 $.

Les recettes présentées ici font le tour de la planète glaces et permettent de maîtriser les principales techniques de fabrication: barbotines, sorbets, granités, yogourts glacés, crèmes glacées traditionnelles, tout y passe, sans oublier les desserts plus impressionnants comme le semifreddo et la bombe glacée. On pourra ensuite créer nos propres fantaisies en s'inspirant des techniques utilisées.

LES BONS OUTILS

Moule à pain de 8 po x 4 po (20 cm x 10 cm), en pyrex (A). Essentiel pour la confection des semifreddos.

Moule carré de 9 po (23 cm), d'une capacité de 10 t (2,5 L), en pyrex (B). C'est une bonne grandeur pour faire prendre la préparation au congélateur.

Coupes à dessert d'une capacité de 3/4 à 1 t (180 à 250 ml) (8) (C). Offertes dans une variété de formes et de couleurs, elles donnent une touche d'élégance à nos coupes glacées.

Sorbetière (D). Bien qu'elle ne soit pas essentielle pour préparer nos recettes, la sorbetière vaut vraiment son pesant d'or si on raffole des douceurs glacées: elle permet de préparer sans effort des glaces d'une texture parfaite et de varier les parfums à l'infini. Les sorbetières domestiques possèdent une cuve amovible qui contient un liquide refroidissant: on doit garder la cuve au congélateur de 12 à 24 heures avant d'utiliser notre sorbetière. On la replace ensuite dans l'appareil, on verse notre préparation et on met la machine en marche. Le processus de malaxage dure de 10 à 40 minutes selon la qualité de l'appareil. À l'achat, on choisit notre modèle en fonction du nombre de portions à servir. Les plus pratiques sont ceux d'une capacité de 4 à 6 t (1 à 1,5 L). On s'assure aussi que la sorbetière se démonte et se nettoie facilement, et que ses pièces sont robustes. Autre aspect à considérer: la puissance du moteur. En général, plus il est fort, moins le temps de malaxage est long, et plus les cristaux sont fins (car le moteur est plus efficace). Enfin, certains modèles haut de gamme offrent davantage d'options (par exemple, la préparation de glaces à l'italienne, plus onctueuses), tandis que les modèles de base donnent un seul type de texture pour toutes les préparations (sorbet, glace, yogourt ou lait glacés). On choisit selon nos besoins.

DE DÉLICIEUSES GLACES
SANS SORBETIÈRE

Si on n'a pas de sorbetière, on peut tout de même concocter des glaces et des sorbets tout à fait savoureux. Pour ce faire, on prépare d'abord notre mélange, puis on le verse dans le récipient du robot culinaire ou du mélangeur. On mélange de 2 à 5 minutes, soit assez longtemps pour incorporer de l'air dans la préparation. On étend ensuite la préparation dans un moule carré, qu'on place au congélateur pour environ 1 1/2 heure ou jusqu'à ce que la glace ait presque pris. À l'aide d'une cuillère, on brise la préparation en morceaux, et on remet le tout dans le récipient du robot ou du mélangeur. On mélange encore de 2 à 5 minutes. Si désiré, on peut répéter ces opérations (congeler, puis mélanger au robot) une dernière fois. Finalement, on laisse la glace prendre complètement au congélateur. Bien sûr, le processus est un peu long, mais il permet d'obtenir une texture aussi lisse et crémeuse que possible.

Astuces de pro

POUR CONSERVER NOS GLACES

Les desserts glacés maison durent moins longtemps que ceux du commerce, parce qu'ils ont tendance à former des cristaux plus rapidement. Il vaut donc mieux les consommer sans tarder. On peut les conserver jusqu'à 1 semaine au congélateur, dans un contenant hermétique.

FROID INTENSE

Pour que nos desserts glacés gardent leur consistance plus longtemps, mettre les coupes ou les assiettes au congélateur 30 minutes avant de servir.

DES SORBETS D'UNE TEXTURE PARFAITE

Pour des sorbets aux fruits qui ont une belle texture, on s'assure que le sirop qu'on prépare en commençant la recette ne contient pas de cristaux de sucre. On prend également le temps de filtrer dans une passoire fine les fruits broyés qui contiennent de petites graines, comme les framboises ou les mûres.

SEMIFREDDOS ET BOMBES GLACÉES: UN JEU D'ENFANT

Spectaculaires, ces desserts glacés sont étonnamment faciles à faire. Pour le semifreddo, tapisser le moule d'une pellicule de plastique, en la laissant dépasser d'au moins 3 po (8 cm) sur les côtés. On peut mouiller ou huiler très légèrement le moule au préalable pour maintenir la pellicule en place. En brassant à l'aide d'une spatule, faire ramollir légèrement la crème glacée, puis l'étendre uniformément dans le moule: ce sera le premier étage du semifreddo. Congeler pendant environ 30 minutes avant d'ajouter la garniture aux biscuits et la deuxième couche de crème glacée, préalablement ramollie à la spatule (A). Important: ne pas attendre que la crème glacée ait complètement pris avant d'ajouter l'étage suivant. Pour la bombe glacée (B), on procède sensiblement de la même manière.

A

B

DES COUPES GLACÉES SENSATIONNELLES

Utiliser des contenants inusités qu'on détournera de leur fonction originale: petits vases en terre cuite (tapissés de papier d'aluminium), coupes à champagne, fruits évidés (oranges, cantaloups, citrons), tasses à thé antiques, etc. On décore nos coupes glacées de pétales de fleurs comestibles, de fruits frais de saison, de feuilles de menthe ou de verveine fraîche, de graines de citrouille ou de noix rôties; on les nappe d'une bonne sauce au caramel ou au chocolat, de confiture ou de liqueur d'orange (de type Grand Marnier); on les parsème de biscuits émiettés, de petits bonbons ou de dés de gâteau. Bref, on s'amuse! On peut aussi disposer toutes les garnitures sur la table et laisser nos invités faire leur propre coupe glacée.

COOL, LES POPSICLES!

Un truc de base pour augmenter le plaisir: varier la forme et la taille des moules. Pour des sucettes à plusieurs étages, faire deux préparations différentes de yogourt aux fruits. Verser la moitié de la première préparation dans 24 moules et la faire prendre au congélateur pendant 45 minutes. Couvrir de la moitié de la deuxième préparation et remettre au congélateur pour 45 minutes. Répéter avec le reste de la première préparation, puis couvrir du reste de la deuxième préparation. Laisser ensuite prendre au congélateur de 3 à 4 heures.

MOUSSES GLACÉES
AUX *fraises*

Donne de 6 à 8 portions.
Préparation: 35 min
Cuisson: 5 à 7 min
Congélation: 2 à 3 h

1 1/4 t	fraises entières, équeutées	310 ml
2 c. à tab	liqueur d'orange (de type triple-sec) ou	30 ml
1 c. à tab	jus d'orange	15 ml
1/2 t	sucre	125 ml
1/4 t	eau	60 ml
2	blancs d'oeufs	2
1/2 t	crème à 18 %	125 ml
	crème fouettée (facultatif)	
	fraises coupées en tranches (facultatif)	

1 Couper six ou huit bandes de papier d'aluminium résistant de 15 po x 3 po (38 cm x 8 cm). Entourer des bandes de papier d'aluminium la paroi extérieure de six ramequins d'une capacité de 1/2 t (125 ml) ou de huit ramequins d'une capacité de 1/4 t (60 ml), en les laissant dépasser d'au moins 1 po (2,5 cm) sur le dessus (fixer à l'aide d'une ficelle, au besoin). Mettre les ramequins sur une plaque de cuisson et réserver.

2 Au robot culinaire ou au mélangeur, réduire les fraises entières en purée lisse. Dans une passoire fine placée sur un grand bol, filtrer la purée de fraises. Ajouter la liqueur d'orange et mélanger. Réserver.

3 Dans une casserole, mélanger le sucre et l'eau. Porter à ébullition à feu moyen-vif. Laisser bouillir, sans brasser, de 3 à 5 minutes ou jusqu'à ce qu'un thermomètre à bonbons indique entre 234°F et 240°F (112°C et 116°C) ou qu'une petite quantité de sirop jetée dans un bol d'eau froide forme une boule molle. Entretemps, dans un grand bol à l'épreuve de la chaleur, à l'aide d'un batteur électrique, battre les blancs d'oeufs jusqu'à ce qu'ils forment des pics mous. Incorporer le sirop chaud en un mince filet, en battant sans arrêt jusqu'à ce que le bol ait refroidi et que la préparation forme des pics fermes et brillants. Incorporer la préparation à la purée de fraises réservée en soulevant délicatement la masse à l'aide d'une spatule.

4 Dans un autre bol, à l'aide du batteur électrique (utiliser des fouets propres), battre la crème jusqu'à ce qu'elle forme des pics fermes. Incorporer la crème fouettée à la préparation de fraises en soulevant délicatement la masse. Répartir la mousse dans les ramequins réservés de façon qu'elle dépasse de 1/2 po (1 cm) du bord des ramequins. Congeler de 2 à 3 heures ou jusqu'à ce que les mousses soient fermes. (Vous pouvez préparer les mousses à l'avance et les couvrir. Elles se conserveront jusqu'à 1 semaine au congélateur.)

5 Au moment de servir, retirer le papier d'aluminium. Garnir de crème fouettée et de fraises coupées en tranches, si désiré.

Par portion: • calories: 90 • protéines: 2 g
• matières grasses: 3 g (2 g sat.) • cholestérol: 10 mg
• glucides: 15 g • fibres: traces • sodium: 20 mg

POPSICLES
santé

1. Au mélangeur ou au robot culinaire, mélanger le yogourt et les framboises jusqu'à l'obtention d'une purée lisse. Réserver.

2. Répartir les fruits dans 12 moules à popsicles (ou 12 gobelets en plastique ou en papier d'une capacité de 4 à 6 oz/125 à 180 ml; déposer les petits fruits ou les fruits en dés au fond des moules, et coller les fruits en tranches sur les parois de façon qu'ils soient bien répartis sur la surface des popsicles).

3. À l'aide d'une cuillère, répartir la préparation de yogourt réservée dans les moules. Frapper délicatement les moules sur une surface de travail afin d'enlever les bulles d'air. Avec la pointe d'un petit couteau, replacer sur les parois les fruits qui se seraient déplacés. Insérer un bâtonnet au centre de chaque popsicle.

4. Congeler pendant environ 4 heures ou jusqu'à ce que les popsicles aient durci. Au moment de servir, passer les moules sous l'eau chaude ou les mettre dans un plat d'eau chaude pendant quelques secondes, puis démouler.

Par popsicle: • calories: 50 • protéines: 2 g
• matières grasses: 1 g (traces sat.) • cholestérol: 2 mg
• glucides: 9 g • fibres: 2 g • sodium: 30 mg

Donne 12 popsicles.
Préparation: 15 min
Cuisson: aucune
Congélation: 4 h

2 t	yogourt à la vanille	500 ml
2 t	framboises (ou autre fruit) fraîches ou surgelées	500 ml
1 t	fruits frais au choix, coupés en dés ou en tranches	250 ml

BARBOTINE
AUX *framboises*

Barbotine aux pêches

Barbotine aux framboises

Donne 6 portions.
Préparation: 15 min
Cuisson: aucune

3 t	framboises fraîches ou surgelées, décongelées	750 ml
1 t	nectar d'abricot	250 ml
1 t	sucre glace tamisé	250 ml
4 à 4 1/2 t	glaçons	1 à 1,125 L

1 Au mélangeur ou au robot culinaire, réduire les framboises en purée. Dans une passoire fine placée sur un bol, filtrer la purée en pressant avec le dos d'une cuillère pour récupérer le plus de pulpe possible. Remettre la purée dans le mélangeur.
2 Ajouter le nectar d'abricot et le sucre glace et mélanger jusqu'à ce que la préparation soit lisse. Ajouter les glaçons, en plusieurs fois, et mélanger jusqu'à ce qu'ils soient finement concassés. Répartir la barbotine dans six verres.

Par portion: • calories: 115 • protéines: 1 g • matières grasses: traces (aucun sat.) • cholestérol: aucun • glucides: 29 g • fibres: 2 g • sodium: traces

Variante

BARBOTINE AUX PÊCHES
Remplacer les framboises par 4 t (1 L) de pêches en boîte coupées en tranches, égouttées, et suivre uniquement les indications de l'étape 2 (ajouter les pêches aux autres ingrédients).

TARTE À LA *crème glacée*
AU CARAMEL

Croûte Graham

1 1/2 t	gaufrettes Graham émiettées (environ 45 gaufrettes)	375 ml
1/4 t	beurre fondu	60 ml
1 c. à thé	cannelle moulue	5 ml

Garniture au caramel et à la crème glacée

2/3 t	sucre	160 ml
1/4 t	eau	60 ml
1/3 t	crème à 35 %	80 ml
1 c. à tab	beurre	15 ml
1	pincée de sel	1
1 c. à thé	poudre de café instantané (facultatif)	5 ml
8 t	crème glacée à la vanille	2 L

Préparation de la croûte

1 Dans un bol, mélanger les gaufrettes Graham, le beurre et la cannelle jusqu'à ce que la préparation soit humide. Presser la préparation au fond et sur la paroi d'un moule à tarte en verre de 9 po (23 cm) de diamètre. Cuire au four préchauffé à 350°F (180°C) pendant environ 8 minutes ou jusqu'à ce que la croûte soit ferme. Déposer le moule sur une grille et laisser refroidir.

Préparation de la garniture

2 Dans une casserole à fond épais, chauffer le sucre et l'eau à feu moyen jusqu'à ce que le sucre soit dissous. Porter à ébullition et laisser bouillir, sans brasser, de 6 à 10 minutes ou jusqu'à ce que le sirop soit de couleur ambre foncé (à l'aide d'un pinceau à pâtisserie trempé dans l'eau, badigeonner la paroi de la casserole pour faire tomber les cristaux de sucre). Retirer la casserole du feu.

3 À l'aide d'un fouet, incorporer la crème au sirop jusqu'à ce que la préparation soit lisse (attention aux éclaboussures). Ajouter le beurre et le sel en battant jusqu'à ce que le caramel soit lisse. Si désiré, incorporer la poudre de café en battant jusqu'à ce qu'elle soit dissoute. Laisser refroidir. Arroser le fond de la croûte refroidie de 1/4 t (60 ml) du caramel refroidi. Congeler pendant environ 20 minutes ou jusqu'à ce que le caramel soit ferme.

Assemblage de la tarte

4 Laisser ramollir la crème glacée à la température ambiante pendant environ 10 minutes et la mettre dans un grand bol. Arroser du reste du caramel. À l'aide d'une spatule, incorporer le caramel dans la crème glacée en formant des spirales. Étendre la crème glacée dans la croûte et lisser le dessus, si désiré. Couvrir d'une pellicule de plastique et congeler pendant environ 3 heures ou jusqu'à ce que la crème glacée soit ferme. (Vous pouvez préparer la tarte à l'avance. Elle se conservera jusqu'à 2 semaines au congélateur, enveloppée de papier d'aluminium et glissée dans un sac de congélation. Laisser reposer pendant environ 10 minutes à la température ambiante avant de servir.)

Par portion: • calories: 403 • protéines: 5 g • matières grasses: 25 g (15 g sat.) • cholestérol: 81 mg • glucides: 44 g • fibres: 1 g • sodium: 174 mg

SUCETTES GLACÉES AU *citron* ET AUX FRAISES

Donne 8 sucettes.
Préparation: 15 min
Cuisson: aucune
Congélation: 2 h

1 t	fraises hachées	250 ml
1 c. à tab	sucre	15 ml
4 t	sorbet au citron, à la lime ou à l'orange, ramolli	1 L

1 Au robot culinaire ou au mélangeur, réduire en purée lisse les fraises et le sucre. Répartir la moitié de la purée de fraises dans huit gobelets en papier d'une capacité de 5 oz (150 ml). Ajouter la moitié du sorbet. Couvrir du reste de la purée de fraises et du sorbet. Couvrir les gobelets d'une pellicule de plastique. Faire une petite entaille au centre de la pellicule de plastique avec la pointe d'un couteau et insérer un bâtonnet de bois. Congeler pendant 2 heures ou jusqu'à ce que les sucettes soient fermes. (Vous pouvez préparer les sucettes à l'avance et les mettre dans un contenant hermétique. Elles se conserveront jusqu'à 5 jours au congélateur.) Démouler avant de servir.

Par sucette: • calories: 149 • protéines: 1 g • matières grasses: 2 g (1 g sat.) • cholestérol: 6 mg • glucides: 33 g • fibres: 1 g • sodium: 44 mg

YOGOURT GLACÉ
AUX *framboises*

Donne 5 portions.
Préparation: 15 min
Cuisson: aucune
Congélation: 5 h 30 min

3 t	framboises fraîches ou surgelées, décongelées	750 ml
1/3 t	sucre à fruits	80 ml
1 c. à tab	jus de citron	15 ml
1 t	yogourt nature (de type balkan ou à 2 %)	250 ml

1 Au robot culinaire, mélanger les framboises, le sucre et le jus de citron jusqu'à ce que la préparation soit lisse. Ajouter le yogourt et mélanger jusqu'à ce que la préparation soit homogène.

2 Dans une passoire fine placée sur un moule en métal de 9 po (23 cm) de côté, filtrer la préparation de framboises en pressant avec le dos d'une cuillère. Congeler pendant environ 1 1/2 heure ou jusqu'à ce qu'elle soit presque ferme.

3 Briser la préparation en gros morceaux et la réduire en purée lisse au robot culinaire. Verser la purée dans un contenant hermétique, lisser le dessus et congeler pendant au moins 4 heures ou jusqu'à ce qu'elle soit ferme.

Par portion de 1/2 t (125 ml): • calories: 95 • protéines: 3 g • matières grasses: 1 g (traces sat.) • cholestérol: traces • glucides: 17 g • fibres: 1 g • sodium: 35 mg

Yogourt glacé aux mûres

Yogourt glacé aux framboises

Yogourt glacé à la nectarine

D'AUTRES PARFUMS DE YOGOURT GLACÉ

Vous pouvez remplacer les framboises dans notre recette de yogourt glacé par d'autres fruits. Voici quelques suggestions.

- **Nectarines:** 3 t (750 ml) de nectarines coupées en tranches (environ 4 nectarines).
- **Pêches:** 3 t (750 ml) de pêches blanchies, pelées et coupées en tranches.
- **Cerises noires:** 3 t (750 ml) de cerises noires équeutées et dénoyautées.
- **Bleuets:** 3 t (750 ml) de bleuets frais ou surgelés, décongelés.
- **Mangues:** 3 t (750 ml) de mangues pelées et dénoyautées, coupées en cubes (environ 2 mangues).
- **Fraises:** 3 t (750 ml) de fraises fraîches ou surgelées, décongelées.
- **Mûres:** 3 t (750 ml) de mûres fraîches ou surgelées, décongelées.

MOUSSE GLACÉE
AU *citron*

Donne 12 portions.
Préparation: 20 min
Cuisson: aucune
Congélation: 8 h
Réfrigération: 1 h

Pour donner plus de volume à la mousse, il est important d'incorporer très délicatement la crème fouettée et la préparation de blancs d'oeufs à la préparation de jaunes d'oeufs, en soulevant la masse à l'aide d'une spatule plutôt qu'en mélangeant simplement ces ingrédients à la cuillère.

1 1/2 t	gaufrettes Graham émiettées (environ 45 gaufrettes)	375 ml
3 c. à tab	beurre fondu	45 ml
4	jaunes d'oeufs	4
1 t	sucre	250 ml
4 c. à thé	zeste de citron râpé	20 ml
1/2 t	jus de citron	125 ml
4	blancs d'oeufs	4
1/8 c. à thé	crème de tartre	0,5 ml
1/8 c. à thé	sel	0,5 ml
1 1/2 t	crème à 35 %	375 ml

1 Dans un bol, à l'aide d'une cuillère, mélanger les gaufrettes Graham et le beurre jusqu'à ce que la préparation soit humide. Presser la préparation au fond d'un moule à charnière de 9 po (23 cm) de diamètre. Réserver.

2 Dans un autre bol, à l'aide d'un fouet, battre les jaunes d'oeufs avec 1/4 t (60 ml) du sucre, le zeste et le jus de citron. Réserver. Dans un troisième bol, à l'aide d'un batteur électrique, battre les blancs d'oeufs jusqu'à ce qu'ils soient mousseux. Ajouter la crème de tartre et le sel et battre jusqu'à ce que la préparation forme des pics mous. Ajouter petit à petit le reste du sucre et battre jusqu'à ce que la préparation forme des pics fermes.

3 Dans un quatrième bol, à l'aide du batteur électrique (utiliser des fouets propres), battre la crème à 35 % jusqu'à ce qu'elle forme des pics fermes. Incorporer une cuillerée de la crème fouettée à la préparation de jaunes d'oeufs réservée en soulevant délicatement la masse. Incorporer une cuillerée de la préparation de blancs d'oeufs à la préparation de jaunes d'oeufs de la même manière. Ajouter le reste de la crème fouettée en soulevant délicatement la masse, puis le reste de la préparation de blancs d'oeufs. Étendre la garniture sur la croûte réservée et lisser le dessus. Couvrir le moule de papier d'aluminium résistant et congeler pendant au moins 8 heures ou jusqu'à ce que la mousse soit ferme. (Vous pouvez préparer la mousse à l'avance. Elle se conservera jusqu'à 2 semaines au congélateur, dans un sac de congélation.)

4 Laisser ramollir au réfrigérateur pendant 1 heure. Au moment de servir, retirer la paroi du moule.

Par portion: • calories: 270 • protéines: 4 g
• matières grasses: 17 g (9 g sat.) • cholestérol: 120 mg
• glucides: 28 g • fibres: aucune • sodium: 140 mg

GRANITÉ
AUX *agrumes*

Donne 4 portions.
Préparation: 15 min
Cuisson: 2 à 3 min
Congélation: 6 h
Repos: 10 min

3/4 t	jus d'orange	180 ml
2 c. à tab	sucre	30 ml
2 c. à tab	jus de citron ou de lime	30 ml
1/2	orange pelée, défaite en quartiers et hachée finement	1/2
1/2	petit citron (ou lime), défait en quartiers et haché finement	1/2
	quartiers d'orange et de lime	

1 Dans une petite casserole, mélanger le jus d'orange et le sucre. Chauffer à feu moyen-doux, en brassant, jusqu'à ce que le sucre soit dissous. Ajouter le jus de citron et mélanger. Verser dans un moule en métal d'une capacité de 4 t (1 L). Ajouter l'orange et le citron hachés et mélanger. Congeler à découvert pendant 2 heures (brasser la préparation en raclant la paroi du contenant aux 20 minutes). Couvrir et congeler, sans brasser, pendant environ 4 heures ou jusqu'à ce que le granité soit ferme. (Vous pouvez préparer le granité jusqu'à cette étape. Il se conservera jusqu'à 2 jours au congélateur.)

2 Laisser reposer à la température ambiante pendant 10 minutes. À l'aide

d'une fourchette, racler la surface du granité. Garnir chaque portion de quartiers d'orange et de lime.

Par portion: • calories: 113 • protéines: 1 g • matières grasses: aucune (aucun sat.) • cholestérol: aucun • glucides: 30 g • fibres: 2 g • sodium: 2 mg

CRÈME GLACÉE AU *chocolat blanc* MARBRÉE AUX BLEUETS

Donne 8 portions.
Préparation: 25 min
Cuisson: 10 min
Réfrigération: 1 h 30 min
Congélation: 5 h 30 min

On obtient des marbrures tout aussi jolies avec d'autres confitures de couleur contrastante, à base de fraises ou de framboises, par exemple. Utiliser de préférence une confiture qui contient au moins deux fois plus de fruits que de sucre (de type Double Fruit).

Crème glacée au chocolat blanc

1 1/2 t	lait	375 ml
1 1/2 t	crème à 35 %	375 ml
1	lanière de zeste d'orange d'environ 2 po (5 cm) de longueur	1
4	jaunes d'oeufs	4
1/3 t	sucre	80 ml
1	pincée de sel	1
4	tablettes de chocolat blanc (de type Lindt), hachées (100 g chacune)	4
1/4 c. à thé	vanille	1 ml

Tourbillon aux bleuets

1/4 t	confiture de bleuets	60 ml
1 c. à thé	liqueur d'orange (de type Grand Marnier) ou eau	5 ml

Préparation de la crème glacée

1 Dans une casserole, mélanger le lait, la crème et le zeste d'orange. Chauffer à feu moyen jusqu'à ce que des bulles se forment sur la paroi. Retirer la casserole du feu, couvrir et laisser reposer pendant 10 minutes. Retirer le zeste d'orange.

2 Dans un grand bol, à l'aide d'un fouet, mélanger les jaunes d'oeufs, le sucre et le sel. Incorporer petit à petit le mélange de crème. Verser dans la casserole et cuire à feu moyen-doux, en brassant sans arrêt, pendant environ 8 minutes ou jusqu'à ce que la préparation ait suffisamment épaissi pour napper le dos d'une cuillère. Ajouter le chocolat et la vanille et mélanger jusqu'à ce que la préparation soit lisse.

3 Dans une passoire fine placée sur un bol, filtrer la préparation de chocolat blanc. Verser dans un moule en métal de 9 po (23 cm) de côté, couvrir directement la surface d'une pellicule de plastique et réfrigérer pendant 1 1/2 heure ou jusqu'à ce que la préparation soit froide.

4 Congeler pendant environ 1 1/2 heure ou jusqu'à ce que la préparation soit presque ferme. Briser en gros morceaux et réduire en purée lisse au robot culinaire.

Préparation du tourbillon

5 Dans une passoire fine placée sur un petit bol, filtrer la confiture de bleuets en pressant avec le dos d'une cuillère. Incorporer la liqueur d'orange.

6 Mettre le quart de la crème glacée dans un contenant hermétique. À l'aide d'une cuillère, arroser du tiers de la préparation de bleuets en formant des volutes. Répéter ces opérations deux fois. Couvrir du reste de la crème glacée. Congeler pendant au moins 4 heures ou jusqu'à ce que la crème glacée soit ferme.

Par portion de 1/2 t (125 ml): • calories: 531 • protéines: 7 g • matières grasses: 35 g (21 g sat.) • cholestérol: 173 mg • glucides: 48 g • fibres: aucune • sodium: 91 mg

GÂTEAU GLACÉ À LA *mangue*
ET À LA VANILLE

beurre jusqu'à ce que la préparation soit humide. Presser le mélange au fond du moule. Cuire au centre du four préchauffé à 350°F (180°C) pendant environ 10 minutes ou jusqu'à ce que la croûte soit ferme. Déposer le moule sur une grille et laisser refroidir.

Préparation de la garniture

❷ Laisser tomber la moitié du sorbet par cuillerées sur la croûte refroidie. Laisser tomber la moitié de la crème glacée de la même façon, entre les boules de sorbet. Avec le dos de la cuillère, mélanger le sorbet et la crème glacée en formant des spirales. Répéter ces opérations avec le reste du sorbet et de la crème glacée. Couvrir et congeler pendant 4 heures ou jusqu'à ce que la garniture soit ferme. (Vous pouvez préparer le gâteau glacé à l'avance et l'envelopper de papier d'aluminium. Il se conservera jusqu'à 2 jours au congélateur.) À l'aide d'un couteau trempé dans l'eau chaude et essuyé, couper le gâteau glacé en pointes. Garnir chaque portion de fruits.

Par portion: • calories: 335 • protéines: 4 g • matières grasses: 14 g (7 g sat.) • cholestérol: 35 mg • glucides: 52 g • fibres: 2 g • sodium: 159 mg

---

Donne de 8 à 10 portions.
Préparation: 20 min
Cuisson: 10 min
Congélation: 4 h

Croûte aux pacanes

1 1/4 t	chapelure de gaufrettes Graham	310 ml
1/4 t	pacanes hachées finement	60 ml
1/4 t	beurre fondu	60 ml

Garniture glacée à la mangue

4 t	sorbet à la mangue, ramolli	1 L
4 t	crème glacée à la vanille, ramollie	1 L
3 t	fruits mélangés (fraises, framboises, bleuets, pêches, etc.)	750 ml

Préparation de la croûte

❶ Beurrer le fond d'un moule à charnière de 9 po (23 cm) de diamètre et tapisser la paroi de papier-parchemin. Dans un bol, mélanger la chapelure, les pacanes et le

SEMIFREDDO AU *chocolat* ET AUX NOISETTES

Donne 12 portions.
Préparation: 30 min
Cuisson: aucune
Congélation: 8 h
Repos: 15 min

1 t	biscuits amaretti émiettés	250 ml
3 c. à tab	beurre fondu	45 ml
1	pot de tartinade au chocolat et aux noisettes (de type Nutella) (400 g)	1
1/4 t	liqueur de noisette (de type Frangelico)	60 ml
1 1/2 t	crème à 35 %	375 ml
3/4 t + 1/4 t	pistaches non salées hachées grossièrement	250 ml
	poudre de cacao non sucrée	

1 Dans un petit bol, mélanger les biscuits amaretti et le beurre jusqu'à ce que la préparation soit humide. Presser la préparation au fond d'un moule à pain de 9 po x 5 po (23 cm x 13 cm) tapissé d'une pellicule de plastique. Réserver.

2 Dans un grand bol, mélanger la tartinade au chocolat et la liqueur de noisette. Dans un autre grand bol, à l'aide d'un batteur électrique, battre la crème jusqu'à ce qu'elle forme des pics mous. Incorporer petit à petit la crème fouettée à la préparation de chocolat, en soulevant délicatement la masse à l'aide d'une spatule. Incorporer 3/4 t (180 ml) des pistaches de la même manière. Étendre uniformément la préparation de chocolat sur la croûte réservée.

Couvrir et congeler pendant au moins 8 heures. (Vous pouvez préparer le semifreddo jusqu'à cette étape. Il se conservera jusqu'à 2 semaines au congélateur, enveloppé de papier d'aluminium.)

3 Laisser reposer le semifreddo à la température ambiante pendant environ 15 minutes avant de servir. Saupoudrer de cacao une assiette de service froide.

Démouler le semifreddo dans l'assiette et retirer la pellicule de plastique. Parsemer du reste des pistaches. Trancher le semifreddo à l'aide d'un couteau dentelé.

Par portion: • calories: 390 • protéines: 5 g • matières grasses: 28 g (19 g sat.) • cholestérol: 50 mg • glucides: 31 g • fibres: 3 g • sodium: 90 mg

Tiramisus
GLACÉS

Une version estivale de ce dessert italien classique. En lui ajoutant une petite sauce au caramel maison, on en fait une coupe glacée délectable.

Sauce au caramel et au café

1/2 t	sucre	125 ml
1/4 t	eau	60 ml
3/4 t	café liquide fort, chaud	180 ml

Crème glacée au café

1/4 t	café liquide fort, refroidi	60 ml
1 c. à tab	sucre	15 ml
1 c. à tab	rhum brun (facultatif)	15 ml
8	biscuits à la cuillère (doigts de dame)	8
4 t	crème glacée à la vanille	1 L
	copeaux de chocolat (facultatif)	

Préparation de la sauce

1 Dans une casserole, mélanger le sucre et l'eau. Chauffer à feu moyen jusqu'à ce que le sucre soit dissous. Porter à ébullition et laisser bouillir à feu moyen-vif, sans brasser, de 5 à 6 minutes ou jusqu'à ce que le sirop soit ambré (à l'aide d'un pinceau à pâtisserie trempé dans l'eau, badigeonner la paroi de la casserole pour faire tomber les cristaux de sucre). Ajouter petit à petit le café chaud, en brassant sans arrêt, et laisser bouillir à gros bouillons de 5 à 7 minutes ou jusqu'à ce que la sauce ait réduit à environ 1/2 t (125 ml). Laisser refroidir. (Vous pouvez préparer la sauce à l'avance et la mettre dans un contenant hermétique. Elle se conservera jusqu'à 3 jours au réfrigérateur. Laisser revenir à la température ambiante avant d'utiliser.)

Préparation de la crème glacée

2 Dans un bol, mélanger le café, le sucre et le rhum, si désiré. Casser les biscuits en morceaux de 1/2 po (1 cm) (vous devriez en obtenir environ 2 1/3 t/580 ml). Réserver 1/3 t (80 ml) des morceaux de biscuits pour la garniture. Ajouter le reste des biscuits à la préparation de café et mélanger pour les humecter. Dans un autre bol, à l'aide d'une cuillère de bois, brasser la crème glacée pour la ramollir. Ajouter la préparation de biscuits et mélanger en soulevant délicatement la masse. Congeler pendant environ 1 heure. (Vous pouvez préparer la crème glacée à l'avance et la couvrir. Elle se conservera jusqu'au lendemain au congélateur.)

Assemblage des tiramisus

3 Dans chacune de huit coupes à dessert d'une capacité de 1 t (250 ml), mettre environ 1/4 t (60 ml) de la crème glacée au café et napper de 1 c. à tab (15 ml) de la sauce au caramel. Couvrir du reste de la crème glacée. Garnir des biscuits réservés et du reste de la sauce. Parsemer de copeaux de chocolat, si désiré.

Par portion: • calories: 211 • protéines: 3 g • matières grasses: 8 g (5 g sat.) • cholestérol: 53 mg • glucides: 34 g • fibres: aucune • sodium: 63 mg

Truffes
GLACÉES

Donne 24 truffes.
Préparation: 30 min
Cuisson: aucune
Congélation: 2 h 30 min

Une petite bouchée glacée qui termine-ra en beauté les soupers sur la terrasse. On peut utiliser notre parfum de crème glacée favori. Pour faciliter le service, glisser les truffes dans des mini-moules en papier (dans les boutiques d'acces-soires de cuisine).

1 1/2 t	crème glacée	375 ml
1/3 t	biscuits amaretti émiettés	80 ml
1/3 t	amandes grillées, hachées finement	80 ml
1/3 t	paillettes de chocolat ou de bonbons colorés	80 ml
1/3 t	flocons de noix de coco grillés	80 ml

1 À l'aide d'une cuillère parisienne, faire 24 boules de crème glacée d'environ 1 po (2,5 cm) de diamètre. Mettre les boules sur une plaque de cuisson tapissée de papier-parchemin et congeler pendant 2 heures.

2 Mettre les biscuits amaretti, les amandes, les paillettes et les flocons de noix de coco dans quatre petites assiet-tes. Rouler six boules dans les biscuits, six autres dans les amandes, six autres dans les paillettes et six autres dans les flocons de noix de coco. Remettre les boules sur la plaque de cuisson et congeler pendant 30 minutes. (Vous pouvez préparer les truffes à l'avance et les mettre dans un contenant herméti-que. Elles se conserveront jusqu'à 5 jours au congélateur.)

Par truffe aux biscuits: • calories: 37 • protéines: traces • matières grasses: 2 g (1 g sat.) • cholestérol: 4 mg • glucides: 6 g • fibres: aucune • sodium: 19 mg

Par truffe aux amandes: • calories: 52 • protéines: 2 g • matières grasses: 4 g (1 g sat.) • cholestérol: 4 mg • glucides: 3 g • fibres: 1 g • sodium: 8 mg

Par truffe aux paillettes: • calories: 67 • protéines: 1 g • matières grasses: 3 g (2 g sat.) • cholestérol: 4 mg • glucides: 8 g • fibres: 1 g • sodium: 7 mg

Par truffe à la noix de coco: • calories: 36 • protéines: traces • matières grasses: 2 g (2 g sat.) • cholestérol: 4 mg • glucides: 4 g • fibres: traces • sodium: 17 mg

Truffe aux paillettes

Truffe aux biscuits

Truffe à la noix de coco

Truffe aux amandes

BOMBE ALASKA AU *chocolat*,
AUX FRAMBOISES ET AUX PISTACHES

Donne 12 portions.
Préparation: 1 h 15 min
Cuisson: 20 à 25 min
Congélation: 4 h 30 min

Pour cette recette, il est important de choisir une crème glacée et un sorbet de qualité supérieure (de type Breyers ou Häagen-Dazs, par exemple), car les produits de moins bonne qualité contiennent plus d'air; la bombe Alaska fondrait alors plus rapidement.

Gâteau au chocolat

4 oz	chocolat mi-amer haché	125 g
1/2 t	beurre	125 ml
2	oeufs	2
2	jaunes d'oeufs	2
3 c. à tab	sucre	45 ml
1/3 t	farine	80 ml

Garniture aux pistaches et aux framboises

4 t	crème glacée à la vanille, ramollie	1 L
1/2 t	pistaches non salées hachées grossièrement	125 ml
2 t	sorbet aux framboises, ramolli	500 ml
2 c. à tab	liqueur de framboise (de type Chambord) ou brandy (facultatif)	30 ml

Meringue

4	blancs d'oeufs	4
1/4 c. à thé	crème de tartre	1 ml
1/2 t	sucre à fruits	125 ml

Préparation du gâteau

1 Beurrer un moule à gâteau de 9 po (23 cm) de diamètre et tapisser le fond de papier-parchemin. Réserver. Dans un bol à l'épreuve de la chaleur placé sur une casserole d'eau chaude mais non bouillante, faire fondre le chocolat et le beurre en brassant de temps à autre. Réserver. Dans un grand bol, à l'aide d'un batteur électrique, battre les oeufs, les jaunes d'oeufs et le sucre pendant environ 8 minutes ou jusqu'à ce que le mélange ait doublé de volume. Incorporer la farine en soulevant délicatement la masse. En battant, ajouter 1/2 t (125 ml) du mélange d'oeufs à la préparation de chocolat fondu réservée. Incorporer ce mélange au reste du mélange d'oeufs en soulevant délicatement la masse à l'aide d'une spatule.

2 Étendre uniformément la pâte dans le moule réservé. Cuire au centre du four préchauffé à 350°F (180°C) de 16 à 18 minutes ou jusqu'à ce que le gâteau soit ferme (le gâteau sera mince). Déposer le moule sur une grille et laisser refroidir pendant 10 minutes. Démouler le gâteau sur la grille, retirer le papier-parchemin et laisser refroidir. (Vous pouvez préparer le gâteau à l'avance et l'envelopper d'une pellicule de plastique. Il se conservera jusqu'au lendemain à la température ambiante.)

Préparation de la garniture

3 Mouiller légèrement un bol de 8 po (20 cm) de diamètre, d'une capacité de 6 t (1,5 L), puis le tapisser d'une pellicule de plastique. Réserver. Dans un autre bol, à l'aide du batteur électrique (utiliser des fouets propres), battre la crème glacée avec les pistaches jusqu'à ce que la préparation soit homogène. Presser la préparation de crème glacée dans le bol réservé, en faisant un puits au centre pour le sorbet. Tapisser d'une pellicule de plastique l'extérieur d'un petit bol d'une capacité de 2 1/2 t (625 ml) et presser le bol dans le puits pour lisser la crème glacée (laisser le bol en place). Couvrir le tout d'une pellicule de plastique et congeler pendant environ 2 heures ou jusqu'à ce que la crème glacée soit ferme.

4 Dans un autre bol, à l'aide du batteur électrique (utiliser des fouets propres), battre le sorbet jusqu'à ce qu'il soit lisse. Retirer la pellicule de plastique et le petit bol de la crème glacée. Remplir le puits de sorbet et lisser le dessus. Couvrir d'une pellicule de plastique et congeler pendant environ 2 heures ou jusqu'à ce que le sorbet soit ferme. (Vous pouvez préparer la bombe Alaska jusqu'à cette étape. Elle se conservera jusqu'au lendemain au congélateur.)

5 Mettre le gâteau au chocolat refroidi sur une plaque à pizza de 10 ou 12 po (25 ou 30 cm) de diamètre et piquer le dessus à plusieurs endroits avec un cure-dents. Badigeonner le gâteau de la liqueur de framboise, si désiré.

6 Tremper dans l'eau chaude le bol contenant la crème glacée pendant 20 secondes. Retirer la pellicule de plastique et retourner le bol sur le gâteau. Démouler la préparation de crème glacée et retirer la pellicule de plastique (au besoin, essuyer la crème glacée fondue tombée sur la plaque). Congeler pendant environ 30 minutes ou jusqu'à ce que la crème glacée ait durci. (Vous pouvez préparer la bombe Alaska jusqu'à cette étape et l'envelopper d'une pellicule de

plastique, puis de papier d'aluminium. Elle se conservera jusqu'à 2 semaines au congélateur.)

Préparation de la meringue

7 Dans un bol, à l'aide du batteur électrique (utiliser des fouets propres), battre les blancs d'oeufs avec la crème de tartre jusqu'à ce que le mélange forme des pics mous. Ajouter le sucre, 2 c. à tab (30 ml) à la fois, en battant jusqu'à ce que le mélange forme des pics fermes et brillants. Retirer la bombe glacée du congélateur et, à l'aide d'une spatule, la couvrir complètement de la meringue, en commençant par le bas. Façonner des pics et des spirales dans la meringue avec le dos d'une cuillère. (Vous pouvez préparer la bombe jusqu'à cette étape. Elle se conservera jusqu'au lendemain au congélateur.)

8 Cuire au centre du four préchauffé à 475°F (240°C) de 3 à 5 minutes ou jusqu'à ce que la meringue soit légèrement dorée. Couper en pointes et servir aussitôt.

Par portion: • calories: 388 • protéines: 7 g • matières grasses: 25 g (14 g sat.) • cholestérol: 115 mg • glucides: 39 g • fibres: 2 g • sodium: 111 mg

SEMIFREDDO AU *citron* ET AUX FRAMBOISES

Donne 8 portions.
Préparation: 1 h
Cuisson: 12 à 14 min
Congélation: 7 h
Réfrigération: 1 h
Repos: 15 min

2 t	lait à 3,25 %	500 ml
2/3 t + 1/4 t	sucre	220 ml
6	jaunes d'oeufs légèrement battus	6
1/4 t	liqueur de citron (de type limoncello)	60 ml
1 c. à thé	zeste de citron râpé finement	5 ml
1 1/2 t	crème à 35 %	375 ml
1 t	biscottis aux amandes ou biscuits amaretti, émiettés	250 ml
2/3 t	amandes en tranches, grillées	160 ml
1/3 t	chocolat blanc haché	80 ml
3 t	framboises fraîches ou surgelées, décongelées et non égouttées (environ)	750 ml
1 c. à tab	vinaigre balsamique	15 ml
1 c. à thé	fécule de maïs	5 ml
	quartiers de citron (facultatif)	

❶ Dans une casserole, mélanger le lait, 2/3 t (160 ml) du sucre et les jaunes d'oeufs. Cuire à feu moyen, en brassant, de 5 à 7 minutes ou jusqu'à ce que le mélange ait suffisamment épaissi pour napper le dos d'une cuillère. Retirer du feu. Mettre la casserole dans un grand bol d'eau glacée et brasser souvent jusqu'à ce que le mélange soit à la température ambiante. Ajouter la liqueur et le zeste de citron et mélanger.

❷ Dans un grand bol, à l'aide d'un batteur électrique, battre la crème jusqu'à ce qu'elle forme des pics fermes. Incorporer la préparation au citron en soulevant délicatement la masse. Dans un autre bol, mélanger les biscottis, les amandes et le chocolat blanc.

❸ Étendre le tiers de la préparation au citron au fond d'un moule à pain de 9 po x 5 po (23 cm x 13 cm) tapissé d'une pellicule de plastique et congeler pendant 30 minutes (réfrigérer le reste de la préparation au citron). Couvrir de la moitié du mélange de biscottis, puis d'un autre tiers de la préparation au citron et congeler pendant 30 minutes. Couvrir du reste du mélange de biscottis et de la préparation au citron. Couvrir et congeler pendant 6 heures. (Vous pouvez préparer le semifreddo jusqu'à cette étape. Il se conservera jusqu'à 2 semaines

au congélateur, enveloppé de papier d'aluminium.)

❹ Au robot culinaire ou au mélangeur, mélanger les framboises et le vinaigre balsamique jusqu'à ce que la préparation soit lisse. Dans une passoire fine placée sur un bol, filtrer la purée de framboises.

❺ Dans une petite casserole, mélanger le reste du sucre et la fécule de maïs. Ajouter la purée de framboises et cuire à feu moyen, en brassant, jusqu'à ce que la préparation ait épaissi et soit bouillonnante. Poursuivre la cuisson pendant 2 minutes en brassant. Verser le coulis de framboises dans un bol, couvrir et réfrigérer pendant au moins 1 heure.

❻ Laisser reposer le semifreddo à la température ambiante pendant environ 15 minutes avant de servir. Démouler dans une assiette de service froide et retirer la pellicule de plastique. Napper de coulis de framboises et garnir de quartiers de citron et de framboises fraîches, si désiré.

Par portion: • calories: 502 • protéines: 9 g • matières grasses: 31 g (15 g sat.) • cholestérol: 226 mg • glucides: 46 g • fibres: 5 g • sodium: 82 mg

DESSERTS
DES *grands jours*

On sort notre plus belle vaisselle pour mettre en valeur
ces magnifiques desserts des jours de fête!

Les recettes présentées dans les chapitres précédents demandent de maîtriser certaines techniques de base: monter des blancs d'oeufs en neige, préparer de la pâte à tarte, travailler la crème, la gélatine et le chocolat, etc. Les desserts des pages suivantes permettent quant à eux de mettre à l'épreuve nos aptitudes en pâtisserie. On passe maintenant aux techniques plus avancées: rouler un gâteau, obtenir une ganache lustrée, faire une pâte à choux parfaite, réussir un pralin, confectionner des décorations en chocolat, etc. Heureusement, tout cela est plus simple qu'il n'y paraît! Il suffit encore une fois de s'organiser correctement et de bien suivre chacune des étapes. La patience et un peu de pratique feront le reste.

Bien que très différents les uns des autres, nos desserts des grands jours ont un point commun: le soin particulier apporté à leur présentation et à leur décoration. Les gâteaux sont souvent glacés d'une ganache luisante ou d'une riche crème au beurre; les garnitures aux noix, au sucre, au chocolat ou aux fruits sont omniprésentes; les formes sont savamment étudiées pour produire le plus bel effet. Nos gâteaux pralinés, tortes gourmandes et pavlovas aériens ont si fière allure qu'ils mettent instantanément l'eau à la bouche et le sourire aux lèvres. Un dessert à la fois exquis et spectaculaire: rien de tel pour terminer un bon repas avec nos invités!

LES BONS OUTILS

La poche à douille (A). Elle fait partie de l'arsenal de tous les amoureux de desserts. Elle consiste en une poche de tissu dont l'intérieur est imperméabilisé, à laquelle on fixe des embouts de formes et de tailles variées. On la trouve dans les boutiques d'accessoires de cuisine. Pour une fraction du prix, on peut aussi se procurer des sacs jetables sur lesquels on visse des embouts de plastique.

Le thermomètre à bonbons (B). Indispensable pour réussir nos caramels et nos pralins. On choisit un modèle qui peut s'attacher à la casserole.

La spatule à glacer (C). Elle donne un glaçage parfaitement soigné. On trouve dans les boutiques d'accessoires de cuisine des spatules de différentes tailles. Le modèle le plus pratique: celui qui a la grosseur d'un couteau à beurre.

ÉLÉGANTES DÉCORATIONS

GARNIR DE NOIX LE POURTOUR D'UN GÂTEAU

Une fois le gâteau glacé sur toute sa surface, disposer les noix hachées en pressant délicatement, en commençant par le pourtour et en procédant de bas en haut.

UTILISER DES AGRUMES CONFITS

Ils décorent très joliment les gâteaux. On se reporte aux pages 208 et 238 pour savoir comment les préparer.

CONCOCTER UN PRALIN

Ce caramel croquant aux noix ou aux arachides fait une délicieuse garniture pour les desserts de fête. On en trouve dans certaines pâtisseries et épiceries fines, mais on peut facilement le préparer à la maison. Voici comment. Dans une petite casserole à fond épais, mélanger 3/4 t (180 ml) de sucre, 1/4 t (60 ml) d'eau et 1 pincée de crème de tartre. Chauffer à feu doux, sans brasser, jusqu'à ce que le sucre soit dissous. Augmenter à feu moyen-vif et laisser bouillir de 10 à 12 minutes ou jusqu'à ce qu'un thermomètre à bonbons indique 310°F (155°C). Ajouter 1/3 t (80 ml) d'arachides ou de noix (pacanes, pistaches, etc.) hachées et mélanger rapidement. Verser aussitôt sur une plaque de cuisson légèrement beurrée ou huilée (utiliser une huile au goût neutre, comme l'huile de canola). À l'aide d'une spatule, étendre rapidement le caramel en une fine couche. Laisser refroidir à la température ambiante jusqu'à ce qu'il ait durci. Le briser ensuite en morceaux de la grosseur désirée. Le pralin se conservera jusqu'à 1 semaine à la température ambiante, dans un contenant hermétique.

PRÉPARER DES DÉCORATIONS
EN CHOCOLAT

Pour toutes les décorations chocolatées, les premières étapes sont les mêmes. Faire fondre 4 oz (125 g) de chocolat mi-amer ou mi-sucré, haché, dans un bol à l'épreuve de la chaleur placé sur une casserole d'eau chaude mais non bouillante (A). À l'aide d'une spatule, étendre le chocolat fondu en une fine couche sur l'endos d'une plaque à biscuits (B) ou d'un moule à gâteau roulé qui comporte un rebord, et réfrigérer pendant environ 15 minutes ou jusqu'à ce qu'il soit ferme. On peut ensuite façonner des copeaux, tailler de fines lamelles ou découper des formes à l'emporte-pièce, selon l'effet recherché.

COPEAUX À LA CUILLÈRE
OU AU COUTEAU ÉCONOME

● Déposer la plaque sur une surface de travail et l'appuyer fermement contre soi. Racler lentement le chocolat vers soi à l'aide d'une cuillère ou d'une spatule placée à un angle de 45 degrés (C). Si le chocolat est trop mou, le remettre 3 minutes au réfrigérateur. Donne environ 1 1/2 t (375 ml) de copeaux.

● Pour des copeaux au couteau économe, ne pas faire fondre le chocolat, mais utiliser simplement un bloc de chocolat noir. On l'appuie contre soi et on racle délicatement (D).

FINES LAMELLES

● Procéder de la même façon que pour les copeaux à la cuillère, mais utiliser plutôt un couteau de chef. En faisant bien attention, racler délicatement le chocolat en appuyant fermement sur la lame avec une main et sur le manche avec l'autre (E).

FORMES À L'EMPORTE-PIÈCE

● Avant d'y étendre le chocolat fondu, vaporiser l'endos de la plaque à biscuits d'un enduit végétal antiadhésif (de type Pam). Étendre le chocolat à la spatule. À l'aide d'emporte-pièces huilés, découper des formes dans le chocolat en appuyant fermement (F). Si le chocolat est trop mou, le remettre 3 minutes au réfrigérateur.

DES CRÊPES MINCES

⬤ Préparer la pâte à crêpes (A). Ajouter au mélange 2 c. à tab (30 ml) d'huile ou de beurre fondu pour éviter que les crêpes ne collent dans le poêlon.

⬤ Laisser reposer la pâte au moins 1 heure avant de la cuire.

⬤ Utiliser un poêlon (ou une poêle à crêpes) à surface antiadhésive de 8 po (20 cm) de diamètre. Ne pas utiliser un poêlon trop grand.

⬤ Bien chauffer le poêlon avant d'y verser la pâte. Un truc pour savoir s'il est assez chaud: une goutte d'eau qu'on y laisse tomber devrait danser 1 ou 2 secondes avant de s'évaporer.

⬤ Ne pas trop huiler le poêlon. Passer plutôt sur toute sa surface un essuie-tout imbibé d'huile (de canola ou de tournesol, pour leur goût neutre) (B).

⬤ Pour des crêpes minces, bien étaler la pâte sur toute la surface du poêlon. Réserver aussitôt l'excédent de pâte dans le bol (C).

⬤ Ne pas trop cuire: 20 secondes par côté suffisent habituellement.

⬤ Décoller les crêpes délicatement avec une spatule (D) et ne les retourner qu'une seule fois en cours de cuisson.

⬤ Réserver les crêpes cuites au four préchauffé à 225°F (110°C) et les couvrir de papier d'aluminium.

A   B   C

D   E   F

ROULER UN GÂTEAU EN UN TOURNEMAIN

⬤ Saupoudrer un linge de 2 c. à tab (30 ml) de sucre glace ou de sucre granulé pour empêcher le gâteau de coller.

⬤ Démouler le gâteau sur le linge et retirer le papier-parchemin (A).

⬤ Rouler le gâteau délicatement dans le linge, en commençant par un côté court (B). Laisser refroidir de 15 à 30 minutes, puis dérouler (C).

⬤ Couvrir le gâteau de sa garniture (D).

⬤ Le rouler de nouveau, sans le linge, assez fermement pour lui donner le diamètre voulu (E).

⬤ Déposer le gâteau roulé dans une assiette et le saupoudrer de sucre glace (F).

A

B

DES GANACHES LUSTRÉES

● Chauffer la crème jusqu'à ce qu'elle approche du point d'ébullition: de petites bulles se formeront sur la paroi de la casserole. Retirer du feu aussitôt.

● Mettre le chocolat dans un bol à l'épreuve de la chaleur et l'arroser de la crème chaude (A). Laisser reposer de 30 secondes à 1 minute, sans brasser, pour tempérer le chocolat. Brasser ensuite délicatement pour le faire fondre.

● À l'aide d'une spatule, étendre la ganache encore tiède sur le gâteau (B), puis laisser refroidir au réfrigérateur. Pour une torte, laisser prendre la ganache au réfrigérateur pendant 1 heure avant de la verser dans le moule.

A

B

C

D

4 TRUCS POUR UNE PÂTE À CHOUX PARFAITE

◉ Retirer la casserole du feu dès que la pâte forme une boule (A).

◉ S'assurer de bien incorporer chacun des oeufs à l'aide d'une cuillère de bois ou d'un batteur électrique (B).

◉ Tapisser les plaques de cuisson de papier-parchemin pour éviter que les petits choux ou les éclairs ne collent (C).

◉ Pour des petits choux et des éclairs bien formés, utiliser une poche à douille (D).

BÛCHE GLACÉE AU *chocolat* ET AUX FRAMBOISES

Donne 10 portions.
Préparation: 1 h
Cuisson: 17 à 20 min
Repos: 30 min
Congélation: 8 h

Bûche au chocolat

1/3 t	farine	80 ml
1/4 t	poudre de cacao non sucrée	60 ml
1 c. à thé	poudre à pâte	5 ml
1/4 c. à thé	sel	1 ml
4	oeufs, jaunes et blancs séparés	4
1/2 c. à thé	vanille	2 ml
1/3 t + 1/2 t	sucre granulé	205 ml
	sucre glace tamisé	
3/4 t	confiture de framboises sans grains	180 ml
1 c. à thé	liqueur de framboise (de type Chambord) (facultatif)	5 ml
4 t	crème glacée à la vanille, légèrement ramollie	1 L

Glaçage au chocolat

3 oz	chocolat non sucré haché	90 g
3 c. à tab	beurre	45 ml
3 t	sucre glace tamisé	750 ml
1/4 t + 1 à 2 c. à tab	lait	75 à 90 ml
	pâte d'amandes (facultatif)	
	cristaux de sucre rouge (facultatif)	

Préparation de la bûche

1 Beurrer un moule à gâteau roulé de 15 po x 10 po (38 cm x 25 cm) et le tapisser de papier ciré. Beurrer le papier et le fariner. Réserver. Dans un petit bol, mélanger la farine, le cacao, la poudre à pâte et le sel. Réserver.

2 Dans un bol, à l'aide d'un batteur électrique, battre les jaunes d'oeufs et la vanille pendant environ 5 minutes ou jusqu'à ce que le mélange soit pâle et épais. Ajouter petit à petit 1/3 t (80 ml) du sucre granulé et battre jusqu'à ce qu'il soit presque complètement dissous.

3 Dans un autre bol, à l'aide du batteur électrique (utiliser des fouets propres), battre les blancs d'oeufs à vitesse moyenne jusqu'à ce qu'ils forment des pics mous. Ajouter petit à petit le reste du sucre granulé, en battant jusqu'à ce que la préparation forme des pics fermes. À l'aide d'une spatule en caoutchouc, incorporer le mélange de jaunes d'oeufs au mélange de blancs d'oeufs en soulevant délicatement la masse. À l'aide d'une passoire fine, tamiser les ingrédients secs réservés sur la préparation et mélanger en soulevant délicatement la masse. Étendre uniformément la pâte dans le moule réservé.

4 Cuire au four préchauffé à 375°F (190°C) de 12 à 15 minutes ou jusqu'à ce que le gâteau reprenne sa forme sous une légère pression du doigt. Passer immédiatement la lame d'un couteau sur le pourtour du gâteau pour le détacher du moule et le retourner sur un linge saupoudré de sucre glace. Retirer délicatement le papier ciré. En commençant par un des côtés courts, rouler le gâteau dans le linge. Déposer le gâteau roulé sur une grille et laisser refroidir complètement.

5 Dérouler délicatement le gâteau refroidi. Retirer le linge. Dans un bol, mélanger la confiture de framboises et la liqueur de framboise, si désiré. Réserver. Mettre la crème glacée dans un grand bol froid et la brasser à l'aide d'une cuillère de bois jusqu'à ce qu'elle puisse s'étendre facilement. À l'aide d'une spatule en métal, étendre la crème glacée sur le gâteau en laissant une bordure d'environ 1 po (2,5 cm) sur le pourtour. Couvrir uniformément du mélange de confiture réservé. Rouler le gâteau (sans le linge) en serrant bien et l'envelopper de papier d'aluminium. Congeler pendant 6 heures.

Préparation du glaçage

6 Dans une casserole à fond épais, chauffer le chocolat et le beurre à feu doux, en brassant, jusqu'à ce que la préparation soit lisse. Retirer du feu. Ajouter 1 1/2 t (375 ml) du sucre glace et 1/4 t (60 ml) du lait et bien mélanger. Ajouter le reste du sucre glace et suffisamment du reste du lait pour obtenir un glaçage qui s'étende facilement.

7 Retirer la bûche du congélateur et la couvrir du glaçage au chocolat. À l'aide d'une fourchette, tracer des lignes sur le glaçage. Couvrir, sans serrer, et congeler pendant au moins 2 heures. (Vous pouvez préparer la bûche à l'avance. Elle se conservera jusqu'à 1 semaine au congélateur.)

8 Laisser reposer la bûche à la température ambiante pendant 10 minutes avant de servir. Si désiré, façonner la pâte d'amandes en forme de feuilles et de petites baies, rouler les baies dans les cristaux de sucre rouge et en garnir la bûche.

Par portion: • calories: 460 • protéines: 7 g • matières grasses: 16 g (8 g sat.) • cholestérol: 105 mg • glucides: 78 g • fibres: 3 g • sodium: 200 mg

MINI-GÂTEAUX À LA *vanille*, CARAMEL CROQUANT AUX NOISETTES

Donne 48 mini-gâteaux.
Préparation: 45 min
Cuisson: 40 min

Mini-gâteaux à la vanille

1 1/3 t	farine	330 ml
1 c. à thé	poudre à pâte	5 ml
1/4 c. à thé	bicarbonate de sodium	1 ml
1/4 c. à thé	sel	1 ml
1/2 t	beurre ramolli	125 ml
1 t	sucre	250 ml
1 c. à thé	vanille	5 ml
2	oeufs	2
1/2 t	babeurre	125 ml

Glaçage à la vanille

3 c. à tab	beurre	45 ml
1 1/2 t	sucre glace	375 ml
1 c. à tab	lait (environ)	15 ml
1/2 c. à thé	vanille	2 ml

Caramel croquant aux noisettes

2 c. à thé	beurre	10 ml
1/3 t	noisettes hachées	80 ml
1 t	sucre	250 ml

Préparation des mini-gâteaux

1 Dans un bol, mélanger la farine, la poudre à pâte, le bicarbonate de sodium et le sel. Réserver. Dans un autre bol, à l'aide d'un batteur électrique, battre le beurre pendant 30 secondes. Ajouter le sucre et la vanille et battre pendant 2 minutes ou jusqu'à ce que le mélange soit gonflé. Ajouter les oeufs en battant jusqu'à ce que la préparation soit homogène. En battant à faible vitesse, incorporer les ingrédients secs réservés en alternant avec le babeurre jusqu'à ce que la pâte soit homogène, sans plus.

2 Répartir la pâte dans 48 moules à mini-muffins tapissés de moules en papier, ou beurrés et légèrement farinés. Cuire au four préchauffé à 350°F (180°C) pendant environ 12 minutes ou jusqu'à ce qu'un cure-dents inséré au centre des gâteaux en ressorte propre. Déposer les moules sur une grille et laisser refroidir pendant 5 minutes. Démouler les mini-gâteaux sur la grille et laisser refroidir complètement. (Vous pouvez préparer les mini-gâteaux à l'avance et les mettre dans un contenant hermétique. Ils se conserveront jusqu'à 3 jours à la température ambiante ou jusqu'à 3 mois au congélateur. Laisser décongeler à la température ambiante avant de glacer.)

Préparation du glaçage

3 Dans une petite casserole, faire fondre le beurre à feu doux et chauffer jusqu'à ce qu'il commence à dorer. Retirer la casserole du feu. Dans un grand bol, mélanger le sucre glace, le lait et la vanille. À l'aide du batteur électrique (utiliser des fouets propres), incorporer le beurre fondu en battant jusqu'à ce que le glaçage soit lisse et facile à étendre (ajouter du lait au besoin).

Préparation du caramel

4 Tapisser une grande plaque de cuisson de papier d'aluminium et beurrer le papier. Réserver. Dans une petite casserole, faire fondre le beurre à feu doux. Ajouter les noisettes et mélanger. Réserver sur la cuisinière à feu doux. Dans un poêlon à fond épais, chauffer le sucre à feu moyen-vif jusqu'à ce qu'il commence à fondre (secouer le poêlon de temps à autre pour chauffer le sucre uniformément). Réduire à feu moyen-doux et cuire de 12 à 15 minutes ou jusqu'à ce que le sucre ait complètement fondu et qu'il soit doré (ne pas brasser).

5 Retirer le poêlon du feu. Ajouter les noisettes réservées et mélanger. Verser aussitôt le caramel sur la plaque de cuisson réservée et l'étendre uniformément en inclinant rapidement la plaque. Laisser refroidir jusqu'à ce que le caramel ait durci. Briser en morceaux. (Vous pouvez préparer le caramel à l'avance et le mettre dans un contenant hermétique. Il se conservera jusqu'à 1 mois à la température ambiante.)

6 Étendre le glaçage sur les mini-gâteaux et y piquer des morceaux de caramel.

Par mini-gâteau: • calories: 95 • protéines: 1 g • matières grasses: 4 g (2 g sat.) • cholestérol: 15 mg • glucides: 15 g • fibres: traces • sodium: 50 mg

GÂTEAU-MOUSSE AU *chocolat* ET AUX NOISETTES

Donne de 10 à 12 portions.
Préparation: 50 min
Cuisson: 27 min
Repos: 35 min
Réfrigération: 3 h

Croûte sablée au chocolat

1/4 t	noisettes mondées, grillées	60 ml
1/3 t	sucre	80 ml
1 t	farine	250 ml
1/2 t	beurre non salé ramolli	125 ml
1/4 t	poudre de cacao non sucrée	60 ml
1	pincée de sel	1

Mousse au chocolat et aux noisettes

1/3 t	liqueur de noisette (de type Frangelico)	80 ml
2 c. à thé	gélatine sans saveur	10 ml
1 t	tartinade aux noisettes et au chocolat (de type Nutella)	250 ml
1	petit contenant de fromage mascarpone (275 g) ou	1
1 t	fromage à la crème ramolli	250 ml
2 t	crème à 35 %	500 ml
1/4 t	poudre de cacao non sucrée	60 ml
1/4 t	sucre	60 ml

Ganache fondante

4 oz	chocolat mi-amer haché	125 g
1/3 t	crème à 35 %	80 ml

Préparation de la croûte

1 Au robot culinaire, moudre finement les noisettes avec le sucre. Ajouter la farine, le beurre, le cacao et le sel et mélanger jusqu'à ce que la préparation forme une pâte, sans plus (ne pas trop mélanger). Avec les doigts, presser la pâte uniformément au fond d'un moule à charnière de 8 po (20 cm) de diamètre, tapissé de papier-parchemin. Cuire au centre du four préchauffé à 350°F (180°C) pendant 20 minutes ou jusqu'à ce que la croûte soit sèche au toucher. Mettre le moule sur une grille et laisser refroidir complètement.

Préparation de la mousse

2 Verser la liqueur de noisette dans un bol à l'épreuve de la chaleur et saupoudrer de la gélatine. Laisser ramollir pendant 5 minutes. Déposer le bol sur une petite casserole d'eau chaude mais non bouillante et chauffer à feu doux, en brassant, jusqu'à ce que la gélatine soit dissoute. Mettre la tartinade aux noisettes dans un grand bol. Ajouter le mélange de gélatine et battre à l'aide d'un fouet jusqu'à ce que la préparation soit lisse. Incorporer le fromage mascarpone en battant. Laisser refroidir pendant 15 minutes.

3 Entre-temps, dans un autre bol, à l'aide d'un batteur électrique, battre la crème avec le cacao et le sucre jusqu'à ce que le mélange forme des pics mous. À l'aide d'une spatule, incorporer environ le tiers de la crème fouettée à la préparation de mascarpone refroidie, en soulevant délicatement la masse. Incorporer le reste de la crème fouettée de la même manière. Étendre la mousse sur la croûte refroidie dans le moule et lisser le dessus. Couvrir et réfrigérer pendant 3 heures ou jusqu'à ce que la mousse ait pris. (Vous pouvez préparer le gâteau jusqu'à cette étape et le couvrir. Il se conservera jusqu'à 2 jours au réfrigérateur.)

Préparation de la ganache

4 Mettre le chocolat dans un bol à l'épreuve de la chaleur. Dans une petite casserole, chauffer la crème à feu moyen jusqu'à ce que des bulles se forment sur la paroi. Verser la crème bouillante sur le chocolat et laisser reposer pendant 1 minute. À l'aide d'un fouet, mélanger jusqu'à ce que la préparation soit lisse. Laisser refroidir à la température ambiante pendant environ 20 minutes ou jusqu'à ce que la ganache ait légèrement épaissi.

5 Passer la lame d'un couteau mouillé sur la paroi du moule pour détacher la mousse et la croûte. Retirer la paroi du moule (laisser le gâteau sur sa base). Déposer le gâteau dans une assiette de service. Verser la ganache sur le dessus en l'étendant rapidement à l'aide d'une spatule pour qu'elle coule légèrement sur les côtés. (Vous pouvez préparer le gâteau à l'avance et le couvrir. Il se conservera jusqu'à 6 heures au réfrigérateur.)

Par portion: • calories: 579 • protéines: 7 g • matières grasses: 44 g (23 g sat.) • cholestérol: 104 mg • glucides: 43 g • fibres: 3 g • sodium: 100 mg

JOLIS PETITS FRUITS GIVRÉS!

Ils apporteront une touche festive à tous nos desserts. Sur notre photo, nous avons utilisé des groseilles, mais on peut aussi prendre des canneberges ou des bleuets. Pour les préparer, rincer les petits fruits et les éponger à l'aide d'essuie-tout. Battre légèrement un blanc d'oeuf et y tremper les petits fruits. Laisser égoutter légèrement, puis rouler les petits fruits dans le sucre pour bien les enrober. Les mettre ensuite dans une assiette et les congeler jusqu'à ce qu'ils aient durci. On peut les préparer à l'avance et les conserver jusqu'à 1 semaine au congélateur, côte à côte dans un contenant hermétique.

GÂTEAU AU *fromage* ET AU CHOCOLAT AU LAIT

Donne de 12 à 16 portions.
Préparation: 40 min
Cuisson: 1 h 10 min
Repos: 1 h 15 min
Réfrigération: 4 h 30 min

Pour garnir ce gâteau divinement gourmand, nous avons choisi des kumquats. Il s'agit d'une variété d'agrumes miniatures offerte dans les fruiteries et certains supermarchés pendant la période des fêtes. Au besoin, on les remplace par de fines tranches d'orange ou des lanières de zeste d'orange confites.

Croûte au chocolat

1 1/2 t	gaufrettes au chocolat émiettées	375 ml
1/4 t	beurre fondu	60 ml

Garniture au fromage

3	paquets de fromage à la crème, ramolli (250 g chacun)	3
3/4 t	sucre	180 ml
3	oeufs	3
1 1/4 t	crème à 35 %	310 ml
10 oz	chocolat au lait fondu	300 g

Ganache

6 oz	chocolat mi-sucré haché	180 g
1/3 t	crème à 35 %	80 ml

Préparation de la croûte

1 Tapisser de papier-parchemin la paroi interne d'un moule à charnière de 9 po (23 cm) de diamètre. Recouvrir la paroi externe de papier d'aluminium résistant.

2 Dans un bol, mélanger les gaufrettes et le beurre jusqu'à ce que la préparation soit humide. Presser la préparation au fond du moule. Cuire au centre du four préchauffé à 325°F (160°C) pendant 10 minutes. Laisser refroidir complètement.

Préparation de la garniture

3 Dans un grand bol, à l'aide d'un batteur électrique, battre le fromage à la crème et le sucre jusqu'à ce que la préparation soit lisse. Ajouter les oeufs un à un, en battant bien après chaque addition. Ajouter la crème en battant. Ajouter le chocolat fondu et mélanger jusqu'à ce que la préparation soit homogène.

4 Verser la garniture sur la croûte refroidie. Mettre le moule dans un plat peu profond allant au four. Verser suffisamment d'eau chaude dans le plat pour couvrir la paroi du moule jusqu'à une hauteur de 1 po (2,5 cm). Cuire au centre du four préchauffé à 325°F (160°C) pendant environ 1 heure ou jusqu'à ce que le pourtour du gâteau ait pris mais que le centre soit encore légèrement gélatineux. Laisser reposer dans le four éteint pendant 1 heure (ne pas ouvrir la porte).

5 Retirer le moule du plat, puis retirer le papier d'aluminium. Laisser refroidir complètement. Couvrir d'une pellicule de plastique et réfrigérer pendant au moins 4 heures ou jusqu'à ce que le gâteau soit froid. (Vous pouvez préparer le gâteau jusqu'à cette étape. Il se conservera jusqu'à 3 jours au réfrigérateur ou jusqu'à 2 semaines au congélateur, enveloppé de papier d'aluminium résistant. Retirer le papier d'aluminium avant de décongeler le gâteau au réfrigérateur.)

Préparation de la ganache

6 Dans un petit bol à l'épreuve de la chaleur placé sur une casserole d'eau chaude mais non bouillante, faire fondre le chocolat avec la crème, en brassant jusqu'à ce que la préparation soit lisse. Laisser refroidir pendant environ 15 minutes ou jusqu'à ce que la préparation ait suffisamment épaissi pour s'étendre facilement. (Vous pouvez préparer la ganache à l'avance et la couvrir. Elle se conservera jusqu'à 3 jours au réfrigérateur ou jusqu'à 2 semaines au congélateur, dans un contenant hermétique.) Étendre la ganache sur le dessus du gâteau. Réfrigérer pendant environ 30 minutes ou jusqu'à ce qu'elle ait pris.

Par portion: • calories: 513 • protéines: 8 g • matières grasses: 39 g (24 g sat.) • cholestérol: 135 mg • glucides: 35 g • fibres: 2 g • sodium: 260 mg

PAVLOVA AU *chocolat* ET AUX FRAISES

Donne de 6 à 8 portions.
Préparation: 25 min
Cuisson: 1 h 30 min

Meringue au chocolat

4	blancs d'oeufs à la température ambiante	4
1/4 c. à thé	sel	1 ml
1/4 c. à thé	crème de tartre	1 ml
1 t	sucre	250 ml
2 c. à tab	poudre de cacao non sucrée	30 ml
1 1/2 c. à thé	fécule de maïs	7 ml
2 c. à thé	vinaigre	10 ml
1 1/2 c. à thé	vanille	7 ml
1 1/2 oz	chocolat mi-amer haché finement	45 g

Garniture aux fraises

1 1/2 t	crème à 35 %	375 ml
2 c. à thé	sucre	10 ml
3 t	fraises coupées en deux	750 ml
1 c. à tab	poudre de cacao non sucrée	15 ml

Préparation de la meringue

1 À l'aide d'un moule à gâteau de 8 po (20 cm) de diamètre, tracer un cercle sur du papier-parchemin. Retourner le papier-parchemin et le déposer sur une plaque de cuisson. Réserver.

2 Dans un bol, à l'aide d'un batteur électrique, battre les blancs d'oeufs avec le sel et la crème de tartre jusqu'à ce qu'ils forment des pics mous. Ajouter le sucre petit à petit, en battant jusqu'à ce que le mélange forme des pics fermes et brillants. À l'aide d'une passoire fine, tamiser le cacao et la fécule de maïs sur le mélange de blancs d'oeufs, puis les incorporer à l'aide d'une spatule en soulevant délicatement la masse. Incorporer le vinaigre, la vanille, puis le chocolat mi-amer de la même manière.

3 Étendre uniformément la meringue au chocolat à l'intérieur du cercle sur le papier-parchemin. Avec le dos de la cuillère, creuser légèrement le centre de la meringue de manière à former un nid. Cuire au centre du four préchauffé à 275°F (135°C) pendant environ 1 1/2 heure ou jusqu'à ce que la meringue soit croustillante à l'extérieur mais encore moelleuse à l'intérieur. Déposer la plaque sur une grille et laisser refroidir complètement. (Vous pouvez préparer la meringue à l'avance. Elle se conservera jusqu'à 2 heures à la température ambiante.)

Préparation de la garniture

4 Dans un autre bol, à l'aide du batteur électrique (utiliser des fouets propres), battre la crème et le sucre jusqu'à ce que la préparation forme des pics fermes. Garnir la meringue refroidie de la crème fouettée. Disposer les demi-fraises sur la crème fouettée et les saupoudrer du cacao.

Par portion: • calories: 315 • protéines: 4 g • matières grasses: 19 g (11 g sat.) • cholestérol: 60 mg • glucides: 37 g • fibres: 2 g • sodium: 120 mg

TORTE AUX *deux chocolats* ET AUX AMANDES

Donne 16 portions.
Préparation: 40 min
Cuisson: 40 min

Torte au chocolat blanc et aux amandes

6 oz	chocolat blanc haché	180 g
3/4 t	beurre	180 ml
4	oeufs	4
1	paquet de pâte d'amandes (227 g)	1
1 1/2 t	amandes moulues	375 ml
2 c. à thé	zeste d'orange râpé	10 ml
1/4 t	jus d'orange	60 ml

Ganache

4 oz	chocolat mi-amer haché	125 g
1/4 t	crème à 35 %	60 ml
1/2 t	abricots séchés coupés en dés	125 ml

Préparation de la torte

1 Beurrer la paroi d'un moule à gâteau de 9 po (23 cm) de diamètre et tapisser le fond de papier-parchemin. Réserver. Dans la partie supérieure d'un bain-marie contenant de l'eau chaude mais non bouillante, faire fondre le chocolat blanc avec le beurre. Entre-temps, au robot culinaire, mélanger les oeufs et la pâte d'amandes jusqu'à ce que la préparation soit lisse. Ajouter les amandes, le zeste, le jus d'orange et le mélange de chocolat blanc et mélanger jusqu'à ce que la préparation soit homogène. Verser la pâte dans le moule réservé.

2 Cuire au centre du four préchauffé à 350°F (180°C) pendant environ 35 minutes ou jusqu'à ce qu'un cure-dents inséré au centre de la torte en ressorte propre. Déposer le moule sur une grille et laisser refroidir. Démouler la torte sur la grille, retirer le papier-parchemin, puis la retourner dans une assiette de service. (Vous pouvez préparer la torte jusqu'à cette étape et l'envelopper d'une pellicule de plastique. Elle se conservera jusqu'à 3 jours au réfrigérateur.)

Préparation de la ganache

3 Mettre le chocolat mi-amer dans un bol à l'épreuve de la chaleur. Dans une casserole, chauffer la crème jusqu'à ce que des bulles se forment sur la paroi. Verser la crème chaude sur le chocolat et mélanger jusqu'à ce que la préparation soit lisse. Étendre la ganache sur la torte. (Vous pouvez préparer la torte à l'avance et la couvrir. Elle se conservera jusqu'à 2 heures au réfrigérateur.) Garnir le pourtour de la torte des abricots séchés.

Par portion: • calories: 322 • protéines: 6 g • matières grasses: 25 g (11 g sat.) • cholestérol: 81 mg • glucides: 21 g • fibres: 2 g • sodium: 117 mg

TORTE AU *chocolat* ET AUX CANNEBERGES

Donne de 8 à 10 portions.
Préparation: 45 min
Cuisson: 1 h 10 min
Réfrigération: 2 h
Repos: 2 h
Congélation: 25 min

Sauce aux canneberges

1 t	canneberges fraîches ou surgelées	250 ml
3/4 t	eau	180 ml
1/3 t	sucre	80 ml
2 c. à tab	liqueur de framboise (de type Chambord)	30 ml

Torte au chocolat

3/4 t	canneberges séchées	180 ml
1/3 t	liqueur de framboise (de type Chambord)	80 ml
1 t	beurre non salé coupé en dés	250 ml
12 oz	chocolat mi-amer haché	375 g
1 1/2 t	sucre	375 ml
6	gros oeufs à la température ambiante	6
2/3 t	farine	160 ml
1/2 c. à thé	sel	2 ml

Ganache fondante

1 t	crème à 35 %	250 ml
10 oz	chocolat mi-amer haché	300 g
1/4 t	liqueur de framboise (de type Chambord)	60 ml
1/4 t	canneberges séchées	60 ml
	feuilles de menthe fraîche	

Préparation de la sauce

❶ Dans une casserole, mettre les canneberges fraîches, l'eau et le sucre. Porter à ébullition à feu vif, en brassant jusqu'à ce que le sucre soit dissous. Réduire à feu moyen et cuire pendant environ 5 minutes ou jusqu'à ce que les canneberges éclatent. Au robot culinaire, réduire la préparation en purée. Dans une passoire fine placée sur un bol, filtrer la purée de canneberges pour enlever les graines. Ajouter la liqueur de framboise et mélanger. Couvrir et réfrigérer pendant au moins 2 heures (la sauce épaissira en refroidissant). (Vous pouvez préparer la sauce à l'avance. Elle se conservera jusqu'au lendemain au réfrigérateur.)

Préparation de la torte

❷ Beurrer et fariner un moule à charnière de 9 po (23 cm) de diamètre. Tapisser le fond de papier-parchemin. Réserver. Dans une petite casserole, mélanger les canneberges séchées et la liqueur de framboise. Cuire à feu moyen pendant environ 1 minute ou jusqu'à ce que la liqueur commence à frémir. Laisser refroidir jusqu'à ce que la préparation soit à la température ambiante. Dans une passoire fine placée sur un bol, égoutter les canneberges. Réserver les canneberges et leur jus séparément.

❸ Dans une grande casserole à fond épais, faire fondre le beurre à feu moyen, en brassant. Retirer du feu. Ajouter le chocolat, laisser reposer 1 minute, puis battre à l'aide d'un fouet jusqu'à ce que la préparation soit lisse. Ajouter le sucre en battant, puis incorporer les oeufs un à un, en battant bien après chaque addition (la pâte sera granuleuse). Incorporer le jus des canneberges réservé. Ajouter la farine et le sel et mélanger délicatement. Incorporer les canneberges réservées. Verser la pâte dans le moule réservé.

❹ Cuire au centre du four préchauffé à 350°F (180°C) pendant environ 1 heure ou jusqu'à ce que le dessus de la torte ait gonflé et qu'un cure-dents inséré au centre en ressorte avec quelques miettes humides (ne pas trop cuire). Déposer le moule sur une grille et laisser refroidir complètement. (Vous pouvez préparer la torte jusqu'à cette étape et la couvrir. Elle se conservera jusqu'au lendemain à la température ambiante.)

Préparation de la ganache

❺ Dans une casserole, chauffer la crème jusqu'à ce que des bulles se forment sur la paroi. Retirer du feu. Ajouter le chocolat et mélanger jusqu'à ce que la préparation soit lisse. Ajouter la liqueur de framboise en brassant. Laisser reposer à la température ambiante pendant environ 2 heures ou jusqu'à ce que la ganache ait épaissi, mais qu'elle soit encore assez liquide pour être versée sur la torte (brasser de temps à autre).

❻ Placer une grille sur une plaque de cuisson. Passer la lame d'un couteau sur le pourtour de la torte pour la détacher du moule et retirer la paroi. Retourner la torte sur la grille et retirer la base du moule et le papier-parchemin. Verser 1 1/2 t (375 ml) de la ganache sur la torte. À l'aide d'une spatule en métal, étendre la ganache sur le dessus et le pourtour. Congeler pendant environ 10 minutes ou jusqu'à ce que la ganache ait pris. Verser le reste de la ganache sur la torte et l'étendre uniformément. Garnir le pourtour de la torte des

canneberges séchées. Congeler pendant environ 15 minutes ou jusqu'à ce que la ganache ait pris. (Vous pouvez préparer la torte à l'avance et la couvrir d'une cloche à gâteau. Elle se conservera jusqu'au lendemain au réfrigérateur. Laisser reposer à la température ambiante pendant 1 heure avant de servir.)

7 Au moment de servir, disposer des feuilles de menthe entre les canneberges. Couper en pointes et servir avec la sauce aux canneberges.

Par portion: • calories: 810 • protéines: 8 g • matières grasses: 49 g (29 g sat.) • cholestérol: 210 mg • glucides: 97 g • fibres: 5 g • sodium: 180 mg

GÂTEAU AU *chocolat*, AU CARAMEL ET AUX MARRONS

Donne 16 portions.
Préparation: 1 h
Cuisson: 55 min
Repos: 1 h (ganache au caramel);
4 h (ganache fondante)
Réfrigération: 12 h

Pour donner une touche éblouissante à ce dessert somptueux, on peut enrober les marrons entiers de poudre d'or à l'aide d'un pinceau. On trouve la poudre d'or dans certaines pâtisseries et boutiques spécialisées en cuisine.

Ganache au caramel

9 oz	chocolat au lait haché finement	270 g
3 oz	chocolat mi-amer haché finement	90 g
6 c. à tab	sucre	90 ml
2 c. à tab	eau	30 ml
1	bâton de cannelle	1
1 t + 2 c. à tab	crème à 35 %	280 ml
1/4 c. à thé	sel	1 ml
1 t + 2 c. à tab	beurre non salé ramolli	280 ml

Gâteau aux marrons

2 t	farine à gâteau et à pâtisserie	500 ml
2 c. à thé	poudre à pâte	10 ml
1 c. à thé	sel	5 ml
1 t	beurre non salé ramolli	250 ml
1 1/4 t	cassonade tassée	310 ml
4	gros oeufs, jaunes et blancs séparés	4
2 c. à thé	vanille	10 ml

1 t	crème de marrons à la vanille	250 ml
1/4 t	lait à 3,25 %	60 ml

Sirop de brandy

1/4 t	brandy	60 ml
2 c. à tab	cassonade	30 ml
24	marrons (châtaignes) pelés	24

Ganache fondante

1 t	crème à 35 %	250 ml
1/4 t	sucre	60 ml
1/4 t	eau	60 ml
8 oz	chocolat mi-amer haché	250 g

Préparation de la ganache au caramel

① Dans un bol, mélanger le chocolat au lait et le chocolat mi-amer. Réserver. Dans une casserole à fond épais, mélanger le sucre, l'eau et le bâton de cannelle. Chauffer à feu moyen-doux jusqu'à ce que le sucre soit dissous. Porter à ébullition et laisser bouillir, sans brasser, pendant environ 6 minutes ou jusqu'à ce que le sirop soit ambre foncé (à l'aide d'un pinceau à pâtisserie trempé dans l'eau, badigeonner la paroi de temps à autre pour faire tomber les cristaux de sucre). Ajouter la crème et le sel et laisser bouillir, en brassant à l'aide d'un fouet, pendant environ 1 minute ou jusqu'à ce que le caramel soit lisse. Retirer le bâton de cannelle.

② Verser le caramel chaud sur le chocolat réservé et mélanger jusqu'à ce que la préparation soit lisse. Laisser reposer à la température ambiante pendant environ 1 heure ou jusqu'à ce que la préparation ait complètement refroidi (brasser de temps à autre). Dans un grand bol, à l'aide d'un batteur électrique, battre le beurre jusqu'à ce qu'il soit gonflé. Incorporer la préparation de caramel en quatre fois. Couvrir et réfrigérer la ganache jusqu'au lendemain.

Préparation du gâteau

③ Beurrer et fariner un moule carré en métal de 9 po (23 cm) de côté. Tapisser le fond de papier-parchemin. Réserver. Dans un bol, tamiser la farine, la poudre à pâte et le sel. Réserver. Dans un grand bol, à l'aide du batteur électrique (utiliser des fouets propres), battre le beurre jusqu'à ce qu'il soit gonflé. Ajouter 1 t (250 ml) de la cassonade en battant, puis les jaunes d'oeufs, la vanille, la crème de marrons et le lait. À l'aide d'une passoire fine, tamiser les ingrédients secs réservés sur la préparation et mélanger délicatement.

④ Dans un autre grand bol, à l'aide du batteur électrique (utiliser des fouets propres), battre les blancs d'oeufs jusqu'à ce qu'ils forment des pics mous. Ajouter le reste de la cassonade et battre jusqu'à ce que le mélange forme des pics fermes et brillants. Incorporer le mélange de blancs d'oeufs à la préparation de marrons en trois fois, en soulevant délicatement la masse à l'aide d'une spatule.

⑤ Verser la pâte dans le moule réservé. Cuire au four préchauffé à 350°F (180°C) pendant environ 45 minutes ou jusqu'à ce que le gâteau soit doré et qu'un cure-dents inséré au centre en ressorte propre. Déposer le moule sur une grille et laisser refroidir complètement. Passer la lame d'un couteau sur le pourtour du gâteau pour le détacher du moule.

Préparation du sirop et assemblage

6 Dans un petit bol, mélanger le brandy et la cassonade jusqu'à ce que la cassonade soit dissoute. Réserver. Hacher la moitié des marrons.

7 Démouler le gâteau sur une surface de travail et retirer le papier-parchemin. À l'aide d'un long couteau dentelé, couper le gâteau horizontalement en trois tranches égales. Déposer une tranche de gâteau, le côté coupé dessus, sur un carré de carton rigide de 8 po (20 cm) de côté. Badigeonner le gâteau de la moitié du sirop réservé et couvrir de 1 t (250 ml) de la ganache au caramel. Parsemer de la moitié des marrons hachés. Couvrir d'une autre tranche de gâteau. Garnir de la même manière avec le reste du sirop,

1 t (250 ml) de la ganache au caramel et le reste des marrons hachés. Couvrir de la troisième tranche de gâteau, le côté coupé dessus. Étendre le reste de la ganache au caramel sur le dessus et les côtés du gâteau. Placer une grille au centre d'une plaque de cuisson et y déposer le gâteau. Réfrigérer pendant la préparation de la ganache fondante.

Préparation de la ganache fondante

8 Dans une casserole à fond épais, mélanger la crème, le sucre et l'eau et porter à ébullition, en brassant jusqu'à ce que le sucre soit dissous. Retirer du feu. Ajouter le chocolat et mélanger jusqu'à ce que la préparation soit lisse. Laisser reposer pendant environ 4 heures ou jusqu'à ce

que la ganache ait épaissi mais qu'elle soit encore assez liquide pour être versée sur le gâteau. Verser la ganache sur le gâteau en l'étendant sur les côtés. Réfrigérer jusqu'à ce qu'elle ait pris.

9 Disposer les marrons entiers en ligne au centre du gâteau. (Vous pouvez préparer le gâteau à l'avance et le couvrir d'une cloche à gâteau. Il se conservera jusqu'au lendemain au réfrigérateur. Laisser reposer à la température ambiante de 4 à 8 heures avant de servir.)

Par portion: • calories: 760 • protéines: 7 g • matières grasses: 48 g (29 g sat. • cholestérol: 120 mg • glucides: 73 g • fibres: 3 g • sodium: 285 mg

GÂTEAU TRUFFÉ AU *chocolat blanc*
ET AUX AMANDES

Donne de 12 à 14 portions.
Préparation: 1 h
Cuisson: 40 min
Réfrigération: 1 h 40 min
Congélation: 3 h 30 min
Repos: 45 min

Étoiles en chocolat

6 oz	chocolat mi-amer ou mi-sucré, haché	180 g
1 c. à tab	graisse végétale	15 ml

Gâteau au chocolat

4 oz	chocolat mi-amer haché	125 g
1 3/4 t	farine	430 ml
1/4 t	poudre de cacao non sucrée	60 ml
1 c. à thé	poudre à pâte	5 ml
3/4 c. à thé	bicarbonate de sodium	4 ml
1/2 c. à thé	sel	2 ml
1/2 t	beurre non salé ramolli	125 ml
2 t	sucre	500 ml
2 c. à thé	vanille	10 ml
2	gros oeufs	2
1 1/2 t	lait à 3,25 %	375 ml

Garniture au chocolat blanc et glaçage

16 oz	chocolat blanc haché finement	500 g
3 t	crème à 35 % froide	750 ml
1/4 t	beurre non salé coupé en dés	60 ml
2 c. à thé	vanille	10 ml
1/2 c. à thé	essence d'amande	2 ml
1/4 t	liqueur d'amande (de type amaretto) (facultatif)	60 ml

Préparation des étoiles

1 Dans la partie supérieure d'un bain-marie contenant de l'eau chaude mais non bouillante, faire fondre le chocolat et la graisse végétale en brassant jusqu'à ce que la préparation soit lisse. Laisser refroidir pendant 5 minutes. Verser la préparation de chocolat sur une plaque de cuisson tapissée de papier d'aluminium ou de papier-parchemin et incliner la plaque pour répartir uniformément le chocolat en une couche d'environ 1/4 po (5 mm) d'épaisseur (le chocolat ne couvrira pas toute la plaque). Réfrigérer de 10 à 12 minutes ou jusqu'à ce que le chocolat soit ferme.

2 Vaporiser d'un enduit végétal anti-adhésif (de type Pam) des emporte-pièces en forme d'étoile et découper des étoiles dans le chocolat. Passer la lame d'un petit couteau sur le pourtour de chaque étoile de façon à couper le papier d'aluminium en dessous. Réfrigérer pendant environ 30 minutes ou jusqu'à ce que les étoiles soient fermes. Retourner les étoiles sur une autre plaque de cuisson et retirer délicatement le papier d'aluminium. Réfrigérer jusqu'au moment d'utiliser. (Vous pouvez préparer les étoiles en chocolat à l'avance et les couvrir. Elles se conserveront jusqu'à 3 jours au réfrigérateur.)

Préparation du gâteau

3 Beurrer deux moules à gâteau de 9 po (23 cm) de diamètre et tapisser le fond de papier-parchemin. Réserver. Dans une casserole à fond épais, faire fondre le chocolat à feu doux. Laisser refroidir légèrement. Dans un bol, tamiser la farine, le cacao, la poudre à pâte, le bicarbonate de sodium et le sel. Réserver. Dans un autre bol, à l'aide d'un batteur électrique, battre le beurre et le sucre jusqu'à ce que le mélange soit gonflé. Ajouter le chocolat fondu et la vanille en battant. Ajouter les oeufs un à un, en battant bien après chaque addition. Incorporer les ingrédients secs réservés en trois fois, en alternant deux fois avec le lait.

4 Répartir la pâte dans les moules réservés. Cuire au four préchauffé à 350°F (180°C) pendant environ 35 minutes ou jusqu'à ce qu'un cure-dents inséré au centre des gâteaux en ressorte propre. Déposer les moules sur une grille et laisser refroidir pendant 10 minutes. Passer la lame d'un couteau sur le pourtour des gâteaux pour les détacher de leur moule. Démouler les gâteaux sur la grille et laisser refroidir complètement. Retirer le papier-parchemin.

Préparation de la garniture et du glaçage

5 Dans un grand bol à l'épreuve de la chaleur, mettre le chocolat blanc. Dans une casserole à fond épais, chauffer 1 t (250 ml) de la crème avec le beurre à feu moyen, en brassant jusqu'à ce que le beurre ait fondu. Retirer du feu. Verser la préparation sur le chocolat et mélanger à l'aide d'un fouet jusqu'à ce que la préparation soit lisse. Incorporer la vanille. Verser 1 1/2 t (375 ml) de la garniture dans un petit bol, couvrir et congeler pendant environ 3 heures. Laisser refroidir le reste de la garniture à la température ambiante pendant environ 20 minutes ou jusqu'à ce qu'elle soit tiède.

⑥ Dans un grand bol, à l'aide du batteur électrique (utiliser des fouets propres), battre le reste de la crème avec l'essence d'amande jusqu'à ce que le mélange forme des pics mous. Ajouter 1/4 t (60 ml) de la crème fouettée à la garniture au chocolat tiède et bien mélanger à l'aide d'une cuillère de bois. Incorporer la garniture au chocolat à la crème fouettée en une seule fois, en soulevant délicatement la masse. Congeler pendant environ 3 heures ou jusqu'à ce que le glaçage soit ferme.

Assemblage du gâteau
⑦ Retirer la garniture et le glaçage du congélateur et les laisser ramollir à la température ambiante pendant environ 10 minutes. Badigeonner le dessus des gâteaux refroidis de la liqueur d'amande, si désiré. Mettre un gâteau dans une assiette de service. Étendre sur le dessus 1 1/2 t (375 ml) de la garniture ramollie, en laissant une bordure intacte de 1/2 po (1 cm) sur le pourtour. Couvrir de l'autre gâteau. Étendre rapidement sur le gâteau le glaçage à la crème fouettée

ramolli, en commençant par le dessus et en finissant par le pourtour. Réfrigérer immédiatement pendant environ 1 heure ou jusqu'à ce que le glaçage soit froid et ferme. (Vous pouvez préparer le gâteau à l'avance et le couvrir. Il se conservera jusqu'au lendemain au réfrigérateur.)
⑧ Au moment de servir, garnir le dessus du gâteau des étoiles en chocolat.

Par portion: • calories: 765 • protéines: 9 g • matières grasses: 51 g (31 g sat.) • cholestérol: 135 mg • glucides: 76 g • fibres: 3 g • sodium: 255 mg

GÂTEAU-MOUSSE À *l'érable*
ET AUX AMANDES PRALINÉES

Donne 10 portions.
Préparation: 40 à 45 min
Cuisson: 45 à 50 min
Réfrigération: 1 h

Amandes pralinées

1/2 t	sirop d'érable	125 ml
1 t	amandes hachées grossièrement	250 ml

Génoise classique

6	oeufs à la température ambiante	6
1/2 t	sucre	125 ml
1/2 c. à thé	vanille	2 ml
1 t	farine	250 ml
1	pincée de sel	1
3 c. à tab	beurre non salé fondu et tiédi	45 ml

Mousse à l'érable

1/4 t	eau	60 ml
1	sachet de gélatine sans saveur (7 g ou 1 c. à tab/15 ml)	1
1 1/2 t	crème à 35 %	375 ml
1 t	sirop d'érable	250 ml
5	jaunes d'oeufs	5

Sirop à l'érable

2 c. à tab	sirop d'érable	30 ml
2 c. à thé	rhum (facultatif)	10 ml

Préparation des amandes

1 Dans un poêlon, chauffer le sirop d'érable et les amandes à feu moyen, en brassant, de 8 à 10 minutes ou jusqu'à ce que le sirop soit granuleux et que les amandes soient bien enrobées. Retirer le poêlon du feu. Verser la préparation sur une plaque à biscuits et laisser refroidir pendant environ 10 minutes. Réserver.

Préparation de la génoise

2 Beurrer et fariner un moule à charnière de 9 po (23 cm) de diamètre. Tapisser le fond de papier-parchemin. Réserver. Dans un bol résistant à la chaleur, à l'aide d'un batteur électrique, mélanger les oeufs, le sucre et la vanille. Déposer le bol sur une casserole d'eau chaude mais non bouillante et battre pendant environ 3 minutes ou jusqu'à ce que la préparation soit tiède et mousseuse. Retirer le bol de la casserole. Continuer de battre pendant environ 5 minutes ou jusqu'à ce que la préparation forme des rubans lorsqu'on soulève les fouets du batteur. À l'aide d'une spatule, incorporer la farine et le sel en soulevant délicatement la masse. Incorporer le beurre de la même manière.

3 Verser la pâte dans le moule réservé. Cuire au four préchauffé à 350°F (180°C) de 30 à 35 minutes ou jusqu'à ce qu'un cure-dents inséré au centre du gâteau en ressorte propre. Déposer le moule sur une grille et laisser refroidir pendant 10 minutes. Démouler la génoise sur la grille et laisser refroidir complètement. Retirer délicatement le papier-parchemin. (Vous pouvez préparer la génoise à l'avance et la couvrir. Elle se conservera jusqu'au lendemain à la température ambiante.)

Préparation de la mousse

4 Verser l'eau dans un bol résistant à la chaleur, saupoudrer de la gélatine et laisser ramollir pendant 5 minutes. Mettre le bol sur une casserole d'eau chaude mais non bouillante et laisser reposer jusqu'à ce que la gélatine soit dissoute. Retirer le bol de la casserole et réserver. Dans un autre bol, à l'aide du batteur électrique (utiliser des fouets propres), battre la crème jusqu'à ce qu'elle forme des pics fermes. Réserver au réfrigérateur.

5 Dans une petite casserole à fond épais, chauffer le sirop d'érable à feu moyen jusqu'à ce qu'un thermomètre à bonbons indique 240°F (115°C) ou qu'une goutte de sirop qu'on laisse tomber dans un verre d'eau froide forme une boule molle. Mettre les jaunes d'oeufs dans un grand bol. Verser le sirop d'érable chaud en filet sur les jaunes d'oeufs, en battant à l'aide du batteur électrique (utiliser des fouets propres) jusqu'à ce que le mélange ait épaissi. Ajouter le mélange de gélatine réservé. Incorporer la crème fouettée réservée en soulevant délicatement la masse.

Préparation du sirop

6 Dans un petit bol, mélanger le sirop d'érable et le rhum, si désiré. Réserver.

Assemblage du gâteau

7 Couper la génoise horizontalement en deux tranches. Déposer une tranche, le côté coupé dessus, dans le moule à charnière utilisé pour la cuisson (le laver au préalable), la badigeonner du sirop à l'érable réservé et y étendre la moitié de

la mousse à l'érable. Couvrir de l'autre tranche de génoise et garnir du reste de la mousse. Couvrir et réfrigérer pendant 1 heure ou jusqu'au lendemain.

8 Au moment de servir, retirer la paroi du moule. Parsemer le dessus du gâteau des amandes pralinées réservées.

Par portion: • calories: 530 • protéines: 11 g • matières grasses: 29 g (13 g sat.) • cholestérol: 290 mg • glucides: 59 g • fibres: 2 g • sodium: 80 mg

CRÊPES AU *chocolat*, SAUCE AUX CERISES ET CRÈME AU MASCARPONE

Donne 6 portions.
Préparation: 40 min
Repos: 1 h (crêpes)
Cuisson: 10 min (sauce);
15 min (crêpes)
Réfrigération: 1 h

Sauce aux cerises

1	pot de griottes ou autres cerises dénoyautées, dans un sirop léger (796 ml)	1
1/3 t	sucre	80 ml
3 c. à tab	jus de citron	45 ml
2 c. à tab	brandy ou kirsch	30 ml
2 c. à thé	fécule de maïs	10 ml

Crème au mascarpone et crêpes

1 t	fromage mascarpone ramolli	250 ml
1/4 t	sucre	60 ml
1 c. à thé	vanille	5 ml
3/4 t	crème à 35 %	180 ml
12	crêpes au chocolat (voir recette)	12

Préparation de la sauce

1 Égoutter les cerises en réservant 1/4 t (60 ml) du sirop dans un petit bol. Réserver. Dans une petite casserole, mélanger le sucre, 3 c. à tab (45 ml) du sirop de cerises réservé, le jus de citron et le brandy. Porter à ébullition à feu vif, en brassant jusqu'à ce que le sucre soit dissous. Réduire le feu et laisser mijoter, sans brasser, pendant environ 6 minutes ou jusqu'à ce que le sirop ait réduit de moitié et qu'il soit de couleur légèrement ambrée.

2 Mélanger le reste du sirop de cerises réservé et la fécule de maïs. Verser le mélange de fécule dans la sauce et remuer. Ajouter les cerises réservées et cuire à feu moyen, en brassant sans arrêt, pendant environ 2 minutes ou jusqu'à ce que la sauce ait épaissi. Retirer la casserole du feu et réserver au chaud. (Vous pouvez préparer la sauce aux cerises à l'avance, la laisser refroidir et la mettre dans un contenant hermétique. Elle se conservera jusqu'à 2 jours au réfrigérateur. Réchauffer à feu doux avant de servir.)

Préparation de la crème

3 Dans un bol, à l'aide d'un batteur électrique, battre le fromage mascarpone avec le sucre et la vanille jusqu'à ce que le mélange soit lisse. Ajouter la moitié de la crème et battre jusqu'à ce que la préparation forme des pics mous. Ajouter le reste de la crème et battre jusqu'à ce que la préparation forme des pics fermes. Couvrir et réfrigérer pendant 1 heure. (Vous pouvez préparer la crème au mascarpone à l'avance. Elle se conservera jusqu'à 6 heures au réfrigérateur.)

4 Mettre une crêpe sur une surface de travail, le côté le plus doré dessous. Déposer 1/4 t (60 ml) de la crème au mascarpone sur la moitié de la crêpe. Plier la crêpe en deux, puis la plier de nouveau en deux. Procéder de la même manière avec le reste des crêpes et de la crème au mascarpone.

5 Au moment de servir, déposer 2 crêpes dans chaque assiette et les garnir de la sauce aux cerises réservée. Accompagner du reste de la crème au mascarpone.

Par portion: • calories: 629 • protéines: 10 g • matières grasses: 38 g (23 g sat.) • cholestérol: 206 mg • glucides: 64 g • fibres: 3 g • sodium: 193 mg

CRÊPES AU CHOCOLAT
Donne environ 16 crêpes.

4	oeufs	4
1 2/3 t	lait	410 ml
2 c. à tab	beurre fondu	30 ml
1 t	farine tamisée	250 ml
1/4 t	poudre de cacao non sucrée, tamisée	60 ml
3 c. à tab	sucre	45 ml
1/4 c. à thé	sel	1 ml

1 Dans un grand bol, à l'aide d'un batteur électrique, mélanger les oeufs, le lait et le beurre fondu. Dans un autre bol, mélanger la farine, le cacao, le sucre et le sel. Ajouter petit à petit le mélange de farine au mélange d'oeufs et battre jusqu'à ce que la pâte soit lisse, sans plus (ne pas trop battre). Au besoin, à l'aide d'une passoire fine placée sur un bol, filtrer la pâte. Couvrir le bol d'une pellicule de plastique et laisser reposer pendant au moins 1 heure à la température ambiante. (Vous pouvez préparer la pâte à crêpes à l'avance. Elle se conservera jusqu'au lendemain au réfrigérateur).

2 Chauffer à feu vif un poêlon à surface antiadhésive de 8 po (20 cm) de diamètre et passer un essuie-tout imbibé d'huile sur toute sa surface. Verser environ 1/3 t

(80 ml) de la pâte à crêpes dans le poêlon chaud. Incliner rapidement le poêlon pour en couvrir complètement le fond (reverser aussitôt l'excédent de pâte dans le bol). Cuire pendant environ 20 secondes ou jusqu'à ce que le dessous de la crêpe soit doré. Décoller délicatement le pourtour de la crêpe et la retourner (la retourner seulement une fois durant la cuisson). Lorsqu'elle est cuite, faire glisser la crêpe dans une assiette. Cuire le reste de la pâte de la même manière (chauffer le poêlon et le huiler, au besoin).

GÂTEAU DE CRÊPES
AUX *pommes caramélisées*

Donne de 4 à 6 portions.
Préparation: 50 min
Repos: 1 h (crêpes)
Égouttage: 2 h (yogourt)
Cuisson: 40 min (pommes et sirop);
15 min (crêpes)

1 t	yogourt nature épais (de type balkan)	250 ml
1 1/3 t	sucre granulé	330 ml
2/3 t	eau	160 ml
1 1/2 t	jus de pomme	375 ml
3 c. à tab	jus de citron	45 ml
8	pommes (de type Délicieuse jaune) pelées, le coeur enlevé, coupées en quartiers de 1/2 po (1 cm) d'épaisseur	8
1/2 t	crème à 35 %	125 ml
4 c. à thé	sucre glace	20 ml
8	crêpes minces (voir recette)	8

1 Mettre le yogourt dans une passoire fine tapissée d'étamine (coton à fromage) ou d'essuie-tout et placée sur un bol. Couvrir et laisser égoutter au réfrigérateur pendant environ 2 heures ou jusqu'à ce que le yogourt ait réduit environ du tiers. (Vous pouvez préparer le yogourt à l'avance et le couvrir. Il se conservera jusqu'au lendemain au réfrigérateur.)

2 Dans une grande casserole à fond épais, mélanger le sucre et l'eau. Cuire à feu moyen-vif, en brassant, jusqu'à ce que le sucre soit dissous. Porter à ébullition et laisser bouillir, sans brasser, de 8 à 10 mi-

nutes ou jusqu'à ce que le sirop soit doré (à l'aide d'un pinceau à pâtisserie trempé dans l'eau, badigeonner la paroi de temps à autre pour faire tomber les cristaux de sucre). Retirer la casserole du feu.

3 Incorporer le jus de pomme et le jus de citron (attention aux éclaboussures). Remettre la casserole sur le feu et poursuivre la cuisson à feu moyen, en brassant, jusqu'à ce que la préparation soit homogène. Ajouter les pommes, couvrir et laisser mijoter à feu moyen-doux pendant 10 minutes. Poursuivre la cuisson à découvert pendant environ 10 minutes ou jusqu'à ce que les pommes soient tendres.

4 À l'aide d'une écumoire, mettre les pommes dans un bol. Laisser reposer pendant 5 minutes. Égoutter les pommes et verser le jus dans la casserole. Porter à ébullition à feu vif et laisser bouillir pendant environ 6 minutes ou jusqu'à ce que la préparation ait la consistance d'un sirop et qu'elle soit de couleur ambrée. Réserver au chaud. (Vous pouvez préparer les pommes et le sirop à l'avance, les laisser refroidir et les mettre dans des contenants hermétiques séparés. Ils se conserveront jusqu'au lendemain au réfrigérateur. Réchauffer les pommes et le sirop avant de poursuivre la recette.)

5 Mettre le yogourt égoutté dans un bol (jeter le liquide). Dans un petit bol, à l'aide d'un batteur électrique, battre la crème avec 1 c. à tab (15 ml) du sucre glace jusqu'à ce que la préparation forme des pics fermes. À l'aide d'une spatule, incorporer la crème fouettée au yogourt égoutté en soulevant délicatement la masse.

6 Mettre une crêpe dans une assiette de service et la couvrir uniformément de 1/2 t (125 ml) des pommes chaudes. Faire sept autres étages de la même manière avec le reste des crêpes et des pommes (terminer avec les pommes). Arroser d'un peu du sirop chaud réservé et parsemer du reste du sucre glace. Servir avec la crème au yogourt et le reste du sirop chaud.

Par portion: • calories: 519 • protéines: 7 g • matières grasses: 16 g (9 g sat.) • cholestérol: 107 mg • glucides: 91 g • fibres: 3 g • sodium: 135 mg

CRÊPES MINCES
Donne environ 16 crêpes.

4	oeufs	4
1 2/3 t	lait	410 ml
2 c. à tab	beurre fondu	30 ml
1 1/3 t	farine tamisée	330 ml
1/4 c. à thé	sel	1 ml

1 Dans un grand bol, à l'aide d'un batteur électrique, mélanger les oeufs, le lait et le beurre fondu. Dans un autre bol, mélanger la farine et le sel. Ajouter petit à petit le mélange de farine au mélange d'oeufs et battre jusqu'à ce que la pâte soit lisse, sans plus (ne pas trop battre). Au besoin, à l'aide d'une passoire fine placée sur un bol, filtrer la pâte. Couvrir le bol d'une pellicule de plastique et laisser reposer pendant au moins 1 heure à la température ambiante. (Vous pouvez préparer la pâte à crêpes à l'avance. Elle se conservera jusqu'au lendemain au réfrigérateur).

 Chauffer à feu vif un poêlon à surface antiadhésive de 8 po (20 cm) de diamètre et passer un essuie-tout imbibé d'huile sur toute sa surface. Verser environ 1/3 t (80 ml) de la pâte à crêpes dans le poêlon chaud. Incliner rapidement le poêlon pour en couvrir complètement le fond (reverser aussitôt l'excédent de pâte dans le bol). Cuire pendant environ 20 secondes ou jusqu'à ce que le dessous de la crêpe soit doré. Décoller délicatement les bords de la crêpe et la retourner (la retourner seulement une fois durant la cuisson). Lorsqu'elle est cuite, faire glisser la crêpe dans une assiette. Cuire le reste de la pâte de la même manière (chauffer le poêlon et le huiler, au besoin).

PARIS-BREST
AUX *amandes*

Donne 12 portions.
Préparation: 1 h 30 min
Cuisson: 1 h 15 min
Repos: 2 h
Réfrigération: 4 h

Pralin aux amandes

2/3 t	sucre	160 ml
1/4 t	eau	60 ml
1/2 t	amandes hachées finement	125 ml

Crème pâtissière

1/2 t	sucre	125 ml
1/3 t	farine	80 ml
2 t	crème à 10 %	500 ml
4	jaunes d'oeufs battus	4
1 c. à thé	vanille	5 ml

Pâte à choux aux amandes

1 t	eau	250 ml
1/2 t	pâte d'amandes coupée en dés (environ la moitié d'un rouleau de 200 g)	125 ml
1/2 t	beurre	125 ml
1/8 c. à thé	sel	0,5 ml
1 t	farine	250 ml
4	oeufs	4

Crème fouettée à la vanille

1 t	crème à 35 %	250 ml
2 c. à tab	sucre	30 ml
1/2 c. à thé	vanille	2 ml

Préparation du pralin

❶ Dans une petite casserole à fond épais, mélanger le sucre et l'eau. Porter à ébullition en brassant de temps à autre. Cuire à feu moyen, sans brasser, pendant environ 20 minutes ou jusqu'à ce que le sirop soit légèrement ambré (à l'aide d'un pinceau à pâtisserie trempé dans l'eau, badigeonner la paroi de temps à autre pour faire tomber les cristaux de sucre). Ajouter aussitôt les amandes et mélanger. Verser la préparation sur une plaque de cuisson tapissée de papier d'aluminium et l'étendre en un cercle d'environ 6 1/2 po (17 cm) de diamètre. Laisser refroidir pendant 2 heures à la température ambiante.

❷ Briser le pralin en morceaux. Au robot culinaire ou au mélangeur, moudre finement le tiers du pralin (vous devriez en obtenir environ 1/2 t/125 ml). Émietter grossièrement le reste du pralin (vous devriez en obtenir environ 1/4 t/60 ml). (Vous pouvez préparer le pralin à l'avance et le mettre dans un contenant hermétique. Il se conservera jusqu'à 1 mois à la température ambiante.)

Préparation de la crème pâtissière

❸ Dans une casserole à fond épais, mélanger le sucre et la farine. Ajouter la crème petit à petit et cuire à feu moyen, en brassant, jusqu'à ce que la préparation ait épaissi et qu'elle soit bouillonnante. Poursuivre la cuisson, en brassant, pendant 2 minutes. Retirer la casserole du feu. Mettre les jaunes d'oeufs dans un bol et incorporer petit à petit 1 t (250 ml) de la préparation de crème chaude. Remettre la préparation dans la casserole. Porter jusqu'au point d'ébullition, réduire le feu et cuire, en brassant, pendant 2 minutes. Retirer la casserole du feu. Incorporer la vanille. Verser la crème pâtissière dans un autre bol et couvrir directement la surface d'une pellicule de plastique.

Réfrigérer pendant environ 4 heures ou jusqu'à ce qu'elle ait épaissi. (Vous pouvez préparer la crème pâtissière à l'avance. Elle se conservera jusqu'à 2 jours au réfrigérateur.)

Préparation de la pâte à choux

❹ Beurrer et fariner légèrement une grande plaque de cuisson. Avec le doigt, tracer un cercle d'environ 7 po (18 cm) de diamètre dans la farine. Réserver.

❺ Dans une casserole, mélanger l'eau, la pâte d'amandes, le beurre et le sel et porter à ébullition. Ajouter la farine et brasser vigoureusement. Cuire, en brassant, jusqu'à ce que la préparation forme une boule. Retirer la casserole du feu. Laisser refroidir pendant 10 minutes. Ajouter les oeufs un à un, en brassant bien à l'aide d'une cuillère de bois après chaque addition.

❻ Mettre la pâte à choux dans une poche à douille munie d'un embout étoilé de 1/2 po (1 cm). Presser la pâte en 12 monticules en suivant le cercle tracé sur la plaque de cuisson réservée, de façon que les monticules se touchent et forment un anneau. Cuire au four préchauffé à 400°F (200°C) de 35 à 40 minutes ou jusqu'à ce que les choux soient gonflés et dorés. Glisser délicatement l'anneau de choux sur une grille et laisser refroidir complètement. (Vous pouvez préparer l'anneau de choux à l'avance et le mettre dans un contenant hermétique. Il se conservera jusqu'au lendemain à la température ambiante.)

Préparation de la crème fouettée

❼ Entre-temps, dans un bol, à l'aide d'un batteur électrique, battre la crème,

le sucre et la vanille jusqu'à ce que la préparation forme des pics mous.

Assemblage du Paris-Brest

8 À l'aide d'un couteau dentelé, couper le tiers supérieur de chaque chou de l'anneau refroidi et retirer l'excédent de pâte molle à l'intérieur. Mettre l'anneau de pâte dans une grande assiette de service. À l'aide d'une cuillère, remplir la partie inférieure des choux de la crème pâtissière et la saupoudrer du pralin moulu. Couvrir de la partie supérieure des choux. Garnir de la crème fouettée et parsemer du pralin émietté grossièrement. Servir aussitôt.

Par portion: • calories: 440 • protéines: 8 g • matières grasses: 28 g (14 g sat.) • cholestérol: 200 mg • glucides: 40 g • fibres: 1 g • sodium: 130 mg

GÂTEAU ÉTAGÉ AU *café*, AU MASCARPONE ET AUX AMANDES

> *Donne 12 portions.*
> *Préparation: 45 min*
> *Cuisson: 40 à 43 min*

Comme le tiramisu, ce dessert est encore meilleur si on l'assemble la veille, car la garniture au café aura alors bien imbibé toutes les couches du gâteau.

Amandes confites

2 t	amandes hachées grossièrement (environ 10 oz/300 g)	500 ml
1/4 t	sirop de maïs	60 ml
2 c. à tab	sucre granulé	30 ml

Gâteaux blancs

6	oeufs	6
1 t	sucre granulé	250 ml
1 1/2 t	farine	375 ml
1 c. à thé	poudre à pâte	5 ml
1	pincée de sel	1

Sirop au café

3 c. à tab	poudre de café instantané	45 ml
1 t	eau bouillante	250 ml
1/2 t	liqueur d'amande (de type amaretto)	125 ml

Garniture au mascarpone

1 1/2 t	crème à 35 %	375 ml
1/2 t	sucre glace	125 ml
16 oz	mascarpone maison (voir recette) ou du commerce	500 g

Préparation des amandes

① Dans un bol, mélanger tous les ingrédients jusqu'à ce que les amandes soient bien enrobées. Étendre les amandes en une seule couche sur une plaque de cuisson tapissée de papier-parchemin ou de papier ciré. Cuire au four préchauffé à 325°F (160°C) de 15 à 18 minutes ou jusqu'à ce que les amandes soient dorées (brasser de temps à autre pour uniformiser la couleur des amandes). Mettre la plaque de cuisson sur une grille et laisser refroidir complètement. Avec les doigts, briser la préparation en morceaux, puis détacher chaque amande à l'aide d'un couteau, si désiré. (Vous pouvez préparer les amandes confites à l'avance et les mettre dans un contenant hermétique. Elles se conserveront jusqu'à 5 jours à la température ambiante.)

Préparation des gâteaux

② Dans un grand bol, à l'aide d'un batteur électrique, battre les oeufs pendant environ 5 minutes ou jusqu'à ce qu'ils aient pâli et épaissi. Ajouter le sucre et battre pendant environ 10 minutes ou jusqu'à ce que la préparation soit légère et gonflée. Dans un autre bol, mélanger la farine, la poudre à pâte et le sel. Ajouter les ingrédients secs à la préparation d'oeufs en soulevant délicatement la masse à l'aide d'une spatule.

③ Verser la pâte dans deux moules de 9 po (23 cm) de diamètre, beurrés ou tapissés de papier-parchemin. Cuire au four préchauffé à 350°F (180°C) pendant 25 minutes ou jusqu'à ce qu'un cure-dents inséré au centre des gâteaux en ressorte propre. Mettre les moules sur une grille et laisser refroidir complètement. (Vous pouvez préparer les gâteaux à l'avance et les envelopper d'une pellicule de plastique. Ils se conserveront jusqu'au lendemain au réfrigérateur ou jusqu'à 2 semaines au congélateur, enveloppés de papier d'aluminium résistant.)

Préparation du sirop

④ Dans un petit bol à l'épreuve de la chaleur, dissoudre le café dans l'eau. Incorporer la liqueur d'amande et laisser refroidir.

Préparation de la garniture

⑤ Dans un grand bol, à l'aide du batteur électrique (utiliser des fouets propres), battre la crème et le sucre glace jusqu'à ce que le mélange forme des pics mous. Incorporer le mascarpone et 1/4 t (60 ml) du sirop au café refroidi et battre jusqu'à ce que la garniture soit lisse. (Vous pouvez préparer la garniture à l'avance et la couvrir. Elle se conservera jusqu'au lendemain au réfrigérateur.)

Assemblage du gâteau

⑥ Couper les gâteaux refroidis en deux horizontalement. Déposer une tranche de gâteau dans une assiette de service, le côté coupé dessus. Badigeonner le gâteau du quart du reste du sirop et le couvrir d'environ 1 t (250 ml) de la garniture au mascarpone. Faire trois autres étages de la même manière, puis couvrir le gâteau du reste de la garniture. Avec les mains, presser délicatement les amandes confites sur le gâteau, en commençant par le pourtour. (Vous pouvez préparer le gâteau à l'avance et le couvrir. Il se conservera jusqu'au lendemain au réfrigérateur.)

Par portion: • calories: 640 • protéines: 14 g • matières grasses: 41 g (34 g sat.) • cholestérol: 195 mg • glucides: 52 g • fibres: 3 g • sodium: 95 mg

MASCARPONE MAISON
Donne environ 2 1/2 t (625 ml).

Si on trouve le mascarpone trop coûteux (de 10 $ à 12 $ pour 500 g) ou s'il est difficile à trouver près de chez nous, on peut très bien utiliser cette recette maison, qui donne une garniture de texture assez semblable et tout aussi délicieuse. Cette recette équivaut à environ un contenant de 500 g.

2 t	fromage à la crème ramolli	500 ml
1/3 t	crème à 35 %	80 ml
1/4 t	crème sure	60 ml

Dans un bol, à l'aide d'un batteur électrique, battre le fromage à la crème jusqu'à ce qu'il soit léger. Ajouter la crème à 35 % et la crème sure et bien mélanger. (Vous pouvez préparer le mascarpone à l'avance et le mettre dans un contenant hermétique. Il se conservera jusqu'à 5 jours au réfrigérateur.)

ÉCLAIRS
à l'italienne

Donne 12 éclairs.
Préparation: 50 min
Réfrigération: 2 h 30 min
Cuisson: 5 min (glace);
32 à 37 min (pâte à choux)

Inspirés des cannolis, (voir notre recette, p. 342), ces éclairs sont garnis d'une onctueuse préparation au fromage ricotta plutôt que de crème fouettée.

1 1/2 t	fromage ricotta	375 ml
1/2 t	sucre	125 ml
1 c. à tab	liqueur d'amande (de type amaretto) ou	15 ml
1/4 c. à thé	essence d'amande	1 ml
1 c. à thé	vanille	5 ml
2/3 t	brisures de chocolat mi-sucré miniatures	160 ml
1 t	crème à 35 %	250 ml
12	éclairs (voir recette de pâte à choux)	12
1 c. à tab	beurre non salé	15 ml
1 c. à thé	sirop de maïs	5 ml
	pistaches non salées hachées	

❶ Dans un bol, mélanger le fromage ricotta, le sucre, la liqueur d'amande et la vanille. Ajouter 1/3 t (80 ml) des brisures de chocolat et mélanger. Couvrir et réfrigérer pendant environ 30 minutes ou jusqu'à ce que la préparation soit froide.

❷ Dans un grand bol, à l'aide d'un batteur électrique, battre la crème jusqu'à ce qu'elle forme des pics mous. Incorporer la crème fouettée à la préparation de ricotta froide en soulevant délicatement la masse à l'aide d'une spatule. Remplir la partie inférieure des éclairs de la garniture. Couvrir de la partie supérieure des éclairs.

❸ Dans une petite casserole, chauffer le reste des brisures de chocolat, le beurre et le sirop de maïs à feu doux, en brassant jusqu'à ce que la préparation soit lisse. Laisser refroidir légèrement. Verser la glace au chocolat dans un sac de plastique refermable (de type Ziploc) et couper l'un des coins. En pressant sur le sac, arroser les éclairs de la glace. Parsemer de pistaches. Couvrir et réfrigérer pendant 2 heures. (Vous pouvez préparer les éclairs à l'avance. Ils se conserveront jusqu'à 4 heures au réfrigérateur.)

Par éclair: • calories: 330 • protéines: 8 g • matières grasses: 23 g (19 g sat.) • cholestérol: 150 mg • glucides: 25 g • fibres: 1 g • sodium: 205 mg

PÂTE À CHOUX
Donne 12 éclairs.

1 t	eau	250 ml
1/2 t	beurre	125 ml
1/8 c. à thé	sel	0,5 ml
1 t	farine	250 ml
4	oeufs	4

❶ Dans une casserole, mélanger l'eau, le beurre et le sel et porter à ébullition. Ajouter la farine et brasser vigoureusement à l'aide d'une cuillère de bois. Cuire, en brassant, jusqu'à ce que la préparation forme une boule. Retirer la casserole du feu. Laisser refroidir pendant 10 minutes. Ajouter les oeufs un à un, en brassant bien à l'aide de la cuillère de bois après chaque addition.

❷ Mettre la pâte dans une poche à douille munie d'un gros embout plat de 3/4 po (2 cm). Sur une grande plaque de cuisson tapissée de papier-parchemin, presser la pâte en 12 lanières de 4 po (10 cm) de longueur et de 1 po (2,5 cm) de largeur, en les espaçant d'environ 2 po (5 cm). Cuire au four préchauffé à 400°F (200°C) de 30 à 35 minutes ou jusqu'à ce que les éclairs soient gonflés et dorés. Déposer les éclairs sur une grille et laisser refroidir. Couper les éclairs refroidis horizontalement en deux parties égales et retirer l'excédent de pâte molle à l'intérieur.

CANNOLIS AU *fromage*
ET AU CHOCOLAT

Pour préparer ces biscuits roulés italiens, il faut se procurer des tubes de métal spécialement conçus à cet effet. On les trouve dans les magasins d'accessoires de cuisine.

Biscuits roulés

2 c. à tab	beurre	30 ml
2 c. à tab	sucre	30 ml
1	oeuf	1
1 1/2 t	farine	375 ml
2 c. à tab	poudre de cacao non sucrée	30 ml
1/3 t	marsala ou autre vin doux	80 ml
1 t	huile d'olive	250 ml

Garniture au fromage et au chocolat

1	contenant de fromage ricotta (500 g)	1
1 t	sucre	250 ml
1/4 t	chocolat mi-amer râpé	60 ml
	sucre glace	

Préparation des biscuits roulés

① Dans un bol, à l'aide d'un batteur électrique, battre le beurre et le sucre jusqu'à ce que le mélange soit légèrement gonflé. Ajouter l'oeuf en battant. Dans un autre bol, mélanger la farine et le cacao. Incorporer les ingrédients secs au mélange de beurre en alternant avec le marsala et mélanger jusqu'à ce que la pâte soit homogène.

② Sur une surface légèrement farinée, abaisser la pâte à environ 1/8 po (3 mm) d'épaisseur. À l'aide d'un emporte-pièce de 3 1/2 po (9 cm) de diamètre, découper des cercles dans la pâte. Enrouler chaque cercle de pâte autour d'un tube de métal de manière à former un cylindre d'environ 3 1/2 po (9 cm) de longueur et de 1 po (2,5 cm) de diamètre. Sceller fermement avec de l'eau pour maintenir les biscuits fermés.

③ Dans une casserole, chauffer l'huile. Ajouter les biscuits roulés, quelques-uns à la fois, et les faire frire jusqu'à ce qu'ils soient dorés et que des bulles se forment sur la pâte. À l'aide d'une écumoire, retirer les biscuits de l'huile. Égoutter sur des essuie-tout. Retirer les tubes de métal après quelques minutes. Procéder de la même manière avec le reste de la pâte.

Préparation de la garniture

④ Entre-temps, dans une passoire fine placée sur un bol, laisser égoutter le fromage ricotta au réfrigérateur de 1 à 2 heures.

⑤ Dans un bol, à l'aide d'un fouet, battre le fromage égoutté (jeter le liquide) avec le sucre jusqu'à ce que la préparation soit lisse. Ajouter le chocolat et mélanger. Mettre la garniture au fromage dans une poche à douille munie d'un embout étoilé. Farcir les biscuits roulés de la garniture au fromage et au chocolat. Réfrigérer jusqu'au moment de servir. Saupoudrer de sucre glace.

Par cannoli: • calories: **175** • protéines: **4 g** • matières grasses: **9 g** (3 g sat.) • cholestérol: **25 mg** • glucides: **21 g** • fibres: **1 g** • sodium: **35 mg**

PETITS GÂTEAUX
AU *chocolat fondant*

Donne 4 portions.
Préparation: 25 min
Cuisson: 13 à 15 min

1/2 t	beurre non salé	125 ml
4 oz	chocolat mi-amer haché	125 g
2	oeufs	2
2	jaunes d'oeufs	2
1/4 t	sucre glace	60 ml
2 c. à thé	farine	10 ml

1 Dans un bol en métal placé sur une casserole d'eau chaude mais non bouillante, chauffer le beurre et le chocolat à feu doux, en brassant jusqu'à ce que le chocolat ait fondu. Retirer le bol de la casserole et laisser refroidir.

2 Dans un autre bol, à l'aide d'un batteur électrique, battre les oeufs, les jaunes d'oeufs et le sucre glace de 5 à 10 minutes ou jusqu'à ce que le mélange soit épais et jaune pâle. Incorporer la préparation de chocolat fondu au mélange d'oeufs en brassant à l'aide d'une cuillère de bois. Ajouter la farine et mélanger jusqu'à ce que la pâte soit homogène, sans plus (ne pas trop mélanger).

3 Répartir la pâte dans quatre ramequins ou petits plats en verre allant au four d'une capacité de 1/2 t (125 ml), beurrés. (Vous pouvez préparer les petits gâteaux jusqu'à cette étape et les couvrir d'une pellicule de plastique. Ils se conserveront jusqu'à 4 heures au réfrigérateur. Laisser revenir à la température ambiante avant de cuire.) Mettre les ramequins sur une plaque de cuisson et cuire au centre du four préchauffé à 450°F (230°C) de 8 à 10 minutes ou jusqu'à ce que les petits gâteaux commencent à prendre sur le pourtour, mais que leur centre soit encore assez mou. Déposer les ramequins sur une grille et laisser refroidir de 5 à 10 minutes. Passer la lame d'un couteau sur la paroi des ramequins pour détacher les petits gâteaux et démouler délicatement dans les assiettes. Servir aussitôt.

Par portion: • calories: 465 • protéines: 8 g • matières grasses: 42 g (16 g sat.) • cholestérol: 270 mg • glucides: 17 g • fibres: 4 g • sodium: 50 mg

TORTE ÉTAGÉE AU *chocolat*, AUX PACANES ET AU CARAMEL

Donne de 12 à 16 portions.
Préparation: 45 min
Cuisson: 45 à 50 min

Gâteaux au chocolat et aux pacanes

4 oz	chocolat non sucré haché grossièrement	125 g
2 1/4 t	farine	560 ml
2 1/4 t	cassonade tassée	560 ml
1 c. à thé	bicarbonate de sodium	5 ml
1/2 c. à thé	poudre à pâte	2 ml
1/4 c. à thé	sel	1 ml
1 t	crème sure	250 ml
1/2 t	beurre ramolli	125 ml
3	oeufs	3
1 c. à thé	vanille	5 ml
1 t	eau	250 ml
2 t	pacanes hachées grossièrement	500 ml

Sauce au caramel

1 1/2 t	sucre	375 ml
1/3 t	eau	80 ml
2/3 t	crème à 35 %	160 ml
1/4 t	beurre	60 ml

Garnitures

1 1/2 t	crème à 35 %	375 ml
3/4 t	copeaux de chocolat	180 ml
1/3 t	pacanes entières, grillées	80 ml

Préparation des gâteaux

1 Beurrer trois moules de 9 po (23 cm) de diamètre et tapisser le fond de papier-parchemin. Réserver. Dans un petit bol allant au micro-ondes, faire fondre le chocolat à intensité moyenne (50 %) pendant 1 1/2 minute (brasser à la mi-cuisson). Brasser jusqu'à ce que le chocolat soit lisse. Laisser refroidir légèrement.

2 Dans un bol, mélanger la farine, la cassonade, le bicarbonate de sodium, la poudre à pâte et le sel. Dans un grand bol, à l'aide d'un batteur électrique, battre la crème sure et le beurre. Ajouter le mélange de farine et battre jusqu'à ce que la préparation forme une pâte épaisse. Ajouter les oeufs un à un, en battant bien après chaque addition. Incorporer le chocolat fondu et la vanille en battant pendant 2 minutes (racler la paroi du bol de temps à autre). Ajouter l'eau petit à petit, en battant. Répartir la pâte dans les moules réservés et parsemer des pacanes.

3 Cuire au centre du four préchauffé à 350°F (180°C) de 30 à 35 minutes ou jusqu'à ce qu'un cure-dents inséré au centre des gâteaux en ressorte propre. Déposer les moules sur des grilles et laisser refroidir pendant 15 minutes. Démouler les gâteaux sur les grilles, retirer le papier-parchemin et laisser refroidir complètement. (Vous pouvez préparer les gâteaux à l'avance et les envelopper d'une pellicule de plastique. Ils se conserveront jusqu'au lendemain à la température ambiante ou jusqu'à 1 mois au congélateur, dans un contenant hermétique.)

Préparation de la sauce

4 Dans une casserole à fond épais, chauffer le sucre et l'eau à feu moyen jusqu'à ce que le sucre soit dissous. Porter à ébullition et laisser bouillir, sans brasser, pendant environ 10 minutes ou jusqu'à ce que le sirop soit de couleur ambre foncé (à l'aide d'un pinceau à pâtisserie trempé dans l'eau, badigeonner la paroi de temps à autre pour faire tomber les cristaux de sucre). Retirer du feu.

5 À l'aide d'un fouet, incorporer la crème jusqu'à ce que la préparation soit lisse (attention aux éclaboussures). Ajouter le beurre en battant jusqu'à ce que le caramel soit homogène. Laisser refroidir. (Vous pouvez préparer la sauce au caramel à l'avance et la mettre dans un contenant hermétique. Elle se conservera jusqu'à 3 jours au réfrigérateur. Réchauffer légèrement avant d'utiliser.)

Assemblage de la torte

6 Dans un bol, à l'aide du batteur électrique (utiliser des fouets propres), battre la crème jusqu'à ce qu'elle forme des pics fermes. Mettre un des gâteaux refroidis dans une assiette de service, les pacanes dessus. Arroser de 2 c. à tab (30 ml) de la sauce au caramel et couvrir de 1 t (250 ml) de la crème fouettée. Arroser de nouveau de 2 c. à tab (30 ml) de la sauce. Faire un autre étage de la même manière avec le deuxième gâteau. Couvrir du troisième gâteau et étendre le reste de la crème fouettée sur le dessus. Arroser de 2 c. à tab (30 ml) de la sauce. Garnir des copeaux de chocolat et des pacanes grillées. Servir la torte avec le reste de la sauce au caramel en saucière.

Par portion: • calories: 680 • protéines: 6 g • matières grasses: 42 g (19 g sat.) • cholestérol: 115 mg • glucides: 75 g • fibres: 3 g • sodium: 235 mg

GÂTEAU AU *fromage* ET AU CARAMEL CROQUANT

Donne 16 portions.
Préparation: 50 min
Cuisson: 1 h 30 min (gâteau);
30 min (sauce)
Repos: 2 h
Réfrigération: 14 h (gâteau)

Croûte au gingembre

1 1/2 t	gaufrettes au gingembre (de type gingersnap) émiettées finement	375 ml
2 c. à tab	sucre	30 ml
1/4 t	beurre fondu	60 ml

Garniture au fromage

5	paquets de fromage à la crème, ramolli (250 g chacun)	5
1 1/3 t	cassonade tassée	330 ml
3 c. à tab	farine	45 ml
5	oeufs	5
2	jaunes d'oeufs	2
2 c. à thé	vanille	10 ml
	sauce au caramel (voir recette)	
2	tablettes de chocolat au caramel croquant (de type Skor), hachées grossièrement (39 g chacune)	2

Préparation de la croûte

1 Beurrer légèrement le fond d'un moule à charnière de 9 po (23 cm) de diamètre. Envelopper l'extérieur du moule d'une double épaisseur de papier d'aluminium. Réserver. Dans un bol, mélanger les gaufrettes au gingembre, le sucre et le beurre jusqu'à ce que la préparation soit humide. Presser la préparation au fond du moule réservé. Cuire au four préchauffé à 350°F (180°C) pendant environ 15 minutes ou jusqu'à ce que la croûte commence à dorer. Déposer le moule sur une grille et laisser refroidir.

Préparation de la garniture

2 Dans un grand bol, à l'aide d'un batteur électrique, battre le fromage à la crème jusqu'à ce qu'il soit gonflé. Ajouter la cassonade et la farine et battre jusqu'à ce que le mélange soit lisse. Ajouter les oeufs et les jaunes d'oeufs un à un, en battant bien après chaque addition. Incorporer la vanille. Étendre uniformément la garniture au fromage sur la croûte refroidie. Mettre le moule dans un grand plat peu profond allant au four. Verser suffisamment d'eau chaude dans le plat pour couvrir la paroi du moule jusqu'à la mi-hauteur.

3 Cuire au four préchauffé à 350°F (180°C) pendant 1 1/4 heure ou jusqu'à ce que le pourtour du gâteau ait pris, mais que le centre soit encore légèrement gélatineux. Retirer le moule de l'eau, le déposer sur une grille et laisser refroidir pendant 15 minutes. Passer délicatement la lame d'un couteau sur le pourtour du gâteau pour le détacher du moule et laisser refroidir complètement (environ 1 3/4 heure). Retirer le papier d'aluminium (ne pas retirer la paroi du moule). Couvrir le gâteau d'une pellicule de plastique et réfrigérer jusqu'au lendemain. (Vous pouvez préparer le gâteau jusqu'à cette étape. Il se conservera jusqu'à 2 jours au réfrigérateur ou jusqu'à 2 semaines au congélateur, enveloppé de papier d'aluminium. Retirer le papier d'aluminium avant de décongeler le gâteau au réfrigérateur.)

4 Retirer la paroi du moule et mettre le gâteau au fromage dans une assiette de service. Couvrir le dessus du gâteau de la sauce au caramel. Parsemer des morceaux de tablettes de chocolat. Couvrir sans serrer et réfrigérer pendant au moins 2 heures avant de servir. (Vous pouvez préparer le gâteau à l'avance. Il se conservera jusqu'au lendemain au réfrigérateur.)

Par portion: • calories: 600 • protéines: 8 g • matières grasses: 40 g (22 g sat.) • cholestérol: 210 mg • glucides: 52 g • fibres: traces • sodium: 370 mg

SAUCE AU CARAMEL
Donne environ 1 1/3 t (330 ml).

1 1/2 t	sucre	375 ml
1/4 t	eau	60 ml
1/2 c. à thé	jus de citron	2 ml
1 t	crème à 35 %	250 ml

Dans une grande casserole, mélanger le sucre, l'eau et le jus de citron. Cuire à feu moyen, en brassant, jusqu'à ce que le sucre soit dissous. Porter à ébullition. Réduire le feu et laisser mijoter, sans brasser, de 9 à 12 minutes ou jusqu'à ce que le caramel soit ambré (à l'aide d'un pinceau à pâtisserie trempé dans l'eau, badigeonner de temps à autre la paroi de la casserole pour faire tomber les cristaux de sucre). Ajouter la crème délicatement (la préparation sera bouillonnante). Réduire à feu moyen-doux et laisser mijoter à découvert, en brassant de temps à autre, de 12 à 15 minutes ou jusqu'à ce que la sauce ait réduit à environ 1 1/3 t (330 ml). Réfrigérer pendant environ 30 minutes ou jusqu'à ce que la sauce ait épaissi mais qu'elle soit encore assez liquide pour se verser facilement.

GÂTEAU AU *fromage* BOSTON

Donne 16 portions.
Préparation: 1 h
Cuisson: 1 h 30 min
Repos: 2 h
Réfrigération: 4 h 15 min

Gâteau à la vanille

1/2 t	beurre ramolli	125 ml
3/4 t	sucre	180 ml
2	oeufs	2
1/2 c. à thé	vanille	2 ml
1 1/2 t	farine	375 ml
1/2 c. à tab	poudre à pâte	7 ml
1/4 c. à thé	bicarbonate de sodium	1 ml
1	pincée de sel	1
2/3 t	babeurre	160 ml

Garniture au fromage

3	paquets de fromage à la crème, ramolli (250 g chacun)	3
3/4 t	sucre	180 ml
1 c. à thé	vanille	5 ml
3	oeufs	3
1	contenant de crème sure (250 ml)	1

Glace au chocolat

3/4 t	crème à 35 %	180 ml
6 oz	chocolat mi-sucré haché finement	180 g
2 c. à tab	beurre ramolli	30 ml

Préparation du gâteau

❶ Beurrer le fond d'un moule à charnière de 9 po (23 cm) de diamètre. Réserver. Dans un grand bol, à l'aide d'un batteur électrique, battre le beurre et le sucre jusqu'à ce que le mélange soit gonflé. Ajouter les oeufs un à un, en battant bien après chaque addition. Incorporer la vanille. Dans un autre bol, mélanger la farine, la poudre à pâte, le bicarbonate de sodium et le sel. En battant, incorporer les ingrédients secs au mélange de beurre en trois fois, en alternant deux fois avec le babeurre. Étendre la pâte uniformément dans le moule réservé.

❷ Cuire au four préchauffé à 350°F (180°C) pendant environ 35 minutes ou jusqu'à ce qu'un cure-dents inséré au centre du gâteau en ressorte propre. Déposer le moule sur une grille et laisser refroidir complètement.

Préparation de la garniture

❸ Entre-temps, dans un grand bol, à l'aide du batteur électrique (utiliser des fouets propres), battre le fromage à la crème, le sucre et la vanille jusqu'à ce que le mélange soit lisse. Ajouter les oeufs et battre jusqu'à ce que la préparation soit homogène. Incorporer la crème sure. Étendre délicatement la garniture au fromage sur le gâteau refroidi.

❹ Cuire au four préchauffé à 325°F (160°C) de 50 à 55 minutes ou jusqu'à ce que le pourtour de la garniture ait pris, mais que le centre soit encore légèrement gélatineux. Déposer le moule sur une grille et laisser refroidir pendant 15 minutes. Passer délicatement la lame d'un couteau sur le pourtour du gâteau pour le détacher du moule et laisser refroidir complètement (environ 1 3/4 heure). Retirer la paroi du moule. Couvrir le gâteau d'une pellicule de plastique et réfrigérer pendant au moins 4 heures. (Vous pouvez préparer le gâteau jusqu'à cette étape. Il se conservera jusqu'à 2 jours au réfrigérateur ou jusqu'à 2 semaines au congélateur, enveloppé de papier d'aluminium résistant. Retirer le papier d'aluminium avant de décongeler le gâteau au réfrigérateur.)

Préparation de la glace

❺ Au moment de servir, déposer le gâteau dans une assiette de service. Dans une petite casserole, chauffer la crème jusqu'à ce que des bulles se forment sur la paroi. Retirer la casserole du feu. Ajouter le chocolat et mélanger jusqu'à ce qu'il ait fondu. Incorporer le beurre. Réfrigérer pendant environ 15 minutes ou jusqu'à ce que la glace ait légèrement épaissi (brasser une fois). Couvrir le dessus du gâteau de la glace.

Par portion: • calories: 485 • protéines: 8 g • matières grasses: 36 g (21 g sat.) • cholestérol: 160 mg • glucides: 38 g • fibres: 1 g • sodium: 315 mg

GÂTEAU AU *citron*, AUX PISTACHES ET AU CHOCOLAT BLANC

Donne 16 portions.
Préparation: 1 h
Cuisson: 45 à 50 min
Réfrigération: 17 h

Garniture au citron

6	jaunes d'oeufs	6
3/4 t	sucre	180 ml
1/2 t	beurre non salé coupé en dés	125 ml
2 c. à tab	zeste de citron râpé	30 ml
1/2 t	jus de citron	125 ml
1	pincée de sel	1

Glaçage au chocolat blanc

1 1/2 t	crème à 35 %	375 ml
6 oz	chocolat blanc haché finement	180 g

Gâteaux au citron et aux pistaches

1 t	lait à la température ambiante	250 ml
5	blancs d'oeufs	5
1 1/4 c. à thé	vanille	6 ml
2 1/4 t	farine à gâteau et à pâtisserie tamisée	560 ml
1 1/3 t	sucre	330 ml
1 c. à tab	poudre à pâte	15 ml
1 1/2 c. à thé	zeste de citron râpé	7 ml
1/4 c. à thé	sel	1 ml
3/4 t	beurre non salé ramolli	180 ml
1 t	pistaches non salées hachées	250 ml
	lanières de zeste ou tranches de citron confites (facultatif)	
	pistaches non salées entières (facultatif)	

Préparation de la garniture

1 Mettre les jaunes d'oeufs dans un grand bol et réserver. Dans un bol à l'épreuve de la chaleur placé sur une casserole d'eau chaude mais non bouillante, mélanger le sucre, le beurre, le zeste, le jus de citron et le sel et chauffer à feu doux, en brassant souvent, jusqu'à ce que le sucre soit dissous. À l'aide d'un fouet, incorporer 1/3 t (80 ml) du mélange de citron aux jaunes d'oeufs réservés. Incorporer lentement le reste du mélange de citron. Remettre la préparation dans le bol placé sur la casserole et cuire, en brassant souvent à l'aide du fouet, de 10 à 15 minutes ou jusqu'à ce que la préparation ait épaissi. Dans une passoire fine placée sur un bol, filtrer la garniture au citron. Couvrir directement la surface d'une pellicule de plastique et réfrigérer pendant 4 heures ou jusqu'à ce que la garniture soit froide. (Vous pouvez préparer la garniture au citron à l'avance. Elle se conservera jusqu'à 3 jours au réfrigérateur.)

Préparation du glaçage

2 Dans une casserole, chauffer 1/2 t (125 ml) de la crème jusqu'à ce que des bulles se forment sur la paroi (réserver le reste de la crème). Ajouter le chocolat et mélanger à l'aide du fouet jusqu'à ce que la préparation soit lisse. Verser le glaçage au chocolat blanc dans un grand bol. Couvrir et réfrigérer jusqu'au lendemain. (Vous pouvez préparer le glaçage jusqu'à cette étape. Il se conservera jusqu'à 2 jours au réfrigérateur.)

Préparation des gâteaux

3 Beurrer et fariner deux moules à gâteau de 9 po (23 cm) de diamètre et tapisser le fond de papier-parchemin. Réserver. Dans un bol, à l'aide du fouet, mélanger le lait, les blancs d'oeufs et la vanille. Réserver. Dans un grand bol, mélanger la farine, le sucre, la poudre à pâte, le zeste de citron et le sel. À l'aide d'un batteur électrique, incorporer le beurre petit à petit jusqu'à ce que la préparation ait la texture d'une chapelure grossière. Ajouter la préparation de blancs d'oeufs réservée, sauf 1/2 t (125 ml), et battre pendant 1 1/2 minute. Ajouter le reste de la préparation de blancs d'oeufs et battre jusqu'à ce que la pâte soit lisse. Répartir la pâte dans les moules réservés.

4 Cuire au centre du four préchauffé à 350°F (180°C) pendant 30 minutes ou jusqu'à ce que le pourtour des gâteaux soit légèrement doré et que le dessus reprenne sa forme sous une légère pression du doigt. Déposer les moules sur des grilles et laisser refroidir pendant 20 minutes. Démouler les gâteaux sur les grilles et laisser refroidir complètement. (Vous pouvez préparer les gâteaux à l'avance et les envelopper d'une pellicule de plastique. Ils se conserveront jusqu'au lendemain à la température ambiante ou jusqu'à 1 mois au congélateur, dans un contenant hermétique.)

Assemblage du gâteau

5 À l'aide du batteur électrique (utiliser des fouets propres), battre la crème réservée pour le glaçage jusqu'à ce qu'elle

forme des pics mous. À l'aide d'une cuillère de bois, incorporer 1/2 t (125 ml) de la crème fouettée au glaçage refroidi. Incorporer le reste de la crème fouettée en soulevant délicatement la masse. Réserver.

6 Retirer délicatement le papier-parchemin des gâteaux refroidis. À l'aide d'un long couteau dentelé, couper chaque gâteau en deux horizontalement. Déposer une tranche de gâteau dans une assiette de service. À l'aide d'une

petite spatule en métal, couvrir de la moitié de la garniture au citron refroidie, puis parsemer de la moitié des pistaches hachées. Couvrir d'une deuxième tranche de gâteau, puis de 3/4 t (180 ml) du glaçage au chocolat blanc réservé. Couvrir d'une autre tranche de gâteau, puis du reste de la garniture au citron. Parsemer du reste des pistaches hachées. Couvrir de la dernière tranche de gâteau. Étendre le reste du glaçage au chocolat blanc sur

le dessus du gâteau. Réfrigérer pendant 1 heure. (Vous pouvez préparer le gâteau à l'avance et le couvrir. Il se conservera jusqu'à 6 heures au réfrigérateur.)

7 Au moment de servir, garnir de lanières de zeste de citron confites et de pistaches entières, si désiré.

Par portion: • calories: 520 • protéines: 7 g • matières grasses: 32 g (18 g sat.) • cholestérol: 150 mg • glucides: 52 g • fibres: 1 g • sodium: 165 mg

GÂTEAU ROULÉ
AU *chocolat blanc*

Donne 12 portions.
Préparation: 45 min
Cuisson: 15 à 18 min
Réfrigération: 1 h

Gâteau roulé à la vanille

3	blancs d'oeufs	3
1/4 c. à thé	crème de tartre	1 ml
3/4 t	sucre	180 ml
6	jaunes d'oeufs	6
1 c. à thé	vanille	5 ml
1/2 t	farine	125 ml
1/4 c. à thé	sel	1 ml
3 c. à tab	sucre glace	45 ml

Sirop

1/4 t	sucre	60 ml
1/4 t	eau	60 ml
1 c. à tab	liqueur d'orange (de type Grand Marnier)	15 ml

Garniture au chocolat blanc

4 oz	chocolat blanc haché	125 g
1 t	crème à 35 %	250 ml
	petits fruits et feuilles de menthe (facultatif)	

Préparation du gâteau

❶ Tapisser de papier-parchemin le fond d'une plaque de cuisson de 15 po x 10 po (38 cm x 25 cm) munie de rebords. Réserver.

❷ Dans un bol, à l'aide d'un batteur électrique, battre les blancs d'oeufs et la crème de tartre jusqu'à ce que le mélange forme des pics mous. Ajouter 1/4 t (60 ml) du sucre, 1 c. à tab (15 ml) à la fois, en battant jusqu'à ce que le mélange forme des pics fermes. Dans un grand bol, à l'aide du batteur électrique (utiliser des fouets propres), battre les jaunes d'oeufs avec le reste du sucre pendant environ 3 minutes ou jusqu'à ce que la préparation soit pâle et qu'elle tombe en rubans lorsqu'on soulève les fouets du batteur. Incorporer la vanille en battant. Dans un autre bol, mélanger la farine et le sel. Incorporer le mélange de blancs d'oeufs à la préparation de jaunes d'oeufs en trois fois, en alternant deux fois avec les ingrédients secs et en soulevant délicatement la masse. Étendre uniformément la pâte dans la plaque de cuisson réservée et lisser le dessus à l'aide d'une spatule en métal.

❸ Cuire au centre du four préchauffé à 375°F (190°C) de 12 à 15 minutes ou jusqu'à ce que le dessus du gâteau reprenne sa forme sous une légère pression du doigt. Réserver 2 c. à thé (10 ml) du sucre glace. Saupoudrer uniformément un linge du reste du sucre glace. Passer la lame d'un couteau le long des côtés du gâteau pour le détacher de la plaque. Démouler le gâteau sur le linge et retirer délicatement le papier-parchemin. Égaliser les côtés longs du gâteau. Rouler aussitôt le gâteau dans le linge en commençant par un des côtés courts. Déposer le gâteau sur une grille et le laisser refroidir. (Vous pouvez préparer le gâteau jusqu'à cette étape et le mettre dans un contenant hermétique. Il se conservera jusqu'au lendemain à la température ambiante. Ou encore, vous pouvez dérouler le gâteau, puis le rouler entre deux feuilles de papier ciré et l'envelopper de papier d'aluminium résistant. Il se conservera jusqu'à 2 semaines au congélateur.)

Préparation du sirop

❹ Dans une petite casserole, mélanger le sucre et l'eau. Porter à ébullition. Retirer du feu et incorporer la liqueur d'orange. Laisser refroidir.

Préparation de la garniture

❺ Dans un grand bol à l'épreuve de la chaleur placé sur une casserole d'eau chaude mais non bouillante, faire fondre le chocolat avec 3 c. à tab (45 ml) de la crème en brassant de temps à autre. Retirer le bol de la casserole et laisser refroidir. Dans un autre bol, à l'aide du batteur électrique (utiliser des fouets propres), battre le reste de la crème jusqu'à ce qu'elle forme des pics fermes. À l'aide d'un fouet, incorporer le quart de la crème fouettée à la préparation de chocolat refroidie. À l'aide d'une spatule, incorporer le reste de la crème fouettée en soulevant délicatement la masse. Réfrigérer pendant 1 heure ou jusqu'à ce que la garniture soit ferme.

Assemblage du gâteau roulé

❻ Dérouler délicatement le gâteau refroidi sur le linge. À l'aide d'un pinceau à pâtisserie, badigeonner le gâteau du sirop refroidi, puis le couvrir de la garniture au chocolat blanc refroidie. En commençant par un côté court et en utilisant le linge comme guide, rouler le gâteau (sans le linge) en serrant bien. Déposer le gâteau, l'ouverture dessous, dans une assiette de service rectangulaire. Saupoudrer du sucre glace réservé. Garnir l'assiette de petits fruits et de feuilles de menthe, si désiré.

Par portion: • calories: 255 • protéines: 4 g
• matières grasses: 13 g (7 g sat.) • cholestérol: 130 mg
• glucides: 30 g • fibres: traces • sodium: 85 mg

GÂTEAU ÉTAGÉ AU *fromage ricotta*, À LA CRÈME ET AUX NOISETTES

Donne 12 portions.
Préparation: 45 min
Cuisson: 20 à 25 min

Ce gâteau au mélange de saveurs original s'inspire d'une douceur traditionnelle sicilienne, la cassata.

Gâteaux au citron

1 t	beurre ramolli	250 ml
1 2/3 t	sucre	410 ml
4	oeufs	4
1 c. à thé	vanille	5 ml
3 t	farine	750 ml
1 c. à tab	poudre à pâte	15 ml
1/2 c. à thé	bicarbonate de sodium	2 ml
1/4 c. à thé	sel	1 ml
1 1/4 t	babeurre	310 ml
4 c. à thé	zeste de citron râpé finement	20 ml

Garnitures au fromage ricotta, à la crème et aux noisettes

1/3 t	tartinade au chocolat et aux noisettes (de type Nutella)	80 ml
1/3 t	fromage ricotta	80 ml
1/3 t	confiture de framboises sans grains	80 ml
1 1/2 t	crème à 35 %	375 ml
2 c. à tab	sucre glace	30 ml
1/3 t	noisettes grillées, hachées	80 ml
1 c. à tab	zeste de citron râpé finement	15 ml

Préparation des gâteaux

1 Dans un grand bol, à l'aide d'un batteur électrique, battre le beurre et le sucre jusqu'à ce que le mélange soit léger et gonflé. Ajouter les oeufs un à un, en battant bien après chaque addition. Incorporer la vanille. Dans un autre bol, mélanger la farine, la poudre à pâte, le bicarbonate de sodium et le sel. En battant à faible vitesse, incorporer les ingrédients secs au mélange de beurre en trois fois, en alternant deux fois avec le babeurre. Ajouter le zeste de citron et mélanger. Verser la pâte dans trois moules à gâteau de 9 po (23 cm) de diamètre, beurrés et légèrement farinés, et lisser le dessus.

2 Cuire au four préchauffé à 350°F (180°C) de 20 à 25 minutes ou jusqu'à ce qu'un cure-dents inséré au centre des gâteaux en ressorte propre. Déposer les moules sur des grilles et laisser refroidir pendant 10 minutes. Démouler les gâteaux sur les grilles et laisser refroidir complètement. (Vous pouvez préparer les gâteaux à l'avance et les envelopper d'une pellicule de plastique. Ils se conserveront jusqu'à 2 jours à la température ambiante ou jusqu'à 2 semaines au congélateur, enveloppés de papier d'aluminium.)

Préparation des garnitures et assemblage du gâteau

3 Dans un bol, mélanger la tartinade au chocolat et le fromage ricotta. Déposer un gâteau dans une assiette de service. Étendre la moitié de la confiture sur le dessus du gâteau, en laissant une bordure de 1/2 po (1 cm) sur le pourtour. Couvrir de la moitié de la garniture au fromage, puis d'un deuxième gâteau. Étendre le reste de la confiture et de la garniture au fromage sur le gâteau. Couvrir du troisième gâteau.

4 Dans un grand bol, à l'aide du batteur électrique (utiliser des fouets propres), battre la crème et le sucre glace jusqu'à ce que le mélange forme des pics fermes. À l'aide d'une spatule, étendre la crème fouettée sur le dessus et le pourtour du gâteau. (Vous pouvez préparer le gâteau jusqu'à cette étape et le couvrir, sans serrer. Il se conservera jusqu'au lendemain au réfrigérateur.)

5 Au moment de servir, dans un petit bol, mélanger les noisettes et le zeste de citron. Parsemer le dessus du gâteau de ce mélange.

Par portion: • calories: 605 • protéines: 9 g • matières grasses: 33 g (20 g sat.) • cholestérol: 155 mg • glucides: 68 g • fibres: 2 g • sodium: 375 mg

MINI-BÛCHES AU *citron* ET AU CHOCOLAT

Donne 8 mini-bûches.
Préparation: 1 h 30 min
Cuisson: 30 à 35 min
Réfrigération: 2 h

Crème anglaise au citron

2	oeufs	2
1/3 t	sucre	80 ml
2 c. à thé	zeste de citron râpé	10 ml
1/4 t	jus de citron	60 ml
1 c. à tab	beurre	15 ml
1 c. à thé	fécule de maïs	5 ml

Gâteau au citron

1/4 t	lait	60 ml
2 c. à tab	beurre	30 ml
3/4 t	farine à gâteau et à pâtisserie tamisée	180 ml
1 c. à thé	poudre à pâte	5 ml
1/4 c. à thé	sel	1 ml
5	oeufs	5
3/4 t	sucre	180 ml
1 c. à tab	zeste de citron râpé	15 ml
	sucre glace	

Glaçage au chocolat

3 oz	chocolat au lait haché	90 g
1 oz	chocolat mi-amer ou mi-sucré, haché	30 g
1/4 t	beurre ramolli	60 ml
1 1/3 t	sucre glace	330 ml
1/4 t	crème à 35 %	60 ml
1/2 c. à thé	vanille	2 ml
	brins de romarin givrés (facultatif)	

Préparation de la crème anglaise

① Dans un bol à l'épreuve de la chaleur placé sur une casserole d'eau chaude mais non bouillante, à l'aide d'un fouet, mélanger les oeufs, le sucre, le zeste et le jus de citron, le beurre et la fécule de maïs. Cuire, en brassant, de 10 à 12 minutes ou jusqu'à ce que la préparation ait épaissi. Dans une passoire fine placée sur un bol, filtrer la crème anglaise. Couvrir directement la surface d'une pellicule de plastique et réfrigérer pendant environ 1 heure ou jusqu'à ce que la crème anglaise soit froide.

Préparation du gâteau

② Dans une petite casserole, chauffer le lait et le beurre à feu moyen-doux jusqu'à ce que le beurre ait fondu. Réserver. Dans un bol, mélanger la farine, la poudre à pâte et le sel. Réserver.

③ Séparer les jaunes et les blancs de 3 oeufs. Dans un grand bol, à l'aide d'un batteur électrique, battre les blancs d'oeufs jusqu'à ce qu'ils soient mousseux. Ajouter 1/4 t (60 ml) du sucre, 1 c. à tab (15 ml) à la fois, en battant jusqu'à ce que le mélange forme des pics mous. Réserver.

④ Dans un autre grand bol, à l'aide du batteur électrique (utiliser des fouets propres), battre les jaunes d'oeufs, le reste des oeufs entiers et le reste du sucre pendant 5 minutes ou jusqu'à ce que le mélange ait pâli et épaissi. Incorporer le zeste de citron en soulevant délicatement la masse à l'aide d'une spatule. Incorporer de la même manière le tiers du mélange de blancs d'oeufs réservé, puis le reste du mélange de blancs d'oeufs. Parsemer des ingrédients secs réservés et les incorporer en soulevant délicatement la masse. Incorporer le mélange de lait réservé de la même manière. Étendre uniformément la pâte dans un moule à gâteau roulé de 15 po x 10 po (38 cm x 25 cm), tapissé de papier-parchemin.

⑤ Cuire au four préchauffé à 350°F (180°C) pendant 12 minutes ou jusqu'à ce que le dessus du gâteau reprenne sa forme sous une légère pression du doigt. Déposer le moule sur une grille et laisser refroidir pendant 10 minutes. Saupoudrer uniformément un linge propre de sucre glace. Passer la lame d'un couteau sur les côtés du gâteau pour le détacher du moule. Démouler le gâteau sur le linge et retirer le papier-parchemin. En commençant par un des côtés longs, rouler le gâteau dans le linge. Déposer le gâteau roulé sur une grille et laisser refroidir complètement.

Préparation du glaçage

⑥ Dans un bol à l'épreuve de la chaleur placé sur une casserole d'eau chaude mais non bouillante, faire fondre le chocolat au lait et le chocolat mi-amer. Retirer le bol de la casserole et laisser refroidir. Dans un autre bol, à l'aide du batteur électrique (utiliser des fouets propres), battre le beurre jusqu'à ce qu'il soit gonflé. En battant à faible vitesse, incorporer le sucre glace en deux fois, en alternant avec la crème, jusqu'à ce que le mélange soit lisse. Incorporer le chocolat fondu

refroidi et la vanille en battant jusqu'à ce que le glaçage soit homogène.

Assemblage des mini-bûches

⑦ Dérouler délicatement le gâteau refroidi et retirer le linge. À l'aide d'une spatule en métal, étendre la crème anglaise refroidie sur le gâteau. Rouler de nouveau le gâteau (sans le linge). (Vous pouvez préparer le gâteau roulé à l'avance, l'envelopper d'une pellicule de plastique et le mettre dans un contenant hermétique. Il se conservera jusqu'au lendemain au réfrigérateur.)

⑧ Couper le gâteau roulé en quatre portions. Couper chaque portion en deux, légèrement sur le biais. Mettre les morceaux de gâteau sur une plaque de cuisson tapissée de papier ciré. À l'aide de la spatule en métal, étendre le glaçage au chocolat sur les morceaux de gâteau en laissant intact le côté coupé sur le biais.

À l'aide d'une fourchette, tracer des lignes dans le glaçage de manière à imiter l'écorce. Réfrigérer pendant environ 1 heure ou jusqu'à ce que les mini-bûches soient froides. Garnir chaque mini-bûche d'un brin de romarin givré, si désiré.

Par mini-bûche : • calories: 478 • protéines: 8 g • matières grasses: 22 g (12 g sat.) • cholestérol: 202 mg • glucides: 65 g • fibres: 1 g • sodium: 249 mg

MARJOLAINE AU *chocolat* ET AUX NOISETTES

Donne 16 portions.
Préparation: 1 h 30 min
Cuisson: 1 h 45 min
Réfrigération: 24 h 45 min
Repos: 45 min

Meringue aux noisettes

2 1/2 t	noisettes entières	625 ml
2/3 t + 1/3 t	sucre granulé	240 ml
2 c. à tab	fécule de maïs	30 ml
7	blancs d'oeufs	7
1/2 c. à thé	crème de tartre	2 ml

Mousse au chocolat noir

6 oz	chocolat mi-amer haché finement	180 g
1 t	crème à 35 %	250 ml

Mousse au chocolat au lait

4 oz	chocolat au lait haché finement	125 g
1/3 t	crème à 35 %	80 ml

Garniture crémeuse aux noisettes

1 1/2 t	crème à 35 %	375 ml
2 c. à tab	sucre glace	30 ml
2 c. à tab	liqueur de noisette (de type Frangelico) ou	30 ml
1 c. à thé	vanille	5 ml
2/3 t	noisettes en tranches	160 ml
16	noisettes entières	16

Préparation de la meringue

1 Étaler les noisettes sur une plaque de cuisson. Cuire au four préchauffé à 350°F (180°C) pendant environ 10 minutes ou jusqu'à ce qu'elles soient dorées et qu'elles dégagent leur arôme. Étendre les noisettes sur un linge et frotter vigoureusement pour enlever la peau. Laisser refroidir.

2 Au robot culinaire, moudre finement les noisettes grillées avec 2/3 t (160 ml) du sucre. Mettre le mélange dans un bol. Ajouter la fécule de maïs et mélanger. Réserver. Dans un grand bol, à l'aide d'un batteur électrique, battre les blancs d'oeufs avec la crème de tartre jusqu'à ce que la préparation forme des pics mous. Ajouter le reste du sucre, 1 c. à tab (15 ml) à la fois, en battant jusqu'à ce que la préparation forme des pics fermes. Incorporer le mélange de noisettes réservé en trois fois, en soulevant délicatement la masse à l'aide d'une spatule en caoutchouc.

3 À l'aide d'une spatule en métal, étendre la préparation sur une plaque de cuisson de 17 po x 11 po (43 cm x 28 cm), tapissée de papier-parchemin. Cuire au centre du four préchauffé à 275°F (135°C) pendant environ 1 1/2 heure ou jusqu'à ce que la meringue soit dorée et croustillante. Passer la lame d'un couteau sur le pourtour de la meringue pour la détacher de la plaque. À l'aide d'un couteau denté, la couper en quatre rectangles (laisser les rectangles de meringue sur la plaque). Déposer la plaque sur une grille et laisser refroidir.

Préparation de la mousse au chocolat noir

4 Mettre le chocolat mi-amer dans un bol à l'épreuve de la chaleur. Dans une petite casserole, chauffer la crème jusqu'à ce que des bulles se forment sur la paroi. Verser la crème chaude sur le chocolat et mélanger à l'aide d'un fouet jusqu'à ce que la préparation soit lisse. Couvrir et réfrigérer pendant environ 45 minutes ou jusqu'à ce que la mousse ait refroidi sans être ferme.

Préparation de la mousse au chocolat au lait

5 Entre-temps, mettre le chocolat au lait dans un bol à l'épreuve de la chaleur. Dans une petite casserole, chauffer la crème jusqu'à ce que des bulles se forment sur la paroi. Verser la crème chaude sur le chocolat et mélanger à l'aide du fouet jusqu'à ce que la préparation soit lisse. Couvrir et réfrigérer pendant environ 30 minutes ou jusqu'à ce que la mousse ait refroidi sans être ferme.

6 À l'aide du batteur électrique (utiliser des fouets propres), battre les mousses au chocolat séparément jusqu'à ce qu'elles aient la texture d'un glaçage. Réserver.

Préparation de la garniture et assemblage de la marjolaine

7 Dans un bol, à l'aide du batteur électrique (utiliser des fouets propres), battre la crème, le sucre glace et la liqueur de noisette jusqu'à ce que la préparation forme des pics fermes. Réserver.

8 Déposer une meringue dans une assiette de service. Étendre la moitié de la mousse au chocolat noir réservée sur la meringue. Couvrir d'une autre meringue, puis de la mousse au chocolat au lait réservée. Couvrir d'une autre meringue et du reste de la mousse au chocolat noir. Couvrir de la dernière meringue.

9 Mettre 1/2 t (125 ml) de la garniture crémeuse réservée dans une poche à douille munie d'un petit embout étoilé. Étendre le reste de la garniture crémeuse

sur le dessus et les côtés longs de la marjolaine (laisser les extrémités intactes).
Presser les noisettes en tranches sur les
côtés. À l'aide de la poche à douille,
décorer chaque côté long de 8 rosettes
de garniture crémeuse. Garnir chacune

d'une noisette entière. Envelopper la
marjolaine d'une pellicule de plastique,
sans serrer, et réfrigérer pendant 24 heures. (Vous pouvez préparer la marjolaine à
l'avance. Elle se conservera jusqu'à 2 jours
au réfrigérateur.) Laisser reposer à la tem-

pérature ambiante pendant 45 minutes
avant de servir.

Par portion: • calories: 474 • protéines: 7 g
• matières grasses: 38 g (14 g sat.) • cholestérol: 56 mg
• glucides: 31 g • fibres: 4 g • sodium: 44 mg

Cassata
DE NOËL

1 Tapisser de papier-parchemin un moule carré de 8 po (20 cm) de côté, en laissant dépasser un excédent de 1 po (2,5 cm) sur deux côtés. À l'aide d'un couteau dentelé, couper le gâteau aux fruits en tranches de 1/2 po (1 cm). Déposer les tranches de gâteau au fond du moule de manière à couvrir toute la surface (servir le reste des tranches de gâteau séparément, s'il y a lieu). Réserver.

2 Dans un grand bol, brasser la crème glacée à l'aide d'une spatule jusqu'à ce qu'elle puisse s'étendre facilement. Ajouter les pistaches et les canneberges et bien mélanger. Étendre la crème glacée sur le gâteau réservé en pressant légèrement avec la spatule. Lisser le dessus et couvrir d'une pellicule de plastique. Congeler pendant au moins 3 heures ou jusqu'à ce que la cassata soit assez ferme pour être tranchée. (Vous pouvez préparer la cassata à l'avance. Elle se conservera jusqu'au lendemain au congélateur.)

3 Au moment de servir, à l'aide d'un couteau dentelé passé sous l'eau chaude et essuyé, couper la cassata en carrés.

Par portion: • calories: 878 • protéines: 11 g • matières grasses: 44 g (21 g sat.) • cholestérol: 178 mg • glucides: 113 g • fibres: 6 g • sodium: 389 mg

Donne 9 portions.
Préparation: 15 min
Cuisson: aucune
Congélation: 3 h

1	gâteau aux fruits du commerce (900 g)	1
1	contenant de crème glacée à la vanille (2 L), légèrement ramollie	1
2/3 t	pistaches non salées	160 ml
2/3 t	canneberges séchées	160 ml

BALUCHONS AUX *poires* ET AU CARAMEL

Donne 4 baluchons.
Préparation: 35 min
Cuisson: 20 min

3	poires rouges ou vertes (de type Bartlett ou Anjou), coupées en tranches fines (environ 3 1/2 t/875 ml)	3
1 c. à tab	sucre granulé	15 ml
1 c. à tab	farine	15 ml
1/4 c. à thé	cardamome moulue	1 ml
1/3 t	beurre fondu	80 ml
4	feuilles de pâte phyllo surgelée, décongelée	4
1/4 t	sauce au caramel du commerce (de type artisanal)	60 ml
2 c. à thé	sucre cristallisé	10 ml
	canneberges fraîches (facultatif)	

❶ Dans un bol, mélanger les poires, le sucre granulé, la farine et la cardamome. Réserver. Badigeonner d'un peu du beurre fondu quatre ramequins d'une capacité de 1 t (250 ml). Réserver.

❷ Sur une surface de travail, étendre une feuille de pâte phyllo (couvrir les autres feuilles d'un linge humide pour les empêcher de sécher). Badigeonner la feuille de pâte d'un peu du beurre fondu. Couvrir d'une autre feuille de pâte et la badigeonner d'un peu du beurre fondu. Couvrir des deux autres feuilles de pâte, en les badigeonnant chaque fois de beurre fondu. Couper en quatre les feuilles de pâte superposées, de manière à former des rectangles de 8 po x 7 po (20 cm x 18 cm).

❸ Presser délicatement un rectangle de pâte au fond et sur la paroi d'un des ramequins réservés (la pâte dépassera du ramequin). Mettre au centre environ 3/4 t (180 ml) de la garniture aux poires réservée et arroser de 1 c. à tab (15 ml) de la sauce au caramel. Ramener les pointes du rectangle de pâte sur la garniture de manière à former un baluchon (laisser dépasser deux tranches de poire, si désiré). Presser la pâte pour sceller (au besoin, attacher le baluchon avec de la ficelle à rôti). Badigeonner le baluchon de beurre fondu et le parsemer de 1/2 c. à thé (2 ml) du sucre cristallisé. Procéder de la même manière avec le reste des rectangles de pâte, de la garniture aux poires, de la sauce au caramel, du beurre et du sucre cristallisé. Déposer les ramequins dans un plat allant au four.

❹ Cuire au four préchauffé à 375°F (190°C) pendant environ 20 minutes ou jusqu'à ce que les baluchons soient bien dorés. Laisser refroidir pendant 5 minutes. (Vous pouvez préparer les baluchons à l'avance, les laisser refroidir et les couvrir. Ils se conserveront jusqu'au lendemain au réfrigérateur.)

❺ Au moment de servir, retirer les baluchons des ramequins et les déposer dans des assiettes. Garnir chaque assiette de canneberges, si désiré. Servir les baluchons chauds ou froids.

Par baluchon: • calories: 400 • protéines: 4 g • matières grasses: 18 g (10 g sat.) • cholestérol: 40 mg • glucides: 60 g • fibres: 5 g • sodium: 370 mg

TARTE AUX *poires*
ET AU GINGEMBRE

Donne 10 portions.
Préparation: 1 h
Cuisson: 45 à 55 min
Réfrigération: 6 h

Poires pochées

1 t	jus de pomme	250 ml
2/3 t	eau	160 ml
1/3 t	sucre	80 ml
1/2	gousse de vanille	1/2
1	morceau de gingembre de 1/2 po (1 cm), pelé et coupé en fines lanières	1
2	petites poires (de type Bosc) avec la tige, pelées, le coeur enlevé, coupées en deux	2

Croûte sablée au beurre

1 1/2 t	farine	375 ml
1/3 t	sucre glace	80 ml
2/3 t	beurre froid, coupé en cubes	160 ml

Garniture au gingembre

2	oeufs	2
1/2 t	sucre	125 ml
2 c. à tab + 1 1/2 c. à thé	fécule de maïs	37 ml
2 t	lait	500 ml
4 c. à thé	gingembre confit haché finement	20 ml
1/2	gousse de vanille	1/2

Préparation des poires

1 Dans une petite casserole, mélanger le jus de pomme, l'eau, le sucre, la demi-gousse de vanille et le gingembre. Porter à ébullition en brassant jusqu'à ce que le sucre soit dissous. Ajouter les poires et porter de nouveau à ébullition. Réduire le feu, couvrir et laisser mijoter de 15 à 20 minutes ou jusqu'à ce que les poires soient tendres, sans plus. Retirer la casserole du feu. Mettre les poires dans un bol avec leur liquide de cuisson. Couvrir et réfrigérer pendant 2 heures. (Vous pouvez préparer les poires jusqu'à cette étape. Elles se conserveront jusqu'au lendemain au réfrigérateur.)

Préparation de la croûte

2 Au robot culinaire, mélanger la farine et le sucre glace. Ajouter le beurre et mélanger en actionnant et en arrêtant successivement l'appareil jusqu'à ce que la préparation ait la texture d'une chapelure fine. Presser la préparation au fond et sur la paroi d'un moule à charnière de 9 po (23 cm) de diamètre, jusqu'à une hauteur de 1 1/2 po (4 cm). Couvrir la croûte d'une double épaisseur de papier d'aluminium et cuire au four préchauffé à 350°F (180°C) pendant 12 minutes. Retirer le papier d'aluminium et poursuivre la cuisson de 8 à 12 minutes ou jusqu'à ce que la bordure soit légèrement dorée.

Préparation de la garniture

3 Dans un bol à l'épreuve de la chaleur, battre légèrement les oeufs. Réserver. Dans une casserole à fond épais, mélanger le sucre et 2 c. à tab (30 ml) de la fécule de maïs. Ajouter le lait et mélanger. Cuire à feu moyen, en brassant, jusqu'à ce que la préparation ait épaissi. Poursuivre la cuisson, en brassant, pendant 2 minutes. Retirer la casserole du feu. Incorporer petit à petit environ 1 t (250 ml) de la préparation de lait aux oeufs réservés. Verser la préparation dans la casserole. Ajouter le gingembre confit et mélanger. Cuire, en brassant, jusqu'à ce que la préparation soit bouillonnante. Réduire le feu et poursuivre la cuisson pendant 2 minutes. Retirer la casserole du feu, la placer dans un grand bol d'eau glacée et brasser pendant 2 minutes pour refroidir rapidement la garniture.

4 À l'aide d'un petit couteau, racler la demi-gousse de vanille. Incorporer les graines à la garniture. Étendre uniformément la garniture dans la croûte refroidie. Couvrir la tarte d'une pellicule de plastique et réfrigérer pendant au moins 4 heures. (Vous pouvez préparer la tarte jusqu'à cette étape. Elle se conservera jusqu'au lendemain au réfrigérateur.)

5 Retirer les poires du liquide de cuisson et les réserver. Verser 1/2 t (125 ml) du liquide de cuisson dans une petite casserole (jeter le reste du liquide). Ajouter le reste de la fécule de maïs et cuire à feu moyen, en brassant, jusqu'à ce que le mélange ait épaissi et qu'il soit bouillonnant. Poursuivre la cuisson, en brassant, pendant 2 minutes. Verser la glace dans un petit bol, couvrir et laisser refroidir.

6 Déposer les demi-poires réservées, la partie bombée dessus, sur une surface de travail. En commençant par la base, couper les poires en tranches sur la longueur en les laissant attachées à leur tige. Ouvrir les poires en éventail et les disposer en cercle au centre de la tarte, les tiges vers l'intérieur. Badigeonner la tarte de la glace refroidie. Passer la lame d'un couteau sur le pourtour de la croûte. Retirer la paroi du moule.

Par portion: • calories: 300 • protéines: 5 g
• matières grasses: 14 g (8 g sat.) • cholestérol: 75 mg
• glucides: 39 g • fibres: 1 g • sodium: 125 mg

GÂTEAU ROULÉ AU *chocolat* ET À LA CRÈME GLACÉE

Donne 10 portions.
Préparation: 45 min
Cuisson: 12 min (gâteau);
10 min (sauce)
Congélation: 4 h
Repos: 20 min

3/4 t	farine	180 ml
1/3 t	poudre de cacao non sucrée	80 ml
1 c. à thé	poudre à pâte	5 ml
1	pincée de sel	1
4	oeufs	4
3/4 t	sucre	180 ml
2 c. à thé	vanille	10 ml
2 c. à tab	sucre glace	30 ml
3 t	crème glacée à la vanille, ramollie	750 ml
	sauce au chocolat chaude (voir recette)	

❶ Beurrer un moule à gâteau roulé de 15 po x 10 po (38 cm x 25 cm) et tapisser le fond de papier ciré ou de papier-parchemin. Beurrer le papier. Réserver.

❷ Dans un bol, mélanger la farine, le cacao, la poudre à pâte et le sel. Dans un grand bol, à l'aide d'un batteur électrique, battre les oeufs pendant environ 5 minutes ou jusqu'à ce qu'ils soient jaune pâle. Ajouter le sucre petit à petit, en battant jusqu'à ce que la préparation soit lisse. Ajouter la vanille en battant. Incor-

porer les ingrédients secs en soulevant délicatement la masse à l'aide d'une spatule jusqu'à ce que la pâte soit lisse. Étendre uniformément la pâte dans le moule réservé.

❸ Cuire au four préchauffé à 350°F (180°C) pendant 12 minutes ou jusqu'à ce que le gâteau reprenne sa forme sous une légère pression du doigt. Déposer le moule sur une grille et laisser refroidir pendant 10 minutes. Passer la lame d'un couteau sur les côtés du gâteau pour le détacher du moule. Saupoudrer uniformément un linge propre du sucre glace. Démouler le gâteau sur le linge et retirer délicatement le papier ciré. Rouler le gâteau dans le linge en commençant par un des côtés courts. Laisser refroidir sur une grille.

❹ Dérouler délicatement le gâteau refroidi sur le linge. Étendre la crème glacée sur le gâteau en laissant une bordure de 1 po (2,5 cm) sur le pourtour. Rouler le gâteau (sans le linge) en serrant bien. Envelopper le gâteau roulé dans une pellicule de plastique. Congeler pendant au moins 4 heures ou jusqu'à ce que le gâteau soit assez ferme pour se trancher facilement. (Vous pouvez préparer le gâteau à l'avance. Il se conservera jusqu'à 2 semaines au congélateur, enveloppé de papier d'aluminium.)

❺ Laisser reposer à la température ambiante pendant 20 minutes avant de servir. Retirer la pellicule de plastique et arroser de sauce au chocolat.

Par portion (avec 3 c. à tab/45 ml de sauce):
• calories: 395 • protéines: 4 g • matières grasses: 19 g (12 g sat.) • cholestérol: 55 mg • glucides: 55 g • fibres: 2 g • sodium: 105 mg

SAUCE AU CHOCOLAT
Donne environ 2 t (500 ml).

1 t	crème à 35 %	250 ml
1/4 t	cassonade tassée	60 ml
3 c. à tab	sirop de maïs	45 ml
1 c. à tab	beurre	15 ml
5 oz	chocolat mi-amer haché	150 g
1 c. à tab	liqueur d'orange (de type Grand Marnier) (facultatif)	15 ml

Dans une casserole à fond épais, mélanger la crème, la cassonade, le sirop de maïs et le beurre. Chauffer à feu doux, en brassant, jusqu'à ce que le beurre ait fondu et que la cassonade soit complètement dissoute. Augmenter à feu moyen-vif et porter à ébullition. Cuire pendant environ 5 minutes ou jusqu'à ce que la sauce ait épaissi. Retirer la casserole du feu. Incorporer le chocolat en brassant jusqu'à ce qu'il ait fondu. Ajouter la liqueur d'orange, si désiré. (Vous pouvez préparer la sauce au chocolat à l'avance, la laisser refroidir et la couvrir. Elle se conservera jusqu'à 3 jours au réfrigérateur. Réchauffer au micro-ondes, à intensité minimale/10 %, pendant 1 minute et bien mélanger.)

PETITS GÂTEAUX MERINGUÉS AUX *framboises*

Donne 12 petits gâteaux.
Préparation: 35 min
Cuisson: 23 à 25 min

Si on préfère une version sans alcool, on peut remplacer la liqueur de framboise dans la pâte à gâteau par du jus de framboises surgelées, décongelées (mettre les framboises dans une passoire fine placée sur un bol et les laisser décongeler à la température ambiante).

Petits gâteaux

1 1/2 t	farine	375 ml
1 1/2 c. à thé	poudre à pâte	7 ml
1/4 c. à thé	sel	1 ml
1/2 t	beurre ramolli	125 ml
3/4 t	sucre	180 ml
1	oeuf	1
2	jaunes d'oeufs	2
3 c. à tab	liqueur de framboise (de type Chambord)	45 ml
1 1/2 c. à thé	vanille	7 ml
1/2 t	lait	125 ml

Meringue

4	blancs d'oeufs	4
1/4 c. à thé	crème de tartre	1 ml
2/3 t	sucre	160 ml
12	framboises fraîches (facultatif)	12

Préparation des petits gâteaux

❶ Dans un bol, mélanger la farine, la poudre à pâte et le sel. Réserver. Dans un grand bol, à l'aide d'un batteur électrique, battre le beurre pendant 30 secondes. Incorporer le sucre en battant pendant 1 minute. Ajouter l'oeuf, les jaunes d'oeufs, la liqueur de framboise et la vanille en battant jusqu'à ce que la préparation soit homogène. En battant à faible vitesse, incorporer les ingrédients secs réservés en alternant avec le lait jusqu'à ce que la pâte soit homogène, sans plus.

❷ Répartir la pâte dans 12 moules à muffins tapissés de moules en papier ou légèrement beurrés (remplir les moules aux trois quarts). Cuire au four préchauffé à 350°F (180°C) pendant 15 minutes.

Préparation de la meringue

❸ Entre-temps, dans un autre bol, à l'aide du batteur électrique (utiliser des fouets propres), battre les blancs d'oeufs avec la crème de tartre jusqu'à ce que la préparation forme des pics mous. Ajouter le sucre, 1 c. à tab (15 ml) à la fois, en battant à vitesse élevée jusqu'à ce que la préparation forme des pics fermes. À l'aide d'une poche à douille ou d'une cuillère, garnir les petits gâteaux de la meringue. Décorer chacun d'une framboise fraîche, si désiré.

❹ Poursuivre la cuisson au four de 8 à 10 minutes ou jusqu'à ce que la meringue soit légèrement dorée. Déposer les moules sur une grille et laisser refroidir pendant 5 minutes. Démouler les petits gâteaux et laisser refroidir légèrement. Servir chauds ou froids. (Vous pouvez préparer les petits gâteaux à l'avance et les couvrir, sans serrer. Ils se conserveront jusqu'à 4 heures au réfrigérateur.)

Par petit gâteau: • calories: 250 • protéines: 4 g • matières grasses: 9 g (5 g sat.) • cholestérol: 75 mg • glucides: 37 g • fibres: traces • sodium: 180 mg

SUCRERIES
ET *autres délices*

Sucettes, pâtes de fruits, petits choux, beignes, fudge ou sucre à la crème:
un monde de plaisirs à partager avec ceux qu'on aime.

Au Québec, nous avons la réputation d'être de fameux critiques quand vient le temps d'évaluer l'onctuosité d'un fudge aux noix ou de comparer deux recettes de sucre à la crème! D'ailleurs, si cette confiserie classique peut être préparée de mille et une façons – on compte presque autant de recettes de sucre à la crème qu'il y a de familles dans la province –, celle que nous proposons à la page 392 a le mérite d'être crémeuse à souhait et, surtout, quasi infaillible.

Le monde des confiseries est réputé difficile à maîtriser. Pourtant, il existe une foule de recettes qui se fondent sur des techniques très simples, et d'autres qui ne requièrent qu'un peu plus d'attention. Les friandises présentées ici en sont la preuve: tortues au chocolat et aux pacanes, riz soufflé croquant et simplissimes sucettes boules de neige, à base de chocolat blanc et de noix de coco, combleront toutes les dents sucrées sans demander trop d'efforts. Nous avons aussi pensé aux petites notes d'accompagnement qui ont pour mission d'égayer les desserts de leur côté sucré, corsé ou acidulé, comme les coulis de fruits, la sauce au chocolat ou le très populaire dulce de leche (un caramel au lait d'origine argentine); à certains grands classiques qui surprennent par leur côté ludique, dont la tire-éponge, les pâtes de fruits et les écorces d'orange confites; et aussi aux beignes traditionnels et aux brioches aux épices. Tout y est!

LES BONS OUTILS

En plus de certains accessoires de base mentionnés dans les chapitres précédents – cuillère de bois, thermomètre à bonbons, poche à douille et moules –, les outils suivants sont fort utiles lorsqu'on veut préparer des sucreries.

Grand bol résistant à la chaleur (A). Particulièrement pratique pour la sauce au chocolat, le fudge, le sucre à la crème et la crème anglaise. On choisit un modèle assez grand pour contenir une casserole. Côté matériaux, le pyrex et l'acier inoxydable sont les meilleurs choix.

Casserole à fond épais et à long manche (B). Un fond épais répartit mieux la chaleur, ce qui est indispensable pour éviter de cuire trop rapidement des préparations comme le fudge, le sucre à la crème et le caramel.

Papier d'aluminium (C). Pour tapisser le fond des moules lorsqu'on prépare du fudge ou du sucre à la crème.

DU FUDGE ET DU SUCRE À LA CRÈME TOUJOURS PARFAITS

● S'équiper d'un thermomètre à bonbons de bonne qualité (dans les boutiques d'accessoires de cuisine). Les différents modèles sur le marché ne sont pas tous également fiables.

● Utiliser une casserole assez profonde pour éviter les débordements lorsque la préparation bouillonnera.

● Si désiré, beurrer la paroi de la casserole avant d'y mélanger les ingrédients pour éviter la formation de cristaux de sucre, qui peuvent rendre le fudge et le sucre à la crème granuleux.

● Fixer le thermomètre sur le rebord de la casserole de manière que son extrémité soit bien plongée dans la préparation, sans toucher le fond.

● Surveiller attentivement la température au thermomètre: au-delà de 200°F (93°C), elle monte très rapidement.

● Le brassage est l'étape cruciale qui permet d'obtenir une texture à la fois ferme et crémeuse. Tant que la préparation cuit ou qu'elle refroidit dans son bain d'eau froide, éviter de brasser. Par contre, une fois qu'elle a atteint entre 110 et 120°F (43 et 49°C) au thermomètre à bonbons, il faut la brasser vigoureusement avec une cuillère de bois pendant environ 3 minutes, pas plus, afin qu'elle perde son côté lustré et qu'elle épaississe. À cette étape, si on brasse trop, le mélange prendra en pain et sera difficile à étendre dans le moule.

FUDGE OU SUCRE À LA CRÈME: QUELLE EST LA DIFFÉRENCE?

C'est avant tout la texture qui distingue le fudge du sucre à la crème: le premier est plus crémeux, parce qu'il contient habituellement plus de beurre et de sirop de maïs, tandis que le deuxième est plus sec et cassant. On y sent aussi davantage la présence du sucre.

POUR RÉCHAUFFER LES JAUNES D'OEUFS

Pour empêcher les jaunes d'oeufs de coaguler lors de la préparation de la crème anglaise, verser d'abord quelques cuillerées de crème chaude sur le mélange d'oeufs et l'incorporer à l'aide d'un fouet. Répéter l'opération une autre fois, puis incorporer le reste de la crème.

Astuces de pro

POUR FAIRE REFROIDIR
LA CRÈME ANGLAISE

Pour éviter la formation d'une
peau sur la crème anglaise et les
autres sauces à base d'oeufs, on
suggère de couvrir directement
la surface d'une pellicule de
plastique, mais on peut aussi
procéder d'une autre façon:
plonger la casserole contenant
la préparation chaude dans
un bain d'eau froide et brasser
sans arrêt jusqu'à ce que
le mélange ait refroidi.

FONDUE AU CHOCOLAT
POUR LES GRANDS

Pour une saveur différente,
remplacer la liqueur d'amande
de notre Fondue au chocolat
(voir p. 397) par 3 c. à tab
(45 ml) de Grand Marnier ou
de triple-sec. Un pur délice.

MIAM, DES BEIGNES AU SUCRE!

⦿ Bien battre les oeufs avec le sucre, le lait et le beurre fondu jusqu'à ce que le mélange soit pâle et mousseux.

⦿ Battre la pâte jusqu'à ce qu'elle soit molle et très souple. Au besoin, ajouter de la farine pour que la pâte se tienne. Elle doit toutefois conserver sa consistance élastique.

⦿ Ne pas utiliser une huile à friture qui a déjà servi. Choisir une huile au goût neutre (canola, tournesol) de bonne qualité.

⦿ Éviter de trop cuire les beignes (de 30 à 60 secondes par côté devraient

suffire), sans quoi ils deviendront durs et cassants en refroidissant.

⦿ Laisser égoutter les beignes dans une assiette tapissée de plusieurs épaisseurs d'essuie-tout pour obtenir une texture croustillante et éviter l'arrière-goût de gras.

⦿ Dès qu'ils sont égouttés, passer les beignes encore chauds dans le sucre blond, le sucre glace ou le sucre blanc granulé, au goût. Secouer pour enlever l'excédent.

Variantes

GLACÉS À L'ÉRABLE
Omettre le sucre blond de notre recette de base (voir p. 386). Mélanger 2 t (500 ml) de sucre glace, 1/4 t (60 ml) de sirop d'érable, 1 c. à thé (5 ml) d'essence d'érable et 4 à 5 c. à thé (20 à 25 ml) d'eau pour obtenir une glace coulante. Napper les beignes refroidis de la glace à l'érable.

AUX ÉPICES
Remplacer le sucre blond de notre recette de base par du sucre granulé, et y ajouter 1/2 c. à thé (2 ml) de cannelle moulue et 1 pincée de clou de girofle moulu. Passer les beignes encore chauds dans ce mélange.

AU CHOCOLAT
Remplacer 1/2 t (125 ml) de la farine de notre recette de base par la même quantité de poudre de cacao non sucrée.

Variante

BRIOCHES AU CARAMEL, AUX ÉPICES ET AUX PACANES

Suivre les étapes 1 à 3 de notre recette de Brioches à la crème sure et aux épices (voir p. 388). Avant de couper le cylindre de pâte en tranches, dans un bol, mélanger 1/2 t (125 ml) de beurre fondu et 1/2 t (125 ml) de cassonade légèrement tassée. Étendre la préparation dans un moule à gâteau roulé, beurré, et parsemer de 1/2 t (125 ml) de pacanes hachées. Couper le cylindre de pâte en tranches et les disposer côte à côte sur les pacanes dans le moule. Couvrir d'une pellicule de plastique et poursuivre tel qu'indiqué dans la recette.

DES BRIOCHES GOURMANDES

● Pétrir la pâte jusqu'à ce qu'elle soit souple et élastique, en utilisant suffisamment de farine pour obtenir la texture désirée. Pour cette étape, on peut aussi utiliser un batteur électrique sur socle muni d'un crochet à pâte, ou encore une machine à pain. La pâte aura cependant une texture un peu plus légère.

● Le meilleur endroit pour faire lever la pâte à l'abri des courants d'air: le four éteint, la lumière allumée.

● En façonnant les brioches, éviter de serrer la pâte. Pincer l'extrémité pour que les brioches conservent leur forme en cuisant.

● On peut cuire les brioches à l'avance, les laisser refroidir dans leur moule, sans les glacer, puis les recouvrir de papier d'aluminium. Elles se conserveront jusqu'au lendemain à la température ambiante. Réchauffer au four préchauffé à 350°F (180°C) pendant 10 minutes. Laisser refroidir légèrement avant de glacer.

● Cuire les brioches dans des moules à muffins leur donne une jolie forme bombée, mais on peut aussi les cuire simplement sur une plaque de cuisson ou dans un moule à gâteau roulé, comme dans notre variante, ci-contre.

LA CRÈME ANGLAISE SANS ANICROCHE

La crème anglaise est à la base de nombreux desserts. Voici comment la préparer.

◉ Dans un bol, à l'aide d'un batteur électrique ou d'un fouet, battre 5 jaunes d'oeufs avec 1/3 t (80 ml) de sucre pendant environ 5 minutes ou jusqu'à ce que la préparation ait doublé de volume et qu'elle forme des rubans lorsqu'on soulève les fouets du batteur (A).

◉ Dans une casserole à fond épais, mélanger 1 t (250 ml) de lait et 1 t (250 ml) de crème à 35 %. Pour une teneur réduite en matières grasses, on peut aussi n'utiliser que du lait. Chauffer à feu moyen jusqu'à ce que des bulles se forment sur la paroi. Ne pas faire bouillir.

◉ Verser 1/4 t (60 ml) du liquide chaud sur le mélange de jaunes d'oeufs et mélanger à l'aide d'un fouet pour réchauffer la préparation et éviter qu'elle ne coagule (B). Répéter l'opération, puis verser le reste du liquide chaud en mélangeant bien.

◉ Remettre la préparation dans la casserole et cuire à feu moyen-doux, en brassant sans arrêt, pendant une dizaine de minutes ou jusqu'à ce qu'elle soit assez épaisse pour napper le dos d'une cuillère (C). Ne pas faire bouillir.

◉ Au besoin, filtrer le mélange dans un tamis fin placé sur un grand bol immergé dans une eau très froide (D). Brasser la crème anglaise sans arrêt jusqu'à ce qu'elle ait refroidi pour éviter la formation d'une peau à la surface. Recouvrir le bol d'une pellicule de plastique et réfrigérer jusqu'au moment de servir.

Variantes

AUX AGRUMES
Ajouter au mélange de lait chaud 2 c. à thé (10 ml) de zeste de citron ou d'orange râpé.

AU CHOCOLAT
Ajouter au mélange de lait chaud 2 c. à thé (10 ml) de poudre de cacao non sucrée.

AU CAFÉ
Ajouter au mélange de lait chaud 4 c. à thé (20 ml) de poudre de café espresso instantané diluée dans 4 c. à thé (20 ml) d'eau bouillante.

AUX FRAMBOISES OU AUX FRAISES
Ajouter au mélange de lait chaud 2/3 t (160 ml) de purée de framboises ou de fraises, filtrée.

À LA VANILLE
Ajouter au mélange de lait chaud les graines de 1 gousse de vanille (ou 1 c. à thé/5 ml de vanille).

SUCETTES
boules de neige

Donne 36 sucettes.
Préparation: 50 min
Cuisson: 40 min
Réfrigération: 2 h

Pour une présentation originale, on a planté les sucettes dans un bloc de styromousse de façon à imiter la neige.

1/2 t	beurre ramolli	125 ml
3/4 t	sucre	180 ml
2	oeufs	2
1/2 c. à thé	vanille	2 ml
1 1/2 t	farine	375 ml
1 1/2 c. à thé	poudre à pâte	7 ml
1/2 c. à thé	bicarbonate de sodium	2 ml
1	pincée de sel	1
2/3 t	lait	160 ml
1/3 t	rhum brun ou jus de pomme	80 ml
12 oz	chocolat blanc haché grossièrement	375 g
1 t	flocons de noix de coco non sucrés	250 ml

1 Dans un grand bol, à l'aide d'un batteur électrique, battre le beurre et le sucre jusqu'à ce que le mélange soit gonflé. Ajouter les oeufs un à un, en battant bien après chaque addition. Incorporer la vanille. Dans un autre bol, mélanger la farine, la poudre à pâte, le bicarbonate de sodium et le sel. Incorporer les ingrédients secs au mélange de beurre en trois fois, en alternant deux fois avec le lait, et mélanger jusqu'à ce que la pâte soit homogène. Verser la pâte dans un moule en métal carré de 9 po (23 cm) de côté, beurré et tapissé de papier-parchemin.

2 Cuire au four préchauffé à 350°F (180°C) pendant environ 30 minutes ou jusqu'à ce qu'un cure-dents inséré au centre du gâteau en ressorte propre. Déposer le moule sur une grille et laisser refroidir pendant 10 minutes. Démouler le gâteau sur la grille, retirer le papier-parchemin et laisser refroidir complètement. (Vous pouvez préparer le gâteau à l'avance et l'envelopper d'une pellicule de plastique, puis de papier d'aluminium. Il se conservera jusqu'à 2 semaines au congélateur.)

3 Couper les bordures foncées du gâteau. Au robot culinaire, émietter grossièrement le gâteau. Arroser du rhum, puis actionner le robot jusqu'à ce que le gâteau soit émietté finement. Mettre la préparation dans un bol et la façonner en boules, environ 1 c. à tab (15 ml) à la fois.

Insérer un bâtonnet à sucette dans chaque boule. Déposer les sucettes sur une plaque de cuisson tapissée de papier-parchemin et réfrigérer pendant environ 30 minutes ou jusqu'à ce que les boules soient fermes.

4 Entre-temps, dans un bol à l'épreuve de la chaleur placé sur une casserole d'eau chaude mais non bouillante, faire fondre le chocolat blanc à feu doux jusqu'à ce qu'il soit lisse. Retirer la casserole du feu. Tremper les sucettes dans le chocolat fondu (laisser égoutter l'excédent), les remettre sur la plaque et réfrigérer pendant environ 30 minutes ou jusqu'à ce que le chocolat ait pris. Tremper de nouveau les sucettes dans le chocolat fondu et les parsemer des flocons de noix de coco. Remettre les sucettes sur la plaque et réfrigérer pendant environ 1 heure ou jusqu'à ce qu'elles soient fermes. (Vous pouvez préparer les sucettes à l'avance et les couvrir. Elles se conserveront jusqu'à 2 jours au réfrigérateur. Laisser revenir à la température ambiante avant de servir.)

Par sucette: • calories: 128 • protéines: 2 g • matières grasses: 7 g (4 g sat.) • cholestérol: 18 mg • glucides: 15 g • fibres: traces • sodium: 69 mg

Caramel croquant
AU RIZ SOUFFLÉ

1 Dans une grande casserole à fond épais, mélanger le sucre, le sirop de maïs et l'eau. Porter à ébullition à feu moyen. Cuire, sans brasser, de 10 à 15 minutes ou jusqu'à ce qu'un thermomètre à bonbons indique 234°F (112°C) ou que 1 c. à thé (5 ml) du sirop qu'on laisse tomber dans un verre d'eau froide forme une boule molle qui s'aplatit lorsqu'on la sort de l'eau (à l'aide d'un pinceau à pâtisserie trempé dans l'eau, badigeonner la paroi de temps à autre pour faire tomber les cristaux de sucre).

2 Ajouter le beurre et le sel et mélanger. Laisser bouillir pendant environ 10 minutes ou jusqu'à ce que le thermomètre à bonbons indique 300°F (150°C). Retirer du feu. Incorporer la vanille et le bicarbonate de sodium. Ajouter le riz soufflé et mélanger délicatement.

3 À l'aide d'une spatule beurrée, étendre aussitôt la préparation sur une plaque de cuisson beurrée. Laisser refroidir pendant environ 1 heure ou jusqu'à ce que le caramel ait durci. Briser en morceaux. (Vous pouvez préparer le caramel croquant à l'avance et le mettre dans un contenant hermétique, en séparant chaque étage d'une feuille de papier ciré. Il se conservera jusqu'à 1 semaine à la température ambiante.)

Par morceau: • calories: 66 • protéines: traces • matières grasses: 1 g (traces sat.) • cholestérol: 2 mg • glucides: 16 g • fibres: aucune • sodium: 28 mg

Donne environ 35 morceaux.
Préparation: 20 min
Cuisson: 25 à 30 min
Repos: 1 h

Une recette sans gluten et sans noix, parfaite pour les gens qui souffrent d'allergies. On s'assure toutefois de choisir des grains de riz soufflé (de type Nature's Path, dans les magasins d'aliments naturels) et non des céréales de riz croquant (de type Rice Krispies).

2 t	sucre	500 ml
1/2 t	sirop de maïs	125 ml
1/2 t	eau	125 ml
2 c. à tab	beurre	30 ml
1	pincée de sel	1
1 c. à thé	vanille	5 ml
1/2 c. à thé	bicarbonate de sodium	2 ml
2 t	riz soufflé (de type Nature's Path)	500 ml

TORTUES
AU *chocolat* MAISON

Donne 24 tortues.
Préparation: 20 min
Cuisson: 5 min
Repos: 20 min

7 oz	chocolat noir ou mi-amer, haché	200 g
2/3 t	pacanes	160 ml
12	petits caramels mous au beurre salé	12

❶ Dans un bol à l'épreuve de la chaleur placé sur une casserole d'eau chaude mais non bouillante, faire fondre le chocolat à feu doux, en brassant de temps à autre. Retirer du feu et laisser refroidir de 15 à 20 minutes. Entre-temps, déposer les pacanes sur une plaque de cuisson et les faire griller au four préchauffé à 350°F (180°C) pendant environ 5 minutes ou jusqu'à ce qu'elles dégagent leur arôme. Couper chaque pacane en deux sur la largeur.

❷ Verser 1 c. à thé (5 ml) du chocolat fondu sur une plaque de cuisson tapissée de papier-parchemin, de manière à former un cercle. Faire 23 autres cercles de la même manière. Déposer 5 demi-pacanes sur chaque cercle de façon à former les pattes et la tête des tortues.

❸ Couper les caramels en deux et les aplatir légèrement entre le pouce et l'index. Déposer une moitié de caramel au centre de chaque tortue. Couvrir le caramel de 1/2 c. à thé (2 ml) de chocolat fondu. Laisser reposer jusqu'à ce que le chocolat ait pris. (Vous pouvez préparer les tortues à l'avance et les déposer côte à côte dans un contenant hermétique, en séparant chaque étage de papier ciré. Elles se conserveront jusqu'à 2 jours au réfrigérateur. Laisser reposer à la température ambiante pendant environ 10 minutes avant de servir.)

Par tortue: • calories: 78 • protéines: 1 g
• matières grasses: 5 g (2 g sat.) • cholestérol: traces
• glucides: 10 g • fibres: 1 g • sodium: 13 mg

FUDGE
À *l'érable*

Donne 64 carrés.
Préparation: 40 min
Cuisson: 55 min
Repos: 18 min
Réfrigération: 1 h

Un seul petit morceau de cette douceur riche et sucrée peut nous satisfaire. Sa texture souple et crémeuse rappelle davantage celle du fudge (d'où son nom) que celle du sucre à la crème, plus sèche et cassante. C'est pour cette raison qu'il vaut mieux conserver les carrés au réfrigérateur.

3/4 t	cassonade tassée	180 ml
2 1/4 t	sucre	560 ml
2 t	sirop d'érable	500 ml
2 c. à tab	sirop de maïs	30 ml
2 t	crème à 35 %	500 ml
1/2 t	beurre non salé coupé en morceaux	125 ml
3/4 t	pacanes ou noix de Grenoble grillées, hachées (facultatif)	180 ml

1 Tapisser de papier d'aluminium un moule à gâteau de 8 po (20 cm) de côté, en laissant dépasser un excédent sur deux côtés. Beurrer légèrement le papier d'aluminium au fond du moule. Réserver.

2 Beurrer la paroi intérieure d'une casserole à fond épais. Dans la casserole, à l'aide d'une cuillère de bois, mélanger la cassonade, le sucre, le sirop d'érable, le sirop de maïs et la crème. Chauffer à feu doux, en brassant de temps à autre, pendant environ 5 minutes ou jusqu'à ce que la cassonade et le sucre soient dissous. Porter à ébullition à feu moyen et laisser bouillir, sans brasser, pendant 50 minutes ou jusqu'à ce qu'un thermomètre à bonbons indique 238°F (114°C). Retirer aussitôt la casserole du feu.

3 Déposer la casserole dans l'eau froide et laisser reposer pendant 10 minutes. Ajouter délicatement le beurre sur la surface de la préparation et le laisser fondre sans brasser. Laisser refroidir la préparation pendant encore 8 minutes ou jusqu'à ce que le thermomètre indique 115°F (45°C). Retirer la casserole de l'eau et retirer le thermomètre de la casserole. À l'aide d'une cuillère de bois

propre, brasser vigoureusement la préparation de 8 à 10 minutes ou jusqu'à ce qu'elle ait épaissi et qu'elle ait perdu son aspect lustré (continuer de brasser si elle est encore luisante). Ajouter les pacanes, si désiré, et mélanger.

4 Étendre aussitôt la préparation dans le moule réservé. Avec la pointe d'un couteau, tracer des lignes sur le dessus de manière à obtenir 64 carrés. Réfrigérer le fudge pendant environ 1 heure ou jusqu'à ce qu'il soit ferme. Démouler en utilisant l'excédent de papier d'aluminium. À l'aide d'un long couteau, couper en carrés en suivant les lignes. (Vous pouvez préparer le fudge à l'avance et le mettre dans un contenant hermétique, en séparant chaque étage de papier ciré. Il se conservera jusqu'à 2 semaines au réfrigérateur ou jusqu'à 2 mois au congélateur.)

Par carré (sans les pacanes): • calories: 110 • protéines: traces • matières grasses: 4 g (3 g sat.) • cholestérol: 14 mg • glucides: 18 g • fibres: aucune • sodium: 6 mg

SAUCE AU *chocolat* ET À LA LIQUEUR DE CAFÉ

Une sauce sublime et vraiment passe-partout qui plaira aux gourmands et aux gourmets. Pour une version sans alcool, remplacer la liqueur de café et le rhum par 1 c. à thé (5 ml) de vanille.

1 t	crème à 35 %	250 ml
2 c. à tab	sirop de maïs	30 ml
6 oz	chocolat mi-amer haché	180 g
2 c. à tab	liqueur de café (de type Kahlua)	30 ml
1 c. à tab	rhum ambré (facultatif)	15 ml

➊ Dans une petite casserole à fond épais, mélanger la crème et le sirop de maïs et porter à ébullition à feu moyen. Retirer la casserole du feu. À l'aide d'un fouet, incorporer le chocolat jusqu'à ce que la préparation soit lisse. Incorporer la liqueur de café et le rhum, si désiré. Laisser reposer pendant environ 15 minutes ou jusqu'à ce que la sauce ait épaissi. Verser dans un contenant hermétique. (La sauce se conservera jusqu'à 1 semaine au réfrigérateur. Réchauffer à feu doux avant d'utiliser.)

Par portion de 1 c. à tab (15 ml): • calories: 71 • protéines: 1 g • matières grasses: 5 g (3 g sat.) • cholestérol: 11 mg • glucides: 5 g • fibres: 1 g • sodium: 5 mg

DULCE DE *leche*

Très populaire en Amérique du Sud, le dulce de leche est un caramel velouté qu'on a fait longuement mijoter, jusqu'à ce qu'il soit riche et onctueux. Vraiment facile à faire, il est divin sur le gâteau ou la crème glacée. Pour le servir en sauce, réchauffer le pot au bain-marie ou au micro-ondes quelques minutes.

2	boîtes de lait évaporé à 2 % (385 ml chacune)	2
1 1/4 t	lait	310 ml
1 c. à tab	fécule de maïs	15 ml
1/2 c. à thé	bicarbonate de sodium	2 ml
1 t	sucre	250 ml
3/4 t	eau	180 ml

➊ Dans une grande casserole à fond épais, porter à ébullition le lait évaporé et 3/4 t (180 ml) du lait. Dans un bol, à l'aide d'un fouet, mélanger le reste du lait, la fécule de maïs et le bicarbonate de sodium. Ajouter le mélange de fécule au mélange de lait évaporé bouillant. Réduire à feu doux et laisser mijoter, en brassant de temps à autre, jusqu'à ce que la préparation soit bouillonnante. Réserver.

➋ Dans une autre grande casserole à fond épais, mélanger le sucre et l'eau. Cuire à feu moyen, en brassant à l'aide d'une cuillère de bois, jusqu'à ce que le sucre soit dissous. Porter à ébullition à feu moyen-vif et laisser bouillir, sans brasser, pendant environ 15 minutes ou jusqu'à ce que le caramel soit légèrement ambré (à l'aide d'un pinceau à pâtisserie trempé dans l'eau, badigeonner souvent la paroi pour faire tomber les cristaux de sucre). Retirer la casserole du feu.

➌ À l'aide d'une passoire fine, filtrer délicatement la préparation de lait réservée directement dans la casserole de caramel, en brassant sans arrêt à l'aide d'un fouet jusqu'à ce que le caramel soit dissous (attention aux éclaboussures). Remettre la casserole sur le feu, réduire à feu doux et laisser mijoter, en brassant de temps à autre, de 1 à 1 1/2 heure ou jusqu'à ce que le caramel soit de couleur ambre foncé et qu'il ait suffisamment épaissi pour napper le dos d'une cuillère.

➍ Dans une passoire fine placée sur un contenant hermétique à l'épreuve de la chaleur, filtrer le caramel. Laisser refroidir. (Le dulce de leche se conservera jusqu'à 1 mois au réfrigérateur. Réchauffer avant d'utiliser.)

Par portion de 2 c. à tab (30 ml): • calories: 107 • protéines: 4 g • matières grasses: 1 g (1 g sat.) • cholestérol: 5 mg • glucides: 19 g • fibres: aucune • sodium: 104 mg

Sauce au chocolat et
à la liqueur de café

Dulce
de leche

PÂTE
DE *petits fruits*

Donne 42 morceaux.
Préparation: 40 min
Cuisson: 40 à 50 min
Repos: 4 jours

| 2 | grosses pommes vertes (de type Granny Smith) non pelées, avec le coeur (enlever les pépins), hachées grossièrement | 2 |
| 3 t | petits fruits mélangés surgelés | 750 ml |

1/2 t	eau	125 ml
2 t + 1/3 t	sucre	580 ml
1	sachet de pectine liquide (85 ml)	1

1 Tapisser de papier-parchemin le fond et la paroi d'un moule en métal carré de 8 po (20 cm) de côté. Réserver. Dans une casserole, mélanger les pommes, les petits fruits et l'eau et cuire à feu moyen pendant environ 20 minutes ou jusqu'à ce que les pommes soient très tendres.

2 Au robot culinaire, réduire la préparation de fruits en purée presque lisse. À l'aide d'une passoire fine placée sur un bol, filtrer la purée (vous devriez en obtenir 2 t/500 ml). Dans une autre casserole, porter à ébullition la purée de fruits et 2 t (500 ml) du sucre à feu moyen et cuire, en brassant souvent, de 20 à 30 minutes ou jusqu'à ce qu'un thermomètre à bonbons indique 218°F (103°C) ou qu'une cuillerée de la préparation versée dans une assiette froide plisse et se sépare lorsqu'on y passe le doigt. Retirer la casserole du feu. À l'aide d'un fouet, incorporer aussitôt la pectine. Verser la pâte de fruits dans le moule réservé et laisser reposer à la température ambiante de 18 à 24 heures (ne pas bouger le moule).

3 Démouler la pâte de fruits sur une planche à découper tapissée de papier-parchemin. À l'aide d'un couteau légèrement huilé, égaliser la bordure. Couper la pâte de fruits en 42 morceaux, en essuyant et en huilant légèrement le couteau chaque fois. Mettre le reste du sucre dans une assiette. Passer les morceaux de pâte de fruits dans le sucre, en les retournant pour bien les enrober, et les déposer sur une grille. Laisser sécher pendant 3 jours. (Vous pouvez préparer la pâte de fruits à l'avance et la mettre dans un contenant hermétique, en séparant chaque étage d'une feuille de papier ciré. Elle se conservera jusqu'à 2 semaines à la température ambiante.)

Par morceau: • calories: 47 • protéines: aucune • matières grasses: aucune (aucun sat.) • cholestérol: aucun • glucides: 12 g • fibres: traces • sodium: aucun

TIRE-ÉPONGE
AU *chocolat*

Donne environ 48 morceaux.
Préparation: 40 min
Cuisson: 25 min
Repos: 2 h 30 min
Réfrigération: 30 min

2 1/2 t	sucre	625 ml
2/3 t	sirop de maïs blanc	160 ml
1/3 t	eau	80 ml
4 c. à thé	bicarbonate de sodium	20 ml
2 c. à thé	vanille	10 ml
10 oz	chocolat mi-amer haché	300 g

1 Dans une casserole d'une capacité de 12 t (3 L), chauffer le sucre, le sirop de maïs et l'eau à feu moyen, en brassant, jusqu'à ce que le sucre soit dissous. Porter à ébullition et laisser bouillir, sans brasser, pendant environ 10 minutes ou jusqu'à ce qu'un thermomètre à bonbons indique 300°F (150°C) ou que 1 c. à thé (5 ml) de sirop qu'on laisse tomber dans un verre d'eau froide forme des fils durs et cassants (à l'aide d'un pinceau à pâtisserie trempé dans l'eau, badigeonner la paroi de temps à autre pour faire tomber les cristaux de sucre). Retirer la casserole du feu.

2 À l'aide d'un fouet, incorporer le bicarbonate de sodium au sirop chaud (attention aux éclaboussures; le sirop va bouillir et augmenter de volume). Ajouter la vanille en fouettant. Verser aussitôt la tire-éponge dans un moule en métal de 13 po x 9 po (33 cm x 23 cm), tapissé de papier d'aluminium beurré. Déposer le moule sur une grille et laisser reposer pendant environ 2 heures (ne pas bouger le moule). Briser la tire-éponge en morceaux d'environ 1 1/2 po (4 cm). (Vous pouvez préparer la tire-éponge jusqu'à cette étape et la mettre dans un contenant hermétique, en séparant chaque étage d'une feuille de papier ciré. Elle se conservera jusqu'à 1 mois à la température ambiante.)

3 Entre-temps, dans un bol à l'épreuve de la chaleur placé sur une casserole d'eau chaude mais non bouillante, faire fondre le chocolat à feu doux jusqu'à ce qu'il soit lisse. Retirer la casserole du feu. Tremper les morceaux de tire-éponge dans le chocolat fondu (laisser égoutter l'excédent) et les déposer sur une plaque de cuisson tapissée de papier-parchemin. Réfrigérer pendant environ 30 minutes ou jusqu'à ce que le chocolat soit ferme.

Par morceau: • calories: 85 • protéines: traces • matières grasses: 2 g (1 g sat.) • cholestérol: aucun • glucides: 18 g • fibres: traces • sodium: 110 mg

BEIGNES AU *sucre* À L'ANCIENNE

Donne environ 3 douzaines.
Préparation: 50 min
Réfrigération: 30 min
Cuisson: 10 à 20 min

Pour façonner nos beignes en un seul geste, on peut se procurer un emporte-pièce à beigne dans les boutiques d'accessoires de cuisine. Sinon, on utilise deux emporte-pièces ronds: un grand, du diamètre souhaité pour les beignes, et un petit pour faire les trous au milieu (on peut même utiliser un dé à coudre). Si on souhaite faire provision de beignes, on double simplement la recette: on n'a qu'à multiplier toutes les quantités par deux.

5 t	farine (environ)	1,25 L
1 c. à tab	poudre à pâte	15 ml
1/2 c. à thé	sel	2 ml
1/4 c. à thé	muscade moulue	1 ml
3	oeufs	3
1 1/2 t	sucre granulé	375 ml
3 c. à tab	beurre fondu	45 ml
1 1/2 t	lait	375 ml
	huile végétale pour friture	
1/2 t	sucre de canne blond (facultatif)	125 ml

1 Dans un bol, tamiser ensemble la farine, la poudre à pâte, le sel et la muscade. Dans un grand bol, à l'aide d'un batteur électrique, battre les oeufs et le sucre granulé jusqu'à ce que le mélange soit pâle et épais. Incorporer le beurre fondu et le lait. En battant à faible vitesse, incorporer graduellement les ingrédients secs jusqu'à ce que la pâte forme une boule molle, moins ferme que de la pâte à tarte (au besoin, ajouter jusqu'à 1 t/250 ml de farine). Réfrigérer pendant 30 minutes.

2 Sur une surface légèrement farinée, abaisser la moitié de la pâte à environ 3/8 po (9 mm) d'épaisseur. À l'aide d'un emporte-pièce fariné d'environ 3 po (8 cm) de diamètre, découper des beignes dans l'abaisse, puis, à l'aide d'un petit emporte-pièce fariné d'environ 1/2 po (1 cm), découper un trou au centre de chaque beigne. Répéter ces opérations avec le reste de la pâte.

3 Dans une grande casserole ou une friteuse, chauffer de l'huile jusqu'à 365°F (185°C). À l'aide d'une écumoire, plonger les beignes dans l'huile chaude, trois ou quatre à la fois, et cuire de 30 secondes à 1 minute de chaque côté ou jusqu'à ce qu'ils soient dorés. Retirer les beignes de la casserole et les déposer dans une assiette tapissée d'essuie-tout. Cuire la pâte des trous de beignes de la même manière.

4 Si désiré, mettre le sucre blond dans un plat peu profond et y passer les beignes encore chauds en les retournant pour bien les enrober. Mettre les beignes sur une grille et les laisser refroidir complètement. (Vous pouvez préparer les beignes à l'avance et les mettre dans un contenant hermétique, en séparant chaque étage de papier ciré. Ils se conserveront jusqu'au lendemain à la température ambiante ou jusqu'à 1 mois au congélateur. Réchauffer au four préchauffé à 350°F/180°C de 5 à 10 minutes s'ils sont à la température ambiante et de 15 à 20 minutes s'ils sont congelés.)

Par beigne: • calories: 200 • protéines: 2 g
• matières grasses: 11 g (2 g sat.) • cholestérol: 20 mg
• glucides: 23 g • fibres: 1 g • sodium: 80 mg

BRIOCHES À LA *crème sure* ET AUX ÉPICES

2 c. à tab	beurre fondu	30 ml
1/3 t	cassonade tassée	80 ml
1/2 c. à thé	cannelle moulue	2 ml
1/2 c. à thé	noix de muscade râpée	2 ml
3/4 t	sucre glace	180 ml

1	sachet de levure sèche active (8 g)	1
1/4 t + 2 à 4 c. à thé	eau légèrement chaude	70 à 80 ml
1 t	crème sure	250 ml
3 c. à tab	sucre	45 ml
2 c. à tab	graisse végétale	30 ml
1 c. à thé	sel	5 ml
1/8 c. à thé	bicarbonate de sodium	0,5 ml
1	oeuf	1
3 à 3 1/4 t	farine	750 à 810 ml

❶ Dans un grand bol, saupoudrer la levure sur 1/4 t (60 ml) de l'eau chaude. Réserver. Dans une petite casserole, mélanger la crème sure, le sucre, la graisse végétale et le sel et chauffer à feu moyen-doux, en brassant, jusqu'à ce que la graisse végétale commence à fondre. Ajouter le bicarbonate de sodium et mélanger. Incorporer le mélange de crème sure chaud et l'oeuf au mélange de levure réservé. À l'aide d'une cuillère de bois, incorporer suffisamment de farine pour obtenir une pâte lisse et molle (elle sera légèrement collante).

❷ Sur une surface légèrement farinée, pétrir la pâte de 3 à 5 minutes ou jusqu'à ce qu'elle soit lisse et élastique (ajouter suffisamment du reste de la farine pour l'empêcher de coller). Couvrir d'un linge propre et laisser reposer pendant 5 minutes.

❸ Sur une surface légèrement farinée, abaisser la pâte en un rectangle de 18 po x 12 po (46 cm x 30 cm) et la badigeonner du beurre fondu. Dans un petit bol, mélanger la cassonade, la cannelle et la muscade. Parsemer uniformément ce mélange sur la pâte. En commençant par un des côtés longs, rouler le rectangle de pâte en un cylindre. Pincer l'ouverture pour sceller. Couper le cylindre en 12 tranches et les répartir dans 12 moules à muffins beurrés. Couvrir les moules d'une pellicule de plastique et laisser lever la pâte dans un endroit chaud et à l'abri des courants d'air (le four éteint, la lumière allumée, par exemple) pendant 45 minutes ou jusqu'à ce qu'elle dépasse le bord des moules de 1/4 à 1/2 po (5 mm à 1 cm).

❹ Cuire au four préchauffé à 400°F (200°C) pendant environ 15 minutes ou jusqu'à ce que les brioches soient dorées. Déposer les moules sur une grille et laisser refroidir légèrement.

❺ Dans un petit bol, mélanger le sucre glace et suffisamment du reste de l'eau pour obtenir une glace lisse et coulante. Arroser les brioches encore chaudes de la glace. Servir les brioches chaudes.

Par brioche: • calories: 265 • protéines: 5 g • matières grasses: 9 g (4 g sat.) • cholestérol: 35 mg • glucides: 42 g • fibres: 1 g • sodium: 245 mg

Écorces d'orange
CONFITES

Donne environ 96 lanières.
Préparation: 30 min
Cuisson: 1 h
Repos: 8 h

4	oranges	4
2 t + 1 t	sucre	750 ml
2 t	eau	500 ml

1 Couper les oranges sur la longueur en huit quartiers chacune. Retirer la pulpe de l'écorce (réserver la pulpe pour un usage ultérieur). Couper chaque quartier d'écorce en trois sur la longueur. Retirer l'excédent de peau blanche jusqu'à 1/4 po (5 mm) d'épaisseur.

2 Mettre les lanières d'écorce dans une casserole d'eau froide et porter à ébullition. Égoutter et rincer à l'eau froide. Répéter l'opération une autre fois et réserver.

3 Dans une autre casserole, mélanger 2 t (500 ml) du sucre et l'eau et porter à ébullition à feu moyen-vif, en brassant jusqu'à ce que le sucre soit dissous. Laisser bouillir, sans brasser, pendant environ 20 minutes ou jusqu'à ce que le mélange ait la consistance d'un sirop. Ajouter les lanières d'écorce réservées, réduire le feu et laisser mijoter pendant environ 30 minutes ou jusqu'à ce qu'elles soient translucides et qu'elles aient ramolli. Laisser refroidir dans le sirop pendant 4 heures (ne pas brasser).

4 À l'aide d'une écumoire, déposer les lanières d'écorce sur une grille placée sur une plaque de cuisson. Mettre le reste du sucre dans une assiette et y passer les lanières pour bien les enrober. Laisser reposer pendant environ 4 heures ou jusqu'à ce qu'elles soient sèches. (Vous pouvez préparer les écorces d'orange confites à l'avance et les mettre dans un contenant hermétique, en séparant chaque étage d'une feuille de papier ciré. Elles se conserveront jusqu'à 2 semaines à la température ambiante.)

Par lanière: • calories: 9 • protéines: aucune • matières grasses: aucune (aucun sat.) • cholestérol: aucun • glucides: 2 g • fibres: traces • sodium: aucun

PROFITEROLES
AUX *fraises*

Donne de 12 à 15 profiteroles.
Préparation: 1 h
Cuisson: 50 min
Repos: 15 min
Réfrigération: 1 à 2 h

Petits choux

1 t	eau	250 ml
1/2 t	beurre	125 ml
1 c. à tab	sucre	15 ml
1/4 c. à thé	sel	1 ml
1 t	farine	250 ml
4	oeufs	4

Garniture aux fraises et au yogourt

2 t	yogourt à la vanille à 8 % (de type Méditerranée, de Liberté)	500 ml
2 t	fraises	500 ml
1/3 t	sucre	80 ml
1 c. à tab	jus de citron	15 ml
1 t	crème à 35 %	250 ml

Préparation des choux

1 Dans une casserole, mélanger l'eau, le beurre, le sucre et le sel. Porter à ébullition, puis réduire à feu doux. Ajouter la farine en une seule fois et mélanger vigoureusement à l'aide d'une cuillère de bois jusqu'à ce que la préparation soit lisse et commence à former une boule. Mettre la préparation dans un grand bol et laisser reposer à la température ambiante pendant 15 minutes ou jusqu'à ce qu'elle soit tiède. À l'aide d'un batteur électrique, incorporer les oeufs un à un, en battant bien après chaque addition jusqu'à ce que la pâte soit homogène.

2 Mettre la pâte à choux dans une poche à douille munie d'un embout rond de 1/2 po (1 cm). Sur une grande plaque de cuisson tapissée de papier-parchemin, presser la pâte de manière à obtenir des boules de 2 po (5 cm) de diamètre, en les espaçant d'environ 1 po (2,5 cm). Avec les doigts mouillés, lisser le dessus des boules.

3 Cuire au four préchauffé à 325°F (160°C) pendant 30 minutes ou jusqu'à ce que les choux soient dorés et gonflés. Retirer du four. Avec la pointe d'un petit couteau, percer chaque petit chou sur le côté. Poursuivre la cuisson au four pendant 15 minutes. Mettre la plaque sur une grille et laisser refroidir complètement. (Vous pouvez préparer les choux à l'avance et les mettre côte à côte dans un contenant hermétique. Ils se conserveront jusqu'au lendemain à la température ambiante. Si les choux ont trop ramolli au moment de l'assemblage, les réchauffer au four préchauffé à 300°F/150°C de 5 à 10 minutes.)

Préparation de la garniture

4 Tapisser une passoire fine d'un filtre à café ou d'une double épaisseur d'étamine (coton à fromage) et la placer sur un bol. Verser le yogourt dans la passoire et couvrir d'une pellicule de plastique. Laisser égoutter au réfrigérateur de 1 à 2 heures.

5 Entre-temps, hacher grossièrement 1 t (250 ml) des fraises. Au robot culinaire ou au mélangeur, réduire en purée lisse le reste des fraises avec le sucre et le jus de citron. Verser la purée dans un bol et incorporer les fraises hachées. Couvrir d'une pellicule de plastique et réserver au réfrigérateur.

6 Verser le yogourt égoutté dans un bol (jeter le liquide). Dans un autre bol, à l'aide du batteur électrique (utiliser des fouets propres), battre la crème jusqu'à ce qu'elle forme des pics fermes. Incorporer la crème fouettée au yogourt en trois fois, en soulevant délicatement la masse à l'aide d'une spatule. Incorporer 1/3 t (80 ml) de la purée de fraises réservée de la même manière (ne pas trop mélanger pour obtenir un effet marbré).

Assemblage des profiteroles

7 À l'aide d'un couteau bien aiguisé, couper les petits choux en deux horizontalement. Répartir la garniture crémeuse, environ 1/4 t (60 ml) à la fois, sur les moitiés inférieures des petits choux. Couvrir des moitiés supérieures en pressant délicatement. Mettre les profiteroles dans une assiette, couvrir d'une pellicule de plastique et réfrigérer jusqu'au moment de servir. Accompagner du reste de la purée de fraises, si désiré.

Par profiterole: • calories: 235 • protéines: 4 g • matières grasses: 16 g (10 g sat.) • cholestérol: 105 mg • glucides: 19 g • fibres: 1 g • sodium: 130 mg

SUCRE À LA *crème*

Donne environ 36 carrés.
Préparation: 15 min
Cuisson: 5 min
Repos: 1 h

1/3 t	beurre	80 ml
2 t	cassonade tassée	500 ml
2 c. à tab	sirop de maïs	30 ml
1/2 t	lait évaporé (de type Carnation)	125 ml
1/2 c. à thé	vanille	2 ml
1 1/2 t	sucre glace tamisé	375 ml

1 Dans une casserole à fond épais, mélanger le beurre, la cassonade, le sirop de maïs, le lait évaporé et la vanille. Porter à ébullition et laisser mijoter à feu moyen pendant 5 minutes en brassant de temps à autre. Retirer du feu.

2 Ajouter le sucre glace et, à l'aide d'un batteur électrique, battre de 2 à 3 minutes ou jusqu'à ce que la préparation ait épaissi et perdu son lustre. Verser aussitôt le sucre à la crème dans un moule de 8 po (20 cm) de côté, beurré, et laisser refroidir à la température ambiante jusqu'à ce qu'il ait pris. Couper en carrés. (Vous pouvez préparer le sucre à la crème à l'avance, le couper en carrés et le mettre dans un contenant hermétique, en prenant soin de séparer chaque étage de papier ciré. Il se conservera jusqu'à 2 semaines au réfrigérateur ou jusqu'à 2 mois au congélateur.)

Par carré: • calories: 85 • protéines: traces • matières grasses: 2 g (1 g sat.) • cholestérol: 5 mg • glucides: 17 g • fibres: aucune • sodium: 10 mg

MACARONS AU *chocolat* ET À LA NOIX DE COCO

Donne environ 36 macarons.
Préparation: 10 min
Cuisson: 5 min
Réfrigération: 1 h

3 t	flocons d'avoine	750 ml
1 t	flocons de noix de coco sucrés	250 ml
1/3 t	poudre de cacao non sucrée	80 ml
1/2 t	beurre	125 ml
2 t	sucre	500 ml
1/2 t	lait	125 ml
1/2 c. à thé	vanille	2 ml

1 Dans un bol, mélanger les flocons d'avoine, les flocons de noix de coco et le cacao. Dans une casserole, mélanger le beurre, le sucre, le lait et la vanille. Porter à ébullition et laisser bouillir, en brassant de temps à autre, pendant 3 minutes.

2 Verser la préparation de lait sur les ingrédients secs et mélanger jusqu'à ce que la pâte soit homogène. Laisser tomber la pâte, environ 2 c. à tab (30 ml) à la fois, sur des plaques à biscuits beurrées. Réfrigérer jusqu'à ce que les macarons soient fermes. (Vous pouvez préparer les macarons à l'avance et les mettre dans un contenant hermétique, en séparant chaque étage de papier ciré. Ils se conserveront jusqu'à 2 semaines au réfrigérateur ou jusqu'à 2 mois au congélateur.)

Par macaron: • calories: 105 • protéines: 1 g • matières grasses: 4 g (2 g sat.) • cholestérol: 7 mg • glucides: 17 g • fibres: 1 g • sodium: 10 mg

Sucre à
la crème

Macaron au chocolat
et à la noix de coco

PETITES MERINGUES ÉTAGÉES
AU *chocolat blanc*

Donne 8 portions.
Préparation: 1 h
Cuisson: 50 min
Réfrigération: 2 h
Repos: 12 h 30 min

Garniture crémeuse au chocolat blanc

1/4 t	sucre granulé	60 ml
4 c. à thé	fécule de maïs	20 ml
1 1/2 t	lait	375 ml
2	jaunes d'oeufs battus	2
4 oz	chocolat blanc haché	125 g
1 c. à tab	beurre	15 ml
1 c. à thé	vanille	5 ml

Petites meringues

4	blancs d'oeufs	4
1/2 c. à thé	vanille	2 ml
1/8 c. à thé	crème de tartre	0,5 ml
1 t	sucre à fruits	250 ml
	graines de grenade (facultatif)	
	brins de menthe fraîche (facultatif)	

Préparation de la garniture

1 Dans une casserole à fond épais, mélanger le sucre granulé, la fécule de maïs et le lait et cuire à feu moyen, en brassant, jusqu'à ce que la préparation ait épaissi et qu'elle soit bouillonnante. Poursuivre la cuisson pendant 2 minutes. Retirer du feu. Mettre les jaunes d'oeufs dans un bol et y incorporer petit à petit 1 t (250 ml) de la préparation de lait chaud, en brassant sans arrêt pour éviter que les jaunes ne coagulent. Remettre la préparation dans la casserole. Porter jusqu'au point d'ébullition, réduire le feu et cuire, en brassant, pendant 2 minutes. Retirer du feu. Ajouter le chocolat blanc, le beurre et la vanille et brasser jusqu'à ce que le chocolat ait fondu. Verser la garniture au chocolat blanc dans un bol et couvrir directement la surface d'une pellicule de plastique. Réfrigérer pendant 2 heures ou jusqu'à ce qu'elle soit froide. (Vous pouvez préparer la garniture au chocolat blanc à l'avance. Elle se conservera jusqu'au lendemain au réfrigérateur.) Brasser avant d'assembler les meringues.

Préparation des meringues

2 Mettre les blancs d'oeufs dans un grand bol, couvrir et laisser reposer à la température ambiante pendant 30 minutes. Entre-temps, tapisser deux plaques de cuisson de papier-parchemin. À l'aide d'un emporte-pièce rond de 2 po (5 cm) de diamètre, tracer 12 cercles sur chaque feuille de papier-parchemin, à distance égale. Retourner le papier-parchemin. Réserver.

3 Ajouter la vanille et la crème de tartre aux blancs d'oeufs. À l'aide d'un batteur électrique, battre jusqu'à ce que le mélange forme des pics mous. Ajouter petit à petit le sucre à fruits, 1 c. à tab (15 ml) à la fois, en battant jusqu'à ce que la préparation forme des pics fermes.

4 Mettre 1 c. à tab comble (environ 22 ml) de la meringue dans chaque cercle tracé sur le papier-parchemin. À l'aide d'une petite spatule en métal, l'étendre uniformément jusqu'à la bordure des cercles. Déposer une plaque de cuisson sur la grille supérieure du four préchauffé à 225°F (105°C) et l'autre sur la grille inférieure. Cuire pendant 40 minutes ou jusqu'à ce que les meringues soient légèrement dorées (intervertir et tourner les plaques à la mi-cuisson). Éteindre le four et laisser sécher les meringues dans le four jusqu'au lendemain.

Assemblage des meringues

5 Étendre 1 c. à thé (5 ml) de la garniture au chocolat blanc dans une assiette de service (pour faire tenir la meringue) et couvrir d'une meringue. Couvrir d'environ 1 c. à tab (15 ml) de la garniture au chocolat blanc et d'une autre meringue. Faire un autre étage de la même manière. Assembler les autres meringues étagées de la même manière. Garnir de graines de grenade et de brins de menthe, si désiré. Servir aussitôt.

Par portion: • calories: 230 • protéines: 5 g • matières grasses: 8 g (5 g sat.) • cholestérol: 60 mg • glucides: 34 g • fibres: traces • sodium: 75 mg

FUDGE CRÉMEUX
AU *chocolat*

Donne 25 carrés.
Préparation: 30 min
Cuisson: 20 min
Repos: 50 min

4 t	sucre	1 L
1 1/2 t	crème à 35 %	375 ml
1/4 t	sirop de maïs	60 ml
12 oz	chocolat mi-sucré haché grossièrement	375 g
1/4 t	beurre non salé	60 ml
1 c. à thé	vanille	5 ml
1 1/3 t	noix de Grenoble ou pacanes grillées, hachées grossièrement (facultatif)	330 ml

1 Tapisser de papier d'aluminium un moule de 8 po (20 cm) de côté, en laissant dépasser un excédent sur deux côtés. Réserver. Dans une casserole à fond épais, mélanger le sucre, la crème et le sirop de maïs. En brassant délicatement et sans arrêt à l'aide d'une cuillère de bois, chauffer le mélange à feu moyen-doux pendant 8 minutes ou jusqu'à ce que le sucre ait complètement fondu (à l'aide d'un pinceau à pâtisserie trempé dans l'eau, badigeonner la paroi de temps à autre pour faire tomber les cristaux de sucre). Ajouter le chocolat et poursuivre la cuisson, en brassant, de 2 à 3 minutes ou jusqu'à ce qu'il ait fondu.

2 Attacher un thermomètre à bonbons sur la paroi de la casserole. Laisser mijoter, sans brasser, pendant environ 10 minutes ou jusqu'à ce que le thermomètre indique 235°F (112°C). Retirer aussitôt du feu en prenant soin de ne pas bouger la préparation. Ajouter le beurre et la vanille sur la surface de la préparation, sans brasser. Déposer la casserole dans un grand plat d'eau froide et laisser reposer pendant environ 50 minutes ou jusqu'à ce que le thermomètre indique entre 110 et 120°F (entre 43 et 49°C).

3 Retirer la casserole de l'eau et retirer le thermomètre de la casserole. À l'aide d'une cuillère de bois propre, brasser vigoureusement la préparation de 2 à 3 minutes ou jusqu'à ce qu'elle commence à épaissir. Incorporer les noix, si désiré. Étendre aussitôt la préparation dans le moule réservé et lisser le dessus. Mettre le moule sur une grille et laisser refroidir complètement.

4 Démouler en utilisant l'excédent de papier d'aluminium. Couper en carrés. (Vous pouvez préparer le fudge à l'avance et le mettre dans un contenant hermétique, en séparant chaque étage de papier ciré. Il se conservera jusqu'à 1 semaine à la température ambiante ou jusqu'à 2 mois au congélateur.)

Par carré: • calories: 180 • protéines: 1 g
• matières grasses: 12 g (7 g sat.) • cholestérol: 25 mg
• glucides: 19 g • fibres: 1 g • sodium: 10 mg

FONDUE
AU *chocolat*

Donne 4 portions.
Préparation: 15 min
Cuisson: 5 min

Pour une fondue vraiment délicieuse, utiliser du chocolat de qualité (de type Lindt ou Côte d'Or) qui contient au moins 50 % de cacao.

2 t	ananas coupé en morceaux	500 ml
2	oranges défaites en quartiers	2
4	kiwis coupés en tranches	4
2	pommes coupées en morceaux	2
12	biscuits fins (facultatif)	12
1 t	cerises de terre (facultatif)	250 ml
2/3 t	crème à 35 %	160 ml
6 oz	chocolat mi-amer haché	180 g
4 oz	chocolat au lait haché	125 g
2 c. à tab	liqueur d'amande (de type amaretto), brandy ou rhum	30 ml

❶ Dans une assiette de service, disposer l'ananas, les oranges, les kiwis et les pommes. Si désiré, ajouter les biscuits et décorer de cerises de terre.

❷ Dans une casserole à fond épais, porter la crème à ébullition à feu moyen. Mettre le chocolat mi-amer et le chocolat au lait dans un caquelon à fondue, ajouter la crème bouillante et mélanger à l'aide d'un fouet jusqu'à ce que la préparation soit lisse. Ajouter la liqueur d'amande et mélanger. Servir avec les fruits.

Par portion: • calories: 692 • protéines: 8 g • matières grasses: 40 g (24 g sat.) • cholestérol: 57 mg • glucides: 82 g • fibres: 12 g • sodium: 45 mg

PIZZAS-DESSERTS
AUX *prunes grillées*

Donne 16 pointes.
Préparation: 30 min
Repos: 20 min (croûtes)
Temps de levée: 45 min (croûtes)
Cuisson: 9 à 14 min (pizzas);
12 min (croûtes)

Parfaites pour le barbecue, les prunes ne se défont pas à la cuisson, même à feu vif, et deviennent encore plus sucrées sous l'effet de la chaleur.

8	prunes rouges ou noires	8
1 t	mascarpone	250 ml
1/4 t	miel liquide (environ)	60 ml
4	croûtes à pizza grillées (voir recette) ou croûtes minces du commerce	4
1/2 t	amandes en tranches, grillées	125 ml
1/4 t	gingembre confit, haché	60 ml

1 Couper les prunes en deux sur la longueur et les dénoyauter. Régler le barbecue au gaz à puissance moyenne-élevée. Mettre les demi-prunes sur la grille huilée du barbecue, le côté coupé dessous, fermer le couvercle et cuire de 5 à 8 minutes ou jusqu'à ce qu'elles soient tendres et légèrement grillées. Laisser refroidir. Couper en tranches.

2 Dans un bol, mélanger le mascarpone et 1/4 t (60 ml) du miel. Étendre le mélange de mascarpone sur le côté grillé des croûtes à pizza. Couvrir des tranches de prunes refroidies et parsemer des amandes et du gingembre confit.

3 Régler le barbecue à puissance moyenne. Mettre deux pizzas sur la grille huilée, fermer le couvercle et cuire de 2 à 3 minutes ou jusqu'à ce que le dessous des croûtes soit légèrement doré. Cuire les autres pizzas de la même façon.

4 Au moment de servir, arroser les pizzas d'un peu de miel et couper chacune en quatre pointes, si désiré.

Par pointe: • calories: 237 • protéines: 5 g • matières grasses: 10 g (4 g sat.) • cholestérol: 18 mg • glucides: 33 g • fibres: 1 g • sodium: 156 mg

CROÛTES À PIZZA GRILLÉES
Donne 4 croûtes de 10 po (25 cm).

1 1/4 t	eau tiède (entre 105°F et 115°F/40°C et 46°C)	310 ml
2 c. à tab	huile d'olive (environ)	30 ml
1	sachet de levure sèche active (2 1/4 c. à thé/11 ml)	1
1 c. à thé	sucre	5 ml
3 1/4 t à 3 3/4 t	farine	810 ml à 930 ml
1 c. à thé	sel	5 ml
	semoule de maïs	

1 Dans un bol, mélanger l'eau, l'huile, la levure et le sucre jusqu'à ce que la levure soit dissoute. Laisser reposer pendant 10 minutes ou jusqu'à ce que le mélange soit mousseux.

2 Dans un grand bol, mélanger 3 t (750 ml) de la farine et le sel. Ajouter la préparation de levure et mélanger. À l'aide d'une cuillère de bois, incorporer le plus possible du reste de la farine.

3 Sur une surface légèrement farinée, pétrir la pâte pendant environ 5 minutes, en incorporant suffisamment du reste de la farine pour obtenir une pâte souple et légèrement collante. Mettre la pâte dans un bol légèrement huilé et la retourner pour bien l'enrober d'huile. Couvrir d'une pellicule de plastique, d'une assiette ou d'un linge propre et laisser lever dans un endroit chaud pendant environ 45 minutes ou jusqu'à ce que la pâte ait doublé de volume.

4 Dégonfler la pâte avec le poing et la diviser en quatre portions. Couvrir de nouveau et laisser reposer pendant 10 minutes. Abaisser chaque portion de pâte en un cercle de 10 po (25 cm) de diamètre. (Vous pouvez préparer les croûtes jusqu'à cette étape, les saupoudrer de semoule de maïs et les empiler, en les séparant d'une feuille de papier-parchemin également saupoudrée de semoule. Elles se conserveront jusqu'à 4 heures au réfrigérateur, enveloppées d'une pellicule de plastique, ou jusqu'à 1 mois au congélateur, enveloppées de papier d'aluminium.)

5 Régler le barbecue au gaz à puissance moyenne. Saupoudrer une plaque à pizza de semoule de maïs et y déposer l'une des croûtes (la croûte ne devrait pas adhérer lorsqu'on bouge la plaque; ajouter de la semoule, au besoin). Transférer la croûte sur la grille huilée du barbecue. Cuire, sans fermer le couvercle, pendant environ 3 minutes ou jusqu'à ce que le dessous de la croûte soit légèrement doré. À l'aide d'une spatule large, retirer la croûte de la grille et la retourner sur la plaque à pizza pour couvrir l'autre côté de semoule de maïs (ajouter de la semoule, au besoin). Si désiré, badigeonner d'un peu d'huile d'olive. Répéter avec le reste des croûtes.

Truc cuisine

**5 CONSEILS POUR
DES CROÛTES À PIZZA PARFAITES**

- Si la pâte à pizza est trop difficile à abaisser et qu'elle reprend sans cesse sa forme initiale, la laisser reposer quelques minutes supplémentaires avant de poursuivre l'opération.
- Toujours cuire les pizzas sur une grille propre. Pour des résultats optimaux, huiler la grille lorsqu'elle est chaude.
- Attendre que le barbecue ait atteint la température désirée avant d'y déposer les croûtes.
- Ne pas déplacer les croûtes sur la grille. Ainsi, elles seront bien marquées.
- Utiliser une spatule très large pour retirer les pizzas afin d'éviter que la croûte ne se brise.

Crème anglaise
CLASSIQUE

> *Donne environ 2 t (500 ml).*
> *Cuisson: 10 min*
> *Réfrigération: 1 h*

1 t	crème à 35 %	250 ml
1 t	lait	250 ml
4 c. à tab	sucre	60 ml
6	jaunes d'oeufs	6
1 c. à thé	vanille	5 ml

❶ Dans une petite casserole à fond épais, mélanger la crème, le lait et 2 c. à tab (30 ml) du sucre et chauffer à feu moyen jusqu'à ce que des bulles se forment sur la paroi.

❷ Entre-temps, dans un bol, à l'aide d'un fouet, battre les jaunes d'oeufs avec le reste du sucre. En battant sans arrêt, ajouter la préparation de crème chaude en filet. Verser la préparation dans la casserole et cuire, en brassant sans arrêt, pendant environ 5 minutes ou jusqu'à ce qu'elle soit assez épaisse pour napper le dos d'une cuillère.

❸ Dans une passoire fine placée sur un bol, filtrer la crème anglaise. Ajouter la vanille et mélanger. Couvrir directement la surface d'une pellicule de plastique et laisser refroidir. Réfrigérer pendant au moins 1 heure ou jusqu'à ce que la crème anglaise soit froide. (Vous pouvez préparer la crème anglaise à l'avance et la mettre dans un contenant hermétique. Elle se conservera jusqu'à 3 jours au réfrigérateur.)

Par portion de 2 c. à tab (30 ml): • calories: 85 • protéines: 2 g • matières grasses: 7 g (4 g sat.) • cholestérol: 85 mg • glucides: 4 g • fibres: aucune • sodium: 15 mg

Variantes

CRÈME ANGLAISE AU THÉ NOIR

Omettre la vanille. Ajouter 4 sachets de thé noir ou 1 c. à tab (15 ml) de thé noir en feuilles à la préparation de crème avant de la chauffer.

CRÈME ANGLAISE AU RHUM

Omettre la vanille. Ajouter 2 c. à tab (30 ml) de rhum brun et 1/4 c. à thé (1 ml) de noix de muscade râpée à la crème anglaise avant de la laisser refroidir.

CRÈME ANGLAISE AU SCOTCH ET À L'ORANGE

Omettre la vanille. Ajouter 1 c. à thé (5 ml) de zeste d'orange râpé à la préparation de crème avant de la chauffer. Ajouter 2 c. à tab (30 ml) de scotch ou de brandy à la crème anglaise avant de la laisser refroidir.

COULIS DE *fraises* EXPRESS

> *Donne environ 2 t (500 ml).*
> *Préparation: 10 min*
> *Cuisson: aucune*

4 t	fraises coupées en deux	1 L
	jus de 1 citron	
1/4 t	sucre	60 ml

❶ Au robot culinaire ou au mélangeur, réduire les fraises en purée avec le jus de citron et le sucre. (Vous pouvez préparer le coulis à l'avance et le mettre dans un contenant hermétique. Il se conservera jusqu'à 1 semaine au réfrigérateur ou jusqu'à 2 mois au congélateur.)

Par portion de 2 c. à tab (30 ml): • calories: 25 • protéines: traces • matières grasses: traces (aucun sat.) • cholestérol: aucun • glucides: 6 g • fibres: 1 g • sodium: aucun

Coulis de caramel

Coulis de fraises express

Sauce aux cerises

Crème anglaise classique

SAUCE
AUX *cerises*

Donne environ 2 t (500 ml).
Préparation: 5 min
Cuisson: 14 à 17 min

2 1/4 t	griottes ou autres cerises dénoyautées en pot, dans un sirop léger	560 ml
1/2 t	sucre	125 ml
2 c. à tab	jus de citron	30 ml
1/4 t	vodka	60 ml
1 c. à thé	vanille	5 ml

❶ Égoutter les cerises (réserver le sirop). Dans une casserole à fond épais, mélanger les cerises, 1/4 t (60 ml) du sirop réservé (jeter le reste du sirop), le sucre et le jus de citron et porter à ébullition. Réduire le feu et laisser mijoter, en brassant de temps à autre, de 12 à 15 minutes ou jusqu'à ce que la préparation ait réduit à environ 1 3/4 t (430 ml).

❷ Ajouter la vodka et la vanille et mélanger. Laisser refroidir légèrement. (Vous pouvez préparer la sauce à l'avance et la mettre dans un contenant hermétique. Elle se conservera jusqu'à 5 jours au réfrigérateur. Réchauffer avant d'utiliser, si désiré.)

Par portion de 2 c. à tab (30 ml): • calories: 45 • protéines: traces • matières grasses: aucune (aucun sat.) • cholestérol: aucun • glucides: 10 g • fibres: traces • sodium: 2 mg

COULIS
DE *caramel*

Donne environ 1 t (250 ml).
Cuisson: 10 min

❶ Dans une casserole, mélanger la cassonade, la crème et le beurre. Porter à ébullition. Réduire à feu moyen-doux et laisser mijoter de 3 à 5 minutes ou jusqu'à ce que la cassonade soit dissoute.

Par portion de 2 c. à tab (30 ml): • calories: 150 • protéines: traces • matières grasses: 5 g (3 g sat.) • cholestérol: 17 mg • glucides: 26 g • fibres: aucune • sodium: 35 mg

1 t	cassonade	250 ml
1/4 t	crème à 35 %	60 ml
2 c. à tab	beurre	30 ml

INDEX DES *recettes*

INDEX PAR *ingrédients*

CAROTTE

CHOCOLAT

CHOCOLAT BLANC

TRUCS ET *infos*

CRÉDITS *photographiques*

Sang An/FoodPix/Jupiterimages
Page 217

Michael Alberstat
Page 290

Archives *Coup de pouce*
Page 372

Graham Brown
Pages 91, 128, 207

Mark Burstyn
Page 256

Christopher Campbell
Page 279

Hasnain Dattu
Pages 221, 263

Jason Donnelly
Page 159

Yvonne Duivenvoorden
Pages 7, 8, 41, 55, 57, 76, 79, 89, 92, 105, 107, 125, 127, 139, 141, 147, 155, 163, 171, 183, 209, 223, 231, 237, 251, 255, 259, 262, 278, 289, 291, 293, 301, 323, 333, 335, 357, 359, 377, 378, 383, 384, 385, 389, 397, 401

Colleen Duffley
Page 361

Richard Eskite
Page 205

Geoff George
Page 34

Alexandra Grablewski
Page 115

Michael Kohn
Page 138

Peter Krumhardt
Pages 70, 87, 89, 123, 153, 285

Christian Lacroix
Page 147

Brian Leatart
Page 327

Scott Little
Pages 38, 69, 96, 173, 187, 269, 271, 315, 337, 341, 363, 388

Andy Lyons
Pages 39, 50, 102

Steven McDonald
Pages 261, 317, 395

Pornchai Mitongtare
Page 181

Blaine Moats
Pages 37, 43, 47, 49, 58, 59, 61, 64, 65, 66, 71, 72, 85, 97, 101, 132, 135, 162, 167, 182, 227, 233, 240, 243, 295, 303, 347, 349, 355, 367, 399

Margaret Mulligan
Page 252

Picture Arts/Firstlight
Page 279

Edward Pond
Pages 2, 6, 8, 10, 20, 22, 23, 24, 25, 32, 33, 34, 35, 45, 74, 78, 80, 108, 113, 144, 145, 147, 149, 150, 192, 194, 196, 199, 200, 201, 213, 235, 247, 248, 283, 288, 294, 297, 299, 309, 311, 374, 415

Jodi Pudge
Pages 161, 246, 287

Erik Rank
Page 99

Lara Robby
Page 95

Tina Rupp
Pages 116, 133, 241, 365

Charles Schiller
Page 131

David Scott
Page 158

Alain Sirois
Pages 8, 83, 117, 119, 121, 129, 146, 157, 165, 169, 175, 177, 185, 189, 191, 203, 206, 215, 219, 224, 225, 229, 257, 258, 265, 266, 267, 270, 273, 275, 304, 319, 321, 322, 331, 339, 342, 343, 381, 387, 391, 393, 396, 415

Ann Stratton
Page 253

©iStockphoto.com/Ababsolutum
Page 18

©iStockphoto.com/Gustavo Andrade
Page 244

©iStockphoto.com/Phil Dickson
Page 276

©iStockphoto.com/Elena Elisseeva
Pages 26, 142

©iStockphoto.com/Floortje
Page 12

©iStockphoto.com/FotografiaBasica
Page 13

©iStockphoto.com/Laurentiu Iordache
Pages 13, 14

©iStockphoto.com/JackJelly
Page 17

©iStockphoto.com/Lisa McDonald
Page 306

©iStockphoto.com/1MoreCreative
Page 4

©iStockphoto.com/Mark O'Neil
Photography Inc.
Page 306

©iStockphoto.com/Lauri Patterson
Pages 312, 373

©iStockphoto.com/Rebecca Sabot
Page 19

©iStockphoto.com/Elena Schweitzer
Page 19

©iStockphoto.com/sf_foodphoto
Page 278

©iStockphoto.com/Ekaterina Shlikhunova
Page 368

©iStockphoto.com/Alina Solovyova-Vincent
Page 19

©iStockphoto.com/Mark Wragg
Page 30

Tango Photographie
Pages 19, 21, 29, 44, 52, 53, 63, 67, 77, 78, 111, 146, 150, 151, 179, 194, 211, 239, 247, 249, 274, 280, 306, 307, 312, 313, 345, 351, 353, 360, 370, 371, 379

Mark Thomas
Pages 51, 84, 93, 137, 166, 178, 197, 220, 325, 329

Transcontinental Transmédia
Pages 28, 29, 151, 278, 281, 284, 310, 375

©iStockphoto.com/Rubberball
Couverture intérieure avant

Edward Pond
Couverture intérieure arrière

Edward Pond (barres), Erik Rank (rouleau), Alain Sirois (gâteau)
Couverture arrière

Nous remercions tous les stylistes culinaires
qui ont rendu ces recettes si appétissantes:
Julie Aldis, Donna Bartolini, Carol Dudar,
Ian Muggridge, Lucie Richard, Denyse Roussin,
Claire Stancer, Claire Stubbs, Rosemarie Superville
et Nicole Young.

Nous remercions également les stylistes accessoires
qui ont apporté leur touche spéciale:
Josée Angrignon, Laura Branson, Catherine Doherty,
Marc-Philippe Gagné, Monique Macot,
Catherine McFadyen, OK Props, Caroline Simon
et Oksana Slavutych.

Enfin, nous remercions de leur collaboration les
magazines *Better Homes and Gardens*, *Family Circle*,
Midwest Living, *Holiday Baking* et *Bon Appétit*,
l'Académie culinaire de Montréal et le Centre de
production partagé de Médias Transcontinental
(Montréal), ainsi que toute l'équipe du magazine
Coup de pouce.

Les Éditions Transcontinental
1100, boul. René-Lévesque Ouest, 24e étage
Montréal (Québec) H3B 4X9
Téléphone : 514 392-9000 ou 1 800 361-5479
www.livres.transcontinental.ca

Pour connaître nos autres titres, consultez
www.livres.transcontinental.ca.
Pour bénéficier de nos tarifs spéciaux s'appliquant aux
bibliothèques d'entreprise ou aux achats en gros,
informez-vous au 1 866 800-2500.

Catalogage avant publication de Bibliothèque et Archives
nationales du Québec et Bibliothèque et Archives Canada

Vedette principale au titre:
Nos 200 meilleurs desserts et biscuits
(Coup de pouce)
Comprend un index.
ISBN 978-2-89472-513-9
1. Desserts.
2. Biscuits.
I. Titre: Nos deux cents meilleurs desserts et biscuits.
II. Collection: Collection Coup de pouce.
TX773.N672 2011   641.8'6   C2011-940112-6

Rédactrice en chef de la bannière Coup de pouce:
Mélanie Thivierge
Coordonnatrice de la rédaction: Anne-Louise Desjardins
Chef de la production: Marie-Suzanne Menier
Révision et correction: Edith Sans Cartier, Jocelyne Tétreault
Conception graphique: Marie-Josée Forest
Infographie: Diane Marquette
Impression: Transcontinental Interglobe

Photos de la couverture avant: Gâteau étagé au chocolat:
Alain Sirois; stylisme, Denyse Roussin; accessoires,
Josée Angrignon
Panna cotta à la noix de coco, sauce au caramel: Scott Little
Biscuits double chocolat: © 2008 Meredith Corporation,
reproduite avec l'autorisation de Better Homes and Gardens
Magazine/Blaine Moats; Tango Photographie

Imprimé au Canada
© Les Éditions Transcontinental, 2011
Dépôt légal – Bibliothèque et Archives nationales du Québec,
1er trimestre 2011
Bibliothèque et Archives Canada

Nous reconnaissons l'aide financière du gouvernement
du Canada par l'entremise du Fonds du livre du Canada pour
nos activités d'édition. Nous remercions également la SODEC
de son appui financier (programmes Aide à l'édition et Aide
à la promotion).

Les Éditions Transcontinental sont membres
de l'Association nationale des éditeurs de livres.